"三个代表"重要思想研究会
暨中国特色社会主义理论体系研究会

2011

中国特色社会主义文化建设
与文化体制改革

全国"三个代表"重要思想研究会 编
李君如 主编

中国社会科学出版社

图书在版编目(CIP)数据

中国特色社会主义文化建设与文化体制改革/李君如主编. —北京：
中国社会科学出版社，2012.9
ISBN 978-7-5161-1701-9

Ⅰ.①中…　Ⅱ.①李…　Ⅲ.①中国特色社会主义—文化事业—
建设—研究　Ⅳ.①G12

中国版本图书馆 CIP 数据核字(2012)第 263498 号

出　版　人	赵剑英
选题策划	田　文
责任编辑	金　泓
责任校对	古　月
责任印制	李　建

出　　　版	中国社会科学出版社
社　　　址	北京鼓楼西大街甲 158 号（邮编100720）
网　　　址	http://www.csspw.cn
	中文域名:中国社科网　　010-64070619
发 行 部	010-84083685
门 市 部	010-84029450
经　　　销	新华书店及其他书店

印　　　刷	北京市大兴区新魏印刷厂
装　　　订	廊坊市广阳区广增装订厂
版　　　次	2012 年 9 月第 1 版
印　　　次	2012 年 9 月第 1 次印刷

开　　　本	710×1000　1/16
印　　　张	21.5
插　　　页	2
字　　　数	352 千字
定　　　价	59.00 元

目　录

总　论

指导文化体制改革的历史性会议和历史性文件 …………… 李君如（3）

文化建设与文化强国

建设文化强国的三个关键 ………………………………… 陈　晋（17）
加强文化创作生产 ………………………………………… 郭义强（21）
发挥市场在文化资源配置中的积极作用 ………………… 韩永进（25）
建设文化强国的特区使命 ………………………………… 吴　忠（34）
建设文化强国的使命与方略 ……………………………… 温宪元（44）
起点与路径——关于中国特色社会主义文化建设的思考 … 魏胤亭（53）
大力加强文化建设　推进党的三大历史任务 …………… 王永浩（61）
从"现代女孩纳闷喜儿为什么不嫁给黄世仁"说起
　　——一个有关中特理论之文化道德的片论 ………… 李向前（79）
加强社会主义文化建设是经济发展的必然要求 ………… 卢卫红（86）
越是改革开放和发展市场经济，越要加强共同理想建设 … 刘能杰（94）
承接传统文化　创新优秀文化 ………………… 翟源静　李洪涛（102）
建设为人民服务、让人民满意的文化 …………………… 蓝蔚青（113）
文化权益是人民群众的基本权益
　　——学习党的十七届六中全会决定的体会 ………… 刘毅强（122）
以人为本视阈下江泽民对中国特色社会主义文化建设
　　思想的贡献 …………………………………………… 杨　攀（128）

社会主义核心价值与文化自信

对社会主义核心价值体系内涵的价值论思考 ·············· 胡振平（139）
高度重视社会主义核心价值的提炼与建构 ·············· 包心鉴（148）
再论"以人为本、民主公正"的核心价值观意义 ········ 包心鉴（157）
论多元文化背景下建构社会主义核心价值体系的
　　战略意义及路径选择 ··············· 王雅文　张益侨（163）
创优争先与中国共产党人精神 ········· 周向军　阚积军　高奇（170）
文化自信的价值维度 ·································· 奚洁人（177）
以高度文化自觉自信发展先进军事文化 ·············· 崔向华（183）
执政党、政府在国际大都市中引领文化发展比较研究
　　——以纽约、伦敦、东京、巴黎、新加坡等
　　　国际大都市为例 ·································· 周敬青（198）
深圳：从"文化立市"到"文化强市"的回顾与思考 ··· 刘　琳（209）
大学推进文化传承创新的原则与途径 ·············· 王炳林（217）

中国特色社会主义与马克思主义的发展

马克思主义哲学中国化与马克思主义哲学的创新 ········· 薛广洲（229）
马克思主义：灌输、传播与大众化 ·················· 李　明（236）
在政治与上层建筑之间构建联系
　　——马克思对政治本质的创新性探索 ·············· 欧阳英（247）
新时期中国共产党执政理念及实践的创新 ····· 孙兰英　孙迎辉（259）
坚持和完善中国特色社会主义制度 ·············· 颜晓峰（269）
农村社区管理新模式与村民自治制度关系透析
　　——基于浙江的实证调研 ·············· 李勇华（283）
新世纪新阶段加强和改进毛泽东哲学思想研究的
　　若干思考·································· 唐洲雁（293）
中国特色社会主义理论体系研究综述 ·············· 徐姗姗（298）
2011 年中国特色社会主义理论体系研究综述 ·············· 王永浩（321）
后记 ·································· （340）

总　　论

指导文化体制改革的历史性会议和历史性文件

李君如

文化是民族血脉中生生不息地流淌着的血液，始终是民族生存繁衍和国家繁荣发展取之不尽、用之不竭的生命之源。在全党全国人民的热切期待中，党的十七届六中全会通过了《中共中央关于深化文化体制改革推动社会主义文化大发展大繁荣若干重大问题的决定》。学习、领会和掌握新形势下推进文化改革发展的这一指导性文件，落实全会关于推进文化体制改革的各项举措，对于我国整个现代化大局和民族复兴大业具有极其重大的意义。

新形势下推进文化改革发展的纲领性文件

党的十七大的一个重要贡献，就是在提出高举中国特色社会主义伟大旗帜，坚持科学发展观，全面推进中国特色社会主义事业发展时，提出了"推动社会主义文化大发展大繁荣"这一鼓舞人心的历史性任务。十七届六中全会，是十七届中央委员会为贯彻落实党的十七大精神召开的一次重要会议，会议通过的文件是全面落实十七大精神，进一步动员和部署文化体制改革的指导性文件。

首先，这次全会是党的十七大以来，党中央第一次专题研究文化体制改革和文化发展的重要会议。 全会指出，改革开放特别是党的十六大以来，我们党始终把文化建设放在党和国家全局工作重要战略地位，坚持物质文明和精神文明两手抓，实行依法治国和以德治国相结合，促进文化事业和文化产业共同发展，推动文化建设不断取得新成就，走出了中国特色社会主义文化发展道路。党的十七大以来，中央召开了六次全会。除了去年召开的五中全会任务是按惯例为制定"十二五"规划提出建议外，二中全会审议通过了《关于深化行政管理体制改革的意见》和《国务院机构改革方案》，同意把《国务院机构改革方案》提请十一届全国人大一次会议审议；三中全会审议通过了《关于推进农村改革发展若干重大问题的决定》；四中全会审议通过了《关于加强和改进新形势下党的建设若干重大问题的决定》。从这些全会通过的文件及其作出的决策中，我们可以体会到中央的工作思路。这就是在全面贯彻十七大精神的过程中，努力解决改革发展中的关键问题和攻坚难点。这次全会要解决的问题，是怎么样通过深化文化体制改革，来推动社会主义文化大发展大繁荣，这也是我国改革发展中躲不开、绕不过的一个大问题。解决这个问题，是进一步全面贯彻党的十七大精神，指导当前和今后中国文化长远发展的重要决策。

其次，这次全会是总结我国文化改革发展的丰富实践和宝贵经验，动员全党全国人民进一步推动社会主义文化大发展大繁荣的重要会议。文化建设，在中国特色社会主义事业的总体布局中，既要反映经济建设、政治建设、社会建设的时代要求，又要为经济建设、政治建设、社会建设提供健康氛围、精神动力和智力支持，具有独特的功能和作用。我们都知道，在党的十二届六中全会、十四届六中全会上，我们党已经制定过两个精神文明建设的指导性文件。我们党当时讲的与"物质文明建设"相对应的"精神文明建设"，从其实质而言，就是今天讲的与"经济建设"、"政治建设"、"社会建设"相对应的"文化建设"。回顾历史，十二届六中全会是在全党把工作重点由阶级斗争转到经济建设上来以后召开的，研究的问题是，在全党集中力量发展经济、创造物质文明时要不要发展精神文明；在发展精神文明时是不是只需重视教育科技文化建设而可以不再重视思想道德建设。十四届六中全会是在我们经历了国内外政治风波的考验，并确立了社会主义市场经济的经济体制改革目标之后召开的，研究的问题是，怎么样克服来自"左"的和右的干扰，坚定走中国特色社会主义道路的信心；怎么样建设同社会主义市场经济相适应的思想文化。这次十七届六中全会是在进入21世纪以来的新形势下召开的，需要研究和回答的问题是，怎么样深化文化体制改革，推进文化产业和文化事业协调发展；怎么样在改革中推动社会主义文化大发展大繁荣，形成国家文化软实力。应该讲，进入21世纪以来，特别是党的十七大以来，我们在文化体制改革和文化建设方面已经作了大量的探索，积累了丰富的新鲜经验。这次全会的重要任务，就是系统总结十七大以来文化体制改革和文化建设的创造性实践中所积累的宝贵经验，进一步兴起社会主义文化建设新高潮，为夺取全面建设小康社会新胜利、开创中国特色社会主义事业新局面、实现中华民族伟大复兴作出新的贡献。

再次，这次全会是在进入 21 世纪以来的新形势下，通过深化文化体制改革，落实科学发展观，全面推进中国特色社会主义文化发展的重要会议。建设中国特色社会主义，全面建成惠及十几亿人口的更高水平的小康社会，既要让人民过上殷实富足的物质生活，又要让人民享有健康丰富的文化生活。全会指出，当今世界正处在大发展大变革大调整时期，文化在综合国力竞争中的地位和作用更加凸显，维护国家文化安全任务更加艰巨，增强国家文化软实力、中华文化国际影响力要求更加紧迫。当代中国进入了全面建设小康社会的关键时期和深化改革开放、加快转变经济发展方式的攻坚时期，文化越来越成为民族凝聚力和创造力的重要源泉、越来越成为综合国力竞争的重要因素、越来越成为经济社会发展的重要支撑，丰富精神文化生活越来越成为我国人民的热切愿望。我们必须抓住和用好我国发展的重要战略机遇期，在坚持以经济建设为中心的同时，自觉把文化繁荣发展作为坚持发展是硬道理、发展是党执政兴国第一要务的重要内容，作为深入贯彻落实科学发展观的一个基本要求，进一步推动文化建设与经济建设、政治建设、社会建设以及生态文明建设协调发展，为继续解放思想、坚持改革开放、推动科学发展、促进社会和谐提供坚强思想保证、强大精神动力、有力舆论支持和良好文化条件。为此，就要以改革创新的精神来推进中国特色社会主义文化的发展。历史唯物主义从来都认为，文化作为观念形态的东西，不仅要适应社会存在的变化，而且要在为经济、政治体制改革服务时，改革文化的生产方式、管理体制和传播手段，形成有利于文化发展创新的新文化体制。中国几千年的历史证明，一个民族的文化，凝聚着这个民族对世界和生命的历史认知和现实感受，积淀着这个民族最深层的精神追求和行为准则。同时，中国几千年的历史也证明，中华民族能够历经磨难而绵延不绝，不仅有着深厚的文化传统和强烈的文化认同，而且能够伴随着时代的进步不断引进外来文化、创新本土文化并使这两个方面结合起来，形成同时代相适应的新文化。事实上，在我国现实生活中，人们越来越感受到中国的现代化需要能与今天时代相适应的社会主义核心价值观的引领，需要能融传统与现代于一体的社会主义先进文化的支撑。学习这次全会的决定，我们高兴地看到，文化体制改革，是这次全会的一个亮点。应该讲，现在是到深化文化体制改革的时候了。因此，这次全会，作为改革开放以来我们党第三次专门研究思想文化建设的重要会议，在党的思想文化建设历史上，可以说是第一次全面动员和部署文化体制改革的历史性会议。

在准确把握新要求新趋势新期待中深化改革

党的十七届六中全会之所以作出深化文化体制改革，推动社会主义文化大发展大繁荣这一历史性的重要决定，是因为在当前，我们要抓住和用好发展的重要战略机遇期，必须在坚持以经济建设为中心的同时，自觉把文化繁荣发展作为坚持发展是硬道理、发展是党执政兴国第一要务的重要内容，作为深入贯彻落实科学发展观的一个基本要求，进一步推动文化建设与经济建设、政治建设、社会建设以及生态文明建设协调发展，为继续解放思想、坚持改革开放、推动科学发展、促进社会和谐提供坚强思想保证、强大精神动力、有力舆论支持、良好文化条件。

我们都知道，文化是民族的血脉和灵魂，是国家发展、民族振兴的重要支撑。人类社会发展史既是人类生命繁衍、财富创造的物质文明发展史，更是人类文化积累、文明传承的精神文明发展史。在今天，文化越来越成为民族凝聚力和创造力的重要源泉，越来越成为综合国力竞争的重要因素，越来越成为经济社会发展的重要支撑，丰富精神文化生活越来越成为我国人民的热切愿望。所以，我们要准确反映当今世界和当代中国的天下大势，不失时机地抓好文化体制改革，增强我国文化软实力，把我国建设成为一个社会主义文化强国。

首先，当今世界正处在大发展大变革大调整时期，我们要准确把握当今时代文化发展的新趋势。环顾全球，和平、发展、合作的时代潮流没有变，但世界和平与发展面临很多挑战。经济全球化继续发展，科技创新孕育新突破，各国经济相互依存不断加深，全球经济治理出现新变革。在这种情况下，世界各个国家各种文化的交流越来越多，对我国的文化发展和创新提供了前所未有的机遇。与此同时，国际金融危机深层次影响仍然存在，国际金融市场不稳定不确定因素增多，国际和地区热点此起彼伏，气候变化、生态恶化、能源资源安全、粮食安全、重大自然灾害等全球性挑战日益突出。特别是在互联网迅速发展的新情况下，国际社会发生的各种变动、各种信息已经可以通过扁平、快捷的信息传递方式，即时传到我国。在这样的情况下，文化在综合国力竞争中的地位和作用更加凸显，维护国家文化安全任务更加艰巨，增强国家文化软实力、中华文化国际影响力要求更加紧迫。深化我国文化体制改革，在尊重世界文化发展多样性的同时，增强我国文化软实力，有效应对全球发展面临的挑战，已经成为我国现代化建设必须解决的重大战略问题。

其次，当代中国进入了全面建设小康社会的关键时期和深化改革开放、加快转变经济发展方式的攻坚时期，我们要准确把握我国经济社会发展的新要求。经过三十多年改革开放，我们已经取得了举世瞩目的伟大成就，但我国仍处于并将长期处于社会主义初级阶段的基本国情没有变，人民日益增长的物质文化需要同落后的社会生产之间的矛盾这一社会主要矛盾没有变，我国是世界上最大的发展中国家的国际地位没有变。发展仍然是解决我国所有问题的关键。与此同时，人民群众的精神文化需求日趋旺盛，人们思想活动的独立性、选择性、多变性、差异性明显增强，对发展社会主义新文化提出了更高要求。这就需要我们在继续聚精会神搞建设、一心一意谋发展，不断夯实坚持和发展中国特色社会主义物质基础的同时，进一步坚持发展面向现代化、面向世界、面向未来的，民族的科学的大众的社会主义文化，推动社会主义先进文化更加深入人心，推动社会主义精神文明和物质文明全面发展，不断开创全民族文化创造活力持续迸发、社会文化生活更加丰富多彩、人民基本文化权益得到更好保障、人民思想道德素质和科学文化素质全面提高的新局面，建设中华民族共有的精神家园。这是对我们党执政能力的重大考验，也是对我们民族自强能力的重大考验。

再次，在全面建设小康社会的进程中，为了让人民共享文化发展成果，我国文化体制改革已经迈出关键步伐，我们要准确把握各族人民精神生活的新期待。改革使得中国人民在物质生活上富裕起来，同时人民希望改革能够使我们在精神生活上也富足起来。到 2020 年，我们要全面建成的惠及十几亿人口的更高水平的小康社会，既要让人民过上殷实富足的物质生活，又要让人民享有健康丰富的文化生活。这是广大人民群众对于文化体制改革的期待。据有关部门介绍，在过去5年改革实践中，为了让全体人民共享文化发展的成果，我国不断推进文化体制改革，并已经取得初步进展。出版、发行、影视制作等行业国有经营性事业单位转企改制基本完成。全国已经核销事业编制17.2万多名，中央直属单位核销了近2万名，全国共注销事业单位4300多个。公益性文化单位内部改革也在不断深化。文化馆、博物馆、图书馆等公益性文化事业单位人事、收入分配、社会保障制度改革取得重要进展，责任明确、行为规范、富有效率、服务优良的运行机制进一步形成。文化宏观管理体制改革成效也比较显著。新闻出版和广电系统实现政企分开，政府职能进一步转换，政策调节、市场监管、社会管理和公共服务的能力显著增强。与此同时，怎么样坚持社会主义核心价值体系，增强文化自觉和文化自信；怎么样坚持公益性文化事业与经营性文化产业"两手抓、两加强"；怎么样让人民群众看到更多的文化精品和传世力作；怎么样坚持把社会效益放在首位，努力实现社会效益与经济效益有机统一；怎么样坚持区别对待、分类指导，循序渐进、逐步推开，确保改革积极稳妥推进；怎么样坚持以人为本，维护职工权益，妥善解决社会保障衔接、人员分流安置等问题；等等，还有许多问题需要进一步解决。

总之，我们要按照十七届六中全会的决定，准确把握我国经济社会发展的新要求，准确把握当今时代文化发展的新趋势，准确把握各族人民精神生活的新期待，在全面建设小康社会的进程中，在科学发展道路上，奋力开创社会主义文化建设新局面。

繁荣发展社会主义文化必须深化文化体制改革

党的十七届六中全会在党的思想文化建设历史上，是第一次全面动员和部署文化体制改革的历史性会议。

我们是在改革开放的道路上艰辛地走过来的。对于文化体制改革的难度，不会亚于经济体制和政治体制改革，我们对此要有充分的思想准备。这不仅是因为思想文化层面的问题，也涉及人的世界观、人生观、价值观，是深层次的问题，不是讲几句道理，喊几句口号，就能够轻而易举地解决的，加上改革开放以来我们的思想文化已经多元化，文化体制改革势必会遇到许多思想认识问题，而且是因为在推进文化体制改革过程中，怎么样把握好文化所具有的精神的、意识形态的属性同商品的属性之间的关系，坚持把社会效益放在首位，求得社会效益与经济效益的有机统一，是一件非常困难的事情。因此，在领导人民群众深化文化体制改革的时候，我们要格外深刻地认识这场文化体制改革的目标和要求。

首先，我们要深刻认识深化文化体制改革的目标和方针。

十七届六中全会明确指出，深化文化体制改革，推动社会主义文化大发展大繁荣，有一个宏伟的目标，这就是要建设社会主义文化强国。

建设社会主义文化强国，尽管没有时间性规定，但要求也很明确。这就是：着力推动社会主义先进文化更加深入人心，推动社会主义精神文明和物质文明全面发展，不断开创全民族文化创造活力持续迸发、社会文化生活更加丰富多彩、人民基本文化权益得到更好保障、人民思想道德素质和科学文化素质全面提高的新局面，建设中华民族共有精神家园，为人类文明进步作出更大贡献。

全会还按照实现全面建设小康社会奋斗目标新要求，提出了到2020年文化改革发展的六大奋斗目标和五个重要方针。在领导人民群众深化文化体制改革的时候，我们要牢记这些目标和方针。比如在六大奋斗目标中，第一个目标提出"公民素质明显提高"；在五个重要方针中，第三个方针提出要"培育有理想、有道德、有文化、有纪律的社会主义公民"。这里讲到的"公民"，指的是在我们这个国家里享受法律规定的各项权利又承担着社会义务和社会责任的现代人，怎样在全社会树立公民意识，提高公民素质，就是一个重大的问题。

同时，我们要深刻认识深化文化体制改革的任务。

关于文化体制改革的任务，十七届六中全会在《决定》的五、六、七、八部分（也就是说，不仅仅是第七部分）作了全面的具体的部署。

这些改革任务，内容很多很具体，概括地说，一是在区分公益性文化事业和经营性文化产业的基础上，提出了与之相适应的目标任务、方针政策和管理办法，并使之相互协调发展；二是深化国有文化单位改革，健全现代文化市场体系，创新文化管理体制，同时完善政策保障机制；三是推动中华文化走向世界，同时积极吸收借鉴国外优秀文化成果；四是建设宏大文化人才队伍。

总之，我们一定要以高度的文化自觉和文化自信，着眼于提高民族素质和塑造高尚人格，以更大力度推进文化改革发展，在中国特色社会主义伟大实践中进行文化创造，让人民共享文化发展成果。

深化改革是为了建设社会主义文化强国

今天，我们提出要深化文化体制改革，推动社会主义文化大发展大繁荣，是在中国和平崛起于世界的大背景之下作出的一个重大的战略决策。也就是说，我们讲文化自觉和文化自信也好，讲文化体制改革也好，讲开创文化建设新局面也好，都不仅仅是为了解决国内的文化建设问题，一个重要的任务，是要在世界范围的综合国力竞争中进一步增强我们的国家文化软实力，努力把我国从一个文化古国、文化大国建设成为一个社会主义文化强国。

现在，世界范围各种思想文化相互激荡。我们必须按照面向现代化、面向世界、面向未来的要求，对我国文化的历史与现状进行冷静审视和反思，清醒认识存在的问题、差距和不足，大力推动文化内容形式、体制机制、传播手段创新，焕发创造激情，增强创新能力，使我国文化始终保持蓬勃生机与旺盛活力。江泽民同志曾经指出："综合国力，主要是经济实力、技术实力，这种物质力量是基础，但也离不开民族精神、民族凝聚力，精神力量也是综合国力的重要组成部分。"世界上许多有识之士都已经注意到，尽管中国在经济发展中创造了令人目眩的奇迹，但是在世界上却没有形成与此相应的文化影响力，更谈不上我们的话语权。党的十七大注意到了这个问题，提出了增强国家文化软实力这一战略任务。这次党的十七届六中全会承担的根本任务，就是全面贯彻十七大精神，高举中国特色社会主义伟大旗帜，以马克思列宁主义、毛泽东思想、邓小平理论和"三个代表"重要思想为指导，深入贯彻落实科学发展观，坚持社会主义先进文化前进方向，以科学发展为主题，以建设社会主义核心价值体系为根本任务，以满足人民精神文化需求为出发点和落脚点，以改革创新为动力，发展面向现代化、面向世界、面向未来的，民族的科学的大众的社会主义文化，培养高度的文化自觉和文化自信，提高全民族文明素质，增强国家文化软实力，弘扬中华文化，努力建设社会主义文化强国。

从中可以看出，增强国家文化软实力，建设社会主义文化强国，是今天深化我国文化体制改革的重大战略任务和现实奋斗目标。明确这一点，不仅可以使得我们的文化自觉和文化自信有一个高起点，而且可以使得我们在统筹国内和国际两个大局中规划和推进我国的文化建设。

那么，怎么样在深化文化体制改革中增强我国的文化软实力，把我国建设成为一个社会主义文化强国呢？

十七届六中全会认为，建设社会主义文化强国，就是要着力推动社会主义先进文化更加深入人心，推动社会主义精神文明和物质文明全面发展，不断开创全民族文化创造活力持续迸发、社会文化生活更加丰富多彩、人民基本文化权益得到更好保障、人民思想道德素质和科学文化素质全面提高的新局面，建设中华民族共有精神家园，为人类文明进步作出更大贡献。

全会还按照实现全面建设小康社会奋斗目标新要求，提出了到2020年文化改革发展奋斗目标，号召全党全国为实现这个目标共同努力，不断提高文化建设科学化水平，为把我国建设成为社会主义文化强国打下坚实基础。

为此，就要在增强文化的凝聚力、吸引力和感染力、传播能力等方面开拓创新，推进文化的繁荣发展。

增强国家文化软实力，建设社会主义文化强国，首先要增强中华民族的民族凝聚力。历史经验告诉我们，一个一盘散沙的民族和国家是没有国际地位的，一个没有文化凝聚力的民族和国家是没有文化软实力的，也不会被人尊敬的。这种文化凝聚力主要来自人们对社会核心价值的认同。社会主义核心价值体系是社会主义意识形态的本质体现，在整个文化建设中居于统摄和支配地位。深化文化体制改革，推动社会主义文化大发展大繁荣，必须把社会主义核心价值体系建设作为第一位的任务，努力在全社会形成统一的指导思想、共同的理想信念、强大的精神支柱和基本的道德规范。与此同时，我们要通过文化体制改革，一手抓公共文化服务体系建设，更好地保障人民群众基本文化权益；一手抓文化产业发展，更好地满足人民群众多层次、多方面、多样性的精神文化需求。我们一定要以高度的文化自觉和文化自信，着眼于提高民族素质和塑造高尚人格，以更大力度推进文化改革发展，在中国特色社会主义伟大实践中进行文化创造，让人民共享文化发展成果，使得中华民族以一个具有强大凝聚力的民族巍然屹立于世界民族之林。

增强国家文化软实力，建设社会主义文化强国，同时取决于我国文化的吸引力和感染力。深化文化体制改革，必须有利于大力推进文化的内容和形式创新。随着经济社会的不断发展，人民群众精神文化需求呈现出多层次、多方面、多样性的特点，审美情趣、欣赏习惯、评价标准等与过去相比有了很大不同，因此我们必须准确把握社会文化生活的新特点和人民群众的新期待，在内容上、形式上进行积极探索和大胆创造。与此同时，在我们的文化走向世界的时候，还要考虑到让我们的文化能够为各个国家具有不同文化和宗教背景的人民认同，并为他们接受和喜欢。因此，我们一方面要深入改革开放第一线，深入经济建设最前沿，深入人民群众日常生产生活，真实表现普通群众的喜怒哀乐，热情讴歌普通群众的精神风貌，使精神文化产品更好地反映人民主体地位和现实生活，为广大人民群众喜闻乐见；另一方面要在了解世界文化发展特点的同时，充分挖掘我国历史文化宝库，大力弘扬中华文化优良传统，并运用现代技巧增强文化的表现力，使之以更具吸引力、感染力的新的文化样式展现在当代人面前。

增强国家文化软实力，建设社会主义文化强国，还必须大幅度地提高我国的文化传播能力。深化文化体制改革，必须大力推进传播手段创新。文化的影响不仅取决于内容是否具有独特魅力，而且取决于是否具有先进的传播手段和强大的传播能力。我们都知道，在当今信息社会，谁的传播能力强大，谁的文化理念和价值观念就能广为流传。我们必须花大力气拓展传播渠道，丰富传播手段，加快构建传输快捷、覆盖广泛的文化传播体系，使我国文化传播能力有一个大的提高。同时，要大力实施"走出去"战略，完善和落实鼓励文化产品和服务出口的政策措施，培育外向型骨干文化企业和对外文化中介机构，积极开展对外文化贸易，努力扩大我国文化产品和服务在国际文化市场上的份额。为此，既要树立现代营销理念，掌握国际市场规则，抓紧构建营销网络，充分利用各类国际性文化博览会、影视节、出版物展销活动等平台，作好文化产品的推介和营销，又要培养一批了解世界文化需求、懂得文化营销的专门人才。我们要抓住国际社会研究东方文化、了解中华文明兴趣不断增加的有利时机，加强与国外知名文化机构的合作，不断拓展对外文化交流渠道，进一步扩大我国文化传播范围。

总之，我国作为发展中的社会主义国家，深化文化体制改革，推动社会主义文化大发展大繁荣，就是要高扬自己的文化理想，形成与我国经济社会发展和国际地位相适应的文化优势，增强国家文化软实力，把我国建设成为一个社会主义文化强国，在新的国际竞争中立于不败之地，维护国家发展利益和文化安全。

（作者单位：中共中央党校）

文化建设与文化强国

建设文化强国的三个关键

陈　晋

党的十七届六中全会提出努力建设文化强国，意味着我们目前还不是文化强国，也就是胡锦涛同志在全会讲话中说的，"西强我弱"的国际文化和舆论格局还没有根本扭转。这是对我国文化建设所处历史方位一个重要而清醒的判断。同时，六中全会总结我们党建设先进文化的经验，明确了中国特色社会主义文化的发展道路，这又说明，在努力实现建设文化强国的问题上，我们具有高度的文化自觉和文化自信。

提出文化强国这个战略目标，自然引出什么是文化强国的问题。有的基本标准是比较清楚的，也容易去衡量。比如，文化生产力的高低和文化产品的多少，为人民提供的公共文化服务是不是足够普及，文化产业在经济总量当中的比重有多大，以及人民群众参与创造、共同分享和积极消费文化产品的程度如何，等等。达到这些要求，虽然也不容易，但只要有持久的努力和足够的投入，随着经济社会的进一步发展，随着文化生产力的不断提高和文化产品的日益丰富，是可以预期的。

建设社会主义文化强国，还有一些基本要求，难有明确具体的标准来衡量，但它们却更具关键意义，甚至可以说是能否实现文化强国这一战略目标的前提。这里谈三个这样的关键问题。

第一，对内而言，建设文化强国，增强社会主义核心价值体系的凝聚力和感召力是关键。

鲁迅说人无信不立。一个民族、一个国家、一个政党、一个社会，也是无信不立。所谓信，就是信仰、信念、信心这些价值观，并且把它们当成做人做事的评判标准，还要对它们产生敬畏之心。这样要求，并不苛刻。因为从古到今，从中到外，任何一个强国的兴起，其思想文化的力量都发挥了举足轻重的作用；任何一种文化的构建，其价值观念都居于核心地位。正是在这个意义上，六中全会的《决定》提出社会主义核心价值体系是"兴国之魂"，是社会主义先进文化的"精髓"，决定着中国特色社会主义"发展方向"，是先进文化建设的"根本任务"。如果没有核心价值体系的支撑，是谈不上建设文化强国的；如果没有对核心价值体系发自内心的尊重和珍惜，文化强国也是建设不起来的；如果核心价值体系没有发挥足够的化人、育人功能，成为人们的基本遵循，也不能说你的文化有多强。所以，建设文化强国，关键在立"信"、树"魂"，想方设法增强社会主义核心价值体系的凝聚力和感召力，使之在社会成员当中发生入脑、生情和范行的真切影响。这是关键，是灵魂，是前提，是坐标，是提升我国文化软实力的一个根本要求。"软实力"强了，实现以"文"化"人"就更容易一些。文化，其要害是其"文"可以并且能够去化"人"。现在我们国家的社会主义核心价值体系影响力如何？应该说，人民群众思想道德的主流是好的，主流意识形态的影响力是强的。如果不承认这一点，否认改革开放几十年来思想道德领域的巨大进步，就很难解释改革开放几十年来在经济社会发展中的巨大成就。不能忘记经济社会发展的主体是人，是广大的人民群众。正是人民群众思想道德观念的巨大进步，才推动了经济社会的巨大发展。我们是社会存在和社会意识的统一论者，而不是社会存在和社会意识的二元论者。当然，也要清醒地看到，由于各种原因，当前增强社会主义核心价值体系的凝聚力和感召力的任务仍然很重。这是一件相当长远和仔细的工作，需要耐力去坚持去推动。不像搞经济建设，十年二十年可以翻一番、翻两番。而文化的繁荣发展，虽然离不开经济，离不开钱，但有了经济发展，文化不会自然繁荣；立"信"、树"魂"这样的事，更不可能靠钱堆出来。古人讲，十年树木，百年树人，就是这个道理。唯其如此，六中全会才没有提出实现"文化强国"的时间表，而是强调"努力建设"。

第二，对外而言，建设文化强国，提升国家的文化软实力和影响力是关键。

在历史上，中国曾经是一个文化强国，中国的价值观念、制度文明和文学艺术，对周边国家有过强大的吸引力和影响力。今天我们提出建设文化强国，实际上是实现中华民族伟大复兴的应有之义。民族复兴，当然包括文化复兴，而且文化复兴是重要的也是带有根本标志性的复兴。文化上是不是复兴，是不是强国，在当今世界，不能关起门来衡量，还要看你的文化在国际上的影响力，特别是价值理念、发展道路、国民素质、国家形象，能不能在国际上有竞争力，能不能赢得更多的认同，能不能在世界的精神文化高地上据有特殊的分量。从这个角度讲，我们虽然在这方面的影响力也不断增强，但我们的文化软实力和影响力还有三个不相称，一是和中国在国际上的政治经济方面的硬实力和影响力不相称，二是与中国深厚的文化底蕴不相称，三是同我们倡导和奉行的社会主义先进文化不相称。我们虽然为语言、民俗、饮食这样一些生活状态的和实用性的文化形态走出去做了很多工作，取得不小的成绩，但目前国际文化格局依然是西强我弱。原因在哪里呢？过去我们强调走出去，为的是打破文化上被视为"异类"的围堵，从展示生活状态的和实用性的文化形态开始，是必然的选择，别人也容易接受一些。但如果仅仅停留在这个层面，文化影响力是有限的。现在需要更深入地探讨和熟悉跨文化交流的规律，在涉及价值观念层面的交锋中更显主动和从容，在文化交融中既发挥应有的影响力，又实现自己的创新。这样才能在走出去的同时，能够"走上去"、"扎下去"，在当代世界的价值观念层面取得话语权，提升软实力。这方面要做的事情更多，更复杂，更需要掌握文化创造和传播的规律。

第三，对文化创造本身而言，建设文化强国，最大限度地激发文化创新活力是关键。

努力建设文化强国的又一个并且是带有根本性的要求，是增强文化创造活力。我们是文化资源丰厚的大国，也是文化产品生产的大国，之所以还不算强，是因为我们对社会主义市场经济条件下文化创造的规律，还需要进一步探索和掌握，对文化创新活力的激发，还存在不足。我国一年的精神文化产品，从电影到电视剧，从舞台演出到图书出版，从小说到诗歌、散文、歌曲等等，产品的供给总量是很大的，有不少精品力作，文化创新也作了大量探索，对满足人的多层次、多领域、多样化的精神文化需求发挥了主力军作用。但总的感觉是精品力作还不够多，一些作品重复多，格调不高，存在娱乐色彩过浓等问题。不进一步解决思想内容进一步提升，增强创新动力、创新活力、创新能力的问题，文化产品数量再多，形成的有效需求仍然有限，也不能说是文化上的强国。

增强文化创新活力，关键是进一步解放和发展文化生产力，激发文化人才队伍的创造力和想象力，同时要努力培育、引导和提升人民群众的文化消费水平和需求能力。这当中，有文化人才培养问题，有文化体制改革问题，有文化市场的培育问题，有文化氛围的提升问题，更有对文化规律的掌握和运用问题，等等。这里有两个问题特别要注意，一个是对待既有文化资源的态度问题，一个是重视用正确的思想情感提升文化品位的问题。

中外优秀文化遗产，毫无疑问是我们建设文化强国的重要资源。好的文化成果一旦被创造出来，可以被一代又一代人享用、消费，既可以产生新的经济效益，还能够不断起到"化人"的作用。这就是出版界不断重印中外文学经典和学术经典的原因。这里需要强调的是，我们建设的文化强国，前面有一个定语，叫"社会主义"，因此，对革命、建设和改革开放年代创造和积累的文化资源，更要珍惜。断了文化的血脉，想一切从头开始，是建立不起文化强国的。美国历史不长，但它的文化基因，却也是从欧洲文明传承而来。但这只是问题的一个方面。我们说的文化复兴，不是复述或娱乐化演义文明古国的故事，也不是亦步亦趋地照搬西方，向别人看齐。这样做，不可能改变西强我弱这种国际文化格局，在某种程度上，甚至可以说是矮化了文化自觉，舍弃了文化自信，算不得文化自强。只有在大胆汲取各种文化资源的基础上，走自己的文化发展道路，创造出贴近时代生活，体现中国作风和中国气派的东西，才是建设文化强国的真谛。

再谈用正确的思想情感提升文化品位的问题。没有健康的和有品位的思想价值观念这个灵魂，任何文化产品都可能是苍白无力的。在文化创造的工艺技术方面，我们不难赶上西方发达国家，只要是国外有的技术手段，我们很快就会有。这些年的电影大片，已经证明这一点。文化创新，需要优良的文化品种。这种优良的文化品种就是思想价值观念。就像种庄稼，有了农田，水利设施也完善，气候也适宜，但如果缺少优良种子，还是不行。没有优良的思想情感种子，形式再华丽，故事编得再好，制作工艺再精，最多也只能引起一次性文化消费，而且影响力也如过眼云烟，留下的只是空洞的形式躯壳，不可能成为经典。由此可见，激发文化创新活力，最根本的还是要激发有思想、有品位的文化创新活力。

（作者单位：中央文献研究室）

加强文化创作生产

郭义强

按照会议安排，介绍一下党的十七届六中全会关于文化产品创作生产方面的主要精神和学习体会。

文化要充分发挥引领风尚、教育人民、服务社会、推动发展的作用，最重要的是靠产品。创作生产更多优秀作品，这是文化繁荣发展的重要标志，也是《中共中央关于深化文化体制改革推动社会主义文化大发展大繁荣若干重大问题的决定》（以下简称《决定》）突出强调的一个重要方面。随着文化与市场接轨越来越紧密，参与文化产品创作生产的主体更加多元，加强积极有效的引导具有更加重要的现实意义。长春同志讲，加强文化产品创作生产引导是社会主义文化建设的根本和关键，是实现文化大发展大繁荣的重要基础，也是当前文化建设和发展中迫切需要解决的问题。

从目前的情况看，我国文化产品创作生产总体形势良好，呈现出积极向上、繁荣发展的景象。我国电影产量由 2003 年不到 100 部上升到 2010 年的 526 部；电视剧产量由 2003 年 1 万集上升到 2010 年的 14000 多集；2010 年我国图书出版品种和总印数均居世界第一位、电子出版物居世界第二位，长篇小说出版总量达到 3000 部，这还不包括网上发表的小说。新闻出版总署的统计表明，1911 年前我国出版的各类古籍有 20 多万种，民国时期共出版图书 12.4 万种，2010 年我国出版图书 32.8 万种，新书也有近 19 万种，一年的新书量接近 1911 年以前的总和。1949 年以来，我国共出版图书 273 万种，现在每年的出书量还在增长。其中一些作品内容厚重、质量上乘，受到读者喜爱，发行量很大、社会影响很好。比如，《马克思恩格斯文集》10 卷本、《列宁专题文集》5 卷本已发行 4 万套，创这些年马恩经典著作发行的最高纪录。

《中国共产党历史》第 2 卷已发行 180 万套，《历史的轨迹——中国共产党为什么能》一书也发行近 60 万套。同时也要看到，同人民群众的需求和期待相比，同生机勃勃的社会实践相比，文化创作生产仍然存在不小差距，一是叫得响、传得开、留得住的高质量文化产品还不够多；二是一些作品存在导向问题，颠覆传统、诋毁崇高、戏说英雄、消解主流；三是一些作品格调不高，低俗、媚俗，追求感官刺激，宣扬拜金主义；四是一些作品选题重复，内容缺乏新意，跟风炒作，抄袭模仿，浪费资源。产生这些问题的主要原因是，一些作家、艺术家和文化产品生产单位，创作生产的指导思想不正确，心态浮躁，急功近利。

针对当前存在的现实情况，《决定》着眼于推出更好更多精神文化产品，对文化产品创作繁荣提出了新要求，这就是：适应人民需要的文化产品更加丰富，精品力作不断涌现。围绕实现这一目标，《决定》从六个方面进行了部署，一是坚持正确创作方向，二是繁荣发展哲学社会科学，三是加强和改进新闻舆论工作，四是推出更多优秀文艺作品，五是发展健康向上网络文化，六是完善文化产品评价体系和激励机制。

理解《决定》提出的要求，要重点把握以下内容。

一是坚持正确创作方向。《决定》强调这是文化创作生产的根本性问题。要牢固树立人民为中心的创作导向，全面贯彻"二为"方向和"双百"方针，清醒认识到舆论导向正确是党和人民之福、舆论导向错误是党和人民之祸，矢志不移地坚持马克思主义新闻观。推动哲学社会科学繁荣发展，更好地发挥其认识世界、传承文明、创新理论、咨政育人、服务社会的重要功能。网络文化要唱响网上思想文化主旋律。文艺作品要热情讴歌改革开放和社会主义现代化建设伟大实践，生动展示我国人民奋发有为的精神风貌和创造历史的辉煌业绩。要完善文化产品评价体系和激励机制，形成科学的评价标准。

二是增强文化工作者的社会责任感。《决定》强调文化工作者要成为优秀文化的生产者和传播者，必须做道德品行和人格操守的示范者。要增强社会责任感，弘扬科学精神和职业道德，增强国情了解、增加基层体验、增进群众感情，坚持正确的文化立场，认真对待和积极追求文化产品的社会效果，追求真善美，贬斥假恶丑，把学术探索和艺术创作融入实现中华民族伟大复兴的事业之中。

三是准确把握更好更多的要求。《决定》的一个重要提法，就是由为人民提供"更多更好"的精神食粮，调整为提供"更好更多"的精神食粮。这不单是表述顺序的变化，而是有着深刻的内涵和要求上的差别，体现了我们党对文艺产品创作规律认识的深化，体现了以科学发展观统领文化建设的新的文化发展理念。"更好"的标准是什么？《决定》强调几个方面：一个是"三个无愧"，即无愧于时代、无愧于历史、无愧于人民；一个是代表国家水准、具有世界影响、经得起实践和历史检验；一个是思想性艺术性观赏性相统一、人民喜闻乐见；同时强调坚持"一个最高标准"，即把遵循社会主义先进文化前进方向、人民群众满意作为评价作品最高标准；实现"三者统一"，即把群众评价、专家评价和市场检验统一起来。"更多"主要表现在数量种类、题材体裁和形式手段上，如《决定》中的文艺作品就列举了13个门类。同时，《决定》着眼于推出更好更多的精神文化产品，提出要组织好"四项工程"，即精神文明建设"五个一工程"、重大革命和历史题材创作工程、重点文学艺术作品扶持工程、优秀少儿作品创作工程，鼓励原创和现实题材创作。通过实施这些精品战略，集中优秀人才和优势资源，不断推出文艺精品，在全社会发挥导向和示范带动作用，推动我国文化产品创作生产的发展和繁荣。《决定》还强调要坚持发扬学术民主、艺术民主，营造积极健康、宽松和谐的氛围，提倡不同观点和学派充分讨论，提倡体裁、题材、形式、手段充分发展，推动观念、内容、风格、流派积极创新。

四是处理好几方面关系。一是"魂"与"体"的关系。社会主义核心价值体系是文化建设的魂，也是文化产品创作生产的魂，文化产品创作生产要始终贯穿这个魂。要做强做大文化产品创作生产的主体，更好地传播和弘扬社会主义核心价值体系这个魂。二是数量与质量的关系。始终坚持数量服从质量，不能一味追求数量，忽视质量，用数量淹没质量。三是面向市场与引导市场的关系。要贴近但不能一味迎合，要适应但必须加强引导。四是社会效益与经济效益的关系。要始终坚持把社会效益放在首位，两者发生矛盾时，经济效益要服从社会效益，不能把经济利益、部门利益凌驾于国家利益、民族利益、群众利益之上。五是文化与商业的关系。文化产品具有商业属性，也具有很强的意识形态属性，文化企业说到底仍然是从事文化生产的企业，任何时候都不能忘了文化建设这个根本。六是眼前与长远的关系。要立足当前，更要着眼长远，坚持走可持续发展之路。

（作者单位：中共中央宣传部）

发挥市场在文化资源配置中的积极作用

韩永进

2011 年召开的党的十七届六中全会审议通过的《中共中央关于深化文化体制改革推动社会主义文化大发展大繁荣若干重大问题的决定》，内容十分丰富，理论上有新概括，政策上有新突破，举措上有新实招。特别是提出了"发挥市场在文化资源配置中的积极作用"这一新的理论概括，反映了我们党对中国特色社会主义规律、对中国特色社会主义市场经济规律、对中国特色社会主义文化发展规律的认识达到了一个新高度。

1. 文化中有市场

随着中国特色社会主义改革发展的深入，我们在文化与市场关系的认识上，先后提出和确立了"文化市场"与"文化产业"。1982 年 9 月召开了中国共产党第十二次全国代表大会，标志着拨乱反正任务的基本结束和全面开创社会主义现代化建设新局面的开始。党的十二大以后，我国改革开放全面展开，农村经济体制改革取得了突破，我国经济体制改革的重点由农村逐步转向城市，特别是 1984 年 10 月 20 日召开的十二届三中全会，通过了《中共中央关于经济体制改革的决定》，突破了把计划经济同商品经济对立起来的传统观点，明确了我国经济是"公有制基础上的有计划的商品经济"。在这样的大背景下，随着经济体制改革的深入，随着文化功能日趋多样化和丰富，文化的产业属性逐步显现出来，以营业性舞会和音乐茶座为发端的文化市场日益活跃。在计划经济体制下，没有也不需要文化市场，即使有也是不合法和不被承认。1987 年文化部、公安部、国家工商行政管理局发布了《关于改进舞会管理的通知》，正式认可营业性舞会等文化娱乐经营性活动。1988 年文化部、国家工商行政管理局发布《关于加强文化市场管理工作的通知》，正式提出文化市场的概念，同时明确了文化市场的管理范围、任务、原则和方针。这标志着在我国"文化市场"的地位正式得到承认。1989 年国务院批准在文化部设置文化市场管理局，归口管理文化市场，拟定文化市场发展规划，研究文化市场发展态势，指导文化市场稽查工作，全国文化市场管理体系开始建立。1992 年邓小平同志视察南方的重要谈话发表和党的十四大的召开，标志着我国改革开放和现代化建设进入了一个新阶段。十四大确立了社会主义市场经济的改革目标。十四大以后，党中央和国务院围绕建立社会主义市场经济体制的目标，相继作出了一系列部署，推动改革和建设加快发展。1993 年 11 月召开的党的十四届三中全会审议通过了《中共中央关于建立社会主义市场经济体制若干问题的决定》提出了我国市场经济的基本框架，制定了我国 90 年代经济体制改革的行动纲领。1994 年开始，中国的改革开放迈开了更大的步伐，经济体制改革进入整体推进、重点突破阶段，开始了财政体制、税收体制、金融体制、外贸体制、外汇体制、计划体制、投资体制、价格体制、流通体制、住房和社会保障体制等多个领域的改革。正是在这样的背景下，2000 年 10 月，中国共产党第十五届五中全会通过的《中共中央关于制定国民经济和社会发展第十个五年计划的建议》中，第一次在中央正式文件里提出了"文化产业"这一概念，要求完善文化产业政策，加强文化市场建设和管理，推动有关文化产业发展。"文化产业"概念的提出，标志着我们对于文化与市场关系的认识达到了一个新水平，对文化的性质功能的认识达到了一个新的高度。我们以前对于文化的认识，对于文化的功能作用的认识是比较单一的，文化只是和"事业"与"工作"联系在一起的，文化属于意识形态，是喉舌，是阵地，是教育手段，是娱乐形式。而文化产业概念的提出，则反映了在市场经济条件下，文化除了上述属性依然存在外，还有其产业属性的一面，还有其价值规律发生重要作用甚至在有些文化产品资源配置发挥决定性作用的一面。从 80 年代"文化市场"地位的提出和承认，到现在"文化产业"地位的提出和承认，反映了我们对于文化自身发展规律的认识越来越深，这是建立社会主义市场经济对文化发展的必然要求，这是坚持先进文化前进方向的必然要求。

2. 一项艰巨的历史使命

发展社会主义的先进文化，必须立足于改革开放和现代化建设的实践，探索和实现社会主义先进文化与社会主义市场经济的结合，在这个结合过程中，最核心的问题就是如何处理与市场的关系问题。在1996年《中共中央关于加强社会主义精神文明建设若干重要问题的决议》中，就提出了这样一个命题："在发展社会主义市场经济和对外开放条件下建设社会主义精神文明，是中国共产党人和中国人民一项艰巨的历史使命。"要求我们实现两个结合——"这种经济体制，不仅同社会主义基本经济制度政治制度结合在一起，而且同社会主义精神文明结合在一起"。在社会主义条件下发展市场经济，是前无古人的伟大创举，是中国共产党人对马克思主义发展作出的历史性贡献。由计划经济体制向社会主义市场经济体制的转变，实现了改革开放新的历史性突破，打开了我国经济、政治和文化发展的崭新局面。实践已经证明，发展社会主义市场经济有利于解放和发展社会主义社会生产力，增强社会主义国家的综合国力，提高人民的生活水平。社会主义市场经济的发展，特别是文化产业的发展，激发了文化发展的无限生机和活力，也有利于增强人们的自立意识、竞争意识、效率意识、民主法制意识和开拓创新精神，使社会主义的优越性进一步发挥出来。同时，市场自身的弱点和消极方面也会反映到精神生活中来。在文化领域，不仅有市场自身弱点和消极的反映，更有一个如何摆正市场在文化发展中的位置、处理好与市场关系的问题。处理好文化改革发展与市场的关系，必须要研究破解在社会主义市场经济条件下、在改革开放的时代背景下，文化与市场必然涉及的三对矛盾：一是一般市场经济理论（原理）与社会主义先进文化的矛盾；二是市场经济本身缺陷与社会主义先进文化的矛盾；三是物质产品生产与精神产品生产异同的矛盾。

马克思明确把社会形态这一完整的社会系统区分为生产力、生产关系（经济基础）和上层建筑三个层面，又把上层建筑区分为法律的和政治的上层建筑与社会意识形式即观念的上层建筑两部分，同时，提出了社会存在与社会意识相互作用的基本原理。根据马克思主义经济基础与上层建筑相互关系的基本原理，社会主义市场经济体制的建立也必然要求建立与之相适应的上层建筑，实现从计划经济体制向社会主义市场经济体制的转变，必然会涉及经济基础和上层建筑的许多领域，必然会对人们的利益关系、社会关系、思想观念、思维方式、生活方式、文化娱乐方式等方面产生广泛深刻的影响。市场经济在世界历史上已有几百年的历史，而在中国真正开始提出实现计划经济体制向社会主义市场经济体制转变，也只有 20 多年的历史。构成市场经济理论的基础主要是西方经济学说。在西方经济学说中的基本理论就是三个假定：经济人假定、资源稀缺假定和保护个人产权假定。与此大致相对应的是三个原理：福利最大化原理、供求原理和等价交换原理。其中，最基础的一个原理就是经济人假定，把人看做是理性的利己主义者，最有代表性的是亚当·斯密的《国民财富的性质和原因的研究》。而我们所要建立的社会主义市场经济体制是同社会主义基本制度结合在一起的经济体制，实行的是以公有制为主体、多种所有制经济共同发展的基本经济制度，实行的是以按劳分配为主体、多种分配方式并存的分配制度，发展经济的根本目的是提高全国人民的生活水平和质量，满足人们多样化的物质文化需求。与此相应，我们要发展的先进文化是把社会利益、集体利益、国家民族长远利益放在首位的文化，是反对私有观念、反对剥削观念、反对不劳而获观念的文化。如何把社会主义先进文化性质、任务、要求与市场经济的文化性质、任务、要求结合起来，是一个艰苦的任务和一个复杂长期的过程。从另一角度说，即使是完全的市场经济本身也存在许多缺陷，存在着"市场失灵"。单纯的市场不能独自很好地完成资源配置的任务，导致垄断，通货膨胀，经济萧条，排斥政府对经济活动的合理干预；不能有效提供公共用品，不能解决公共产品和服务的供给；不能解决公平与效率的矛盾，效率优先于公平，贫富差距拉大，不考虑无谋生能力弱势群体的需求，某些人不付代价就可以得到来自外部的经济好处，即所谓"搭车"现象；不可能解决好科技、环境保护等关乎长远发展的问题；等等。所有这些市场经济本身的缺陷给发展社会主义先进文化带来负面的影响。市场经济活动的趋利性，促使一些人对金钱物质贪得无厌，滋长出强烈的拜金主义，一切向钱看，不择手段追求金钱，甚至不惜违法犯罪；市场经济活动的需求消费性，促使一些人滋生了贪图安逸、追求享受的思想，勤俭节约、艰苦奋斗的精神被讽刺奚落，把享乐当做人生的最终目的，甚至挥霍无度，向往奢侈糜烂的生活；市场经济活动的个人主体性，促使一些人产生了个人利益至上的思想，把个人利益作为做事为人的唯一尺度，对自己有利的事就干，无利的事就不干，利己主义盛行，造成一些人社会责任感的丧失和同情心的淡漠，把人际关系视为赤裸裸的金钱交易关系；市场经济活动的自发调节性，诱使一些人走向自由主义和分散主义，爱国主义、集体主义、全局观念、纪律观念被遗忘。市场经济将商品观念逐步地渗透到文化活动中，通过提供新的文化生产手段、新的文化消费方式，提高了资源配置效率，改变着当代中国的文化格局。与此同时，在文化领域也出现了唯票房、唯收视率、唯发行量、唯码洋的情况，也出现了追求眼球效率而不择手段的现象。因此，如何在建立社会主义市场经济条件下，充分发挥市场机制的积极作用，同时有效地防止拜金主义、享乐主义、极端个人主义等腐朽思想和丑恶现象的滋长蔓延，帮助人们树立社会主义的共同理想，社会主义的荣辱观、价值观，如何在扩大开放、积极吸收世界优秀文明成果的同时，弘扬中华民族优秀文化传统，防止和消除文化垃圾，有效地抵御国际敌对势力对我进行的西化、分化的图谋，这是一个重大课题。

物质文明与精神文明是人类社会实践的两种相互联系的伟大成果，是社会生产和社会生活的两个密切相关的组成部分。但两种文明的生产是不同的，精神文化生产与物质生产相比主要有五个显著特征：一是活动性质不同，物质生产以体力劳动为主，精神文化生产以脑力劳动为主。文化本身属于上层建筑，特别是文化中的报纸、广播、电视等是党、政府和人民的喉舌，在党和国家工作中有着极其重要的地位和作用。二是承担的任务不同，物质生产的产品主要是用来满足物质需要的吃穿用住行等物质产品，精神文化生产的产品主要是思想、文学、艺术、新闻、影视等满足精神需要的精神产品。三是生产主体和要求不同，一般讲，物质生产的主体是工人、农民，精神文化生产的主体是知识分子。精神文化生产要求特殊，要坚持政治家办报、办台的原则，政治上要与党中央保持高度一致，遵守纪律，要做到"政治强、业务精、纪律严、作风正"。四是生产特征不同。物质生产是按照确定的程序、目标进行的，是一种周期性、重复性的劳动，而精神文化生产本质上是从已知领域向未知领域的探索过程，探索性和创新性是其本质特征。同时，精神文化生产还有其独特的工作要求，新闻宣传要牢牢把握正确的舆论导向，成为全国安定团结的思想上的中心。文艺要弘扬主旋律，提倡多样化，为社会主义服务、为人民服务、为全党全国工作大局服务。五是经营目的不同，文化生产必须把社会效益放在首位，努力做到社会效益和经济效益的统一，在特殊情况下，宁可放弃经济效益也要确保社会效益。

3. 发挥市场在文化资源配置中的积极作用

"发挥市场在文化资源配置中的积极作用"提出，是我们党长期探索得出的科学结论。首先，马克思辩证唯物主义和历史唯物主义原理是科学结论的理论基础，只有应用马克思主义的立场观点方法去观察问题、思考问题，才能得出科学结论。马克思主义原理既全面论述了经济基础和上层建筑的辩证关系，又全面论述了上层建筑诸因素作用的性质。强调政治、法律、哲学、宗教、文学、艺术等上层建筑有各自的能动作用，而政治、法律等因素直接与经济基础发生联系，直接体现统治阶级的利益，是上层建筑的核心成分，在上层建筑中居主导地位。哲学、宗教等因素离经济较远，往往需要以国家和法律为中介反映和影响经济的变化。马克思主义原理还全面论述意识形态的相对独立性，强调意识形态是由经济基础决定的，但又有一定的独立性，有自己的特点和特殊发展规律，具体表现在三个方面：一是具有历史继承性。"每一个时代的哲学作为分工的一个特定的领域，都具有由它的先驱传给它而它便由此出发的特定的思想材料作为前提。"二是具有同经济发展的不平衡性。"经济上落后的国家在哲学上仍然能够演奏第一小提琴。"三是意识形态各种因素之间的相互制约性。意识形态的发展除受经济制约外，还不同程度受意识形态其他因素的影响，特别是受政治和法律观点的影响。

其次，我们在马克思主义指导下，在文化理论和实践两个方面进行了不断的探索，并且取得了丰硕的成果。我们强调必须坚持社会主义先进文化前进方向。中国特色社会主义文化是以培育有理想、有道德、有文化、有纪律的公民为目标，面向现代化、面向世界、面向未来的，民族的科学的大众的社会主义文化。它渊源于中华民族五千年文明史，植根于中国特色社会主义的实践。它反映我国社会主义经济和政治的基本特征，具有鲜明的社会主义性质。坚持马克思列宁主义、毛泽东思想、邓小平理论和"三个代表"重要思想为指导，深入贯彻落实科学发展观，坚持为人民服务、为社会主义服务的方向，坚持百花齐放、百家争鸣的方针，弘扬主旋律，提倡多样化。坚持以科学的理论武装人，以正确的舆论引导人，以高尚的精神塑造人，以优秀的作品鼓舞人。大力发展先进文化，支持健康有益文化，努力改造落后文化，坚决抵制腐朽文化。贴近实际，贴近生活，贴近群众。社会主义文化是社会主义社会政治和经济的反映，必然会随着时代的发展而发展；文化创新是文化发展最主要的推动力，文化创新是充满强烈精神个性的创造性活动，要求有和谐宽松自由的环境；文化一方面可以满足社会的精神需求，另一方面又给予社会政治和经济伟大的影响和作用；文化具有继承性，必须继承一切优秀的历史遗产，借助以往丰富的文化资源，才能发展起来；文化具有物质性，文化的内容，无论是思想还是美学精神都必须借助物质载体：语言、戏剧、音乐、舞蹈、广播、影视、互联网等才能传播；文化具有过程性，其发展是一个从简单到复杂、从单调到丰富的过程，无论是内容还是形式。

我们强调文化事业与文化产业协调发展，"两轮驱动、两翼齐飞"。中国特色社会主义文化具有双重属性，一方面具有意识形态属性，另一方面具有产业属性，我们党在理论上的一大创新就是根据这种双重属性将文化分为文化事业与文化产业两个方面，实行文化事业和文化产业两分开，实现两轮驱动，两翼齐飞。经过多年实践的探索，我们提出了新文化发展理念，明确了文化发展思路上要一手抓公益性文化事业、一手抓经营性文化产业，一手努力构建覆盖城乡惠及全民的公共文化服务体系，一手壮大文化产业繁荣文化市场，一手抓繁荣，一手抓管理。2002年，党的十六大第一次将文化分成文化事业和文化产业，强调要积极发展文化事业和文化产业。十六大以来，我们陆续提出了要正确区分文化事业与文化产业，坚持文化事业和文化产业协调发展，坚持一手抓公益性文化事业，一手抓经营性文化产业，做到"两手抓、两加强"。要根据文化事业和文化产业的不同特点，提出不同要求，设计不同的体制，制定不同的政策，明确市场在文化事业发展和文化产业发展中不同的地位和作用。强调发展文化产业是市场经济条件下繁荣社会主义文化、满足人民群众精神文化需求的重要途径，要按照全面协调可持续的要求，推动文化产业跨越式发展，使之成为新的经济增长点、经济结构战略性调整的重要支点、转变经济发展方式的重要着力点；另一方面又强调满足人民基本文化需求是社会主义文化建设的基本任务，建立健全公共文化服务体系是人民群众基本文化权益的重要保障。要按照体现公益性、基本性、均等性、便利性的要求，坚持政府主导，加大投入力度，调整资源配置，推进重点文化惠民工程，加强公共文化基础设施建设，完善公共文化服务网络，促进基本公共文化服务均等化。我们提出了文化事业和文化产业的改革方向和目标：发展公益性文化事业要以政府为主导，增加投入，转换机制，深化劳动人事、收入分配和社会保障制度改革，增强活力，改善服务，实现和保障广大人民群众的基本文化权益。发展经营性文化产业要创新体制，转换机制，面向市场，壮大实力，满足人民群众多方面、多层次、多样性的精神文化需求。从一定意义上讲，繁荣文化事业主要靠政府，发展文化产业主要靠市场。文化产业的基本性质在于其市场性，以营利为目的文化艺术的生产经营是文化产业的特征，要在市场中公平竞争、优胜劣汰。文化产业具有经济功能，通过满足人们的文化消费需求，创造出经济效益，起到增加就业、刺激消费、涵养税源等经济作用。文化产业具有文化功能，可以更好地满足人民大众的多层次多方面的文化需求，在文化普及促进高雅艺术走近大众方面发挥独特作用。文化事业与文化产业的区别在于价值目标不同、机构性质不同、经济来源不同、运行机制不同、管理方式不同。但公益性文化也有充分利用市场规律问题，经营性文化产业更有一个讲社会效益的问题。

　　我们强调坚持把社会效益放在首位，坚持社会效益和经济效益有机统一。早在 1985 年邓小平同志在中国共产党全国代表会议上的讲话就提出了："思想文化教育卫生部门，都要以社会效益为一切活动的唯一准则。"我国提出建立社会主义市场经济体制之后，江泽民同志又指出："在发展社会主义市场经济条件下，处理好社会效益与经济效益的关系，是精神产品生产的一个很重要的问题。"随着社会主义市场经济体制的逐步建立，随着文化事业和文化产业的发展，我们多次强调发展各类文化事业和文化产业都要贯彻发展先进文化的要求，始终把社会效益放在首位，努力实现社会效益和经济效益的有机统一。2002 年，胡锦涛同志在全国宣传部长会议上的讲话强调："随着社会主义市场经济的发展，精神产品的生产流通也会受到市场经济规律的制约，也有一个提高经济效益的问题。但精神产品具有不同于物质产品的特殊属性，必须正确处理经济效益与社会效益的关系，坚持把社会效益放在首位，决不能唯利是图、见利忘义。"2005 年《中共中央 国务院关于深化文化体制改革的若干意见》进一步明确："坚持把社会效益放在首位，努力实现社会效益和经济效益的统一。高度重视文化的意识形态属性，充分考虑文化的产业属性，把两者统一到文化体制改革的全过程。坚持一手抓繁荣、一手抓管理，努力为全社会提供丰富多彩的文化产品和服务，最大限度地发挥文化引导社会、教育人民、推动经济发展的功能。"2006年在《国家十一五时期文化发展纲要》中，强调我国文化发展要坚持的方针原则就包括"坚持把社会效益放在首位，实现社会效益和经济效益的统一，最大限度地发挥文化引导社会、教育人民、推动发展的功能"。2007年党的十七大提出"始终把社会效益放在首位，做到经济效益与社会效益相统一"。这次《决定》中强调建设社会主义文化强国必须要遵循的五条重要方针就有：坚持社会效益放在首位，坚持社会效益和经济效益有机统一，遵循文化发展规律，适应社会主义市场经济发展要求，加强文化法制建设，一手抓繁荣、一手抓管理，推动文化事业和文化产业全面协调可持续发展。

　　我们强调加强国家对于文化的宏观管理。要求"必须牢牢把握正确方向，加快推进文化体制改革，建立健全党委领导、政府管理、行业自律、社会监督、企事业单位依法运营的文化管理体制和富有活力的文化产品生产经营机制"。"加快政府职能转变，强化政策调节、市场监管、社会管理、公共服务职能，推动政企分开、政事分开，理顺政府和文化企事业单位关系"。"综合运用法律、行政、经济、科技等手段提高管理效能。"正是在这些长期探索的基础上得出了"发挥市场在文化资源配置中的积极作用"这一科学结论。

（作者单位：国家文化部）

建设文化强国的特区使命

吴 忠

党的十七届六中全会提出了建设社会主义文化强国的新目标，体现了我们党对文化建设的认识达到了一个新的高度，标志着我们党对推进中国特色社会主义伟大事业有了更高的追求。2011 年 8 月，胡锦涛总书记专程来深圳出席大运会并考察了深圳的文化建设，寄望深圳"当好领头羊，把深圳、把广东、把全国的文化产业做大做强，为推动社会主义文化大发展大繁荣作出积极贡献"。这是对深圳经济特区所肩负的历史使命提出的新要求，意味着在全面落实科学发展观、实现中华民族伟大复兴的时代背景下，经济特区要当好推动科学发展、促进社会和谐的排头兵，不仅要继续在经济体制改革和经济发展方面发挥好探路先锋的积极作用，而且要以高度的文化自觉和文化自信，牢牢把握社会主义先进文化前进方向，争当文化体制改革和文化发展的领头羊，为建设文化强国作出新的贡献。

一 必须对文化的战略地位保持高度的自觉

文化是一个民族的精神纽带和价值支撑。一个国家的繁荣发达不仅体现为经济、政治、社会的兴旺发达，更体现为文化的兴旺发达；一个民族的文明和进步不仅体现为物质的、技术的、制度层面的先进性和影响力，更体现为思想观念和文化方面的先进性和影响力。一个只能出口武器和日用消费品的国家成不了世界性的大国。所以温家宝总理曾指出："一个国家，当文化表现出比物质和货币资本更强大力量的时候，当经济、产业和产品体现出文化品格的时候，这个国家的经济才能进入更高的发展阶段，才能具有可持续发展和持续创造财富的能力。国家的影响力，取决于经济、科技和军事实力，但归根结底取决于文化实力。"①

城市是人类的交易中心和聚集中心，既是人类物质财富的集中地，更是人类精神文化的创新地。斯宾格勒甚至认为：人类所有的伟大文化都是由城市产生的。21 世纪，经济全球化与信息化加速了城市间各种要素的流动，从而使得多级、多层次的世界城市体系逐渐建立，城市间的经济网络开始主宰全球经济命脉，城市在全球经济中所扮演的角色显得越来越重要。城市发展的不同阶段，社会进步的诉求和动力会有所不同。在现代化的起飞阶段，人们首先拼的是自然资源和资本的积累；在工业化的中高级阶段，人们拼的是管理与制度建设；而到了向后工业化社会转型时期，人们拼的是文化和创意。进入 21 世纪，文化战略的制定和实施，文化软实力的高低和强弱，直接影响着城市核心竞争力，并最终决定城市竞争的成败。文化价值是城市的核心价值，文化强盛是城市发展的最高目标。这种文化自觉不能仅仅是文化工作者的自觉，而应成为全社会的自觉。

（一）文化的繁荣强盛有助于提升城市的核心竞争力

文化是人类思想和智慧的结晶，是创新和创意的源泉。国际城市的发展趋势表明，文化创意和创新已经成为城市发展与繁荣的基本动力，知识和理念推动着财富的创造和社会的现代化。当代城市之间的竞争，一个重要方面就是城市文化软实力的竞争。文化在城市竞争中的重要性，已经在全球范围内取得共识。一个城市只有拥有了强大的文化软实力，才能在日趋激烈的城市竞赛中越战越勇，才能在世界城市体系中不断争取和提升自己的位置，才能在国际竞争中分享到全球更多的消费者、游客、商机、投资、资本、敬意和注意力。所以，世界一流城市在城市发展战略中普遍优先考虑文化因素，无不高度重视文化在城市竞争中的地位和作用，无不千方百计抢占文化软实力这一城市竞争的制高点。

（二）文化的繁荣强盛有助于保障广大市民的文化权利

市民是城市的主人和主体，城市的发展就是要坚持发展为了市民，发展依靠市民，发展成果由市民共享。城市文化发展说到底就是要充分调动一切可用资源和社会各方面的积极性，提供丰富多样的文化产品和

---

① 　温家宝：《关于发展社会事业和改善民生的几个问题》，《求是》2010 年第 7 期。

文化服务，最大限度地满足市民群众多样化、多层次、多方面的精神文化需求，充分保障市民群众的文化权利。改革开放以来，人民群众在创造和享受物质财富的同时，生活方式也发生了天翻地覆的变化，人们对生活品质的要求越来越高，精神文化层面的需求越来越多。形成繁荣强盛的文化景观，更好地"满足人民精神需求、丰富人民精神世界、增强人民精神力量"是落实以人为本，实践科学发展观的本质要求，也是城市发展在新时期面临的一项紧迫任务。

（三）文化的繁荣强盛有助于提升市民素质和城市文明程度

人的发展是社会发展的根本内容，也是衡量社会发展的综合尺度。一个现代社会的形成，必然要求广大市民具备良好的品质、态度、习惯和意向，这种品质、态度、习惯和意向等素质的形成，从根本上决定着一座城市的风尚、气质和文明程度。可以说市民的素质，既是城市发展的人文动力所在，也是城市发展所应追求的目标。人的素质只有通过文化来养育。先进文化的繁荣强盛，能够更好地发挥其引领风尚、教育人民、服务社会、推动发展的功能，对于提高市民素质，增强城市的精神力量，提高城市的文明水平具有不可替代的积极作用。

（四）文化的繁荣强盛有助于塑造城市形象扩大城市影响力

与有形的经济力量相比，无形的文化力量与城市综合影响力具有更高的相关度。文化是现代城市的灵魂，文化软实力虽然无形无影，却具有超强的扩张性和传导性，能够超越时空、超越民族与国界，对城市的综合影响力具有巨大的乘数效应。从全球城市发展经验来看，一个有国际影响的城市，往往富有充足的文化资源，拥有独具价值的城市品牌，具有强大的文化软实力。城市文化的繁荣强盛有助于城市形象的塑造、品牌认知度的提升，可以为城市赢来良好的声望及影响力。

二　必须对文化发展的现状保持清醒的认识

文化的自觉是推动城市文化繁荣发展的思想基础和先决条件。在贯彻落实科学发展观的背景下，近年来，随着中国文化体制改革和文化发展的整体进步，作为改革开放的前沿阵地，深圳以高度的文化自觉大力实施"文化立市"战略，不断深化文化体制改革，加快构建公共文化服务体系，加快发展文化产业，加强对文化产品创作的扶持和引导，文化建设各项工作取得明显成效，城市文化软实力显著增强。主要表现在：

第一，不断探索文化建设理论，文化理念创新取得新突破。早在2003年，深圳就在国内率先提出实施"文化立市"战略，坚持解放思想，相继提出并不断丰富了"拼文化"、"拼创意"，以文化论输赢、以文明比高低、以精神定成败，实现市民文化权利，维护国家文化主权，提升城市文化软实力，建设创新型、智慧型、力量型城市文化等一系列新的文化理念，以理念创新推动改革发展实践，以思想的新解放推动改革取得新突破。这些新的文化理念，是推动深圳文化建设逐步走上又好又快科学发展轨道的重要思想保证，也为全国文化建设提供了积极有益的理论借鉴。

第二，不断加强思想道德建设，社会主义核心价值体系建设取得新进展。把社会主义核心价值观作为文化建设的灵魂，突出改革创新的时代精神，促进传统文化与现代文明相融合，积极组织关爱行动，大力建设和谐文化，深入开展群众性精神文明创建活动，将宣传教育常态化、主题化，不断提升市民文明素质，连续两次荣获"全国文明城市"。

第三，不断深化文化体制改革，文化管理体系建设取得新成效。按照中央的要求，大力转变政府文化宏观管理职能，实行公益文化运作机制改革，完善文化单位运行机制，探索国有文化资产监督管理新的模式。全面完成各项改革任务，分别于2009年和2011年获评"全国文化体制改革先进地区"。

第四，不断完善公共文化服务体系建设，市民文化生活质量取得新提高。围绕维护和实现市民基本文化权利，持续加大投入力度，建立文化享受的服务体系，文化参与的服务体系，文化创造的服务体系。

第五，不断打造文化精品，城市文化品牌建设取得新成果。精心组织品牌文化活动，繁荣文艺精品创作，打造出一批在全国叫得响、立得住、有影响的城市文化品牌活动和文艺作品，使其成为推动文化建设的有效载体和亮丽名片。

第六，不断增强文化产业核心竞争力，文化产业发展取得新跨越。把文化产业确定为第四大支柱产业和战略性新兴产业，有针对性地推出一系列扶持政策，创造文化产业的崭新模式，擦亮"文博会"品牌，加快文化投融资平台建设，推动文化产业集聚化、规模化发展。

第七，不断推动文化"走出去"，城市文化影响力取得新提升。利用毗邻港澳、面向世界的优势，统筹国际国内两个市场，发掘国际国内两种资源，着力打造"设计之都"，加大对外文化交流力度，引导文化企业向专业化、国际化发展，大力推动文化"走出去"。

广东省委常委、深圳市委书记王荣多次强调："深圳改革开放 31 年创造了工业化、城市化、现代化的奇迹，深圳的文化发展同样创造了奇迹。"

但是，在我们看到成绩的同时，还必须看到我们的文化建设成就与当好文化发展领头羊和建设现代化国际化先进城市的要求相比，仍然有着较大的差距，一是社会风气有待净化，思想道德建设任重道远；二是学术文化积淀较浅，哲学社会科学研究整体水平不高；三是区域文化发展不够平衡，原特区外公共文化服务体系建设还需进一步完善；四是文化艺术原创能力不足，城市文化影响力有待提升；五是文化产业在国际市场的核心竞争力不强，产业创新能力有待增强；六是制约文化发展的体制机制障碍仍然存在，调动社会力量参与文化建设的能力还需强化；七是人才引进和发展环境尚待优化，高端文化人才还比较缺乏。

事实上倘若我们进一步跳开对于文化理解的惯性思维，也许我们存在的问题远不止这些。人们习惯将文化建设分为文化事业和文化产业。文化事业即公共文化服务体系，一般关注的是公共文化设施、文化活动、文化作品等；文化产业自然关注的是进入市场的文化产品的数量、产值和效益。其实人们往往忽略掉了作为精神和观念文化的自身状态，这种精神和观念文化一是体现在建筑等物质文化中，二是体现在文学艺术、社会科学等作品中，三是体现在人们的举止言行中。如果我们将观察的视角投向这个层面，不难发现我们的城市还存在着建筑风格的平庸化（缺乏有震撼力的建筑）、社会风气的奢靡化（拜金主义、物质主义、游戏人生大行其道）、市民人格的虚伪化（不守信用、坑蒙拐骗时有发生，说假话被视为常态）、大众心态的快餐化（心态浮躁、急功近利）、文化消费低俗化（追求色情、暴力和人咬狗的趣闻）、城市主体的离心化（缺乏对城市的文化认同）以及学术文化的泡沫化（缺乏思想深度和学术创新）等倾向。解决这些问题是深圳经济特区乃至中国的文化建设更为艰巨、更为深远的任务。

三 必须确立文化建设新的标杆

建设社会主义文化强国是我们党追求的文化理想和崇高伟业，是我们国家和平崛起走向复兴的重大战略设计。作为推动科学发展促进社会和谐排头兵的深圳，我们有责任、有义务树立起高远的文化理想和文化情怀，确立起文化建设新的更高的标杆，努力以文化的大发展和文明的新进步来实现高质量的科学发展和高水平的社会和谐，为建设社会主义文化强国作出我们新的贡献。这一新的标杆就是建设文化强市，争当新时期文化建设的排头兵。

建设文化强市，争当新时期文化建设的排头兵，总体而言，就是要实现文化事业更强、文化产业更强、文化辐射力和影响力更强，文化形象更好；就是要使我们的城市更加注重观念的价值，更加注重人文财富，更加注重文化品位，使文化真正成为最高层次的生产力和城市发展的最高追求，成为城市最高的荣耀和最大的资本。实现这个战略目标，不仅要求文化发展在量上有一个大的突破，而且要求在质上有一个大的飞跃；不仅要求原特区内外文化的均衡化发展，而且要求文化结构上实现优化；不仅要求文化产业加速发展，而且要求文化事业、人的素质、精神质量、城市品位等加速提升；不仅要求文化自身的快速发展，而且要在理念、在体制机制和发展模式上勇于创新、积极追寻，从而为建设有中国特色社会主义文化强国探索道路、创造"样式"。除了已普遍认识到的文化人才等的重要性外，以下几个方面我们必须在战略上引以特别的重视。

（一）拓展文化建设的国际视野

随着世界多极化、经济全球化进程的不断加快，任何一个国家提出的战略命题都必须放到国际视野中来考量。这就对我们建设社会主义文化强国和文化强市提出了更高的要求。要求我们必须在全球化和世界文化的竞争中进行文化战略设计。一般说来，发达国家容易把自身的理论、经验、做法视作文化的共性而加以推广，而不发达国家则囿于自身的历史传统和社会条件，表现为更加注重文化的个性。如果切实是文化发展的共性和规律，就必然会在人类的社会实践中开辟道路。倘若我们认清了这些具有共性意义的理论、经验、做法并予以大胆借鉴，我们就能抢抓机遇乘势而上，不至于以狭隘的自我保护原则而走上排外主义道路。作为以现代化、国际化先进城市为目标的深圳更要形成全球性城市的精神气质。全球化并不排斥文化的个性，每一个真正的全球性城市都在追求自己的城市风格和个性。这种风格和个性不仅体现在市民的精神品质、日常习俗以及文化作品中，同时也表现在城市的环境设计和建筑风格上，作为现代移民城市，开放、包容、现代、时尚理应成为我们的城市风格和个性，这样的风格和个性理应在我们的城市建设中得到更好的体现。

（二）构建刚健有力的城市精神

城市精神是一个城市市民普遍意志品格和道德理想的综合反映，是市民群体生活信念与人生境界的高度升华，是城市的文化特色和本质内涵的精确提炼。城市精神是城市的灵魂和城市文化的核心，是市民群体的精神支柱和价值依归，是推动一个城市持续、快速、健康发展的内在动力。城市精神通常表现为市民群体的精神境界、价值追求、理想信念、伦理道德、思维方式、文化传统和风俗习惯，同时也表现为市民的行为方式和行为规范。构建刚健有力的城市精神，既是城市自身发展的需要，也是建设社会主义核心价值体系的需要。

构建刚健有力的城市精神必须依据深圳的城市特点，培育自己既具有中国传统文化深厚内涵，又具有改革开放时代特征的鲜明的精神气质，锤炼自己体现出人文精神、科学理性精神和民主法制精神的城市精神内涵。必须将"创新型、智慧型、力量型"文化作为城市主流文化加以构建，用清新高雅、积极进取、自强不息的"三型"文化去制衡、遏制消弭斗志、瓦解崇高的消费主义、犬儒主义文化的泛滥，为文化强市建设奠定价值根基。构建强健有力的城市精神必须根据建设社会主义核心价值体系的要求，对城市精神注入新的时代内涵，以充分体现新时期的科学理性精神、民主法制精神和人文精神。诸如追求创新、知识、质量、效率、卓越、品位、协调、和谐的价值；提倡诚信、守法、公平、公正、廉洁、清明的风气；培植人本、关爱、宽容、友善、礼让、互助的情怀。构建强健有力的城市精神着力点是市民素质。必须大力弘扬以"开拓创新、诚信守法、务实高效、团结奉献"为基本内涵的深圳精神，和以"敢闯敢试、敢为人先，迎难而上、奋发有为，脚踏实地、埋头苦干，团结一心、合力攻坚，服务大局、甘于牺牲"为基本内涵的大运精神，要通过深圳精神和大运精神的弘扬和内化提升市民素质，引领社会风尚。

（三）将学术文化建设放在更加突出的位置

学术文化是城市精神文化的重要载体，构成城市文化的精髓，引领着市民群体的价值观念、审美水准、思维方式和生活态度。在城市文化结构中，学术文化处于最深层次，对一个城市文化发生重大影响的往往是具有精神导向和思想内涵的学术文化。学术文化的深度决定着城市文化积淀的厚度，学术大师的高度决定着城市文化所达到的高度。学术文化的发展水平是衡量城市文化软实力的主要依据，学术文化发达与否直接关系到一座城市的生命力和影响力。一个忽视学术文化的城市是一个肤浅的城市，一个学术文化不发达的城市是一个平庸的城市。强化文化功能和价值观的输出能力是当代城市发展的主旋律，加快现代化国际化先进城市建设，把深圳真正建设成为"先进文化交流会聚、多元文明和谐共生，具有强大吸引力感召力的东方魅力都会"必须在学术文化建设上更加重视，有所作为，否则城市文化就缺乏精神和学理的支撑，更谈不上价值观的输出能力，如此城市的影响力和辐射力也就难以深远。重视和加强学术文化建设必须竖起"深圳学派"的旗帜，在加大学术文化投入、营造一流的学术环境、强化优长学科建设、扶持学术平台、推动学术创新上做足文章。

（四）进一步强化文化创新

创新是一个民族进步的灵魂，一个国家只有在不断创新中才会兴旺发达，一个城市只有在不断创新中才会具有生机活力和竞争力。文化创新是文化的生命之源和活力之基。对于蕴涵和体现人类的意志、智慧、思想和精神的文化是最需要创新的领域，一部人类的文化史，就是不断在创新中拓展思路、获取动力、开辟境界的历史。深圳的文化发展同样表明，只有不断地进行创新才能有效地赋予文化以新的理念、新的模式、新的动力和新的前景，使过去的"文化沙漠"变成了今日郁郁葱葱的"文化绿洲"。不难发现，当今世界上的文化大都市，不论是纽约、伦敦还是巴黎，都是文化创新极其活跃的城市。文化创新首先是理念的创新，必须提供宽松和谐的人文环境，让文化人在现实情怀和超越意识中保持必要的张力，从而形成理念创新的源头活水。文化创新要致力于推动体制和机制的创新。应该说经过十六大以来不断对文化体制改革的深化，一个管理科学、运营有序、投入多元、充满活力的现代文化体制正在形成，但改革的任务远没有完成，文化的区域壁垒还需进一步打破，文化企事业性质还需进一步厘清，文化市场还需进一步完善，文化活力还需进一步增强。文化创新还需在发展模式上不断探索。近年来深圳的文化产业之所以获得突飞猛进的发展，一个重要原因就是我们成功探索出文化＋创意、文化＋科技、文化＋金融、文化＋旅游等新的模式，特别是文化＋科技的模式极大提升了深圳文化的创造力、影响力和竞争力，接下来有必要在文化＋体育、文化＋休闲等方面继续作出探索。

（五）充分发挥社会力量和市场机制的作用

文化既有意识形态属性又有经济属性。文化传播先进的思想文化和正确的价值理念的作用很大程度上要通过文化产业的发展，通过文化的经济属性的实现来实现。让文化走向市场，不仅是把文化创造的权利、评价的权利、选择的权利交给了广大人民群众，并积极满足了人民群众的文化需求，而且占领了市场就意味着占领了意识形态阵地，就意味着文化引领风尚、教育人民、服务社会、推动发展的功能落到了实处。长期的计划经济体制造成了我国文化市场的发育极不成熟，政府承担了办文化的主要角色，文化企业缺乏市场主体的身份，文化的发展很长一个时期一直依靠行政力量来推动，这就限制了社会力量的参与和市场机制的作用，并从根本上遏制了文化发展的活力和动力。文化的发展需要政府、企业、社会力量的协力推动。在当前形势下，要在保证政府在政策到位、投入到位、协调到位的前提下，充分调动社会力量参与文化建设的积极性，尤其要发挥好市场机制的作用。市场经济的魔力正在于市场机制这只看不见的手的作用。充分发挥市场在资源配置中的基础性作用，是建立社会主义文化发展新体制的基本要求。我们探索文化体制改革的一个基本思路，就是在继续发挥政府作用的同时，充分发挥市场机制的作用，使市场成为配置文化资源的主要力量。深圳是一个历史文化资源较为缺乏的城市，近年来我们的文化产业之所以得到了超常规发展，一个重要原因就是我们较好发挥了市场机制的作用，并通过这一机制来吸纳社会力量加入文化建设大军，但这方面我们需要走的路还很漫长。充分发挥市场机制的作用必须降低市场准入的门槛，不能以过度强化文化的意识形态属性而限制市场机制的作用。必须进一步完善文化市场体系，包括文化商品市场、文化生产要素市场以及文化服务市场，没有一个统一、完备和有机协调的文化市场体系，就不可能有文化产业的健康快速发展。必须加快培育更多具有战略眼光、能够对市场信息作出灵敏反应的自主经营、自负盈亏、自我约束、自我发展的合格市场主体，让他们在文化发展的国际竞争中，通过市场来倒逼企业的成长与壮大。此外，还应出台优惠政策，鼓励社会力量参与公益性文化建设，以形成政府与社会良性互动、多渠道参与文化建设的壮丽景观。

（作者单位：深圳市委宣传部）

建设文化强国的使命与方略

温宪元

党的十七届六中全会通过的《中共中央关于深化文化体制改革推动社会主义文化大发展大繁荣若干重大问题的决定》（以下简称《决定》）提出了许多新思想、新观点、新论断、新举措和新政策，需要我们认真学习研究和深入贯彻落实。其中，最值得我们深入思考的是提出了"建设社会主义文化强国"的历史任务和战略目标。文化强国战略和国家整体战略是相互依存的，文化强国战略包含在国家整体战略之中，没有文化强国战略不可能有完整的、使国家真正强大起来的整体战略。这是六中全会的突出亮点，也是六中全会的一个重大贡献。

一 建设文化强国的背景条件

当今世界正处在大发展大变革大调整时期，世界多极化、经济全球化深入发展，科学技术日新月异，各种思想文化交流交融交锋更加频繁，文化在综合国力竞争中的地位和作用更加凸显，维护国家文化安全任务更加艰巨，增加国家文化软实力、提高中华文化国际影响力要求更加紧迫。众所周知，2011 年，我国的经济总量超过日本，进入世界第二。但是，正如英国前首相撒切尔夫人在她写的一个治国方略的研究报告中所说，中国还不能成为真正的大国，因为中国只出口电视机，而没有出口电视剧。据资料载，现在的世界文化市场，美国占了 43%，欧洲占了 34%，亚洲占了 19%，而这 19% 绝大多数是日本和韩国的份额，中国少得可怜。所以从国际方面看，特别是在国际舆论上，西强我弱的格局更加明显，西方媒体占了 4/5 的国际舆论市场。西方敌对势力凭借其文化上的实力，对我国进行的文化渗透战略从来就没有改变，尤其是以传播"普世价值"为形式、以宣扬资本主义文化为本质的对我国实行的西化、分化战略，进行思想文化渗透，表明西方敌对势力对我国的图谋一刻也没有停止。再加上经济全球化浪潮的冲击，新科技革命的影响，多元化价值取向的出现，网络时代的来临以及国际共产主义运动的曲折发展等，都对新形势下我国文化建设工作提出了严峻的挑战。

尤为严峻的是当前世界范围内出现的一场文明的危机。有三个方面：第一个是经济的失衡。也是结构的失衡，这个失衡表面上看是美国引发的次贷危机，实际上它是一种生产和消费的失衡、储蓄和投资的失衡、出口和进口的失衡，还有监管和创新的失衡、虚拟经济和实体经济的失衡、虚拟社会和现实社会的失衡，就是说它是由这些若干的失衡，归结到一点也就是文化的失衡，由此导致了这场文明的危机。第二个是人的贪婪。据说美国人把格林斯潘评为金融危机的罪魁祸首之一，说他贪婪。但是，格林斯潘一次在一个大学的演讲中说，这次危机归罪于华尔街的品行不端。华尔街什么品行呢？就是投资者的贪婪。但是他谴责的这些，长期以来就是华尔街所主张的一种原则。有一部电影叫做《华尔街》。它说一切的贪婪，包括对于财富的贪婪、对生活的贪恋、对爱和知识的贪恋，这些就是对于当今社会的进步，说贪婪是可以接受的。正是因为这样的信条，才使得在金钱面前、利益面前，文明被严重地扭曲。第三个是伦理的丧失。表现在责任、公平和环境等多个方面。一是责任。美国这场金融危机是从次贷开始的，这些金融机构把这些贷款贷给没有偿还能力的人，这就是一种不负责任。而监管当局，在创新问题上失去了应有的监管，这就是责任的丧失。责任的丧失还表现在很多方面。比如，要达到改进经济决策的伦理质量的目的，就必须考察决策所承载的责任的广度。当前欧盟一些国家，如希腊、意大利等国的主权债务危机愈演愈烈，美国失业率高企、经济衰退，全球面临国际金融危机以来经济二次探底的可能。中国在金融危机中一枝独秀，经济发展态势基本良好，并且还有较大的发展空间。但是也应该看到，在我国经济硬实力快速成长的同时，文化软实力虽然近几年来有所增强，但与美国等西方发达国家相比，还处于提升阶段，显得比较弱小。特别是在国际金融体制改革、面临国际新秩序重建中，我们发挥的作用还十分有限。中华文化的优秀成果如天人合一、和而不同、和谐文化等核心价值观的国际影响力还远远不够。二是公平。讲公平公正，文化是衡量公平的一个决策伦理质量不可或缺的重要体现；讲幸福指数，文化又是一个非常重要的衡量尺度；讲生活质量，文化还是一个十分显著的标准。三是环境。环境保护主义已成为一种至关重要的伦理观。所有这些失衡是我们要认真地思考的新的全球文明，然后再从这些方面去构建、完善、弘扬新的全球文明。

因此，面对错综复杂的国际形势背景，通过建设文化强国，从而提高和充分展示我国的文化软实力，在国际经济新秩序构建的过程中发挥应有作用，从而为克服金融危机的消极影响，科学地、理性地回应各种非马克思主义文化思潮的挑战，把握新时期文化发展的基本规律，进一步加强马克思主义文化建设的灵魂和统领作用，增进中国特色社会主义文化的吸引力和凝聚力，必然成为事关中国特色社会主义事业发展的一项重大而紧迫的任务，也是时代赋予新时期文化建设的重大历史使命，也是建设文化强国中共执政的文化使命。

我们从国内方面看，改革开放 30 多年来，中国的综合国力不断提高，特别是近年来，中国的和平发展更是成为吸引全球目光的战略变化。当前我国社会经济发展进入一个新的阶段，对文化建设提出了更为迫切的要求。首先，我国经济总量大幅跃升，2010 年人均 GDP 已达4300 美元，进入中等发达国家行列，越过消费结构转换的节点，城乡居民对精神文化的消费意愿明显提高，但文化建设相对滞后，供给不足。建设文化强国，就是要顺应人民的精神文化需求，使人民更好地享受文化发展的成果，体现"以人为本"的科学发展观的根本要求。其次，从 2020 年全面建设小康社会的目标看，不仅包含经济发展的目标，也包括文化艺术高度发展繁荣、人民的精神生活更加充实健康、文化软实力大幅提升的精神文明目标。六中全会提出建设文化强国的战略目标，使得建设全面小康社会的内涵更加丰富，目标更为清晰。再次，建设文化强国，就必须大力发展文化产业，由于文化产业以非物质文化资源为加工对象，具有消耗物质资源少、成长性好、发展空间大的绿色经济特征，从而成为我国加快转变发展方式的重要着力点。换句话说，作为新兴产业和绿色经济的文化产业发展得越快、规模越大，对发展方式转变的促进作用就越大，从而有利于实现发展方式转变的目标要求。但是，事实上，一方面，中国不仅国力日益强盛，更有文化魅力和文化向心力。经济实力从建设中来，文化魅力则要从自信、自省中产生。另一方面，勇于、善于宣传自己的文化，也是一种自信。而在与其他文明、文化的交流、沟通过程中，不断自省、不断完善自己，这也是提高和发扬自己文化魅力的过程。恩格斯曾经说，国家是文明的综合。六中全会通过的《决定》讲的文化是民族的血脉，是人民的精神家园。《决定》还讲了一句话，说在我国五千多年文明发展历程中，源远流长，博大精深的中华文化，为中华民族发展壮大提供了强大的精神力量，为人类文明进步作出了不可磨灭的重大贡献。这是对文化在中华民族发展史上所发挥重大作用的充分肯定。

我们从党的 90 年历史来看，《决定》强调了文化在我们党的发展壮大中的重要作用。我们党的发展壮大靠的是政治上的自觉，也靠的是文化上的自觉。我们党既是政治上的先锋队，也是文化上的先锋队。《决定》讲了，社会主义先进文化是马克思主义政党思想精神上的旗帜，《决定》还讲了，中国共产党从成立之日起就既是中华优秀传统文化的忠实传承者，又是中国先进文化的积极倡导者和发展者，这就是我们党的发展与文化建设的关系。所以，我们党一直以来强调文化对党的发展的作用。

早在革命战争年代，毛泽东就讲过"我们共产党人多年以来不但为中国的政治革命和经济革命而奋斗，而且为中国的文化革命而奋斗。一切这些目的在于建设一个中华民族的新社会和新国家，在这个新社会和新国家中，不但有新政治、新经济，而且有新文化"。毛泽东还讲过"我们要建立一个新中国，建立中华民族的新文化，这就是我们在文化领域中的目的"。毛主席在延安时期就提出了我们要建设民族的、科学的、大众的文化，这个任务仍然是我们今天文化建设的目标和任务。

改革开放之初，邓小平强调"我们要在建设高度物质文明的同时，提高全民族的科学文化水平，发展高尚的、丰富多彩的文化生活，建设高度的社会主义精神文明"。邓小平还强调"建设社会主义的精神文明，最根本的要使广大人民有理想、有道德、有文化、有纪律"。邓小平讲的"四有"新人，今天仍是我们文化建设的根本任务。

江泽民强调"社会文明既包括物质文明，也包括精神文明，缺少任何一个方面，社会就是畸形的，也不可能健康地向前发展"。所以，他提出了两个不能动摇的论断。江泽民还强调"必须牢牢把握经济建设的中心，努力把国民经济搞上去，这是任何时候都不能动摇的。同时，我们必须始终重视社会主义精神文明的发展，这也是任何时候都不能动摇的"。这两个"不能动摇"极为重要。

胡锦涛总书记强调"进入新世纪、新阶段，我们要更好地把全国各族人民的意志和力量凝聚起来，万众一心地为实现全面建设小康社会的宏伟目标而奋斗，就必须大力加强中国特色社会主义文化建设。不断为改革开放和现代化建设提供有力的思想保证，精神动力和政策支持"。

从我们党的几代领导人的重要论述中，足以说明我们党对文化的重视和文化在我们党和国家发展中的重要地位。也正是高度重视文化建设，在不同的历史时期，我们党都把文化建设推向了一个新的高度。《决定》还概括性地讲我们党运用文化自觉的高度。我们党一向以来高度重视运用文化，引领前进方向，凝聚奋斗力量，不断有思想文化新觉醒，理论创造新成果，文化建设新成就，推动党和人民事业向前发展。文化通过在革命、建设、改革发展各个历史时期都发挥了不可替代的重大作用。六中全会全面总结了改革开放，特别是十六大以来，我国文化建设取得的显著成就。我们党引导文化建设，最鲜明的特点就是三句话：第一句话是邓小平提出来的坚持物质文明和精神文明两手抓；第二句话是江泽民提出的实行依法治国和以德治国相结合；第三句话是促进文化事业和文化产业共同发展，这是十六大以来，我们文化改革发展的思路。如果概括三十多年文化建设，这三句话体现了我们党抓文化建设鲜明的特点。那么，改革开放，特别是十六大以来，文化改革发展的成就，如果最简练地概括起来用一句话来讲，文化改革发展的成就就是走出了中国特色社会主义文化发展道路。

二　建设文化强国是执政党的文化使命

建设文化强国是执政党的文化使命，主要体现在三个方面。一是作为观念的上层建筑，代表着执政党的指导思想，显示着国家的发展理念，维护着本阶级的根本利益，因此，要注重文化强国的政治统治和阶级维护功能的建设；二是作为社会的主流价值观，决定了其总要以一种批判性视角反思现实、评判社会、评判文化，对政治社会的"实然性"进行价值追问和理性评析，这就要求我们必须强化文化强国的批判、整合功能的建设；三是作为建设文化强国的目的性和理想性诉求，文化强国通过对现实政治社会文化的反思和批判，勾画出未来文化发展的理想图式，并促使这一目标和理想内化为政治主体的文化信仰，转化为对理想文化追求的一种精神内驱力，这就要求我们加强文化强国的价值导向和理想追求功能的建设。

建设文化强国，需要达成这样的一个共识，即我们必须更多地看到文化强国本质上，既是一种价值观，是一种规范、高级的文化形式，并且立足于社会存在；又是一种生产力，是一种产业、高级的创意性经营形式。因此，文化强国所显示出来的作用既有来自意识的功能和精神的力量，来自这种社会主导价值观对社会成员的精神信仰、理想追求等方面的作用，还有来自产业的物质的力量，形成并产生经济方面的作用。这两个方面都是不可或缺的。

那么，怎样才算是"文化强国"呢？可以综合考虑四个方面：一是全社会的文化创新活力充分激活，在继承中华优秀文化传统和"五四"革命文化传统的基础上，文化发展和创新能力明显提高，哲学社会科学和文化艺术高度发展繁荣，涌现出一批有国际影响力、广泛传播的文化艺术作品和精品节目，不仅满足国内市场需求，而且在国际文化市场上占有一席之地，在国际社会具有较强的吸引力、影响力。二是文化产业的规模大幅提升，竞争力大幅提高，形成一批有国际竞争力、影响力的文化企业和跨国文化产业集团，在世界文化产业发展中引领潮流，在世界舆论竞争中掌握话语权。三是文化人才辈出、济济一堂，既拥有一支规模庞大、结构合理的宏大文化人才队伍，同时也拥有一批有国际影响力的文化艺术大师和文化产业领军人物，形成有中国风格、国际表达的文化艺术流派、学派及其代表人物，以及百家争鸣、百花齐放的文化发展创新的生动活泼局面。四是国家文化软实力大幅提高，能够提出引领国际经济社会发展潮流的各项议题，在构建国际新秩序中发挥积极作用，从而改变目前国际议题主要由西方发达国家提出，中国及发展中国家处于边缘状态的不利地位。

三　加快实施文化强国建设的方略

加快实施文化强国建设的方略，如何把握和怎么样实现？有两个具体问题需要把握好。

1. 如何把握实施文化强国建设的方略

实施文化强国战略怎么来把握？胡锦涛总书记在六中全会讲话中强调，建设文化强国、把握中国特色社会主义文化发展道路，要围绕"四个必须"：一是必须坚持以马克思主义为指导，坚持社会主义先进文化前进方向。这是中国特色社会主义文化最鲜明的特征，也是关系文化改革发展全局的根本问题。

二是必须发挥人民在文化建设中的主体作用，坚持文化发展为了人民，文化发展依靠人民，文化发展成果由人民共享。因为中国特色社会主义文化是人民共建共享的文化。人民是推动文化大发展、大繁荣最深厚的力量源泉。所以，我们说的文化有四个特点：即它的立足点是坚持以人民为文化创造的主体，它的着力点是充分尊重和发挥人民群众文化创造的积极性，它的落脚点是满足人民日益增长的精神文化需求，它的根本点是在人民的伟大创造中进行文化的创造，在推动文化改革发展中，实现好、维护好、发展好人民的文化权益。

三是必须继承和发扬中华优秀文化传统，大力弘扬中华文化，建设中华民族共有的精神家园。在六中全会的文件起草过程中，包括征求意见过程中，各方面都对中华文化的优秀传统给予了高度的评价，对弘扬中华优秀文化传统给予了极高的期待。中华优秀文化传统积淀着中华民族的深厚精神追求，闪耀着崇高的精神情操。比如讲仁义、唱中庸、尽孝悌、重民本、守诚信、崇正义等至今依然闪烁着耀眼的道德之花。比如北京精神"爱国、创新、包容、厚德"，广东精神"厚于德、诚于信、敏于行"中也都体现了对传统文化和现代文化的较好融合。《决定》对优秀传统文化作出了精辟的概括，指出优秀传统文化凝聚着中华民族自强不息的精神追求和历久弥新的精神财富，是发展社会主义先进文化的深厚基础，是建设中华民族共有精神家园的重要支撑。我们的文化强国建设，既要立足当代，面向未来，又不能忘记我们文化的本来，不能忘记我们文化的根。要有对文化之根的崇尚和尊重。为此，《决定》提出了"三个大力"：要大力弘扬中华优秀文化传统，大力弘扬"五四运动"以来形成的革命文化传统。这是因为我们文化建设中往往会被淡化的，就是五四以来我们的革命文化传统，也是我们优秀文化传统的重要组成部分，而且它是对我们中华民族传统文化的一个新的提升，达到了一个新的高度。要大力弘扬改革开放以来文化领域形成的一系列新思想、新观念、新风尚，立足中国社会主义伟大实践，发展社会主义先进文化。要以更加开阔的视野、更加博大的胸怀对待外来文化，积极参与国际文化交流合作，学习借鉴一切有利于我国文化改革发展的有益经验和优秀成果。

四是必须坚持一手抓公益性文化事业，一手抓经营性文化产业，推动文化事业和文化产业全面协调可持续发展。因为，公益性文化事业是社会主义条件下满足人民基本文化需求的基本途径，经营性文化产业是社会主义市场经济条件下满足人民多样化精神需求的重要途径。近年来，广东在率先创造经济强省的同时，大力推进文化强省建设，积累了许多有益的经验。比如，坚持核心价值引领，塑造广东人精神；坚持作好顶层设计，引领健康文化潮流；坚持个性发展，彰显岭南文化特色；坚持文化惠民，保障文化权益共享；坚持改革创新，培育新兴文化业态；坚持队伍建设，打造文化人才高地等，为推动广东省文化繁荣发展打下了坚实基础。

2. 文化强国重在实践，要在全社会树立公民意识

建设文化强国要着重强调树立公民意识和五种精神。第一，建设文化强国的实践要在全社会树立公民意识。一要彻底从"百姓"向"公民"身份转变。公民与百姓有区别。在中国人看来，"百姓"是古老的，"公民"是新的说法。当下，需要努力挣脱"百姓"枷锁，走上"公民"之路。二要在文化强国中突出中国特色的公民社会。中国特色的公民社会是一个什么样的社会？公民社会是凸显公民价值与权利的民主社会。公民社会最根本的特征，就在于它是突出每一位个体公民的民主社会，每位公民的权益、需求、意愿与价值都得到了前所未有的尊重；公民社会是倡导公民参与意识、责任意识的社会。一个健康的公民社会，不仅是一个凸显公民价值与权利的民主社会，而且还应是一个倡导公民参与意识、责任意识的社会。可以这样说，鼓励公民焕发更多的责任意识、参与热情，就是构成当代中国时代精神变迁的一个重要标志。三要努力做合格的好公民，必须加强五个方面的修养。即公民道德、公民价值观、公民参与技能、公民知识、公民综合素质五个方面的内容。

公民道德方面，包括仁爱、宽容、感恩、友谊、尚礼、诚信、责任、尊严、合作等主题；公民价值观方面，包括自由、平等、人权、民主、法治、正义、和平、爱国、追求真理、与自然和谐共处等主题；公民参与技能，主要是指公民参与公共生活和公益性文化活动的基本能力，如与人沟通、演讲、讨论、组织活动、参与选举、处理纠纷、维护权益、向责任部门或媒体反映问题和提出建议等能力；公民知识方面，

包括国家与政府、民主政治、政党制度、司法公正、社会公共生活、公民的权利与责任等主题；公民综合素质方面，包括科学素质、文化素质、民主素质。

据第 8 次中国公民科学素养调查显示，2010 年全国公民具备基本科学素养的比例为 3.27%，广东是 3.3%。相当于日本（1991 年为 3%）、加拿大（1989 年为 4%）、欧盟（1992 年为 5%）、美国（1989 年为 7%）等主要发达国家和地区 20 世纪 80 年代末或 90 年代初的水平。"科学是国力的灵魂，是文化发展的标志。"缺乏科学素养，必然带来一系列问题。现实生活中，有的人竟然相信吃绿豆、生吃茄子可以治百病，用泥鳅可以治癌症，导致盲目求医，花钱看不了病；有的人不能分辨食品中的有害物质，对膨大剂、塑化剂、瘦肉精等危害身体还茫然不知；有的人缺乏科学思维和科学方法，导致创新水平下降，创新能力不足。事实充分说明，许多荒谬和无知，都源于科学知识的匮乏。

第二，实现文化强国的目标需要树立五种精神。一是信仰精神。信仰是一个整体性的精神姿态、一种综合的精神活动。信仰使人的整个精神活动以最高信念为核心，形成了一个完整的精神导向，并调动各种精神因素为它服务。信仰是个体的精神出路问题，但是，它又不仅仅只是个体生命存在的问题，它关系到我们整个民族的生活，从政治、经济、文化到共同体的性质等等。信仰中应该有慈悲意识、慈悲情怀与忏悔意识。二是超越精神。超越自己的苦难，超越自己的存在，而用更高远的眼光看待问题；超越人性的局限性；超越世俗功利。三是理性精神。理性重在"讲理"。理性最讲"逻辑"，理性依赖"科学"，理性基于"现实"，理性贵在"建设"，理性需要"妥协"，理性出于"冷静"。四是主体精神。主体精神不是一种鼓吹贪婪、野心、自私、权力的伦理学，而是关于自我发展的伦理学，是一种最贴近人的本性的伦理学，是一套如何使人类的政治制度、经济制度、文化制度和整个社会制度更贴近人性的系统。五是宽容精神。宽容应该源于尊重，尊重自己，尊重他人，这是宽容的基础。宽容是一种境界，一种既定的心态。宽容是一种文化的品质。文化宽容，就是要对一切人的各种权利的承认、尊重和维护，对作为一切民族、国家和国际组织的主体的人的宽容。

（作者单位：广东省社会科学院）

起 点 与 路 径
——关于中国特色社会主义文化建设的思考

魏胤亭

十七届六中全会通过的《中共中央关于深化文化体制改革推动社会主义文化大发展大繁荣若干重大问题的决定》（以下简称《决定》），全面总结党领导文化建设的成就和经验，深刻分析文化建设面临的形势和任务，在集中全党智慧的基础上，阐述了中国特色社会主义文化发展道路，确立了建设社会主义文化强国的战略目标。贯彻全会《决定》、建设文化强国，是一个宏伟的战略目标，是一个需要付出长期艰苦的努力才能完成的历史任务。为此，不仅要解决指导思想、目标任务等战略问题，还要从操作、落实的层面解决起点与路径问题，只有这样，我们才能收到事半功倍的效果、实现预期的战略目标。

一

在六中全会上，李长春同志曾就中央政治局决定党的十七届六中全会重点研究深化文化体制改革、推动社会主义文化大发展大繁荣问题的基本考虑作过如下简要说明。

第一，全面贯彻落实党的十七大精神，推动社会主义文化大发展大繁荣，需要进一步从战略上研究部署文化改革发展。也就是说，对文化改革发展作出战略部署，是贯彻落实党的十七大确定的重大任务的必然要求，也是新形势下加强我国社会主义文化建设的迫切需要。否则，我们就不能正确面对国内外形势新变化、我国经济社会发展新要求、各族人民过上更好生活的新期待以及文化建设面临的新情况新问题。

第二，深入贯彻落实科学发展观，实现"十二五"时期奋斗目标，加快全面建设小康社会进程，需要进一步从战略上研究部署文化改革发展。也就是说，我们要顺利实现"十二五"时期奋斗目标、到 2020 年全面建成惠及十几亿人口的更高水平的小康社会，必须加快文化改革发展，推动文化建设与经济建设、政治建设、社会建设以及生态文明建设协调发展。

第三，提高国家文化软实力、在日趋激烈的综合国力竞争中赢得主动，需要进一步从战略上研究部署文化改革发展。当今综合国力竞争的一个显著特点是文化的地位和作用更加凸显，越来越多的国家把提高文化软实力作为发展战略的重要内容。从一定意义上说，谁占据了文化发展制高点，谁拥有了强大文化软实力，谁就能够在激烈的国际竞争中赢得主动。

第四，切实解决当前文化建设面临的突出问题，需要进一步从战略上研究部署文化改革发展。改革开放特别是党的十六大以来，我国文化改革发展形势很好，取得了历史性成就。同时，我们也要看到，总体上讲，我国文化建设同经济发展和人民日益增长的精神文化需求还不完全适应，同推动科学发展、促进社会和谐的要求还不完全适应，同扩大对外开放的新形势还不完全适应，宣传思想文化领域也还存在不少亟待解决的问题。

这个说明深刻阐述了推进文化改革发展、建设文化强国的重要性和紧迫性，它不仅是应对当今世界大发展大变革大调整，各种思想文化交流交融交锋更加频繁的需要，也是我国经过三十多年的发展已经进入全面建设小康社会的关键时期和深化改革开放、加快转变经济发展方式的攻坚时期，文化和文化建设的地位、作用日益凸显的需要。同时也间接回答了推进文化改革发展、建设文化强国的起点问题，即三十多年来我国文化领域正在发生广泛而深刻的变革，文化发展取得了巨大成就，但总体而言，还存在不少突出矛盾和问题，必须抓紧加以解决，集中表现为三个"不完全适应"：同经济发展和人民日益增长的精神文化需求还不完全适应，同推动科学发展、促进社会和谐的要求还不完全适应，同扩大对外开放的新形势还不完全适应。一方面是变革广泛而深刻、成就巨大，一方面是三个"不完全适应"，这就是当前我国文化事业、文化建设的起点或现状。

十七大以来，中国的文化发展处于一个创新发展的重要时期，党和政府对艺术创作和艺术事业更加关心重视，经费投入不断加大，创作环境宽松和谐，尤其是随着文化体制改革进入加速期，我国的文化生产力得到极大释放，文化产品出现前所未有的繁荣景象，涌现出大量具有鲜明时代特征、体现民族精神的精品佳作，被誉为新中国成立以来发展最快、成绩最突出的时期。

　　舞台艺术空前繁荣，大型原创歌剧《红河谷》、话剧《这是最后的斗争》、大型音乐舞蹈史诗《复兴之路》、庆祝建党 90 周年《我们的旗帜》文艺晚会，均是难得的精品佳作。据统计，全国每年新创作并首演的剧目达上千种，已居世界前列，而且整体创作水平也在不断提升。传统艺术重获生机，2007—2011 年，国家京剧院艺术创作硕果累累，创排新剧目《曙色紫禁城》、《汉苏武》等 11 台；重点复排剧目《满江红》、《柳荫记》、《杨门女将》、《文姬归汉》、《强项令》等 13 出，恢复传统剧目 40 余出。2009 年 9 月，国家重大历史题材美术创作工程顺利完成，并在中国美术馆举办作品展览，展出作品 102 件，凝聚了众多艺术家数年的心血和努力，呈现了当前我国主题性美术创作的最佳水平。影视出版成为文化产品主力军，十七大以来，我国的出版物品种和数量屡创新高，不断刷新历史最高水平，精品力作不断涌现，古籍整理、精品翻译取得丰硕成果，文化创新和传播能力不断增强。版权相关产业增加值占到国内生产总值的 6.4%。2010 年，新闻出版业总产出预计达到 1.3 万亿元，增加值占国内文化产业核心层增加值的 60% 以上，成为文化产业的主力军。十七大以来，我国的电影产量连年保持在 500 部以上，成为世界第三大电影生产国；年产电视剧上万部，是世界第一大电视剧生产国。电影票房增速连续 6 年保持在 30% 以上，票房过亿元的国产电影达 43 部，2010 年电影票房超过 100 亿元，改变了进口大片主导我国电影市场的格局。《辛亥革命》、《唐山大地震》、《建国大业》、《集结号》、《十月围城》等电影，不仅弘扬了主流的价值观，而且因为出色的艺术掌控也收获了相当可观的票房；《潜伏》、《人间正道是沧桑》、《金婚》、《士兵突击》等电视剧均令人耳目一新，有很高的收视率。近几年我国每年出版的图书品种和总量都稳居世界第一，且每年都有增长，2010 年已达 31 万种。全国人民同读一本书、同唱一首歌、同看一台戏的文化贫乏时代已经一去不复返了。

　　然而这只是问题的一个方面，当今中国的文化建设、文化产品不论是数量还是质量都还存在很大的差距。2011 年 3 月 9 日，新闻出版总署署长柳斌杰在两会期间曾做客中央台论及这一问题。当今中国人均年消费图书按经济指标计算折合人民币仅70多元，而美国人均600多美元。从册数上来说，我们每年消费全国平均5本书，而西方发达国家，大多都在15—18本的水平，像美国、德国、英国、法国、日本、以色列都在15本以上。中国现在是名副其实的出版大国，日报的总发行量、图书出版的品种和总印数均居世界第一，电子出版物的总量居世界第二，但直至2010年我国版权贸易中引进输出比还是3:1。联合国教科文组织每年公布影响世界的100本书、影响世界的100种报纸、影响世界的100条新闻、影响世界的100首歌，这里面很少有中国的，我们基本都不能入围。他认为，这正是我国文化建设目前存在的软肋或弱势，正是今后五年要改变的重点。在"2011中国版权年会"上，柳斌杰更加尖锐地指出，目前国内很多文化艺术作品创造力不够，90%的作品属于模仿和复制。他表示，目前我国一年文艺作品很多，但是公众知道的、阅读的却不多，"原因就是创新能力不强，这也就是为什么很多国人喜欢看外国大片，因为对方创意和传播能力比我们强"。一方面是变革广泛而深刻、成就巨大，一方面是三个"不完全适应"，推进文化改革发展、建设文化强国必须面对和正视这一起点和现状。

二

搞清起点和现状是为了解决问题，只有认真分析研究起点和现状，才能找到解决问题的正确路径，实现预期的战略目标。本文试图从以下三个方面提出和回答这一问题。

第一，正确认识当前我国文化生产力相对落后与人民群众日益增长的精神文化需求之间的矛盾，依然是我国文化建设面临的主要矛盾，其表现是文化产品和服务的供给能力明显不足；究其原因，一方面是我国的文化事业还没有实现真正的大发展大繁荣，同样不能忽视的是众多的文化产品缺少内涵、漠视质量、丢失了文化产品的本真要求。

人们习惯于把文化产业称做"内容产业"，也就是说，只有内容、内涵或质量才是文化产品的内核，只有其承载的思想观念、审美情趣、价值选择才是其核心竞争力，才是决定其能否生存与发展、能否真正满足广大人民群众精神需求的关键所在。文化生产的直接后果是文化产品，文化产品一般以抽象的观念形态存在，尽管这种存在离不开实实在在的物质载体，但其价值经常不是由物质载体决定的。比如一幅油画、一本书，人们感兴趣的主要不在于颜料、底布的优劣，不在于纸张和印刷的质量，而在产品中蕴涵着的文化生产者的智慧凝结。

对文化生产者来讲，完成这种智慧凝结主要靠脑力劳动，主要是人类智力的消耗和支出。文化生产者在从事这种脑力劳动的时候，无一例外地都要受一定的社会经济、政治、思想、文化等条件的制约，更重要的是，这种共同的和普遍性的社会制约无一例外地又都要通过他们各自的大脑加以接受、理解，然后转换成观念形态的东西，以文化产品的形式体现出来。在这一反映转换的过程中，文化生产者的主观精神状态起着相当大的作用。人的精神作为物质世界长期发展的产物，带有极大的丰富性、多样性，严格地讲，每一文化生产者的主观精神世界都有差异，都有自己的风格、特色、优势，他们都愿研究和创作自己喜欢的东西，都有自己擅长的领域、方法。文化生产的这一固有特点从根本上决定了文化产品只能靠内容、内涵或质量取胜。文化产品的生产如此，文化产品的消费也是如此。

强调文化产品应首先重内容、内涵或质量，绝不是说可以用整齐划一的标准去评判文化产品；恰恰相反，文化产品最看重的经常是个性、特殊性、原创性。脑力劳动主要是人类智力的消耗和支出，这种消耗和支出看不见、摸不着，难以机械地评定和计算；同时，人类智力的消耗和支出又往往表现得很不均衡、不均匀，无论是对同一文化生产者、还是对不同的文化生产者，单位时间劳动量的差别悬殊，很难进行相互比较。从这一意义上说，文化产品的内容、内涵或质量这种不确定性恰恰是其价值和生命力之所在。人们往往可以从一首诗、一幅画、一支曲子中悟出大不相同的意境、获得差异很大的审美感受。除了欣赏消费者本身的差异以外，产品自身的内容、内涵或质量及其固有的某种不确定性也是一个重要原因。试想，一部文艺作品不正是因为它引起了人们的不同评价、联想、思考，才显得更有味道、更有价值吗？它不比那种一哄而上、粗制滥造、四平八稳、毫无反响的作品更能促进文学艺术的大发展、大繁荣吗？人们对《红楼梦》的争论、对莎士比亚作品的研究延续多年、至今不衰，甚至形成了一项专门的学问就是一个明证。由于文艺作品本身的不确定性，它的质量评判经常很难盖棺论定，需要进行较长时间的研究或争论，有时甚至争论得愈久、愈激烈，其意义和价值也就愈大。总之，更加关注文化产品的内容、内涵和质量，充分尊重文化产品生产和评判中经常具有的某种不确定性，既是文化生产和文化产品的固有特点，也是在当今中国实现社会主义文化事业大发展大繁荣首先必须面对和解决的一个重要问题。

第二，认真总结三十多年特别是十七大以来我国文化建设的基本经验，坚持中国特色社会主义文化发展道路，坚持一手抓公益性文化事业、一手抓文化产业，推动文化事业和文化产业全面协调可持续发展。发展文化产业既要充分发挥市场在文化资源配置中的积极作用、激发全社会文化创造的活力，又要尊重文化建设的固有特点和规律，文化产业首先是文化其次才是产业。换句话说，研究当今中国的文化现状，必须进一步审视文化体制和文化产品的生产方式问题。

长期以来，我国文化单位大都采取事业体制，实行事业单位企业化管理。在这种体制下，文化资源是按行政方式配置的，无论是电台电视台，还是书报刊社，以至于文艺院团，从中央到省、市甚至到县都是按行政区划和部门配置的。文化资源的行政化配置方式，不仅与不断深化发展的社会主义市场经济体制不相适应，而且与日益增长、不断丰富的社会需求发生着矛盾。发端于 2003 年的文化体制改革应运而生，改革的核心内容就是区分公益性文化事业和经营性文化产业。这一重大改革为文化产业的发展扫清了认识障碍和体制障碍，推动了一大批经营性文化事业单位转制为企业，建立现代企业制度，促使其走上了逐步成为合格的文化市场主体的轨道。在不到十年的时间里，我国的文化产业从无到有、从小到大、从自发到自觉，直至今天正在成为国民经济的支柱性产业，成为拥有极大潜力和美好前景的新兴产业、朝阳产业。近年来，文化产业的发展在东部沿海经济发达地区特别是大城市尤为迅猛，逐渐形成了一系列与国际接轨的文化市场，如音像市场、演出市场（含商业体育比赛）、图书市场、工艺美术品市场、文物市场与艺术品拍卖市场、电影电视市场、娱乐、旅游市场、文化广告传播市场等。

但是，必须看到，近些年我国文化产业的快速发展主要得益于政府推动和国家政策的大力支持。从出台首个文化产业振兴规划，到十七届六中全会的决定，再到前不久新出台的《"十二五"时期文化产业倍增计划》；从《关于扶持动漫产业发展增值税、营业税政策的通知》、《关于继续执行宣传文化增值税和营业税优惠政策的通知》等文件的出台，到各地方政府一系列带有更加明确指向的倾斜举措，均在我国文化产业异军突起、迅猛发展中起到了至关重要的第一推动作用，但同时也造成了两个不容忽视的后果。一是使众多文化产业的发展至今还没有真正走上依靠市场配置资源、依靠自己的内生动力健康持续发展的轨道；二是忽视文化产品生产的固有规律和特点，继续沿袭经济建设中GDP挂帅的老路，热衷铺摊子、上项目搞重复建设。目前文化产业各门类区域间的结构趋同、同质竞争现象十分突出，出版发行、演艺等传统文化产业空间布局不合理，文化创意、动漫游戏等新兴文化产业"遍地开花"，城市不分大小没有文化的文化产业园区"蜂拥而上"，根源均在于此。也就是说，破解当前我国文化建设的困局，必须进一步深化文化体制改革、彻底转变文化产品的生产方式。

第三，实现中国特色社会主义文化事业的大发展大繁荣，必须充分发挥人民在文化建设中的主体作用，坚持文化发展为了人民、文化发展依靠人民、文化发展成果由人民共享。满足人民日益增长、不断丰富多元的精神文化需求、让文化发展成果惠及全体人民、最终促进人的全面发展，是社会主义文化建设的基本任务，也是推进文化体制改革、建设文化强国的根本目的。

近些年，为发展文化产业，不少地方都制定了文化产业发展规划，明确了文化产业发展目标。先是北京、上海、广州、深圳等发达城市编制了文化产业发展规划，紧接着江苏、浙江、湖南、湖北、天津、四川、重庆等地也都纷纷制定文化产业发展规划。在所有这些规划中，将近一半省份明确了本地区文化产业发展的规划目标，有的表述为翻一番或翻两番，比如山东为翻两番，北京、湖北等地为翻一番；有的表述为占GDP的比重，比如浙江、广东等省为5%，东北地区、中西部地区最低为4%、最高为8%；而所有这些省市均有一个共同的奋斗目标，即力图使文化产业在未来5—10年内成为当地经济发展的支柱产业，并为此制定了明确的进度表和路线图。

如前所述，当前我国文化发展的起点和现状表现为一个"困局"，即一方面是变革广泛而深刻、成就巨大，一方面是三个"不完全适应"，值得注意的是，今天这个"困局"仍在加剧。一方面大会小会讲文化，从漠视文化到把文化奉若神明、视为治国理政的仙丹妙药，一方面只把文化挂在口头上，摆到会议上，写在标语上，忙于庆典上，笑在剪彩上，似乎锣鼓喧天，彩旗飘舞，灯光四射就是文化繁荣；一方面文化的投入急剧增加，文化园区、广场遍地开花，各种量化的跃进指标令人瞠目结舌，似乎文化的大发展大繁荣指日可待；一方面是城乡文化发展比经济发展更加不均衡，基层特别是县乡一级文化基础设施严重不足，映入眼帘的更多是简单重复、水平低劣的文化政绩和文化绑架；一方面是文化活动丰富多彩、有声有色，市场充斥着令人眼花缭乱的文化产品，从上到下营造着文化繁荣，存在着明显的文化供给过剩；一方面是人们文化生活的严重贫乏、无法找到适合自己的多元文化需要，甚至对这种文化"发展"和"繁荣"心生厌倦。

毋庸置疑，没有文化的大发展大繁荣，就不能巩固三十多年来经济建设取得的伟大成果，就不能真正实现社会的稳定和谐，就不能增强国家的软实力、牢牢掌握思想文化领域国际斗争主动权；同样毋庸置疑的是，在当今中国推进文化大发展大繁荣的根本目的，不单单是为了赚钱、增加产值或 GDP，不单单是为了政府的形象和官员的政绩，也不单单是为了向他人他国乃至世界证明或显示什么，而是为了满足中国各族人民日益增长、不断丰富的精神文化需求，提升人的素质、最终实现人的全面发展。

在争先恐后、如火如荼的文化建设热潮中，如何以此为基点，审视和把握推进文化大发展大繁荣的基本路径和方法，我们还面临着一系列需认真研究和解决的问题。比如，在制定文化发展规划和战略时，如何关心人民命运、体察人民愿望、反映人民心声；在激发全社会文化创造活力时，如何发挥人民的主体地位和首创精神，尊重人们追求自我文化表达、参与自主文化创造活动的愿望；在满足大众的休闲娱乐需求时，如何实现文化产品更应丰富人的精神世界，为社会生活提供意义系统和价值系统的功能；在文化产品的生产和消费中，一旦发生分歧和争论，如何营造和保护有益于文化事业自身健康发展、有益于人民群众自己教育自己的环境和氛围等。所有这些，都是当前贯彻落实六中全会《决定》，推进文化体制改革、建设文化强国的热潮中，必须冷静面对、认真研究和解决的重要问题。

（作者单位：天津商业大学）

大力加强文化建设
推进党的三大历史任务

王永浩

文化是民族的血脉，是人民的精神家园，是国家的软实力。当今时代，文化越来越成为民族凝聚力和创造力的重要源泉、越来越成为国家核心竞争力的重要因素。因此党的十七大就向全党发出了推动社会主义文化大发展大繁荣，兴起社会主义文化建设新高潮的伟大号召。党的十七届六中全会又明确提出了进一步兴起社会主义文化建设新高潮，建设社会主义文化强国的战略目标，并且强调指出，推动社会主义文化大发展大繁荣是全党全社会的共同责任。在新的历史起点上大力加强文化建设，推动社会主义文化大发展大繁荣，关系到社会主义现代化建设和全面建设小康社会奋斗目标的顺利实现，关系到中国特色社会主义和中华民族伟大复兴事业的不断推进。我们应着眼于党和国家事业发展的全局，从完成我们党所肩负的推进现代化建设、完成祖国统一、维护世界和平与促进共同发展这三大历史任务的高度出发，深刻认识加强文化建设，推进社会主义文化大发展大繁荣的重要意义。

一　没有社会主义文化繁荣发展，就没有社会主义现代化，大力加强文化建设，推进社会主义文化大发展大繁荣，是现代化建设的重要内容和目标，对于推进现代化建设具有巨大的促进作用，同时也是实现我国现代化建设跨越式发展的需要

自从 1840 年鸦片战争西方列强用坚船利炮打开中国社会的大门以后，痛感中国与西方巨大差距的中国先进分子就踏上了寻求中国现代化道路以推进国家实现现代化的历史征程。但在相当长的时间里，实现现代化对于中国人来说却只是一个美好的梦想而已。新中国的成立为这一梦想的最终实现提供了现实可能性。1953 年 12 月 28 日，毛泽东在中共中央批准转发的经他修改的《为动员一切力量把我国建设成为一个伟大的社会主义国家而斗争——关于党在过渡时期总路线的学习和宣传提纲》中，明确地提出了"现代化"的问题。在随后的全国人大一届一次会议的《政府工作报告》中，周恩来又首次提出了"四个现代化"的思想。中国的社会主义建设虽然经历过曲折，但从总体上说，我们党并没有动摇过在我国建设和实现现代化的目标。即使在"文革"期间，我们党也没有放弃建设和实现现代化的目标，1975 年 1 月 13 日，周恩来在《政府工作报告》中还明确强调要"实现农业、工业、国防和科学技术的现代化"[①]。党的十一届三中全会果断地作出了把全党的工作重点转移到社会主义现代化建设上来的战略性决策。从那时起，实现现代化就成为我们党在新的历史时期最主要的任务，邓小平曾把社会主义现代化建设称为"我们当前最大的政治"。1979 年 3 月，他在党的理论工作务虚会上明确指出："我们当前以及今后相当长一个历史时期的主要任务是什么？一句话，就是搞现代化建设。能否实现四个现代化，决定着我们国家的命运、民族的命运。……你不抓住四个现代化，不从这个实际出发，就是脱离马克思主义，就是空谈马克思主义。社会主义现代化建设是我们当前最大的政治，因为它代表着人民的最大的利益、最根本的利益。现在，每一个党员、团员，每一个爱国的公民，都必须在党和政府的统一领导下，克服一切困难，千方百计地为实现四个现代化贡献出一切力量。"[②] 江泽民也反复强调实现现代化，建设社会主义现代化国家是我们党的庄严使命和历史任务，1991 年 7 月，他在庆祝中国共产党成立 70 周年大会上明确指出，当代中国共产党人的庄严使命就是"坚持党的基本路线，团结和带领全国各族人民，沿着建设有中国特色的社会主义的道路，自力更生，艰苦创业，把我国建设成为富强、民主、文明的社会主义现代化国家"[③]。胡锦涛更是进一步强调和要求全体党员要高举中国特色社会主义的伟大旗帜，求真务实，锐意进取，

① 《周恩来选集》下卷，人民出版社 1984 年版，第 479 页。
② 《邓小平文选》第 2 卷，人民出版社 1994 年版，第 162—163 页。
③ 《江泽民文选》第 1 卷，人民出版社 2006 年版，第 151 页。

着力探索和把握我国社会主义现代化规律，在新的时代条件下继续和加快推进社会主义现代化建设，为把我国建设成为一个富强民主文明的社会主义现代化强国而努力奋斗。

在新的时代条件下完成我们党所肩负的继续推进现代化的历史任务，实现把我国建设成为一个富强民主文明的社会主义现代化强国的宏伟目标，就要大力加强文化建设，更加自觉、更加主动地推动社会主义文化大发展大繁荣。

（一）文化建设是现代化建设的重要内容和目标

关于现代化建设的内容，1979 年 9 月召开的党的十一届四中全会对此曾作过明确的说明，会议指出，我们的现代化事业不以四个方面为限，我们要在建设高度社会主义物质文明的同时，提高全民族的教育科学文化水平和健康水平，树立崇高的革命理想和革命道德风尚，发展高尚的丰富多彩的文化生活，建设高度的社会主义精神文明。以后党的代表大会关于现代化的论述都继承和发展了党的十一届四中全会的上述提法，把精神文明建设、文化建设作为现代化建设的重要内容。

改革开放和现代化建设的总设计师邓小平同志就曾反复强调，我们要实现的现代化是包括精神文明建设和文化建设在内的全面的现代化。他说："我们要建设的社会主义国家，不但要有高度的物质文明，而且要有高度的精神文明。所谓精神文明，不但是指教育、科学、文化（这是完全必要的），而且是指共产主义的思想、理想、信念、道德、纪律，革命的立场和原则，人与人的同志式关系，等等。"[1] 在社会主义现代化建设的新时期，"我们要在大幅度提高社会生产力的同时，改革和完善社会主义的经济制度和政治制度，发展高度的社会主义民主和完备的社会主义法制。我们要在建设高度物质文明的同时，提高全民族的科学文化水平，发展高尚的丰富多彩的文化生活，建设高度的社会主义精神文明"[2]。因此，在社会主义现代化建设的全过程中，都必须要把社会主义精神文明建设和文化建设作为一项重要的战略任务。

江泽民认为，创造高度的精神文明不仅是社会主义现代化的重要目标，同时也是社会主义优越性的重要体现。1997 年 5 月，他在中央精

---

① 《邓小平文选》第 2 卷，人民出版社 1994 年版，第 367 页。
② 同上书，第 208 页。

神文明建设指导委员会第一次全体会议上的讲话中指出："社会主义精神文明，是我们进行改革开放和现代化建设的重要目标，也是搞好改革开放和现代化建设的重要保证。建设社会主义精神文明，关系党和国家的前途命运，关系中华民族自尊、自信、自强地屹立于世界民族之林。"① 同年9月，他在党的十五大报告中又明确提出："社会主义现代化应该有繁荣的经济，也应该有繁荣的文化。"② 并且，他还满怀信心地说："在社会主义现代化建设的伟大实践中，我们一定会创造出更加绚丽多彩的有中国特色社会主义的文化，对人类文明作出应有的贡献。"③

党的十六大以来，以胡锦涛同志为总书记的党中央更是把加强文化建设作为实现社会主义现代化建设和中华民族伟大复兴的宏伟目的的内在要求，强调物质贫乏不是社会主义，精神空虚也不是社会主义，没有社会主义文化繁荣发展，就没有社会主义现代化。2006年11月，胡锦涛在总结历史和现实的基础上指出："要实现我国社会主义现代化建设和中华民族伟大复兴的宏伟目标，必须大力加强文化建设，坚持用社会主义先进文化引领全国各族人民奋勇前进。发展社会主义先进文化，是建设中国特色社会主义的应有之义，是马克思主义政党思想精神上的旗帜，是推动我国经济社会发展的必然要求，是实现中华民族伟大复兴的显著标志。"④

文化建设是现代化建设的重要内容和目标，没有社会主义文化繁荣发展，就没有社会主义现代化。正因为文化建设在社会主义现代化建设中的重要作用和地位，所以在完成我们党所肩负的继续推进社会主义现代化建设历史任务的过程中，必须始终把文化建设放在党和国家全局工作的重要战略地位，坚持社会主义先进文化前进方向，坚持中国特色社会主义文化发展道路，把社会主义核心价值体系融入国民教育、精神文明建设和党的建设全过程，贯穿改革开放和社会主义现代化建设各领域，加强文化建设，不断深化文化体制改革，更加自觉、主动地推动社

---

① 《江泽民论有中国特色社会主义（专题摘编）》，中央文献出版社2002年版，第382页。

② 《江泽民文选》第2卷，人民出版社2006年版，第33页。

③ 同上书，第35页。

④ 《十六大以来重要文献选编》（下），中央文献出版社2008年版，第752页。

会主义文化大发展大繁荣，培养高度的文化自觉和文化自信，提高全民族文明素质，把我国建设成为社会主义文化强国。

（二）文化建设为现代化建设提供强大的思想保证、精神动力和文化条件

马克思主义认为，一定的文化是一定社会经济和政治在观念形态上的反映，同时又反作用于一定社会的政治和经济。社会主义先进文化建设对于现代化建设具有巨大的促进作用，这种促进作用主要集中体现在，它为现代化建设的顺利进行提供着坚强的思想保证、强大的精神动力和良好的文化条件。

社会主义先进文化建设为我国的现代化建设提供着坚强的思想保证。我们要建设的现代化是社会主义的现代化，这是我国现代化建设的性质和必须始终坚持的正确方向。对此，邓小平曾反复强调指出："现在我们搞四个现代化，是搞社会主义的四个现代化，不是搞别的现代化。"① 要建设社会主义的现代化，就要坚持以马克思列宁主义、毛泽东思想、邓小平理论和"三个代表"重要思想为指导，深入贯彻落实科学发展观。这是现代化建设沿着社会主义方向前进的坚强的思想保证。因此我们在进行现代化建设的过程中，就要不断加强社会主义先进文化建设，推进社会主义核心价值体系教育，坚持以马克思主义为指导，用中国特色社会主义理论体系武装头脑，开展中国特色社会主义理论体系宣传普及活动，推动马克思主义中国化时代化大众化，坚持用社会主义核心价值体系引领社会思潮，在全党全社会形成统一的指导思想，增强广大干部群众坚持走中国特色社会主义道路的信念，保证我国的现代化建设始终沿着中国特色社会主义的正确道路不断前进。

社会主义先进文化建设又为现代化建设提供强大的精神动力。在经济文化落后的中国进行现代化建设，既是伟大而光荣的任务，又是艰巨而长期的事业。要完成这项艰巨而长期的事业，离不开全国人民的团结奋斗、开拓进取，离不开强大的精神动力作为支撑。文化作为一种精神力量，不仅可以把国家和民族的力量团结凝聚起来，而且也可以激发人们参加现代化建设的信心和热情。正如江泽民所说："精神文明搞好了，

---

① 《邓小平文选》第3卷，人民出版社1993年版，第110页。

人心凝聚，精神振奋，经济建设和其他各项事业就会全面兴盛。"① 所以我们在进行现代化建设的过程中，要不断加强社会主义先进文化建设，坚持以马克思主义为指导，用中国特色社会主义共同理想凝聚力量，用以爱国主义为核心的民族精神和以改革创新为核心的时代精神鼓舞斗志，用社会主义荣辱观引领风尚，巩固全党全国各族人民团结奋斗的共同思想道德基础，激发和凝聚全党全国各族人民进行社会主义现代化建设的热情和力量，为社会主义现代化建设提供坚强的精神支撑和巨大的精神动力。

社会主义先进文化建设对现代化建设的促进作用，还体现在它为现代化建设的顺利进行创造着良好的文化条件。我们所要实现的现代化是经济、政治、文化、社会全面发展的现代化，我们要建设小康社会既需要殷实富足的物质生活，也需要丰富健康的文化生活。如果文化建设滞后，就必然会阻碍经济、政治、文化、社会的协调发展，必然会阻碍整个现代化进程。因此我们在进行现代化建设的过程中，就要在坚持以经济建设为中心的同时，自觉把文化繁荣发展作为坚持发展是硬道理、发展是党执政兴国第一要务的重要内容，作为深入贯彻落实科学发展观的一个基本要求，进一步推动文化建设与经济建设、政治建设、社会建设以及生态文明建设的协调发展，以满足人民精神文化需求为出发点和落脚点，以改革创新为动力，坚持"二为"方向，"双百"方针，更好地满足人民的精神需求、丰富人民的精神世界，发展面向现代化、面向世界、面向未来的，民族的科学的大众的社会主义文化，不断推动社会主义文化大发展大繁荣，为现代化建设的顺利进行提供良好文化条件、营造健康的文化氛围。

（三）突出文化建设是实现我国现代化建设跨越式发展的需要

与西方老牌资本主义国家内部自发产生、自然发展的现代化进程不同，我国是在西方列强入侵的外因压迫下被动进入现代化轨道的。因此，与已经在现代化进程中处于领先地位的西方发达资本主义国家相比，我国的现代化具有"后发型"的特点，要完成从农业经济向工业经济和工业经济向知识经济转型的双重使命。知识经济是建立在知识和信息的生产、分配和使用之上的经济。知识、信息、科技、人才等因素

---

① 《江泽民论有中国特色社会主义（专题摘编）》，中央文献出版社 2002 年版，第 382 页。

日益成为社会发展的关键性因素。而这些要素的培养与提高又依赖教育的发展和文化的建设。因此，要推进我国现代化建设的进程，就要把科技和教育放在突出的位置，更加重视教育发展和文化建设在现代化建设中的重要作用。

早在1977年，邓小平就曾强调指出："我们国家要赶上世界先进水平，从何着手呢？我想，要从科学和教育着手"①，"不抓科学、教育，四个现代化就没有希望，就成为一句空话"②。这些论述，明确地把科学和教育事业的发展进步作为发展经济、建设现代化的先导性要素，摆在了我国发展战略的优先位置。1982年，邓小平在论述中国发展战略的重点时又强调指出："搞好教育和科学工作，我看这是关键。没有人才不行，没有知识不行。"③ 1992年，邓小平在南方谈话中又一次强调指出："经济发展得快一点，必须依靠科技和教育。"④ 江泽民在分析了我国现代化的特点后深刻指出："我国现代化建设的进程，在很大程度上取决于国民素质的提高和人才资源的开发。"⑤ 因此他认为："大大提高我国劳动者中科技人才的比例，提高劳动者队伍的整体素质，对于我国社会主义现代化事业具有重大意义。"⑥ 这就进一步明确了发展科技和教育事业，加强文化建设，不断提高劳动者的素质，对于我国现代化建设的重要意义。进入新世纪新阶段，面对世界科技发展的大势，面对日趋激烈的国际竞争，以胡锦涛总书记为核心的党中央更加重视科学技术和教育在现代化建设和国际竞争中作用，强调要把科学技术和教育摆在优先发展的战略地位，并提出了建设创新型国家和人力资源强国的奋斗目标。

从上述党的领导人的讲话和战略决策中，我们可以看出，无论是现代化事业的整体发展，还是教育、科技的进步；无论是人才的培养和劳动者素质的提高，还是创新型国家和人力资源强国的建设，都离不开科技的进步和教育的发展，都离不开文化的建设和创新，因此，在推进我

---

① 《邓小平文选》第2卷，人民出版社1994年版，第48页。
② 同上书，第68页。
③ 《邓小平文选》第3卷，人民出版社1993年版，第9页。
④ 同上书，第377页。
⑤ 《江泽民文选》第2卷，人民出版社2006年版，第33页。
⑥ 《江泽民论有中国特色社会主义（专题摘编）》，中央文献出版社2002年版，第254页。

国现代化建设的过程中，我们要更加突出文化建设，大力推动社会主义文化的大发展大繁荣，大胆吸收和利用世界上先进的科学技术改造我国传统的农业和工业，不断增强我国的科技实力及向现实生产力转化的能力，提高全民族的科技文化素质，充分利用知识、文化、教育、科技等要素对现代化建设的巨大推动作用，从而更好地发挥我国现代化的后发优势，实现我国现代化建设的跨越式发展。

二　大力加强文化建设，弘扬中华文化的优秀传统，巩固两岸共同的文化基础，扩大两岸的文化交流，对于增强两岸的文化认同，有效地遏制"文化台独"，最终完成祖国的统一大业具有重要的意义

中国共产党从成立以来就始终高举爱国主义的伟大旗帜，为实现民族独立和国家统一而不懈奋斗。中国共产党领导中国人民经过 28 年的浴血奋战，推翻了帝国主义、封建主义和官僚资本主义的反动统治，建立了新中国，结束了中华民族任人宰割的悲惨命运，实现了中国大陆的统一和各民族的大团结。台湾问题是中国国内战争遗留下来的问题，属于中国的内政。为了更好地解决台湾问题，推进祖国的统一大业，20世纪 50 年代中期，我们党就根据当时国际国内形势的发展变化，及时调整了对台政策，提出了和平解放台湾的主张。1955 年 5 月，周恩来在第一届全国人大常委会第 15 次会议上第一次公开提出，中国人民解放台湾有两种可能的方式，即战争的方式和和平的方式。中国人民愿意在可能的条件下，争取用和平的方式解放台湾。1956 年 8 月，毛泽东在会见外宾时也说："准备和蒋介石采取和平方式解决台湾问题。"① 关于台湾的社会制度问题，毛泽东 1961 年 6 月在同印度尼西亚总统阿哈默德·苏加诺谈话时就明确提出："我们容许台湾保持原来的社会制度，等台湾人民自己来解决这个问题。"② 在毛泽东、周恩来关于争取和平解放台湾、容许台湾保持原来的社会制度等思想的基础上，邓小平逐步形成和提出了"和平统一、一国两制"的科学构想。随着香港、澳门问题的顺利解决，解决台湾问题，最后完成祖国统一的神圣使命更加突出地摆在党和全国各族人民面前。江泽民也反复强调要早日解决台湾问

---

① 《毛泽东外交文选》，中央文献出版社、世界知识出版社 1994 年版，第 243 页。
② 同上书，第 469 页。

题、完成祖国完全统一的历史任务，并提出了为促进祖国统一大业的完成而继续奋斗的八项主张。以胡锦涛为总书记的新一届党中央更是把实现祖国的完全统一作为中国共产党人义不容辞的使命，继续坚持"和平统一、一国两制"的基本方针，正在为早日解决台湾问题，完成祖国统一大业而进行着积极的努力。

在新的历史时期，我国的对台工作不断取得新进展，两岸关系得到了不断巩固和深化，但同时两岸关系的发展也存在着新的挑战，岛内的一些分裂势力蓄意破坏两岸关系的和平发展，大肆鼓吹"文化台独"论，企图阻挠祖国的统一进程。因此大力加强文化建设，弘扬中华文化的优秀传统，扩大两岸的文化交流，增强两岸的文化认同，对于完成我们党所肩负的实现祖国统一的历史任务具有重要而深远的意义。

（一）中华文化是实现两岸和平统一的重要基础

文化是一个民族的血脉，是一个民族的灵魂，是维系国家统一和民族团结的精神纽带。文化总是和一定的环境地域相联系并能对生活于其中的人产生深刻的影响，使他们具有相同的价值观、审美观、是非观、善恶观和精神追求，形成巨大的文化认同力量。

在我国五千多年文明发展的历程中，各族人民紧密团结、自强不息，共同创造了源远流长、博大精深的中华文化，为中华民族的发展壮大提供了强大的精神力量，同时也为人类的文明进步作出了不可磨灭的重大贡献。凝聚着中华民族整体智慧与汗水的灿烂辉煌、生生不息的中华文化以其独有的魅力早已深深地溶入中华各族儿女的血液之中，是包括台湾同胞在内的全国同胞赖以生存的精神支柱和割舍不断的精神纽带，是全球华人共同的心灵支点和精神家园。

大陆和台湾共同的中华文化，是紧紧联系两岸人民的牢不可破的精神脐带，同时也是实现两岸和平统一的重要基础。1995年1月，江泽民同志在《为促进祖国统一大业完成而继续奋斗》的讲话中就曾明确指出："中华各族儿女共同创造的五千年灿烂文化，始终是维系全体中国人的精神纽带，也是实现和平统一的一个重要基础。两岸同胞要共同继承和发扬中华文化的优秀传统。"① 2005年5月，胡锦涛在会见台湾亲民党领袖宋楚瑜时也强调指出："两岸同胞同根、同族、同脉。中华

---

① 《江泽民文选》第1卷，人民出版社2006年版，第422页。

民族绵延五千多年的悠久历史和灿烂文化,把我们紧紧联系在一起。"①这些论述,都深刻地揭示了大陆和台湾共同的中华文化在实现祖国统一大业中的重要作用和地位。

当前,两岸虽然尚未统一,但大陆和台湾同属一个中国的事实没有变,两岸同胞同根同族同脉的关系没有变,两岸同胞血浓于水的民族感情没有变。大陆和台湾共同的中华文化是包括两岸同胞在内的整个中华民族的血脉,是维系两岸走向统一的牢不可破的精神纽带。因此,在推进祖国统一的进程中,我们应该高度重视文化的精神纽带作用,大力加强文化建设,增强两岸同胞对中华文化的认同感、归属感,早日完成祖国的统一大业,实现中华民族的伟大复兴。

(二)中国传统文化中的"大一统"思想对于维护祖国统一具有重要作用

中国传统文化中的"大一统"思想源远流长、影响深远。早在先秦时期,中华民族就初步形成了"大一统"的思想观念。在中国最古老的诗歌总集《诗经》中就有"溥天之下,莫非王土;率土之滨,莫非王臣"②的名句。儒家的创始人孔子把制作礼乐和发令征伐的权力是否出自天子,看做是天下有道与否的重要标志。他说:"天下有道,则礼乐征伐自天子出。"③战国时期儒家的代表人物之一荀子认为理想的社会局面就是:"四海之内若一家。"④墨家提倡"尚同",提出了"天子唯能一同天下之义,是以天下治也"⑤的主张。这些思想和主张,为秦始皇统一天下,推行"书同文,车同轨"的政策,建立中央集权的大一统帝国奠定了重要思想文化基础。到了汉代,"大一统"的思想得到了进一步的发展和深化。董仲舒明确将"大一统"视为"天地之常经,古今之通谊"⑥。自秦汉以降,中国传统文化中的"大一统"思想更加深入人心,成为人们普遍认同的价值理念和精神追求。

正因为"大一统"的价值理念根植于中华民族的文化血脉之中,所

---

① 《胡锦涛会见亲民党大陆访问团》,《人民日报》2005 年 5 月 13 日。
② 《诗经·小雅·谷风之什·北山》。
③ 《论语·季氏》。
④ 《荀子·王制》。
⑤ 《墨子·尚同上》。
⑥ 《汉书·董仲舒传》。

以在中华民族几千年的发展历史上，虽然曾经出现过一时的分裂、对峙，但都不能离散中华民族的伟大团结和国家的最终统一，统一始终是中华民族历史发展的主流和不可逆转的总趋势。即便是在分裂和对峙的年代里，追求中华民族的统一也始终是广大劳动人民的共同政治理念和奋斗目标。只要回顾一下中国历史，我们就不难发现，中国封建时代几个著名的治世和盛世，无论是汉代的"文景之治"，唐朝的"贞观之治"和"开元盛世"，还是清朝的"康乾盛世"，无一不是在国家统一的前提下出现的。因此，统一不仅是人们普遍追求的理想的政治状态，而且也是国家政局稳定、人民安居乐业的重要条件。

在"大一统"价值理念的影响和熏陶下，中华民族具有强烈的求统一意识，捍卫祖国领土完整成为中华民族的共同意志和中国人普遍接受的价值观，并且产生了巨大凝聚力和向心力，在维护祖国统一和领土完整方面发挥了重要作用。台湾自古以来就是中国领土不可分割的一部分。1894年，日本发动了侵略中国的甲午战争，并于次年强迫清朝政府签订了丧权辱国的《马关条约》，从中国割占了台湾及澎湖列岛。但台湾同胞始终没有屈服于日本侵略者的殖民统治，他们英勇顽强、前赴后继，开展了声势浩大、波澜壮阔的反对日本殖民统治的斗争。在抗日时期，台湾同胞也曾与大陆同胞一起，给日本侵略者以沉重的打击。台湾同胞和大陆同胞用生命和鲜血共同维护国家统一和民族尊严的历史事实，充分反映了维护祖国统一是包括台湾同胞在内的中华民族的共同意志，是全体中华儿女的共同愿望，分裂是违背中华民族的意志和利益的。中国近代民主革命的先行者孙中山先生就曾经说过："'统一'是中国全体国民的希望。能够统一，全国人民便享福；不能统一，便要受害。"[①] 邓小平在总结历史时也曾深刻指出："从鸦片战争以来，中国的统一是包括台湾人民在内的中华民族的共同愿望，不是哪个党哪个派，而是整个中华民族的愿望。"[②] "凡是中华民族子孙，都希望中国能统一，分裂状况是违背民族意志的。"[③] 因此，任何企图把台湾从中国分裂出去的想法都是违背民族意志和注定要失败的。大力加强文化建设，

---

① 《孙中山全集》第11卷，中华书局1986年版，第373页。
② 《邓小平文选》第3卷，人民出版社1993年版，第219页。
③ 同上书，第170页。

弘扬中华文化的优秀传统，批判继承中国传统文化中的"大一统"思想，不断增强海峡两岸人民维护祖国统一和领土完整的责任与意识，对早日实现祖国的完全统一具有重要的作用和意义。

（三）扩大两岸文化交流对于遏制"文化台独"具有特别重要的意义

一段时期以来，岛内的一些分裂势力逆势而动，大肆鼓吹"文化台独"论，推行所谓的"去中国化"、"文化本土化"等运动，企图虚化中华文化在台湾地方文化中的地位，否定台湾地方文化和中华文化之间的亲缘关系，从而割断台湾地方文化的"根"，切断台湾地方文化的"源"。1996 年 3 月台湾民进党公布的"海洋政策蓝图"就声称，台湾要"摆脱中国的大陆文化包袱，发展台湾的海洋文化"。2000 年 5 月台湾民进党执政后，为了宣扬所谓的"台湾主体意识"，又进行了大量"去中国化"的活动。这些拙劣做法，实质上是想先从文化上切断台湾与祖国大陆的脐带联系，进而从政治上将台湾从中国分裂出去，以实现分裂祖国的罪恶目的。"文化台独"不断侵蚀与弱化台湾民众的中国认同与中国情感，为分裂祖国、实现"台独"构筑思想基础，阻挠和破坏祖国的统一进程。因此，我们对此一定要提高警惕，决不能掉以轻心。

台湾与祖国在文化上的亲缘关系是历史形成的，是无法否定的。台湾和福建一水相连，今天台湾所谓的本土文化实际是早期移民台湾的闽南人、客家人带入的闽南文化、客家文化在台湾的传承和衍生。台湾的语言也深受闽南话的影响，在词汇和语法等方面都吸收了很多闽南话的成分。台独所提倡的"台语"、"台剧"，实际上是从闽南语和闽南民间戏剧进化而来的。台湾生活习俗与祖国大陆特别是南方地区基本一致，而且还保留着很多的闽粤古风。台湾民间的传统节日也和大陆相同，一年中有春节、元宵节、清明节、端午节、七夕节、中秋节、重阳节、冬至、送灶、除夕等重要节日，而且过节的形式也和大陆相仿。这些历史事实，都无可辩驳地记载和说明着台湾与祖国在文化上所具有的亲缘关系。

中华文化是包括台湾同胞在内的全体中华民族共同创造的，台湾与祖国在文化上一脉相承，不容分割。中华文化无论是过去、现在和将来都是维系全体中国人的精神纽带，是实现祖国统一的一个重要基础。任何企图通过"去中国化"、"文化台独"来割裂台湾与中华文化之间的联系以达到个人政治目的的人，都是徒劳的。在当前时期，我们加强文化建设，就要大力弘扬中华文化，深入开展对两岸文化同源性的研究，扩大和促进两岸的文化交流，进一步增强两岸的文化认同，共同反对文化上的"去中国化"和"文化台独"，不断巩固和壮大共同的文化之根，这对于加快和推进祖国的统一进程具有特别重要的意义。

三　大力加强文化建设，弘扬中华文化的优秀传统，推进社会主义文化大发展大繁荣，对于正确对待和处理不同国家之间、不同文明之间、不同文化之间的争端和冲突，维护世界和平与促进共同发展具有重要的意义

我们党要领导全国各族人民进行社会主义现代化建设，就需要有一个长期和平的国际环境。争取一个长期和平的国际环境，符合我们国家的最大利益，符合中国人民的最大利益。因此，从新中国成立之日起，反对霸权主义，争取和维护世界和平就始终是我国外交政策的主要目标。以毛泽东为核心的党的第一代中央领导集体，在新中国成立初期就提出了和平共处五项原则，强调国家无论大小、贫富、强弱，都应互相尊重主权和领土完整，互不侵犯，互不干涉内政，平等互利，和平共处，并且制定了独立自主的和平外交政策。毛泽东在会见国外客人时曾多次强调："我们现在需要几十年的和平，至少几十年的和平，以便开发国内的生产，改善人民的生活。我们不愿打仗，假如能创造这样一个环境，那就很好。"[1]"总之，我们应该共同努力来防止战争，争取持久的和平。"[2] 邓小平认为，只有争取一个和平的环境，现代化建设和国家的发展才能比较顺利地向前推进。因此他明确提出："我们的对外政策，就本国来说，是要寻求一个和平的环境来实现四个现代化。这不是假话，是真话。这不仅是符合中国人民的利益，也是符合世界人民利益的一件大事。"[3] 江泽民进一步指出："中国对外政策的宗旨，就是维护世界和平，促进共同发展。"[4] 面对新世纪新阶段的国际形势，胡锦涛

① 《毛泽东外交文选》，中央文献出版社、世界知识出版社1994年版，第168页。
② 同上书，第174页。
③ 《邓小平文选》第2卷，人民出版社1994年版，第241页。
④ 《江泽民文选》第3卷，人民出版社2006年版，第297—298页。

总书记也明确指出："我们要高举和平、发展、合作的旗帜，始终奉行独立自主的和平外交政策，坚持走和平发展的道路，在平等互利的基础上加强和扩大同世界各国的交流和合作。"① 由此我们可以清楚地看出，无论世界风云如何变幻，中国共产党和中国人民都是始终同世界上一切爱好和平与自由的人民一道，共同致力于促进世界和平与发展的崇高事业。

在新的历史时期，大力加强文化建设，弘扬中华文化的优秀传统，对于推进我们党所肩负的维护世界和平与促进共同发展的历史任务，具有重要的思想价值和现实意义。

（一）加强文化建设，提高我国的综合国力，有助于增强维护和平与发展的力量

随着世界多极化、经济全球化的深入发展和科学技术的日新月异，文化与经济、政治相互交融的程度不断加深，与科学技术的结合更加紧密，文化也越来越成为综合国力的重要组成部分。对此，江泽民曾经明确指出："有没有高昂的民族精神，是衡量一个国家综合国力强弱的一个重要尺度。综合国力，主要是经济实力、技术实力，这种物质力量是基础，但也离不开民族精神、民族凝聚力，精神力量也是综合国力的重要组成部分。"② 胡锦涛结合时代的发展深刻地指出："当今时代，文化在综合国力竞争中的地位日益重要。谁占据了文化发展的制高点，谁就能够更好地在激烈的国际竞争中掌握主动权。人类文明进步的历史充分表明，没有先进文化的积极引领，没有人民精神世界的极大丰富，没有全民族创造精神的充分发挥，一个国家、一个民族不可能屹立于世界先进民族之林。"③ 文化是民族凝聚力和创造力的重要源泉，是国家核心竞争力的重要因素，是一个国家的软实力的核心。所以，加强文化建设，推进社会主义文化大发展大繁荣，不仅是建设文化强国的内在要求，也是增强我国综合国力的重要途径。

中国的发展和综合国力的提高不但不会对任何国家构成威胁，而且有助于世界上拥护和平与发展的力量的壮大，这对于维护世界和平、促

---

① 《十六大以来重要文献选编》（中），中央文献出版社 2006 年版，第 160 页。

② 《江泽民文选》第 2 卷，人民出版社 2006 年版，第 231 页。

③ 《十六大以来重要文献选编》（下），中央文献出版社 2008 年版，第 752 页。

进共同发展具有重大的意义。改革开放以来，我国的现代化建设不断向前推进，国家也日益走向富强，这引起了国际上各种各样的评论和反响，西方国家乘机鼓吹"中国威胁论"。中国是社会主义国家，社会主义的国家性质决定了中国的发展不可能、也不允许走对外扩张、掠夺乃至于发动侵略战争的道路，而只能走和平发展的道路去实现中国的社会主义现代化。早在新中国成立前夕，毛泽东就曾向全世界庄严宣布："我们的民族将从此列入爱好和平自由的世界各民族的大家庭，以勇敢而勤劳的姿态工作着，创造自己的文明和幸福，同时也促进世界的和平和自由。"① 邓小平也曾反复强调中国特色社会主义是主张和平的社会主义。1980 年 4 月，他就明确指出："中国是社会主义国家，这个社会制度的性质决定了我们对外奉行和平外交政策。"② 1989 年 10 月，他又指出："我们搞的是有中国特色的社会主义，是不断发展社会生产力的社会主义，是主张和平的社会主义。"③ 中国人民在中国特色社会主义道路的指引下，经济建设取得了举世瞩目的伟大成就，国家的综合国力也得到了大幅提升，但中国作为主张和平的社会主义国家，"中国的发展是和平力量的发展，是制约战争力量的发展"④，促进世界与地区的和平与发展，这符合中国人民的根本利益。所以"中国将始终不渝地把自身的发展与人类共同的进步联系在一起，中国的发展不会妨碍任何人，也不会威胁任何人，只会有利于世界的和平稳定和共同繁荣"⑤。

（二）加强文化建设，弘扬中华文化中的崇尚和平的优良传统，可以为和平解决与处理国与国之间的冲突提供借鉴

中华民族是一个爱好和平的民族。讲信修睦、崇尚和平、协和万邦、追求和谐是中华民族优秀的历史文化传统。早在先秦时期，我国思想家就提出了"亲仁善邻，国之宝也"⑥ 的思想，表明自古以来中国人民就是希望睦邻友好，与各国人民和平相处的。在几千年的发展历史中，中华民族始终秉承着爱好和平、以和为贵、强不执弱、富不侮贫的

---

① 《毛泽东文集》第 5 卷，人民出版社 1996 年版，344 页。
② 《邓小平思想年谱（1975—1997）》，中央文献出版社 1998 年版，第 155 页。
③ 《邓小平文选》第 3 卷，人民出版社 1993 年版，第 328 页。
④ 同上书，第 128 页。
⑤ 《十六大以来重要文献选编》（中），中央文献出版社 2006 年版，第 998 页。
⑥ 《左传·隐公六年》。

精神，与世界上爱好和平的人民开展团结合作、友好交流。这种精神已经融入中华民族的民族品格和民族气质之中，不仅成了中华文化的一个重要理念，而且也是中国人处理国与国之间的矛盾与争端的一个重要原则。对此，20 世纪英国著名哲学家罗素就曾这样评价指出："在中国人所有的道德品质中，我最推崇的是他们平和的气质，这种气质使他们在寻求解决争端时更多地是讲究平等公正，而不是像西方人那样喜欢仰仗实力。"①

和平与发展是当今时代的主题，但天下并不太平。霸权主义和强权政治依然存在，局部冲突和热点问题此起彼伏，全球经济失衡加剧，南北差距拉大，传统安全威胁和非传统安全威胁相互交织，世界和平与发展面临诸多难题和挑战。如何解决当今世界国与国之间的矛盾与冲突是一个重大的现实问题。历史的发展表明，以武力和战争解决国际冲突的结果只能使问题更加复杂化，达不到真正解决问题的目的。中国政府主张用和平共处五项原则来处理国与国之间的关系，在国际社会中显示了巨大的生命力，成为处理国与国之间关系的重要准则，得到越来越多国家的肯定和支持。正如邓小平所评价的那样："处理国与国之间的关系，和平共处五项原则是最好的方式。"② 和平共处五项原则含有深厚的讲信修睦、崇尚和平、协和万邦、追求和谐的中华文化底蕴。面对当今内含多种不和谐因素的、复杂多变的国际形势，合理吸收中华文化中的关于崇尚和平、以和为贵等思想的积极成果，可以为处理和解决国家与国家、地区与地区之间的冲突提供有益的借鉴。

（三）加强文化建设，弘扬中华文化中和而不同的合理思想，可以为正确处理不同文明之间的关系提供思想资源

"和而不同"是中国传统文化中的一个重要思想，体现着中国古代哲学的智慧。西周末年的史伯就曾提出："夫和实生物，同则不继。以他平他谓之和，故能丰长而物归之；若以同裨同，尽乃弃矣。"③ 这些论述，反映了事物的生成发展都是由于不同的"他"物相互作用、和合演化而来的，如果只是把相同的事物简单地叠加在一起，那就会窒息

---

① 《罗素文集：东西方文明比较》，改革出版社 1996 年版，第 50 页。
② 《邓小平文选》第 3 卷，人民出版社 1993 年版，第 93 页。
③ 《国语·郑语》。

生机。春秋时期齐国的晏婴也曾以"和羹"为例来说明"和而不同"的道理："和如羹焉，水火醯醢盐梅以烹鱼肉，燀之以薪。宰夫和之，齐之以味，济其不及，以泄其过。君子食之，以平其心……若以水济水，谁能食之？若琴瑟之专一，谁能听之？"① 这就说明了，美味可口的汤，正是由于融合各种不同的食物和作料才做成的，而不是简单的"以水济水"。孔子也提出："君子和而不同，小人同而不和。"② 意思是说，君子能够以和为准则去处理问题，但又不是盲目认同，而是敢于坚持原则，阐述自己的思想和意见；小人处处盲从附和，亦步亦趋，人云亦云，不肯坦诚地说出自己的真实意见，也不善于协调各种矛盾使之处于和谐状态。"和而不同"思想经过后世的发展，内涵也不断丰富，它不仅适用于处理社会上人与人之间的相互关系，而且也适用于处理各种不同思想派别和不同文化之间的相互关系，成为中华文化的重要内容和中国人对待文化的一种基本观点。

　　不同的民族有着不同的生活方式、风俗习惯、宗教信仰和价值观念，有着不同的文明和不同的文化。随着社会的发展，各种不同文明、不同文化相互之间的交流碰撞、冲突融合将会更加频繁。如何处理和对待不同文明、不同文化之间关系的问题正日益紧迫地摆在人们的面前。合理借鉴中华文化中的"和而不同"思想，可以为我们正确处理当今世界不同文明、不同文化之间的关系提供独特的思想资源。2002 年 10 月，江泽民访问美国期间就曾发表演讲指出："两千多年前，中国先秦思想家孔子就提出的'君子和而不同'的思想，和谐而又不千篇一律，不同而又不相互冲突。和谐以共生共长，不同以相辅相成。和而不同，是社会事物和社会关系发展的一条重要规律，也是人们处世行事应该遵循的准则，是人类各种文明协调发展的真谛。大千世界，丰富多彩。事物之间、国家之间、民族之间、地区之间，存在这样那样的不同和差别是正常的，也可以说是必然的。我们主张，世界各种文明、社会制度和发展模式应相互交流和相互借鉴，在和平竞争中取长补短，在求同存异中共同发展。"③ 2003 年 12 月，温家宝在哈佛大学发表的演讲中也指

① 《左传·昭公二十年》。
② 《论语·子路》。
③ 江泽民：《在乔治·布什总统图书馆的演讲》，《人民日报》2001 年 10 月 25 日。

出："'和而不同'，是中国古代思想家提出的一个伟大思想。和谐而又不千篇一律，不同而又不彼此冲突；和谐以共生共长，不同以相辅相成。用'和而不同'的观点观察、处理问题，不仅有利于我们善待友邦，也有利于国际社会化解矛盾。"① 在世界各种文明、各种文化交流碰撞日益频繁的今天，加强文化建设，批判继承、合理吸收中国传统文化中"和而不同"的合理思想，并赋予其新的时代内涵，以更加开放、更加包容的精神，去处理和对待不同文明、不同文化之间的关系，努力寻找不同文明、不同文化之间的共同点，开展广泛的文明对话和深入的文化交流，对于推进整个人类文明的发展与进步无疑具有重要的现实意义。

（作者简介：中国社会科学院马克思主义研究院）

---

① 《温家宝在哈佛大学演讲》，《人民日报（海外版）》2003 年 12 月 12 日。

从"现代女孩纳闷喜儿为什么不嫁给黄世仁"说起

——一个有关中特理论之文化道德的片论

李向前

据说,一次闲聊中,一位现代女孩听完白毛女的故事后颇为纳闷地问:喜儿为什么不嫁给黄世仁呢?

这发问既好笑又很戏谑。在稍有历史常识的人看来,这问题有点不可理喻。可是,我们又必须承认,这是一个"真"问题,是"现代女孩"们带着一定真诚、不解和以一种向传统道德观挑战而提出的"现代性"诘问。

既然是"真"问题,我们就不得不有所回应。

现代女孩提出的,实际是时代道德、伦理、财富、阶级、人性和爱情等众多政治思想文化的观念性疑问。这反映着社会思想多元化条件下青年一代的活跃与纠结。他们关心社会文化现象,却又不轻信传统的政治价值观。他们中的一些人,偏要叛逆式地挑战传统的革命、阶级和人伦价值,而挑战的方式,就是以这种戏谑或调侃做外壳,把人逼到非作回答不可。从时代前进的角度,这些关注社会道德走向的青年,是积极和富于思考的一代。他们对社会道德伦理保持兴趣,对国家、社会的道德引导深切关怀。他们喜欢平等讨论,当然也会在不高兴时非理性地"抢板砖"。而问题的另一面,是如何说服和取信这些思想活跃、态度积极的青年一代,并从中引发对中国特色社会主义文化道德观的正确讨论。无疑,这是对理论意识形态工作者的一个挑战。

中国特色社会主义理论体系中的道德文化问题,正随着国家经济社会的进步而成为人们关注的焦点。党的十七届六中全会提出深化文化体制改革,推动社会主义文化大发展大繁荣的重大任务,包含着坚持社会主义先进文化前进方向，引导群众深入开展社会主义核心价值体系的学习，实践社会主义核心价值体系等一系列关键性命题。问题在于，深化社会主义核心价值体系的学习和实践，仅靠逻辑演绎、理论灌输和理性推论的方式，并不能让那些不愿按套路出牌的"现代女孩"们心悦诚服，至少，很难引起她们的兴趣。而连兴味都鼓动不出，那我们所有的教育企图，便有可能是失败的。

一位西方哲学家说过：观念源于历史，道德发自生活。

对于道德观念问题的解答，最终总迫使我们回望历史和生活。关于喜儿和黄世仁的爱恨情仇，最根本的解读，是来自近代阶级压迫和阶级斗争的历史。作为历史中发生的真实故事，经过必要的艺术加工和典型化处理，她深刻烙下那个时代的印记，表现出那个时代实实在在的道德观、人伦价值和阶级爱憎。因此，不把现代女孩们掫出的问题还原为历史和真实的社会生活，不找寻这个故事的历史原态，我们是说服不了她们的。

《白毛女》的故事并不复杂：杨白劳无力偿还地主黄世仁的高利贷。后者欲以杨白劳俊俏的闺女喜儿抵债。杨白劳走投无路，除夕夜喝盐卤而亡。黄世仁最终霸占了喜儿。不甘欺凌的喜儿，在一个夜黑风高的晚上，逃出黄家大院，躲进深山，以山神庙供品为生。因长期吃不到盐，喜儿原来的一头青丝竟慢慢变成满头白发。当地人误信山神庙有白毛仙姑显灵。八路军解放了山村，斗争了地主黄世仁，解救了满头白发的喜儿。喜儿的深仇大恨终得洗雪。《白毛女》先是以戏剧形式在解放区演出。新中国成立后，《白毛女》被拍成电影，流传极为广泛。著名电影演员田华将喜儿的纯真、质朴和遭虐、反抗演绎得淋漓尽致，使喜儿得到观众的极大同情，黄世仁的形象则成为旧社会罪恶的代表。

显然，《白毛女》带有强烈的阶级压迫和阶级斗争寓意。故事的悲惨和历史真实性，无可辩驳地成为教育一代人的爱憎标准。故事揭示，喜儿和黄世仁之间，只能有仇恨，只能是那种逼杀生父、毁灭人伦的深仇大恨，只能是一个阶级推翻另一个阶级的斗争，而根本不可能存在什么婚恋嫁娶。故事还说明，在阶级社会中，喜儿和黄世仁之间的关系，是阶级关系，而不是抽象的人性。像磨盘一样沉重的债权，像网一样的封建宗法权利和超经济政治剥夺，使黄世仁为所欲为，毫不掩饰地对喜儿实行霸占、强取和玩弄。他这样做，不仅不会招来法律的惩戒，甚至还站在道德优势之上。因为农民欠地主高利贷，不管是不是生活所迫，也要借债还钱，这是天经地义。杨白劳和喜儿，最终以生命和身体为代价，来偿还债务，事实上是没有任何权利主张的农奴。这一切，来源于地主占有绝大多数的农村生产资料，而贫雇农则无立锥之地，一贫如洗。农民必须依附地主，甘受后者的残酷剥削，厥为公理。根据这样的历史事实，处在阶级两端的男女爱情，其道德基础当然首先由人的阶级地位和经济基础来决定，而绝没有所谓抽象的"爱"发生。在巨大的阶级差别面前，即使喜儿长得再俊俏，也不能摆脱受欺压和被奴役的地位。在黄世仁眼里，喜儿只不过是拿来抵债的一个物件，他可以随意处理这个物件，包括极为不道德和犯罪性质的凌辱与强奸。黄世仁的所作所为，依仗的是不平等的经济地位和宗法威权。他横行乡里、怙恶不悛。喜儿落入的只是虎口，而不可能是"爱巢"。如果硬要想象喜儿嫁给黄世仁，成就所谓一门亲事，那不啻与虎谋皮。

现代女孩之所以产生喜儿与黄世仁婚嫁的想法，在表面上看，可能是陷入了心理学家弗洛姆所说的"爱的幻觉"。但不要忘记，弗洛姆更看重的是"爱的本质"。他说：实质上，"爱是一种信念的行为"。那么，"爱的本质"和"爱的信念"又怎样解释呢？

绝色美人，浪漫情怀，闪电雷鸣般的倾诉，璀璨洁白的爱慕，义无反顾地投入对方生命，这些表面的热烈，可以在很大程度上构成"爱的幻觉"。所谓幻觉，实际是指整体或部分的不真实。而要摆脱"爱的幻觉"，寻找真实的爱，就需要透过现象看本质。所谓本质的爱，或者说真实而有道德的爱，客观说来，却来自个人权利。

道理很简单。个人间相互信任、不受非法侵害、不受非法剥夺的权利，是一切"爱"的道德基础。受到非法剥夺、侵害和奴役的个人，不仅丧失了个人的基本权利，也处在极端不平等的关系中。这种极不平等的人与人之间的关系，显然不存在道德的实行。同样，个人权利也是"爱"的社会信任基础。个人权利只有在被尊重的前提下，个人的爱的寻求，才是可靠的。由此，爱恋必须持有个人权利。个人权利被尊重的爱恋，才是有道德的爱的行为。反过来，道德的基本要求就是不损害他人。只有尊重别人权利，人们才能捕捉真正的爱和有道德的爱。爱虽有自私性，但它再自私，也必须以不破坏和不侵犯他人权利为基础。否则，自私的"爱"是无法结果并具有破坏性的。质言之，爱、个人权利和道德三者之间，形成了一个相互扭结的锁链：有道德的爱，一定是尊重他人权利的行为；只有个人权利被承认，爱才具有道德。在一个社会中，当个人权利不被尊重时，它根本谈不上"爱"的道德；而一个有道德的社会，必定承认"爱"是对个人权利的尊重；建立在个人权利和道德基础上的爱，才是真实、纯洁、持久和热烈的爱情，才实现了"爱的信念"。如此，我们看到的喜儿和黄世仁，不仅双方权利极不平等，而且还被强权者黄世仁肆意滥用。他们之间只有对立和压迫，剥夺与被剥夺，侵害与被侵害。这哪里谈得到"爱"和"嫁"呢？黄世仁受国家、社会和宗法保护的剥夺、侵害之权，迫使喜儿在这宗男女关系面前，成为惨遭受害的一方。她面对黄世仁的虐待，别无他法，唯有逃往深山，变为穷苦百姓传说中能显灵的白毛仙姑，在冥冥中报复恶霸地主黄世仁。这是一个残酷的现实。不看这个现实却想象喜儿与黄世仁的婚姻，实在有些荒唐。所以，现代女孩"嫁"喜儿的想法，注定是"爱的幻觉"。

前文说过，"幻觉"是种不真实。同时，它也是一种不能持久的想象。比如海市蜃楼，就会随时间和位置的变化，自然而然地消除。可是，消除幻觉，也并非简单斥责一番即可了事。这里最需要的，就是把真实和道理呈现出来，像解读海市蜃楼现象一样，分析其伪，辨明其谬。

可以看到，现代女孩"嫁"喜儿的观点，至少在两方面向传统观念提出挑战：

首先，它是对阶级斗争历史和现代中国革命源起的意识性颠覆。

白毛女的故事，无疑建立在中国近现代阶级斗争历史的语境之中。它以压迫和革命为话语，讲述了残酷的阶级斗争深植于中国旧社会的事实。压迫的残酷，使中国农民政治经济地位低下、任人奴役、遭人宰割。由此，中国农民成了反抗阶级剥削和阶级压迫的主要力量。白毛女的故事，还具有强大的道德力量。它鞭挞罪恶，歌颂正义，怜悯悲小、仇视霸道。以黄世仁为代表的恶霸地主势力，是革命的首要敌人，从而，人民革命具有了无可怀疑的合法性基础。白毛女的故事最初诞生于晋察冀地区。她的出现，使贫苦农民的革命热情得到极大激发，"打倒土豪劣绅"、"打倒恶霸地主"、"打倒国民党反动统治，解放所有受苦人"的口号，汇合成伟大民主革命的激昂韵律。人民军队通过忆苦思甜、新式整军运动，激发起广大士兵的阶级觉悟，造就了推翻蒋家王朝摧枯拉朽的力量。

白毛女故事的强大阶级寓意，在新中国成立后的很长时间里继续得到延伸，使之极具革命意识形态和道德教育功能。人们从这个故事中读出阶级压迫的残酷、地主阶级的丑恶和地主与农民之间不可调和的斗争，从中学到了爱、恨、情、仇。这些最基本的社会道德观念，影响着一代人的人生态度、奋斗理想和革命目标。

然而，当改革开放成为当今中国政治、经济的主题；当人们不再以"阶级斗争为纲"观念审视社会生活；当青年男女中"爱的意识"已拓展为一片自由鲜花铺就的乐园时，思想观念和道德意识的变化，不能不是根本的、显著的和巨大的。现代女孩提出的问题，就显示了这种变化。

变，有着无可怀疑的必然。在国家政治经济主题发生根本变化之后，人们的思想意识不加改变，是不可想象的。有时，人们思想意识的变革，甚至先于经济基础的变革。但是，任何思想意识的解放，虽可在广泛时空中驰骋，却并不应以随意否定和颠覆已有基本事实和道德标准为动力。也就是说，是非要有根据，想象不能"离谱"。

自然，"爱的意识"是社会观念的折射。怎么爱和如何爱，是社会意识见之于一个时代经济基础的反映。现代女孩们已经远离阶级和阶级斗争语境，自然观察不到那个时代的严酷。她们质疑喜儿与黄世仁之间的爱恨情仇，一点也不稀奇。问题在于，当她们完全忽略了阶级和阶级压迫这种真实历史的存在时，就会颠倒了社会发展脉络，脱离于实际生活，沉迷于幼稚、言说于"离谱"。特别是，当她们模糊了历史本质时，她们的道德塑造，会变得很随意，同中华民族的优秀传统相分离。这在中国特色社会主义文化道德建设和树立社会主义核心价值观上面，成了"真"问题。

同时，人们也看到，对于中国近现代历史上阶级和阶级斗争的认识，在研究界和思想界，也在发生变化。例如，有观点认为，事实上，在旧中国历史中，阶级对立远没有想象和形容的那么严重。在宗法社会里，旧中国农村中的人伦关系，融合多于斗争。在有些地域，农村甚至没有地主——即农村中经济差别并没有想象得那么突出。还有人说，过去宣传的阶级和阶级斗争历史，有很多臆造的成分，人为地扩大了阶级间你死我活的状态，等等。

作为学术探讨，这些观点可以存在。但是，能否完全否定旧中国社会阶级和阶级斗争的整个事实，则应该引起重视。有关几千年来中国阶级和阶级斗争的全部历史，以及几千年来中国的历史进步是否由阶级和阶级斗争作动力的问题，无疑需要深入研究和科学说明。但人们也有必要达成如下几个共识：对现代女孩说来，要不要割断她们同中国确实存在了上千年阶级压迫的历史的联系？要不要鼓励她们去否定曾有的一部分人的生存权利被剥夺、而另一部分人却高居于社会之上，役使和剥夺前一部分人的客观事实？要不要树立现代女孩最基本的同情心、是非感和公正观念？以及，要不要告诉她们近代以来中国社会之所以发生革命和实行推翻旧政权的历史根源？特别是，要不要推心置腹地向现代女孩解释，为什么喜儿面对年轻富有的黄世仁，不但不会嫁给他却充满深仇大恨？一句话，要不要说明那些过于随意就颠倒的事实和观念，是不够正确的？

对于此，历史和党史工作者显然有不可推卸的责任。这责任构成了第二个对传统观念的挑战，即，今天的党史、革命史，与中国特色社会主义的道德塑造之间，是怎样一种关系？

首先，作为党史专家和历史学家，新时代赋予人们的共识是存在的，这就是：中国的现代化绝不仅仅指经济的发达，它还应该包括社会的公平、正义和道德的力量。而要塑造和凝聚这种道德力量，党史家和历史学家的武器，唯有正直的学问。

其次，作为党史和革命史基本功能之一的教育，需要具有一种使命感。很明显，党史、革命史不仅要教人以知识，知悉自己父辈和父父辈所走过的路程，更要让新时代的孩子们，从历史的曲折中，懂得什么是社会公平、人伦正义、人的权利、道德是非和行为准则。如果党史家和革命史家连向现代女孩证明白毛女故事的真相都做不到，那大量公帑的投入，多年精力的耗损，实在难值几文。

第三，要懂得，人的品德和品德教育，是两件极为不同的事情。品德是人已经塑造好了的东西，具有固定性。品德教育则是延续、强化或改变已有的东西，因此，不仅难度大，而且要讲求方法。以历史为教材，是品德教育的一个有效路径，但它不能采取生硬的、灌输式的方法。对待现代女孩们，特别不能以上凌下，强行灌输。党史、革命史的教育,必须是在历史事实基础上的教育。通过历史真实,诱发现代女孩们对比、思辨,让他们独立思考,感于心灵,发于行为。须知,靠灌输,是不能打动人、塑造一个人内心的道德想象的。

第四,以党史、革命史为教材的道德塑造,应至少坚持如下几个原则,即必须坚持历史的严肃性和科学性;必须恪守历史的正义性伸张——即历史的道德性;必须明确辨识历史的进步与反动。关于历史的进步性,中国共产党的重要领导人张闻天曾有一段精彩论述。他说:"理想是适合人类社会发展的必然趋势的一种思想。因为人类终究是要向着这个方向发展前去的。思想违背于人类现代社会发展趋势的这种思想,我们不叫它理想,而叫它做反动思想。因为这种思想不是要使社会走向前进,而是要它转向后退,所谓开倒车。"(张闻天:《论青年的修养》)75 年前,延安青年以张闻天这段话为圭臬,向正确的历史方向迈步飞奔。在今天,现代女孩和所有的正义之士,难道不该把自己同历史的进步性联系在一起吗?

现代女孩的纳闷,其实远不止喜儿与黄世仁的关系。在飞速变化的社会面前,纳闷、新奇、不理解、不苟同等等,是现代孩子们的正常状态。而它引申出的中国特色社会主义文化建设中道德塑造问题,却并不轻松。它启发人们去建立新的认识,也在新挑战中,推进特色社会主义文化建设和核心价值观的宏大功业。

(作者单位:中共中央党史研究室)

加强社会主义文化建设是经济发展的必然要求

卢卫红

党的十七届六中全会审议通过了《中共中央关于深化文化体制改革推动社会主义文化大发展大繁荣若干重大问题的决定》，这是继胡锦涛总书记在党的十七大报告中提出"兴起社会主义文化建设新高潮"之后，党对文化建设的重要性和紧迫性的进一步认识，以及加强文化建设的重大意义，反映了我们党对当今时代趋势和我国文化发展方位的科学把握，说明了加强社会主义文化建设是经济发展的必然要求。

一 加强文化建设思想的由来

加强社会主义文化建设，是党的四代中央领导集体的共同愿望。

早在新中国成立前夕，毛泽东就预言："随着经济建设高潮的到来，不可避免地将要出现一个文化建设的高潮。中国人被人认为不文明的时代已经过去了，我们将以一个具有高度文化的民族出现于世界。"①

改革开放之初，邓小平引用毛泽东的这一论断，指出："现在我们可以满怀信心地说，这种形势的出现已经为期不远。"② 邓小平一贯重视和有效地领导建设有中国特色的社会主义新文化，倡导和推进社会主义精神文明建设，认为只有坚持"两手抓，两手都要硬"的方针，"不仅经济要上去，社会秩序、社会风气也要搞好，两个文明建设都要超过他们，这才是有中国特色的社会主义"③。邓小平还提出了"面向现代

① 《毛泽东著作选读》（下册），人民出版社 1986 年版，第 692 页。
② 《邓小平文选》第 2 卷，人民出版社 1994 年版，第 214 页。
③ 《邓小平文选》第 3 卷，人民出版社 1994 年版，第 378 页。

化、面向世界、面向未来"和"培养有理想、有道德、有文化、有纪律的社会主义公民"的战略任务，提高整个中华民族的思想道德素质和科学文化素质。

进入新世纪新阶段，江泽民在十六大上再次强调："当今世界，文化与经济和政治相互交融，在综合国力竞争中的地位和作用越来越突出。……在当代中国人民的伟大奋斗中，必将迎来社会主义文化建设的新高潮。"①"三个代表"重要思想的提出，更将文化提升到了前所未有的高度，又一次开创了文化建设的崭新局面，特别提出到 2020 年我国将要实现的小康社会比 2000 年有六个"更加"，其中第四个"更加"就是"文化更加繁荣"，并提出了深化文化体制改革、积极发展文化事业和文化产业的战略目标。此后，党的十六届三中、四中和五中全会都围绕着这一战略目标，对社会主义文化建设提出了新的要求。特别是十六届六中全会，创造性地提出了以社会主义核心价值体系为根本，大力推进和谐文化建设的历史任务，使我们的文化建设有了更加明确的目标。

党的十七大报告延续和发展了十六大以来党中央关于思想文化工作的指导思想，在深刻总结历史经验、科学分析当前形势的基础上，胡锦涛总书记明确提出："当今时代，文化越来越成为民族凝聚力和创造力的重要源泉，越来越成为综合国力竞争的重要因素，丰富精神文化生活越来越成为人民的热切愿望。"三个"越来越"，不仅揭示出了文化建设的重要性和紧迫性，而且反映出了经济社会发展对文化建设的新要求和人民群众对文化生活的新期待。报告深刻阐述了加强文化建设的重大意义，说明了兴起社会主义文化建设新高潮是经济发展的必然要求。这充分体现了中国共产党在新的历史条件下的高度文化自觉，也表明在推进中国特色社会主义事业的伟大进程中，中国共产党人将更加自觉、更加主动地承担起传承文化、繁荣文化的历史责任。

二　文化建设与经济建设的关系

社会主义经济建设、政治建设、文化建设、社会建设是中国特色社

①　江泽民：《全面建设小康社会　开创中国特色社会主义事业新局面——在中国共产党第十六次全国代表大会上的报告》，人民出版社 2002 年版，第 42 页。

会主义总体布局的重要组成部分，四者既紧密联系、相互作用，又有各自的独特地位和发展规律。就经济建设与文化建设的关系来说，经济是基础，只有坚定不移地以经济建设为中心，大力发展社会生产力，才能为政治、文化、社会建设提供坚实的物质基础；文化是政治和经济的反映，又对经济和政治有着重要的影响作用。只有大力发展社会主义先进文化，才能为经济、政治、社会建设提供精神支撑。二者相互支持，又相互融合，共同促进中国特色社会主义事业的发展。

（一）文化建设与经济建设相互支持

经济建设是文化建设的支撑，为文化建设提供所必需的财力和物力支持。虽然我国社会主义社会物质文明不断增强，但我国处于并将长期处于社会主义初级阶段，人民日益增长的物质文化需要同落后的社会生产力之间的矛盾仍然是我国社会的主要矛盾。为此，我们必须以经济建设为中心，离开经济发展文化建设就无从谈起。正如邓小平指出的："讲社会主义，首先就要使生产力发展，这是主要的。"[①] 没有经济的发展，我们改革开放以来所取得的精神文明的成果就难以保持，进一步发展也更不可能，甚至"全部陈腐污浊的东西又要死灰复燃"。[②] 30 年来，我国经济社会保持持续快速健康发展，经济实力和综合国力迈上新台阶，经济总量跃居世界第四位，人民生活总体达到小康水平。这在客观上为文化建设提供了强有力的物质基础。

同时，文化具有双重属性，它既是精神生活的重要组成部分，又能成为经济的一个增长点，对于经济建设也有着巨大的历史反作用。第一，在现代条件下，文化资源是可以转化为经济资源的，文化产业已成为朝阳产业，成为最有潜力的经济增长点。国内外大量事实说明，发展文化可以直接带动经济的发展。第二，发展文化不仅可以为经济发展提供精神动力、智力支持、道德推助和优良的文化环境，还能为其提供整合的力量，从而大力促进经济发展。相反，如果文化发展滞后，从而导致思想落后、素质低下、道德失范、缺乏凝聚力和精神动力等，在一定程度上会严重地影响甚至阻碍经济发展。也就是说，当经济发展到一定程度时，它从本质上要求相应的文化形态与之相适应，否则，这种经济

---

① 《邓小平文选》第 2 卷，人民出版社 1994 年版，第 314 页。

② 《马克思恩格斯选集》第 1 卷，人民出版社 1995 年版，第 86 页。

的发展也就难以为继。

（二）文化建设与经济建设相互融合

当今世界，文化与经济、政治相互交融，与科学技术密切结合，已经成为一个国家综合国力的重要组成部分，在国际竞争中发挥着越来越突出的作用。文化建设与经济建设的相互融合，主要表现在：

首先，文化建设的有些方面，本身也是经济建设的内容。文化本身就是一种经济资源，既是生产力，也是竞争力。它在创造社会效益的同时，也创造了经济效益。如今，文化优势已是地区经济发展日益重要的环境优势。在知识经济日益发展的今天，文化底蕴、文化氛围和劳动者文化素质，越来越成为经济发展重要的软环境。文化软环境越好，越有利于产业提升和产业结构优化。20世纪90年代以来，文化产业成为全球发展最快的产业之一，许多发达国家的文化产业已经成为国民经济的重要支柱。事实表明，越是发达的国家，文化产业的发展越快，所占GDP的比重也越大。因此，加快我国文化事业和文化产业发展已刻不容缓、时不我待。

同时，经济活动的各个领域越来越多地渗透了文化因素，物质生产需要文化内涵作支撑、作保证。在现代社会，以信息技术为主要标志的高新科技向现实生产力的转化越来越快，文化因素越来越多地渗透进经济活动，使经济获得了新的发展形态和动力。事实证明，经济活动中注入的文化内涵越多，物质生产中产品的档次和附加值就越高，竞争力就越强，效益就越好。随着经济全球化进程的加快，文化作为一种"软实力"，正日益成为参与国际化的一个重要条件，成为增强国际竞争力、地区竞争力的一个重要因素，成为一个国家和地区综合实力的重要方面。在国际同等条件下，有的国家发展快，有的国家发展慢；在国内同等条件下，有的地区发展快，有的地区发展慢；有的地方资源匮乏，但经济搞得蓬蓬勃勃，有的地方资源非常丰富，但经济发展停滞不前，这些都有文化方面的原因。

综上所述，经济与文化是密不可分的，经济的发展与文化的进步是相互作用的。正是基于经济与文化的这种相互支持相互融合的关系，十七大报告明确地把发展文化提高到增强"国家软实力"的战略高度来认识，深刻地揭示了文化发展对于我国在国际竞争中处于有利地位的重大意义。

三 加强社会主义文化建设是我国经济发展的必然要求

文化的繁荣与经济的发展紧密相连，经济的快速发展必然要求也必然伴随文化的兴盛与繁荣。历史上，每一个经济社会快速发展的时期，往往也都是文化繁荣兴盛的时期。在改革开放的进程中，我国经济建设取得了举世瞩目的成就，文化建设虽然也取得巨大成就，但总体实力和总体水平正如胡锦涛总书记在十六届七中全会讲话中指出的那样："与我国经济快速发展相比，我国文化发展相对滞后，同全面建设小康社会的要求不相适应，同人民日益增长的精神文化需求不相适应，同我国的国际地位不相适应。"① 文化建设滞后势必制约经济的发展，这在客观上要求我们加强社会主义文化建设，以推动其大发展大繁荣。

首先，加强社会主义文化建设，是坚持全面协调可持续发展的必由之路。增强发展协调性，努力实现经济又好又快发展，是党的十七大对全面建设小康社会在经济建设方面提出的要求，是实现科学发展的重要指针。科学发展观要求的是全面的发展，即经济建设、政治建设、文化建设、社会建设四位一体的发展，文化建设是中国特色社会主义总体布局的一个重要组成部分；科学发展观要求的是协调发展，加强文化建设是促进生产关系与生产力、上层建筑与经济基础协调发展的重要环节；科学发展观要求的是可持续发展，以精神产品为内容、创意为特征、依托于现代科学技术而迅速发展的文化产业，作为新兴的"朝阳产业"，具有产出高、耗费自然资源少、环境污染少或无污染、安排就业多等诸多优势，在转变经济发展方式、提高经济整体素质和增强可持续发展能力方面，将会发挥重要的作用。

其次，加强社会主义文化建设，是经济健康发展的保障。社会主义初级阶段是我国的基本国情。在这一阶段中，虽然马克思主义在意识形态领域的主导地位已经确立，但封建主义、资本主义腐朽思想，小生产意识以及其他非马克思主义思想的消极影响还将长期存在。在改革开放和发展社会主义市场经济条件下，思想文化领域里的情况将会进一步错

---

① 胡锦涛：《高举中国特色社会主义伟大旗帜 为夺取全面建设小康社会新胜利而奋斗——在中国共产党第十七次全国代表大会上的报告》，《人民日报》2007 年 10 月 25 日第 3 版。

综复杂。建立社会主义市场经济，在培育和确立与市场经济相适应的开放观念、竞争观念、平等观念、效益观念的同时，社会经济成分和组织生活方式等方面也发生了新的变化。特别是在改革攻坚阶段，人们利益格局的调整，也会引起一些新的社会矛盾。尤其是利益原则在社会生活领域里的广为渗透，也导致了一部分人的价值观念发生偏差，拜金主义、极端个人主义、享乐主义思潮滋生蔓延，各种腐朽落后的东西又沉渣泛起，有可能使经济的发展偏离社会主义方向，这就要求大力加强文化建设特别是思想道德建设，以保证经济的健康发展。

再次，加强社会主义文化建设，是经济迅速发展的推动力。经济的发展是生产力、生产关系与上层建筑相互作用的结果，生产力的发展要依赖于生产关系、上层建筑，其中包括文化建设对它的推动作用。脱离这些作用与影响，单纯、孤立地发展生产力是不可能实现经济迅速发展的。因为，从生产力本身来看，生产力是由劳动者和生产工具、劳动对象组成的，其中劳动者是重要因素。"人是生产力中最活跃最重要的因素"，高智能的人，需要高文化、高素质。因此，文化因素是最基本的条件；同样，就生产工具而言，生产工具越先进，高科技越发达，经济发展越迅速。如果文化发展滞后，所造成的种种障碍，使经济在深层动作中无法展示其内在的潜力，也是不可低估的。

改革开放以来，我国经济持续快速健康发展，经济实力和综合国力迈上新台阶。中国已经从一个经济弱国变成经济大国，但还不是一个经济强国，在经济发展中还存在很多问题，主要表现为我们文化转换为财富的能力比较低。因此我们必须学会把物质力量转化为精神力量，必须在经济发展已取得长足进步的时候，及时地、认真地整合我们中华民族本身已具有的那些悠久的、优秀的、灿烂的文化传统，并融合现代特点与西方文化的优秀成分，用有效的方式和手段，不断扩大人们对社会主义核心价值体系的认同，使之成为全体人民普遍理解并乐于奉行的价值观念，成为全民族奋发向上的精神力量和团结和睦的精神纽带，为我国由经济大国转为经济强国提供精神动力。

四　社会主义文化建设的内容

社会主义文化重在建设。为进一步推动社会主义文化大发展大繁荣，十七大报告提出了四个方面的任务：建设社会主义核心价值体系，增强社会主义意识形态的吸引力和凝聚力；建设和谐文化，培育文明风尚；弘扬中华文化，建设中华民族共有精神家园；推进文化创新，增强文化发展活力。

首先，社会主义核心价值体系是社会主义意识形态的本质体现。任何一个国家要把全社会的意志和力量凝聚起来，都必须有一套与之经济基础、政治制度相适应的核心价值体系。我们大力建设社会主义核心价值体系，就是为了增强中华民族的凝聚力和创造力，形成中华民族共有的精神家园。这个凝聚力创造力、这个精神家园就是"软实力"，就是综合国力和国际竞争力的重要组成部分。如果失去了这个核心，当然就会失去凝聚力，就会失去共同奋斗的思想道德基础，就会迷失方向、丢掉民族认同，甚至是人心涣散与社会动荡。树立和坚持社会主义核心价值观念，就会在纷繁复杂的环境中始终保持清醒的头脑，用正确的思想意识规范自己的言行，使经济建设的发展不至于偏离社会主义轨道。背离社会主义核心价值观念，必然产生价值衡量的颠倒，以致发展到美丑不分、善恶不辨，从而在经济建设中迷失方向。

其次，和谐文化是全体人民团结进步的重要精神支撑。任何社会的和谐都必然要体现于文化的和谐，这不仅因为文化是经济、政治和社会生活中和谐事实的反映，而且因为文化作为上层建筑，必然会在很大程度上影响经济基础和人们的社会生活。这就要求我们建设和谐文化，要在全社会培育和谐精神，倡导和谐理念，引导人们用和谐的思想认识事物，用和谐的态度对待问题，用和谐的方式处理矛盾。

再次，弘扬中华文化是中国社会主义文化建设的必要途径。当代中国社会主义文化，是在继承发扬优秀传统文化的基础之上，吸收当今世界的先进文化思潮，融进中国改革开放和现代化建设的新思想，逐步发展起来的引领中国经济、政治和社会正确发展方向的新文化。

弘扬中华文化，我们要立足当代中国社会发展的需要，去审视和认识中华传统文化，努力发掘在中华民族发展进程中发挥过历史作用且至今仍不失先进意义的精神文化财富，并使之在新的时代得以提炼和升华，与当代社会相适应、与现代文明相协调，使当代中华文化既具民族性，又富时代性，发挥其现时教育功能。同时，我们要注意发挥包含传统和当代文化在内的中华文化在对外文化交流中的作用，在吸收世界各国优秀文明成果的同时，展现中华文化的魅力，使世界上越来越多的国家和人民认识中华文化和热爱中华文化。

最后，推进文化创新、增强文化活力，这是当代中国社会主义文化建设的重点突破。作为当代中国经济、政治和社会发展观念的能动反映，社会主义文化必须不断提高自身的水准，增强引领经济、政治和社会健康发展的能力。而要实现文化的这一任务，必须通过文化创新和增强文化发展活力，使文化成果不断涌现，在更高层次上满足人民的精神文化需求。社会主义文化是坚持"二为"方向和"双百"方针的文化，它必须更加贴近实际、贴近生活、贴近群众，提炼和再现人民群众在改革开放和现代化建设中劳动生活的火热情景。这就要求社会主义文化在内容上坚持主旋律，在形式上提倡多样性，以日益丰富的优秀精神文化产品愉悦人民和激励人民。

经济的繁荣发展必然要求社会主义文化也相应地得到发展、繁荣。在文化建设过程中，我们要努力按照胡锦涛总书记的要求，充分发挥人民在文化建设中的主体地位，调动广大文化工作者的积极性，更加自觉、更加主动地推动文化大发展大繁荣，深化文化体制改革，掀起社会主义文化建设的新高潮，激发全民族的文化创新活力，提高国家的文化软实力，在中国特色社会主义的伟大实践中进行文化创造，让人民共享文化发展成果。

（作者单位：中国青年政治学院马克思主义学院）

越是改革开放和发展市场经济，越要加强共同理想建设

加强共同理想建设，是中国生产力发展的客观需要，是中国最广大人民群众根本利益和共同愿望的集中体现，是建立健全社会主义市场经济体制的必然要求，是巩固党的执政地位、增强党的执政能力的重要内容，是实现共产主义理想的客观要求和必经阶段。中国共产党已经顺利实现由革命党向执政党的转变，中国正在实现由计划经济向市场经济转变。伴随着这两个转变，人们的思想观念和生活方式进入多元多样多变的时代。越是多元多样多变，越需要主心骨主旋律；越是改革开放和发展市场经济，越需要加强共同理想建设。

一 改革开放和发展市场经济对共同理想建设带来机遇和挑战

党的十一届三中全会以来，改革开放和市场经济发展使中国经历历史大转折和事业大发展，整个中华民族的精神状态发生了深刻变化，其中最突出的是建设中国特色社会主义已经深入人心，并且逐步成为全民族的共同理想。我们加强共同理想建设，具有重要的优势和机遇。

第一，中国特色社会主义理论体系为加强共同理想建设提供了科学的理论基础。共同理想和中国特色社会主义理论体系紧密结合在一起。中国特色社会主义理论体系围绕发展中国、建设中国特色社会主义这一主题，解放思想，突破一系列不合时宜的传统观念的束缚，回答什么是马克思主义、怎样对待马克思主义，什么是社会主义、怎样建设社会主义，建设什么样的党、怎样建设党，实现什么样的发展、怎样发展等重大问题，并在实践中指导中国特色社会主义现代化建设取得了举世瞩目的成就，是推动广大人民群众牢固树立共同理想的重要思想理论因素。

第二，改革开放和发展市场经济所取得的伟大成就，为加强共同理想建设提供了坚实的物质基础。改革开放以来，当世界上原来的社会主义国家大多数已经纷纷改弦易辙时，中国共产党领导中国各族人民依然坚定不移地走在社会主义道路上。在党的基本理论、基本路线、基本纲领、基本方针和基本政策的指引下，中国社会主义现代化建设事业取得了举世瞩目的成就，经济社会快速发展，民主政治建设稳步推进，文化建设和社会建设不断加强，人民的物质文化生活水平显著提高，综合国力大幅度增强。这一切，为全面建设小康社会、基本实现社会主义现代化开辟了广阔的前景，使社会主义在中国展现出蓬勃的生机和活力，给每个中国人都带来了巨大的实惠，使人们看到了中国未来的美好前景。人们有充分的理由坚信，只有坚持走建设中国特色社会主义道路，才能过上更美好的生活。这为全社会不断加强共同理想提供了最坚实的物质基础。

第三，社会主义初级阶段的基本路线，为加强共同理想建设提供有力的政治保证。以经济建设为中心，坚持四项基本原则，坚持改革开放，是党在社会主义初级阶段的基本路线的主要内容，是建设中国特色社会主义理论的集中体现，是建设社会主义现代化的根本保证。坚持党的基本路线，既能防止否定四项基本原则，搞资产阶级自由化的右的错误倾向，又能防止否定改革开放，用"阶级斗争为纲"的思想影响和冲击经济建设这个中心的"左"的错误倾向。三十多年来，正是在建设中国特色社会主义理论指导下，中国共产党形成了一条正确的基本路线，并且坚定不移地坚持了这条基本路线，才使中国从困难中重新奋起，在开拓中不断前进，并且经受住了国际国内风波的严峻考验，把中国改革开放和现代化建设推进到新阶段。也正由于我们坚定不移地坚持了党的基本路线，才不断引导人们排除了来自各个方面的影响和干扰，逐步树立起了建设中国特色社会主义的共同理想。

第四，实现中华民族伟大复兴的强烈愿望，为加强共同理想建设提供了牢固的思想基础。实现民族独立和人民解放，实现国家富强和人民富裕幸福，即实现中华民族伟大复兴，是近代以来每个中国人的强烈愿望和执著追求。正因为有这种强烈愿望和执著追求，在腐朽的君主专制制度和封建制度严重阻碍中国社会发展、中国国力日益衰败的时候，无数仁人志士才艰难地探寻着改变落后命运的道路；正因为有这种强烈愿望和执著追求，在帝国主义列强瓜分中国，封建主义、官僚资本主义残酷欺诈人民的危难时刻，中国共产党人及一切爱国力量才团结一致共同战斗，为建立社会主义新中国浴血奋战；也正因为有这种强烈愿望和执著追求，中国共产党人才带领中国人民历经千难万险，不断探索中国社会主义现代化建设的道路。有强国富民、民族复兴的愿望之火种，就必然会燃起蓬蓬勃勃的理想之烈火；有强国富民、民族振兴的追求之毅力，就必然会铸就成无坚不摧的信念之长城。建设中国特色社会主义，就是强国富民、实现中华民族伟大复兴的必由之路，深刻体现了中华民族的强烈愿望。这是全社会加强共同理想的牢固思想基础。

但是，我们也必须清醒地认识到，随着改革开放的深化和市场经济的发展，人们的思维方式、思想观念、价值标准相继发生巨大变化，加强共同理想建设面临许多新情况、新问题和新矛盾。

首先，社会变化的客观现实对人们思想的冲击，再加上受各种错误思想的影响，一些人对理想和前途产生动摇和困惑。中国特色社会主义文化是中国特色社会主义经济、政治、社会等方面的综合反映，反过来又作用和服务于建设中国特色社会主义经济、政治、社会这个伟大实践。由传统计划经济体制向社会主义市场经济体制转变，是一场涉及社会各个层面的深刻革命。它在广泛的社会领域势必引起价值观念、道德规范、生活方式发生重大变化，从而对社会主义市场经济体制的建立和新秩序的形成，产生极其深刻的反作用。这种反作用主要表现为三类：第一类是与社会主义市场经济发展相适应的竞争意识等积极因素，对新经济体制的建立和完善产生积极的导向，起推动和保证作用；第二类是由于市场经济自身的弱点和消极方面的作用而滋生的负面因素，严重干扰社会主义市场经济体制的建立和运行，甚至严重破坏社会主义市场经济新秩序；第三类是某些腐朽、愚昧、落后的思想观念，借经济体制转轨和社会结构转型之机沉渣泛起，严重破坏社会主义市场经济的思想道德条件和社会文化环境，使一些人对社会主义的前途和理想产生动摇和困惑。如在一些社会层面和领域，出现了价值错位、道德沦丧、腐败滋生蔓延等。这充分说明了越是社会转型和怀疑时期，社会越需要信仰；越是改革开放，越是发展市场经济，越是要重视加强共同理想建设。只有广大干部和群众树立起正确的世界观、人生观、价值观，在全社会形成共同理想，才能充分发挥社会主义文化对经济发展的巨大能动作用，才能创造一个良好的社会环境，保证整个现代化建设目标的顺利实现。

其二，拜金主义、享乐主义、个人主义等消极因素的滋长，使一些人沉湎于灯红酒绿的感官刺激和感官享受之中，逐渐淡化了理想。改革开放和市场经济的发展使人们的精神世界发生了巨大变化：一方面，人们从近乎封闭的思想状态下解放出来，以前所未有的激情投身于崭新的事业，自主意识、竞争意识、效率意识、民主法制意识和开拓创新精神明显增强，整个民族焕发出勃勃生机。另一方面，改革开放和发展市场经济以后，多种思想观念和价值观念冲击着中国人的精神生活和思想道德领域。一些人完全为享乐欲望和现实功利所绑架、所淹没，迷失了自己和人生的真意，疏于道德的责任与实践，这是一些人精神脆弱、焦虑、沮丧和空虚的思想根源。这种现象表现在一些青少年身上，是烦恼、彷徨和犯罪；表现于家庭，造成家庭功能的衰微；表现于经济生活，造成潜在的不安和危机；表现于精神生活，造成心灵的绝望和苍白，导致短视的人生，结果物质条件改善和丰富了反而使人看不出宽广的视野和价值了。一些领域道德失范，拜金主义、享乐主义、个人主义滋长，一些人理想、信念发生动摇，对社会主义前途存有疑虑。这种现象如果得不到有效遏止，就可能在一定范围内和一定程度上泛滥，不仅影响理想建设，而且影响整个改革、发展和稳定的大局。这同样说明了物质贫穷不是社会主义，精神贫乏也不是社会主义；这也说明在发展社会主义市场经济条件下加强共同理想建设的重要性、紧迫性、长期性和艰巨性。

其三，不正之风和腐败现象蔓延，败坏社会主义名声，使一些人悲观失望，不相信理想。经过近年来的惩治，腐败现象有所遏制，但在一些地方仍呈蔓延趋势。腐败现象是一种腐蚀剂，它使一些党性不强、意志薄弱的人一步一步走向泥淖，使一些本来可以有所作为的人不仅一事无成，还可能成为历史的罪人；腐败现象会造成一种离心力，它的存在客观上影响党和人民群众的血肉联系，损害党的形象，败坏社会主义的声誉，削弱建设中国特色社会主义的号召力，影响改革开放和现代化建设的成就，会使一些人悲观失望，使人们对共产主义的信仰，对建设中国特色社会主义共同理想，对改革开放的信心，对党和政府的信任，产生某种怀疑和动摇。

二　完善市场经济体制，为坚定共同理想开辟崭新道路

目前，中国经济转型的压力、社会转轨的矛盾、观念多元的碰撞、利益多样的摩擦，使改革开放面临更多的复杂矛盾和风险，也使得尚需完善的市场经济体制承受着诸多发展疑虑。在权力寻租滋生腐败的多发地段，竞争缺位导致福利高企的垄断行业，资源配置不合理造成效率低下的某些领域，都不同程度存在竞争缺位、市场配置资源作用遇阻的问题。这正暴露出市场对资源配置基础性作用发挥不够，更折射出市场经济体制亟待完善的紧迫任务。

首先，要清醒认识当前中国发展市场经济面临着一系列具体的社会历史条件和基本国情，那就是：坚持社会主义基本经济和政治制度；具有悠久而深厚的历史文化传统；人口众多而资源相对稀缺，地域辽阔且区域差异巨大；处于工业化与信息化、城市化、国际化的多重转型过程之中；在国际竞争体系中处于相对落后的地位。正是市场经济的一般规律与中国的特殊国情相结合，形成中国特色的社会主义市场经济体制。其主要特点是：坚持公有制为主体、多种经济形式共同发展的社会主义基本经济制度，目标是建立社会主义市场经济；既要遵循市场经济的一般规律，又要符合中国的基本制度和具体国情的要求；在坚持公有制主体性和国有经济主导性的同时，积极发展非公有制和非国有制经济；把市场机制的基础性调节作用与政府的宏观调控有机结合起来；市场经济是一个历史的范畴，它的内容和形式要随着制度环境、技术基础和文化传统的发展而变化，向市场经济的过渡是一个包括了经济、政治、文化、社会等各个方面深刻变化的长期而复杂的整体性过程，不可能一蹴而就；在积极参与经济全球化的同时，坚持独立自主，立足于依靠自身力量的和平发展道路；把改革、发展与稳定统一起来，以经济建设为中心、走以人为本、全面协调可持续发展的新型工业化道路；坚持党的领导、人民当家作主和依法治国的有机统一，坚持马克思主义的指导地位，用发展着的马克思主义指导新的实践。走自己的道路，这是中国革命成功的根本经验，也是中国改革开放和发展市场经济取得成功的根本经验。越是民族的，也就越是世界的。中国走改革开放和发展社会主义市场经济的成功道路，不仅会使中华民族伟大复兴的共同理想得以实现，同时也将是中华民族对人类文明发展的最大贡献。

　　其次，创新和践行最普遍的"求和化异、和合互利"的基本价值原则，是加强共同理想建设的重要途径。列宁曾指出："只有社会主义才可能广泛推行和真正支配根据科学原则进行的产品的社会生产和分配，以便使所有劳动者过最美好的、最幸福的生活。只有社会主义才能实现这一点。而且我们知道，社会主义一定会实现这一点，而马克思主义的全部困难和它的全部力量也就在于了解这个真理。"① 为此，在区分普遍与特殊（根本与具体）利益、价值的前提下，在真正的普遍性利益、真正的利益共同体（而不是虚幻的集体）层面上保持和实行"求和化异、和合共赢"的原则。也就是，在现实社会中，多元主体之间在面对真正的共同（利益、价值）关切时保持理性，力求意见（政策）的建设性、协调性和系统性，而涉及具体性特殊性（利益、价值）的层面上则要尊重"不同"——承认并保持特殊主体的意志独立和个性自主；总体上力求使个性（价值）与共性（价值）之间达到一种自由的统一与和谐。"夫和实生物，同则不继。以他平他谓之和，故能丰长而物归之；若以同稗同，尽乃弃矣。故先王以土与金、木、水、火杂以成百物。"（《国语·郑语》）这种蕴涵在中国传统文化中的主旨价值理念源远流长。在以人类中心主义、自我中心主义、自私自利、相互对立的社会中，多元主体没有最后赢家。中国儒家文化倡导"君子和而不同，小人同而不和"的思维方法，所揭示的就是普遍的基本价值原则：求和化异、和平存异，合作尊异、和谐调异、和合互利的政治价值原则。因此，在社会关系中的不同利益主体之间切实建构和践行"求和尊异、和合互利"的价值思维原则，是人类社会共同抵御日益增多的社会矛盾和不确定性社会风险的必然要求，也是加强共同理想的重要途径。

　　再次，以宏观政策的正确方向引领共同理想建设。进入新世纪以来，中国步入全面发展的快车道，也走到了发展的关键路口。工业化进入中后期，城市化进入快速成长期，经济社会转型进入攻坚期，人民群众政治参与进入活跃期，思想文化进入碰撞期，国际地位进入迅速上升期。这些阶段性特征，给一个基础薄弱、潜能巨大的发展中大国，带来了巨大挑战。政策正确与否，不仅关系到基本理论、基本纲领、基本路线、基本方针能否深入人心，奋斗目标能否化为人们的实际行动，而且

---

① 《列宁全集》第 34 卷，人民出版社 1985 年版，第 356 页。

直接影响着共同理想能否真正在全民族中牢固树立起来。因此，从客观实际出发，制定出切实可行的政策，以指导、规范和调节人们的行为，事关重大。这些政策，不仅向发展要数量，更向发展要质量；不仅向发展要物质，更向发展要精神；不仅向市场经济要效益，更向社会主义要公平；既要有利于调动社会各方面的积极性、创造性，推动经济政治文化社会的全面发展，又要有利于提高全民族的科学文化水平和思想道德水平；既要有利于近期目标的实现，又要有利于共同理想的牢固树立。通过现实政策的引导，使人们在追求自身事业的同时更多地关注未来的理想目标，在追求实现自身价值的同时更多地关注国家和民族的未来，从政策上为共同理想的树立提供最有利的导向。

为人民利益而奋斗，是共同理想和精神支柱的核心。共同理想和精神支柱是社会主义初级阶段全体社会成员的大义所在，同时也是大利所在。要努力使工人、农民、知识分子和其他社会阶层群众共同享受到经济社会发展的成果。我们党领导人民进行改革开放和现代化建设的根本目的，就是要通过发展社会生产力，努力满足人民群众日益增长的物质文化需要。在整个现代化建设的过程中，一定要使群众得到应该得到的、看得见的物质利益，而且随着经济的发展，要使群众得到的、看得见的物质利益不断有所增加。这样才能使群众愈来愈深刻地认识到建设中国特色社会主义，实行改革开放和现代化建设是祖国的富强之道，也是自己的富裕之道，更加坚定地树立共同理想，更加自觉地为之共同奋斗。

共同理想越能转化为共同利益，就越能为广大人民群众所认同、并为之奋斗，就越能成为现实。因此，在坚持理想信念教育的同时，要把共同理想落实到党和国家制定实施的各项方针政策中去，体现到不断实现好、维护好、发展好最广大人民的根本利益和解决好人民群众最关心、最直接、最现实的利益问题当中去。坚持用人民拥护不拥护、赞成不赞成、高兴不高兴、答应不答应来衡量我们的一切决策，把实现好、维护好、发展好最广大人民群众的根本利益作为制定实施改革、发展、稳定各项方针政策的依据。按照中国特色社会主义的要求，搞好经济、政治、文化和社会建设，使人民群众深切感受到中国特色社会主义好，这样才能为思想教育发挥威力创造社会条件，奠定共同理想的社会基础。

　　当然，市场本身并非完美无缺，不会自动解决诸如宏观经济波动、收入分配不公、资源禀赋不同、地区发展差异等问题。只有坚持社会主义市场经济改革方向不动摇，不断深化改革，转变政府职能，加强法治建设，促进市场发育，努力完善社会主义市场经济体制，发挥好宏观调控和市场机制两方面的积极作用，才能有效克服旧的体制机制障碍和市场机制弱点，形成一切劳动、知识、技术、管理和资本的活力竞相迸发，一切创造社会财富的源泉充分涌流，为推动科学发展、促进社会和谐、实现共同理想奠定坚实基础。

（作者单位：中共中央党校研究室）

承接传统文化　创新优秀文化

翟源静　李洪涛

十七届六中全会围绕现代文化建设和文化体制改革作了具体部署，张春贤同志在新疆维吾尔自治区第八次党代会公告中提出："坚持现代文化引领，推动文化大发展大繁荣。"① 因此，明确现代文化的内涵是贯彻落实这十七届六中全会和自治区第八次党代会精神实质的必然要求，是现代文化建设者在主体建设中发挥能动作用的前提条件。界定现代文化的建设内容是使文化建设朝着中国特色社会主义和谐文化、先进文化方向发展的理论保障。

一　现代文化的内涵

"文化"英文为 Culture，它源自 Cultura，即指耕作、培养、教育、发展、尊重。而 Cultura 则是由拉丁文 Cultus 转变而来。拉丁文 Cultus 有两层含义：第一层为 Cultus deorum，指为敬神而耕作；第二层为 Cultus agori，指为生计而耕作。因此，Cultus 在物质活动方面的含义意味着生存需要，改造自然而获取收获物；在精神活动方面则涉及宗教崇拜和社会成员的行为规范。在古希腊、罗马时期，随着人类活动的复杂化和分化，政治生活、城市社会生活以及培育公民具有参加获取这些生活必需品的能力，都逐渐被列入文化概念之中。在中世纪，原来的文化、教育概念中"人通过劳动改造自然界获取生活必需的自然物和通过教育提高人的品质和能力"方面的含义逐渐被神学观念所压倒。"文化"概念被"祭祀"这一术语所包含的意义所遮蔽。到文艺复兴时期，进步思想家起来反对基督教神学思想的强大势力，主张恢复古希腊、罗马的文

---

① 张春贤：《中国共产党新疆维吾尔自治区第八次代表大会公告》，2011 年 10 月 26 日。

化。这时文化概念被列入到农业、手工业、商业及教育等不同形式的人类活动中，"文化"的内涵不仅具体化而且被扩大化了。德国法学家S. 普芬多夫（1632—1694）首先从学术上对文化进行了界定，他认为："文化"是社会人的活动所创造的东西和依赖于人和社会生活而存在的东西之总和。① 1871 年，英国著名的文化人类学家泰勒在其《原始文化》一书的第一句话就给文化下了定义："文化，在广义的民族志意义上，被理解为整个社会成员所具有的知识、信仰、艺术、道德、法律、风俗以及其他的能力和习惯的综合体。"② 1952 年美国的人类学家克拉克洪和克罗伯对当时人们对文化的定义进行了统计，发现有 164 种之多③。学者们在各自的视阈下理解文化，因而文化概念呈现多样化而且向越来越多的方向扩大。中国古汉语中"文化"是指"文治教化"。

尽管中外学者之间，古今学者之间，不同学科的学者之间，同一学科内部不同的学者之间对文化的定义不能达成共识，但他们都是从文化的不同侧面、层次和视角对文化进行描述，是统一性中的多样性，正是这种多样性才呈现出文化内涵的丰富性，才为人类留下更多的知识财产。虽然如此，他们在文化层面还是具有共同的认知，即都认可文化是由物质文化（器物层）、制度文化（制度层）和精神文化（观念层）三个层次展开的。

现代文化。在文化前面加上"现代"两个字就变成了一个相对的概念而不再是一个绝对的概念。由此，"现代文化"是一个动态的概念而不是一个静止的概念，是一个传统文化相对的概念（传统文化泛指以农业自然经济为基础的宗法或神权社会的结构体系）。历史在延长，现代在推移，今天的现代就是明天的古代。"古代文化以哲学为主导，现代文化以科学为主导。古代只有民族文化和地区文化，现代形成了国际文化，这是以科技为核心，兼收并蓄各种文化的精华及世界各国的精英共同创造的新文化。"④ 因此，现代文化必须有两个特性：国际性和进步

---

① 转引自 I. 尼德曼《文化的产生及其概念和补充概念——从西塞罗到赫德尔的演变》，佛罗伦萨出版社 1941 年版。

② Tylor E B. 1871, *Primitive Culture: Researches into the Development of Mythology*, *Philosophy*, *Religion*, *Language*, *Art*, *and Custom*, New York: Cambridge University Press, p. 1.

③ Fracber A L, Kluckhohn C. 1952, *Culture: A Critical Review of Concepts and Definitions*, New York: Alfred A. Knopf Press.

④ 周有光：《文化畅想曲》，中国青年出版社 1997 年版，第 45—46 页。

性。其国际性是指：现代地球已经成为一个村落，每一个国家或地区都已成为这个国际大家庭的一员，谁也不能独立于国际社会之外，各种文化相互交融、碰撞、互换已经成为不可阻挡的趋势。国与国之间、地区之间、国家与地区之间的交流首先有在文化上的相互了解和尊重，然后才有在此基础之上的政治、经济、贸易的顺利往来。也正是有了各种文化交汇的条件和场所，才使得各种文化在汇聚中彼此有了互相采借的机会，有了相互被比较的条件。由此，优秀文化就会在这种汇集中比较，在比较中脱颖而出。这样优秀的文化就会成为各国家和区域竞相选择和模仿的对象。那些包含了先进性、高科技性的文化就成为这个时代文化的榜样。真正的现代文化只能是使文化不断现代化，即不断向更先进、更文明的科学文化发展，从而最能充分地体现和满足人类的本质要求。由此，这个文化也由传统文化演变为具有丰富先进内涵的现代文化。因此，现代文化的进步性是这种文化具有代表这个时代最先进的东西，能够导引时代潮流，引导整个社会向着积极进取、向上的方向前进，代表先进生产力发展的要求，能够"引领人们在社会主义现代化建设中实现人的现代化和自由而全面的发展"①。

新疆维吾尔自治区第八次党代会进一步明确了"现代文化的内涵主要是现代知识、现代观念、现代制度，包括现代科学技术、现代生产方式、现代生活方式、现代艺术等。现代文化的核心就是引领人们在社会主义现代化建设中实现人的现代化和自由而全面的发展"②。这一界定不仅明确了现代文化的内涵具体化和明确化，特别是把人的现代化和自由全面发展作为现代文化建设的落脚点，不仅使发展方向更加明确而且对现代文化的建设提出了更高的要求。

在明了现代文化的内涵后，现代文化建设的内容就成为理论上的最后指向。现代文化的主体是指现代文化的内容或现代文化本身，是现代文化建设者的文化输出。因此，从现在国内外文化学家的共有的认同层面上来讲，现代文化的建设要从三个方面来考虑，即物质文化、制度文化和精神文化。这三个层面不是对等的关系，物质文化是载体、制度文化是保障、精神文化是目的。在对这三个层面分解考虑的同时，传统

---

① 张春贤：《中国共产党新疆维吾尔自治区第八次代表大会公告》，2011 年 10 月 26 日。
② 同上。

文化与现代文化的矛盾运动也深嵌其中，另外，三个层面的纵向的时空关联与横向的要素关系相互交织，关系错综复杂，且文化建设的背景要素运动多变。因此，三个层面上的文化建设是一种动态的网络建设，如何处理好各个网络节点之间的关系，理清各节点之间的脉络是现代文化建设成败的关键。

二 物质文化建设是推进现代文化建设的必要前提和条件

物质文化建设是现代文化建设的重要途径和载体，其建设状况在一定程度上直接影响着现代文化的整体水平。"物是可信的、自治的……因此它比任何东西都能更好地刻画文明的类型。"[①] Mauss 在这里谈到的物的可信和自治是指物之为物的自然属性。而具有这种自然属性的物有两类：一类是人工物，一类是自然物。而人工物的文化是由于人的目的性、对象性的行为对它进行作用而获得的。在这里我先谈一下人工物，Mauss 在这里所谈的"刻画"就是建构，物要放在具体的语境中变成文化要素的阐释符号才能成为物质文化的内容，因此，物本身不是文化，只有当该物作为文化研究的对象进而以某种形式转化为文化要素的阐释符号才可能成为物质文化的内容。物到物质文化的指向结构是由三种形态组成的。

第一种形态，是物本身的文化或保留在物上的文化，即凝聚在物之上的传统文化。该传统文化是在物之为物、物之为今物的演化过程中，由物所跨越的历史长河中人赋予它的、且由它本身所贮存的记忆。然而这种先前文化主体所赋予的、且它本身承载的记忆是由当代文化建设者通过自己所拥有的历史知识、考古知识以及其他与该物相关的背景知识对它进行解读而建构起来的。第二种形态，是现代文化的建设者把它作为当今的文化符号而赋予它的现实文化意义。这样的赋予也是从两个方面展开的，其一是对传统物赋予新文化，即在传统文化的基础上进行现代拓展；其二是现代文化建设者通过改造转变传统物的物理形态，使传统的文化符号演变成现代的文化符号。中国的诗词画作既可以消失在时空的流转中，也可以在时间的长河中不断得到生命的拓展，所以我们看

---

① Marcel Mauss：《文化的要素及其形态》，卫惠林译，《社会科学研究》1935 年第 1 期，第 4 页。

古人的画作时是在"读画",在"读"画,读诗时,是在"品诗",在"读"与"品"的过程中我们能看到岁月的痕迹与时空的变幻,从而获得生命的感悟与心灵的震撼。第三种形态,是创造新的符号物来负载和展示现代文化。这种看来创新的文化符号怎么可能不渗透"传统"与现代语境。

再谈一下自然物,自然物的文化是人赋予它的,也就是说是人把自己的思想与审美加在它之上,使之有了人的情趣。自然物本身没有文化,但却能在各个时空中被赋予文化色彩。如山川、河流、鸟、花、草、鱼等在诗人的笔下就具有了浓厚的文化色彩和人文情趣。在中国古代诗词中,涉及大量的植物、山川和河流。美国夏威夷大学农艺及土壤学博士潘富俊所论,《诗经》中305篇有135篇提及植物;而《楚辞》中提及的植物有100种;《唐诗》中,仅(清)蘅塘退士所选编的《唐诗三百首》选诗词310首中就有118首出现植物,植物种类达68种之多。至于山川、河流,许多诗词本身就是以名山大川为名的,如杜甫的《望岳》,李白的《独坐敬亭山》、《望庐山瀑布》、《望天门山》,曹操的《观沧海》等一大批经典诗作。对自然的理解不仅造就了一大批有人文关怀的智者,他们不仅从对自然歌咏的中透射出中国当时社会生活的状况,也为我们开启一扇理解自然与文化关系的窗口,更在一定程度上促成了我国"天人合一"的和谐理念。①

因此,物质文化的建设也要紧扣这三种形态。一是要保护传统文化的物质载体,如吐鲁番坎儿井、新疆十二木卡姆、古楼兰和罗布泊遗址、安迪尔和尼雅遗址等。并在完善保护的基础上深度挖掘这些物质载体在原语境下的文化形态,分解其中的文化要素,并把这些要素贮存到传统文化的要素库中,为今天的文化建构增加库存。二是要在这些库存中提取对我们今天的现代文化建设有积极意义的文化单元,使其成为我们现代文化中有机的、仍能发挥积极作用的组成部分,这样现代文化才有继往开来的历史支撑。在传统文化的土壤中生长出的现代文化才不会风雨飘摇,并能在过去与现代的意蕴关联中对文化建设者起到鼓舞作用。三是对于新创造的物质文化符号,虽然从表象上看它失去了与过去

① 吴彤:《九江学院系列报道之四》(2011 - 10 - 17)(http://blog.sina.com.cn/s/blog _ 5def3a7f0102dto8.html)。

的关联，但在文化内涵上可以彰显出这种关联，让这种关联与现代精神成为创新物质文化符号的主体。四是文化建设者要具有建设现代文化的能力，在对自然物的文化赋予过程中摒弃偏执，以理性来丰富物的文化底蕴，以思想的丰富来提升自然物的文化厚度，以敏感的生活体悟来拓宽自然物的文化广度，让物质文化得到全面提升，让生活结构得到整体优化。

三　制度文化建设是现代文化建设的重要保障

制度一般是指协调、约束、规范人们的行为，协调人与人之间关系的规则、规章等，制度分为显性制度和隐性制度，显性制度是人通过一定的程序、步骤制定，以明确的文字表述出来的条文、条例等；隐性制度则指那些蕴涵在人们的意识、心理中，以一种习惯性的、约定俗成的行为规则、方式存在，或以一些只可意会不可言传的风俗、民俗形式存在等，如入乡随俗、敬酒不吃吃罚酒、客随主便等。因此制度文化也从显隐两个方面展开，制度文化的建设也要从两个方面着手。制度文化作为精神文化的产物和物质文化的工具，是一种社会文化现象，是社会文化复杂系统的一个层面，与物质文化、精神文化有机结合的复杂整体。"制度文化（institutional culture）是人类处理个体与他人、个体与群体关系的文化产物。包括风俗习惯、生活规范、各种制度（经济制度、政治制度、法律制度、教育制度等），以及实行上述风俗习惯、生活规范、各种制度的各种具有物质载体的机构设施，和个体对社会事物的参与形式。制度文化具有鲜明的时代性，个体对于社会事物参与形式反映着不同制度文化的历史发展水平，从不同程度和不同方面把物质文化和精神文化结合在一起。制度文化也具有民族性，它根源于不同民族与自然界作物质交换的特殊方式，它影响社会制度发展的某些特点。"[1] 制度文化是制度积淀于人的内心而形成的认识与习惯，支配着人对制度的价值判断与选择，决定着人对某一种制度的态度，即是被认可、执行或是被抵制、拒绝。当文化体现为规则时，它必然以或风俗习惯或制度的形式被内化；当制度体现为规则时，它必然反映文化价值、文化精神和文化理念。

---

[1]　陶西平：《教育评价辞典》，北京师范大学出版社1998年版，第39页。

　　制度文化是制度的观念内核，是设计、执行、监督、变革制度的人们内心的理性原则、价值取向、理念追求、道德标准、利益调整等观念体系，反映出制度设计者的主体追求。在我国的制度文化建设里，这些体系也是民众内心的价值判断、认知标准、行为选择等内在活动的外化形态，是支撑制度得以实施的土壤。因此，有什么样的设计主体就有什么样的制度，有什么样的执行和监督主体就确立遵守什么样的制度，有什么样的设计者和执行、监督者就有什么样的制度环境。由此，制度的设计者、执行者、监督者、遵守者都是制度文化的建设者，他们相互磋商、磨合共同创造着制度环境的各种状态。因此，要想使制度环境处在比较理想的状态，不仅需要提高制度设计者的专业素养和设计能力，提高他们体察民情、传达民意的准确度，也要提高制度执行者和遵守者的综合素质，否则，再好的制度也只能流于形式。如我国高度重视食品安全，早在 1995 年就颁布了《中华人民共和国食品卫生法》。在此基础上，2009 年 7 月 8 日，国务院第 73 次常务会议通过《中华人民共和国食品安全法实施条例》，自公布之日起施行，其中确立了以食品安全风险监测和评估为基础的科学管理制度，明确食品安全风险评估结果作为制定、修订食品安全标准。其制度设计相当完善，那么执行情况如何呢？从下列耳熟能详的词汇中可窥见一斑，垃圾油、毒大米、注射了膨胀剂的西瓜、喂了激素的鸡、吃了避孕药的鱼等等，可见，没有制度遵守者内心的接受和认同，制度的贯彻执行就缺乏牢固的文化根基。因此，制度建设必须以制度文化的培养为前提，只有在健康制度文化土壤中，制度的良性运转才能持久。

　　制度文化建设是一个社会政治、经济、文化建设的重要内容，既体现和制约着社会物质文明和精神文明的发展程度，也依赖于社会现有物质文明和精神文明整体水平的提高。"当代中国正处在全面建设小康社会的关键时期和深化改革开放、加快转变经济发展方式的攻坚时期"[①]，是经济体制的深刻变革期，社会结构的加剧变动期，利益格局的激烈动荡期，思想观念的快速更新期。中国特色社会主义核心价值体系为社会主义制度文化建设指明了方向。以马克思主义的立场、观点和方法来指

---

　　① 《中共中央关于深化文化体制改革推动社会主义文化大发展大繁荣若干重大问题的决定》，2011 年 10 月 18 日。

导现代制度文化建设，确保社会主义和谐制度文化关切生活世界，科学发展观等核心价值体系促进社会生产力的发展和人的自由全面发展。因此，制度文化建设要始终坚持以人为本，不断促进人的自由全面发展，制度文化的本意是保障和促进人的发展。

制度文化作为一种社会意识形态属于政治上层建筑的范畴，必然要受到生产力发展状况的制约，这就要求制度文化建设不能超越现阶段的社会生产力发展水平，一味地追求先进与实际脱节，更不能迁就落后的生产力要素。要在现实生产力发展水平的基础上催生先进的观念形态，反过来维持促进社会生产力更加高效有序发展。不仅要与基本国情相适应，与传统相衔接，还要充分体现现代社会文明进步的一切有益成果。如不能脱离国情、区情，照搬先进国家和先进地区的制度模式，又不能以国情、区情特殊为借口，拒斥各项制度、规范的民主化、科学化和法制化。只有这样，才能在消除我国政治生活中的腐败、保守和官僚主义文化的基础上，使制度文化向着更加适合中国国情和地区区情、向着更先进、更民主、更文明的方向发展。

四　精神文化建设是现代文化建设的最高要求

"精神文化是人类在创造物质文化和形成制度文化时产生的精神活动及其结果的总称。是文化的核心和高级层次，最能体现一种文化的特质，也是最难改变的层面。包括人们的文化心理和社会意识形态。"[1]精神文化是反映社会存在和社会物质关系的社会意识，是文化财富的总和，是文化财富的形成过程，也是人们的精神需求，如利益要求、自我实现的愿望和审美情趣等，以及满足这些需求的手段和方法。"精神文化是属于精神、思想、观念及知识、艺术范畴的文化，是一个国家经济、政治的反映，体现社会发展进步的要求，同时又具有对社会发展重大的价值导向、道德规范和知识驱动作用。"[2]精神文化作为民族文化的深层结构或思想基础，是民族文化的灵魂和精髓，是一个民族生存、延续、发展的重要支柱。中华民族的精神文化在其久远的历史发展过程中积蕴了丰富的内涵，对中国社会的发展进步起着重要的影响和作用，

---

[1]　陶西平：《教育评价辞典》，北京师范大学出版社1998年版，第39页。
[2]　单连春：《论精神文化发展的路径指向》，《前沿》2008年第5期。

是物质文化和制度文化的最终指向。

　　社会主义社会的精神文化是旨在满足劳动人民的精神需求、培养个性的全面发展、解决人民群众的共产主义教育任务的总和。社会主义社会精神文化的思想基础是科学世界观，而科学世界观的建立又借助于国民教育体系，文化教育机构网、剧院、电影院、博物馆、图书馆及其他文化传播手段。教育向国民打开了通向知识和精神文化财富的大门，自治区八次党代会提出"九年义务教育质量大幅提高，高中阶段毛入学率达到88％"，"构建覆盖城乡的教育、医疗、文化、科技、体育等基本公共服务体系"①的奋斗目标，"必须把社会主义核心价值体系融入国民教育、精神文明建设和党的建设全过程，贯穿改革开放和社会主义现代化建设各领域，体现到精神文化产品创作生产传播各方面，坚持用社会主义核心价值体系引领社会思潮，在全党全社会形成统一指导思想、共同理想信念、强大精神力量、基本道德规范。要坚持马克思主义指导地位，坚定中国特色社会主义共同理想，弘扬以爱国主义为核心的民族精神和以改革创新为核心的时代精神，树立和践行社会主义荣辱观"②。因此，我们要在马克思主义、毛泽东思想、中国特色社会主义理论体系世界观的基础上，以实现社会主义事业的兴旺发达和中华民族伟大复兴为己任，建构符合时代要求的精神文化。

　　要在继承中华民族优秀传统文化的前提下建构当代精神文化。新疆维吾尔自治区第八次党代会指出："现代文化是以社会主义先进文化为方向，以爱国主义和时代精神为特征，以中华优秀传统文化为根基，传承和提升区域特色文化，吸收和借鉴世界优秀文化成果，适应现代化本质要求的文化。要坚持继承和创新的辩证统一，挖掘和传承传统文化的精华，创造性吸收和融合世界优秀文化成果，并不断与当代社会相适应、与现代文明相协调，实现优秀传统文化和时代发展要求的有机结合，实现民族文化和现代文明的交相辉映。"③中华民族在长期的历史发展中逐渐形成的精神文化传统已经牢固地根植于我们民族的性格中，积淀于民族每一个成员的血脉里。正如毛泽东同志所说："我们必须尊

　　①　张春贤：《中国共产党新疆维吾尔自治区第八次代表大会公告》，2011年10月26日。
　　②　《中共中央关于深化文化体制改革推动社会主义文化大发展大繁荣若干重大问题的决定》，2011年10月18日。
　　③　张春贤：《中国共产党新疆维吾尔自治区第八次代表大会公告》，2011年10月26日。

重自己的历史决不能割断历史。但是这种尊重是给历史以一定的科学的地位，是尊重历史的辩证法的发展而不是颂古非今，不是赞扬任何封建的毒素。对于人民群众和青年学生主要地不是要引导他们向后看，而是要引导他们向前看。"① 因此，建构当代精神文化要处理好继承传统与摒弃、发展创新的问题。这是涉及中国的传统性与现代性、中国文化传统及其当代发展的内在整体性问题。传统文化是围绕人类不同的活动领域而形成的代代相传的行事方式，是一种对社会行为具有规范作用和道德感召力的文化力量，也是人类在历史长河中的创造性想象的积淀。它是人类过去所创造的种种制度、信仰、价值观念和行为方式等构成的表意象征，使代与代之间、不同历史阶段之间保持了某种连续性和同一性，构成了一个社会创造与再创造自己文化的密码。中华民族传统精神文化中所包含的自强不息的奋进精神、厚德载物的宽容品格、贵和尚中的和谐理想、崇德重义的价值观念、守成创新的进化观念、整体趋同的思维方式、成圣成贤的人格追求、崇尚节俭的生活态度等等，熏陶了人们的心灵，提升了人们的思想境界。"天下兴亡，匹夫有责"、"先天下之忧而忧，后天下之乐而乐"、"宁为玉碎，不为瓦全"、"君子慎其独"等至理名言所展示的强烈的爱国意识、忧患意识、责任意识、慎独意识等精神价值追求、思想观念和行为方式经过数千年之积淀形成了一种民族的风骨与气度，培养了一种民族的品格和精神。正是传统精神文化中这些积极因素的影响，正是通过传统精神文化诸多方面的长期熏染代代承传，使全民族在思维方式、价值取向、理想人格、伦理观念、审美情趣等精神文化方面渐趋认同，形成一个独特而又严密的群体，形成并发展了中华民族的向心力与凝聚力。这些传统精神文化中的优秀部分正是我们建构当代精神文化的宝贵资源。

"大力弘扬'爱国爱疆、团结奉献、勤劳互助、开放进取'的新疆精神。爱国主义是中华民族最深厚的思想传统，最能感召中华儿女团结奋斗。新疆精神是以现代文化为引领的集中反映，是爱国主义和时代精神在新疆的地域体现，是新疆人积极向上、奋发有为的精神坐标。新疆精神源自于对中华民族精神的继承和弘扬、源自于新疆各族人民在历史长河的文化积淀、源自于新疆改革开放的伟大实践。要大力培育和弘扬

---

① 《毛泽东选集》（合订本），战士出版社 1964 年版，第 668 页。

新疆精神，通过开展丰富多彩的学习和实践活动，引导各族干部群众始终保持与时俱进、开拓创新的精神状态，把新疆精神渗透到经济社会发展的各方面，渗透到人们的日常生活工作中，使之内化为社会群体意识、外化为人们的自觉行动，形成创造美好未来的信心和动力。"①

要树立世界眼光，形成解放思想、追求卓越的浓厚氛围；具有尊重差异、包容多样的胸怀，要有相互欣赏，发展一体多元的能力，建构融合开放、具有中国特色、新疆特色的现代文化体系。

（作者单位：新疆维吾尔自治区党校）

---

① 张春贤：《中国共产党新疆维吾尔自治区第八次代表大会公告》，2011 年 10 月 26 日。

建设为人民服务、让人民满意的文化

蓝蔚青

《中共中央关于深化文化体制改革推动社会主义文化大发展大繁荣若干重大问题的决定》中出现最多的词当然是"文化",其次大概就是"人民",共出现了 81 次。这充分体现了我们党全心全意为人民服务的根本宗旨和以人为本的核心价值理念。我们坚持中国特色社会主义文化发展道路,推动社会主义文化大发展大繁荣,建设社会主义文化强国,必须紧紧抓住这个根本和核心,坚持以满足人民精神文化需求为出发点和落脚点,把满足人民基本文化需求作为文化建设的基本任务,自觉地、真心诚意地做到"文化发展为了人民、文化发展依靠人民、文化发展成果由人民共享,促进人的全面发展"(本文引文未注明出处者,均引自《中共中央关于深化文化体制改革推动社会主义文化大发展大繁荣若干重大问题的决定》),而不是仅仅把文化作为工具、作为党和国家的需要,更不是把文化当成招商引资的开场锣鼓,粉饰太平的华丽包装,取悦上级的精神"贡品",只有正确坚持先进文化的前进方向,文化的大发展大繁荣才能从 13 亿人民中获得取之不尽、永不衰竭的强大动力。

一 人民本位是文化自觉的题中应有之义

我们党建党的思想准备,始于一场前所未有的启蒙运动和空前深刻的思想解放运动即五四运动,而五四运动也是一场彻底地反对封建文化的文化革命。"自有中国历史以来,还没有过这样伟大而彻底的文化革命。"① 这就决定了我们党一开始就有着高度的文化自觉。毛泽东在

---

① 《毛泽东选集》第 2 卷,人民出版社 1991 年版,第 700 页。

《新民主主义论》中就明确提出了"要把一个被旧文化统治因而愚昧落后的中国，变为一个被新文化统治因而文明先进的中国"，"建立中华民族的新文化"的目标。①《在延安文艺座谈会上的讲话》中，他又突出强调"为什么人的问题，是一个根本的问题，原则的问题"②。但由于党首先面临着争取民族独立和人民解放的艰巨而紧迫的任务，因此在夺取政权之前，主要还是重视文化的工具功能，认为"革命文化，对于人民大众，是革命的有力武器。革命文化，在革命前，是革命的思想准备；在革命中，是革命总战线中的一条必要和重要的战线"③。加上长期只是在贫穷落后的农村地区建立政权，面对的是最低层次的文化需求，文化建设动力不足。新中国成立之初，就宣布要掀起一个文化建设的高潮。但是由于长期实施赶超战略和高度集中的政治经济体制，只注重文化的意识形态功能、动员功能，忽视人民精神生活需求的态势没有改变，而且在"左"的指导思想下愈演愈烈，直到"文化大革命"带来先进文化、健康有益文化的大破坏。由此造成的人民的文化饥渴又给腐朽落后文化的大泛滥提供了可乘之机，以致我们今天仍在为之付出代价。

　　进入社会主义现代化建设新时期以后，我们党把社会主要矛盾确定为人民日益增长的物质文化需要同落后的社会生产之间的矛盾，把人民的文化需要放在和物质需要同等重要的位置。不久又提出了物质文明建设和精神文明建设两手抓，两手都要硬的方针，在 1986 年作出了党的历史上第一个关于精神文明建设的决定，把精神文明建设作为社会主义现代化建设总体布局的一个重要组成部分。但由于经济上起点低差距大，很多地区温饱问题尚未解决，现实的需求结构和文化自觉不足，导致相当长时间和相当大范围的"一手硬一手软"现象。随着我国物质产品生产能力的迅速增长和进入总体小康后需求结构的不断变化，在社会主要矛盾中，文化生产落后、精神生活得不到满足的问题愈来愈突出。面临富而思进的问题，在推动经济社会可持续发展的社会动力系统中，精神动力显得愈来愈重要。丰富精神文化生活越来越成为我国人民

---

① 《毛泽东选集》第 2 卷，人民出版社 1991 年版，第 663 页。
② 《毛泽东选集》第 3 卷，人民出版社 1991 年版，第 857 页。
③ 《毛泽东选集》第 2 卷，人民出版社 1991 年版，第 708 页。

群众的热切愿望。这是党的十七届六中全会作出这一《决定》的重要社会背景。

正是因为充分看到人民群众丰富精神文化生活的强烈愿望，正是因为"把人民放在心中最高位置"①，同时也基于五千多年来我国各族人民共同创造出源远流长、博大精深的中华文化这一历史事实，《决定》在论述推进文化改革发展的重要性和紧迫性时，开宗明义就强调了文化的人民性，指出："文化是民族的血脉，是人民的精神家园。"强调文化在党团结带领全国各族人民不断推动党和人民事业向前发展中的作用。

在总结改革开放以来党领导文化建设的经验时，充分肯定了用马克思主义中国化最新成果教育人民，推进中国特色社会主义理论大众化；巩固全党全国各族人民团结奋斗的共同思想道德基础；坚持为人民服务方向，发扬广大人民群众的创造精神，丰富人民精神文化生活；大幅度提高人民基本文化权益保障水平；向世界展示我国人民昂扬向上的精神风貌，这些文化服务人民、依靠人民的重要经验。在概括我国文化改革发展的主要成就时，首先强调它"显著提高了全民族思想道德素质和科学文化素质、促进了人的全面发展"。

在论述当代中国文化改革发展的重要地位时，不仅从国家的角度，指出了文化对增强民族凝聚力和创造力、综合国力竞争和经济社会发展的重要作用，而且从人民的角度，强调丰富精神文化生活越来越成为我国人民的热切愿望。"全面建成惠及十几亿人口的更高水平的小康社会，既要让人民过上殷实富足的物质生活，又要让人民享有健康丰富的文化生活。"必须准确把握各族人民精神文化生活新期待，"更好满足人民精神需求、丰富人民精神世界、增强人民精神力量"。"没有人民精神世界的极大丰富，没有全民族精神力量的充分发挥，一个国家、一个民族不可能屹立于世界民族之林。"

在《决定》所提出的文化改革发展的指导思想和重大方针中，强调必须"以满足人民精神文化需求为出发点和落脚点"，"坚持以人为本，贴近实际、贴近生活、贴近群众，发挥人民在文化建设中的主体作用，坚持文化发展为了人民、文化发展依靠人民、文化发展成果由人民共

---

① 胡锦涛：《在庆祝中国共产党成立90周年大会上的讲话》。

享，促进人的全面发展，培育有理想、有道德、有文化、有纪律的社会主义公民。"

在《决定》确定的建设社会主义文化强国的总体目标中，强调要"着力推动社会主义先进文化更加深入人心"，"不断开创全民族文化创造活力持续迸发、社会文化生活更加丰富多彩、人民基本文化权益得到更好保障、人民思想道德素质和科学文化素质全面提高的新局面，建设中华民族共有精神家园，为人类文明进步作出更大贡献"。这不仅是一个为中国人民服务，让中国人民满意的目标，还包含了对世界人民的贡献。

这些都告诉我们，推动社会主义文化大发展大繁荣，建设社会主义文化强国，不仅是党和国家的需要，归根结底是人民的需要。满足人民基本文化需求不仅是公益性文化事业的任务，而且是整个社会主义文化建设的基本任务。以人为本，坚持人民本位，为人民服务，让人民满意，是我们党文化自觉的题中应有之义。我们必须深刻领会贯穿整个《决定》的这一重要思想，自觉建设为人民服务、让人民满意的文化。

二 文化改革发展必须为了人民

文化改革发展为了人民，必须立足于尊重人民群众的文化权益，以满足人民的文化需求为己任，克服恩赐观点，摒弃不顾群众需求的生硬灌输。满足人民需求并不是放任自流，放弃党和政府的引导责任。在文化多样化发展的环境中，必须弘扬主旋律，"坚持以科学的理论武装人，以正确的舆论引导人，以高尚的精神塑造人，以优秀的作品鼓舞人"，不断提高公民素质，实现人的现代化。把引导和满足有机地结合起来，这正体现了代表先进文化前进方向的中国人民先锋队的文化自觉。

价值观是人们判断是非、得失、善恶、荣辱的标准，它决定着人们对一切事物的态度，直接指导人的行动，决定着一切行动的目标和动力。价值选择遍及社会生活的方方面面。核心价值体系不仅是一定的国家制度、社会制度的精神支柱，也是一定的社会系统得以运转、社会秩序得以维持的思想基础。它能够引导全社会形成广泛的价值认同，增强社会成员的归属感和向心力，促进社会共同体的团结和稳定。面对着一些领域道德失范、诚信缺失，一些社会成员人生观、价值观混乱、扭曲，不少人陷入价值观迷茫，更多的人忧心忡忡，因为这使他们在社会交往中面临更多不确定性和冲突，使社会更容易出现无序状态、发生各种公共安全事件，损害人民群众的切身利益和公民权利。但公民个人无力改变社会环境，很多人只能洁身自好或以冷漠求自保。广大人民群众渴望党和政府用社会主义核心价值体系引领社会思潮，在全社会形成共同理想信念、基本道德规范和和谐的人际关系。所以，推进社会主义核心价值体系建设，不仅是党和国家事业发展的需要，而且是广大人民群众发自内心的需要。这也决定了它必须"落地"，和人民群众的实践活动、日常生活紧密结合起来。

伟大的时代需要催生伟大的理论。面临社会的空前大变动，人民群众迫切需要科学理论，以帮助自己分析错综复杂的社会现象，认清客观规律，把握发展趋势。马克思主义深刻揭示了人类社会发展规律，坚定维护和发展最广大人民根本利益，是指引人民推动社会进步、创造美好生活的科学理论。尽管各种误解、曲解有损于马克思主义的形象，但广大人民群众还是从中国革命和建设的胜利实践，特别是改革开放取得的巨大成就中，看到了马克思主义特别是当代中国马克思主义的可信可亲，相信中国特色社会主义道路是创造人民美好生活的必由之路。所以，用中国特色社会主义理论体系武装全党、教育人民不仅是党的要求，也是人民的愿望。关键是理论教育、理论宣传要贴近实际、贴近生活、贴近群众，摒弃空洞抽象的说教，直面社会热点难点问题，想人民群众之所想，急人民群众之所急，解疑释惑，指点迷津，满足人民群众之所需，把中国特色社会主义共同理想和当前实践紧密结合起来，使广大人民群众真正理解并自觉接受，指导行动。特别要大力加强价值导向，引导群众紧密结合自身的社会实践和身边的先进人物、先进事迹，提炼社会主义价值理念，把社会主义核心价值体系具体化为短小精悍、形象生动、朗朗上口、过目不忘、耳熟能详、妇孺皆知的格言警句，使之一听就懂、一记就牢、面向群众、深入人心、都能践行、长期管用，通过群众的自我教育使它广为传播、化人育人，成为广大社会成员的基本遵循和行为方式。

在社会主义核心价值体系建设中，如何科学评价中华民族传统价值观及其代表性文献，取其精华，去其糟粕？面对当今世界各种思想文化交流交融交锋更加频繁，怎样正确吸收世界各民族进步的价值理念？这是社会主义文化大发展大繁荣不能回避的问题，也是当前人们众说纷纭，莫衷一是的问题。在科学研究的基础上，有说服力地回答这些问题，有助于我们充分吸纳人类文明的优秀成果，增强文化自觉和文化自信，继承弘扬中华传统美德，加强社会公德、职业道德、家庭美德、个人品德教育，增强道德判断力和道德荣誉感，在全社会倡导知荣辱、讲正气、作奉献、促和谐的良好风尚，构建男女平等、尊老爱幼、扶贫济困、扶弱助残、礼让宽容的人际关系，形成积极向上的精神追求和健康文明的生活方式。这正是广大人民群众热切期盼的社会氛围。

"舆论导向正确是党和人民之福，舆论导向错误是党和人民之祸。"新闻舆论工作为了人民，就要在保障人民知情权、参与权、表达权、监督权的同时，"提高舆论引导的及时性、权威性和公信力、影响力，发挥宣传党的主张、弘扬社会正气、通达社情民意、引导社会热点、疏导公众情绪、搞好舆论监督的重要作用"，从群众关注点入手，科学解疑释惑，有效凝聚共识，推动解决党和政府高度重视、群众反映强烈的实际问题，维护人民利益，密切党群关系，促进社会和谐。媒体特别是主流媒体必须站在维护最广大人民群众利益的立场上，增强"公器"意识和社会责任感，提高政策水平，决不能只顾吸引眼球，不负责任地发布和转载耸人听闻的不实数据和偏颇观点，宣泄媒体工作者个人情绪，误导社会舆论，引发和强化社会不满情绪。

坚持以人民为中心的导向。文化创作生产必须全面贯彻为人民服务、为社会主义服务的方向和百花齐放、百家争鸣的方针，积极追求文化产品社会效果，弘扬真善美，贬斥假恶丑，激发活力，积极创新，提高质量，奉献更多人民喜闻乐见的优秀文艺作品，为人民提供更好的精神食粮，发挥文化引领风尚、教育人民、服务社会、推动发展的作用。哲学社会科学要着重研究与人民权益密切相关的社会问题和人文现象，为实现好、维护好、发展好最广大人民根本利益服务。国有文化单位改革要突出公益属性，强化服务功能，提供更好更多的文化产品和服务。文化市场体系建设要促进文化资源优化配置，满足人民多样化的精神文化需求，同时有力扫除毒害人们心灵的腐朽文化垃圾。文化工作者要牢记为人民服务、为社会主义服务的神圣职责，深入群众生活，加强自身修养，加强社会责任感，不仅做优秀文化的生产者和传播者，而且做道德品行和人格操守的示范者。中国传统文化历来重视社会精英人物的表率作用。文化名家名人深受群众喜爱，有广泛的社会影响，一举一动都可能成为"追星族"的模仿对象，因而承担着更大的社会责任，要追求德艺双馨，坚决抵制不良风气，决不能率性而为。我们已进入立体化传媒时代。各种传媒传播的舆论和形象在很大程度上引领着社会风尚。媒体人要充分认识传媒对人的品德和社会风气的巨大影响，认清自己的重大社会责任，建立媒体传播文化的自律机制和跟踪监督机制，对于名人明星的行为应该有正确的道德评判和价值评判，决不能一味炒作。对于传媒恶炒造成有害社会影响的不仅要教育，而且要追究责任。

文化是否为了人民，切合人民需要，应该由人民来评判，人民群众满意是评价一切文化产品、文化工作的最高标准。随着文化市场、文化产业的发展，市场销售状况成为各种文化产品是否受人民群众欢迎的重要尺度。但必须看到，市场反映之所以有价值，在于它能折射出人民群众的评价，反映人民群众的需求。但这种评价又不能简单地以数量来衡量，不能把收视率、点击率、发行量、票房价值、销售榜排名等放到至高无上的地位，更不能为此搞"庸俗、低俗、媚俗"。要能够顶住金钱和虚名的诱惑，坚持以人为本，反对"以钱为本"，真正把社会效益放在首位。要高度重视文艺作品、娱乐节目、媒体和广告的价值导向，建立引导监管机制，通过实事求是、有说服力的评论加强引导，保障各种文化载体正确发挥潜移默化的价值导向作用。

三 文化改革发展必须依靠人民

人民是推动社会主义文化大发展大繁荣最深厚的力量源泉。要牢固树立马克思主义群众观点，自觉贯彻党的群众路线，尊重人民群众的文化创造权利，充分发挥人民群众文化创造的积极性，为广大群众成为社会主义文化建设者提供广阔舞台。

理论创新和理论武装工作要依靠人民群众，不断把人民创造的成功经验上升为理论，丰富中国特色社会主义理论体系，以建设学习型社会为抓手，使中国特色社会主义理论融入人民群众的日常生活，入耳入脑入心，成为广大群众的自觉行动。要引导人民群众认识当前的社会弊端正是改革的对象，只能通过深化改革来消除，弘扬以改革创新为核心的时代精神，增强改革共识，动员广大群众投身改革发挥主力军作用，依靠人民力量冲破思想阻力和既得利益障碍。尊重人民群众对人类文明先进成果的向往，扩大文化的对外开放。社会主义核心价值体系建设要深入群众，紧密结合各行各业、各个群体的社会实践，贯穿社会生活各领域，主导广大群众的价值取向。诚信建设要致力于建立健全覆盖全社会的诚信系统，培育守信光荣、失信可耻的社会氛围。要珍惜广大群众的爱国热情和民族自尊心、自信心、自豪感，把它作为重要的精神财富，增强社会凝聚力和驱动力。深化群众性精神文明创建活动更要依靠人民群众，通过自我教育、相互学习、评选表彰、志愿服务、道德实践等群众性活动，普遍提高公民素质。

广泛开展群众性文化活动，是依靠人民群众发展文化事业的重要途径。要积极搭建公益性文化活动平台，支持群众依法兴办文化团体，为群众提供更好的文化活动条件。要大力发展社区文化、村镇文化、企业文化、校园文化、机关文化、军营文化、节庆文化和民族民间文化，精心培育植根群众、服务群众的文化载体和文化样式，引导群众在文化建设中自我表现、自我教育、自我服务。要注意发现和培养、鼓励和扶持群众中涌现出的各类文化人才和积极分子，壮大文化志愿者队伍，指导帮助他们健康成长、发挥作用。及时总结来自群众文化活动的创新经验，推广群众文化优秀成果，在全社会营造鼓励文化创造的良好氛围，让蕴藏于人民中的文化创造活力得到充分发挥。文化产业的蓬勃发展为人民群众参与文化生产开辟了广阔的天地，要鼓励、支持和引导民间力量创办文化企业，投资文化产业，加强和改进对它们的服务和管理。互联网和手机等新兴媒体为大众的文化创作提供了便捷的传播渠道，要鼓励网民创作格调健康的网络文化作品，积极传播其中的精品佳作，同时倡导文明上网，增强社会责任感。

四　文化改革发展成果必须由人民共享

文化改革发展成果由人民共享，是社会主义文化大发展大繁荣的根本要求。满足人民基本文化需求，保障人民基本文化权益，是社会主义文化建设的基本任务。加强公共文化服务，是实现人民基本文化权益的主要途径。《决定》要求在政府的主导下，按照公益性、基本性、均等性、便利性的要求，以公共财政为支撑，引导和鼓励社会力量通过各种形式参与，大力发展公益性文化事业，加强文化基础设施建设，完善覆盖城乡、结构合理、功能健全、实用高效的公共文化服务体系，让群众广泛享有免费或优惠的基本公共文化服务。要制定公共文化服务指标体系和绩效考核办法，保障人民共享文化改革发展成果。依靠完善政策措施，落实机构编制，加强培训，保障待遇，为基本公共文化服务提供专兼职人才队伍保障。建立以城带乡联动机制，合理配置城乡文化资源，加快城乡文化一体化发展，加大对"老、少、边、穷"地区文化服务网络建设支持和帮扶力度，缩小城乡文化发展差距，扩大覆盖、消除盲点、提高标准、完善服务、改进管理。这些都是人民共享文化改革发展成果的重要保障。

发展文化产业是社会主义市场经济条件下满足人民多样化精神文化需求，实现文化发展成果由人民共享的重要途径，是充分发挥市场在文化资源配置中的积极作用、激发全社会文化创造活力的必然要求。通过市场更好了解和适应广大人民群众的精神文化需求，也是使文化改革发展的成果由人民共享的重要条件。《决定》要求拓展大众文化消费市场，提供个性化、分众化的文化产品和服务，引导文化企业投资兴建更多适合群众需求的文化消费场所，鼓励出版适应群众购买能力的图书报刊，鼓励在商业演出和电影放映中安排一定数量的低价场次或门票，鼓励网络文化运营商开发更多低收费业务，为困难群众和农民工文化消费提供适当补贴。这些都体现了坚持把社会效益放在首位、社会效益和经济效益相统一的要求，使文化产业的发展同样服务于全体人民。

《决定》还要求完善政策保障机制。保证公共财政对文化建设投入的增长幅度高于财政经常性收入增长幅度，扩大公共财政覆盖范围；落实和完善文化经济政策，支持社会组织、机构、个人捐赠和兴办公益性文化事业，引导文化非营利机构提供公共文化产品和服务。加大对文化产业的政策扶持力度，设立国家文化发展基金，扩大有关文化基金和专项资金规模等等。这些都为文化的改革发展更好满足全体人民的要求提供了财力和政策保障。

（作者单位：浙江省社科联）

文化权益是人民群众的基本权益

——学习党的十七届六中全会决定的体会

刘毅强

中国共产党第十七届中央委员会第六次全体会议审议通过了《中共中央关于深化文化体制改革推动社会主义文化大发展大繁荣若干重大问题的决定》。《决定》指出，当代中国进入了全面建设小康社会的关键时期和深化改革开放、加快转变经济发展方式的攻坚时期，文化越来越成为民族凝聚力和创造力的重要源泉、越来越成为综合国力竞争的重要因素、越来越成为经济社会发展的重要支撑，丰富精神文化生活越来越成为我国人民的热切愿望。全面建成惠及十几亿人口的更高水平的小康社会，既要让人民过上殷实富足的物质生活，又要让人民享有健康丰富的文化生活。

《决定》中的这段话，使用了四个"越来越"来强调当今中国社会文化的重要地位和作用，文化繁荣是人民福祉。精神生活是人幸福感的源泉，精神满足是人的最大满足，而精神满足有赖于文化资源。文化繁荣也是国家实力。国家的凝聚、社会的和谐，国家形象和影响力的提升，都有赖于文化的促进。这段话有两层意思：首先，指出推动社会主义文化大发展大繁荣在于满足两个需要，一是人民群众的精神文化需求；二是党和国家发展战略的需求。说明了文化建设是中国特色社会主义总体布局的组成部分，是落实科学发展观和社会和谐的重要保证，是全面建设小康社会的内在要求，是提高党的执政能力的重要内容。其次，强调文化权益是人民群众的基本权益。改革开放以来，我国经济进入了经济发展的黄金时期，社会物质财富不断积累，仓廪实而知礼节，人民生活水平不断提高后，对精神文化需要有了大幅增长，对文化产品和文化服务质量提出了更高要求，对文化消费出现了多样化的需求，这些都要求我们必须更加自觉、更加主动地推动文化的繁荣发展，适应和满足人民群众多方面、多层次、多样化的文化需求，更好地保障人民群众的文化权益。这段话的落脚点是文化是人类社会生活的一个不可或缺的重要组成部分，文化权益是人民群众的基本权益。由此，我们可以得到这样一种共识：推动社会主义文化大发展大繁荣的唯一目的在于保障人民群众的文化权益。

一 文化权益是人民群众的基本权益之一，是支撑和满足"人的自由全面发展"的基本指标

中国改革开放在相当长一段时间的发展理念是"见物不见人"，即"以物为本"。"以物为本"在实践上表现为对经济增长的片面追求，传统发展观就是这种发展实践的理论反映。唯经济主义从"经济人"的假设出发，认为经济目标是人类发展的唯一目标或最高目标，经济万能，高速行驶的经济列车能够化解各种社会矛盾，经济发展必然伴随着社会的其他各方面的相应发展。世界各国大多采取了突出经济增长的非均衡发展战略来实现均衡发展的目标，不过对经济增长的片面强调，却在实践中走向了唯经济主义的反面。经济的发展不仅没有实现全面发展，反而带来了严重的经济社会问题，阻碍了经济社会的进一步发展，人们自己为自己挖了陷阱。历史辩证法告诉人们，人类发展的道理是曲折的，其中包含了人类对于发展的认识过程也是曲折的。尽管追求经济有其合理性，但是经济发展不是人类发展的全部内容。人既是物质实体又是精神实体，除了物质需求还有精神方面的需求。在物质条件贫瘠的时代，人们为生存奔波，除了物质其他方面的需求必然处于压抑状态，随着人们物质生活条件的日益丰富，其他方面的需要便显现出来。美国心理学家马斯洛认为人类有生理、安全、社交、尊重、自我实现五个层次的需要，这种观点为大多数人所认同，因为它表达了人和人类需要的全面性。人类的发展应该是全面的发展，既有经济发展又有社会发展，还有文化发展，包括物质文明、政治文明、精神文明、生态文明等方面的共同发展。不是所有的需要都是经济需要，不是所有的需要都能通过经济手段来满足。我们在强调"发展"的同时，不应该忘记，事物"联系"也是辩证法的总特征之一，所谓"联系"，即表明事物是由许多要素所构成的系统。社会作为一个由经济、政治、民生、文化、生态

等要素组成的大系统，各个要素既相互依存又相互制约，任何一方的发展都不能离开其他方面的发展。经济发展是基础，决定着政治、文化的产生和发展，同时又离不开政治的制度保证和文化的精神动力及智力支持。无数的历史经验已反复表明，只埋头抓经济，常常适得其反。坚持科学发展就务必坚持经济建设为中心，务必坚持社会全面进步。对于以上问题，我们党长期以来的认识可以说是不到位的，也可以说是有偏差的。过去我们讲维护人民群众的权益，从经济角度强调得比较多，主要是人民群众的生存权和温饱权问题；在强调经济权益的同时，也比较重视人民群众的政治权益，也就是知情权和参与权等等，即让人民群众充分享有参加国家政治生活的广泛民主权利以及在政治上表达个人意愿和见解的广泛自由。但是，社会现实告诉我们，那种认为把群众生活问题和群众的参政议政等民主权利解决好就行了的想法和做法，显然是不对的，问题出在忽视了人民群众的文化权益。文化权益，主要包括人民群众享有接受教育、科学研究、文化活动等权利。它是人们精神生活的需要。马克思主义认为，人的本质"是社会关系的总和"，这就决定了人区别于动物的根本在于人们在生产过程中发生思想交流，产生精神生活；而文化作为人们精神生活的重要内容，是人们在日常生活中不可或缺的；可以说，文化权益无疑也是人民群众利益的一个重要组成部分。但现实生活中，有的领导对此不够重视，认为文化不是硬指标，不是党委或一级政府的考核指标，思想上轻视或忽视人们的文化权益；有的领导认为文化提不上议事日程，不是主业是副业，应该是工青妇等社会团体管的事情，只是敲敲边鼓、凑凑热闹，影响不了大局；有的领导不仅不能在物质上及时提供方便，而且随意剥夺本应属于个人从事这方面活动的时间和机会。关于这方面存在的问题不胜枚举。这些都不同程度上损害了人民群众的文化权益。不可否认，人们对权益的认识和对人民权益的保证都有一个过程，在生活困难时期，物质生活还不丰富的环境下，经济权益无疑是最要紧的，但随着经济的发展和繁荣，物质生活条件的改善，政治权益作为经济权益的集中体现，必将伴随经济权益的发展而发展。按照马克思主义的理解，社会意识具有一定的相对独立性，文化作为社会意识的一个组成部分，有自身的规律性，其发展对于社会的经济、政治来说可能超前，也可能滞后。我们党作为执政党，有责任有义务研究和把握当代中国文化发展的规律性；当我们的社会经济、政治发展到一定阶段，当人民群众的文化权益的重要性凸显出来的时候，我们党应该顺应历史潮流，充分确保人民群众的文化权益不受侵害。中华人民共和国宪法认为，保障公民权益是指保护公民的人格尊严等基本人权不受侵犯。公民文化权益与公民政治权益、经济权益一样，属于公民的基本权利。维护人民群众的经济、政治、文化权益，既是代表最广大人民群众根本利益的具体体现，也是党的领导干部应有的权力观、地位观和利益观。这就要求各级领导干部要继续解放思想，与时俱进，用变化发展的眼光来看待群众的权益，尤其是人民群众的文化权益，从而真正体现我们党全心全意为人民服务的宗旨。

二　"保障人民基本文化权益"是一项复杂的系统工程

《决定》实事求是地分析了中国文化领域正在发生广泛而深刻的变革，推动文化大发展大繁荣既具备许多有利条件，也指出了面临的一系列新情况新问题。比如，中国文化发展同经济社会发展和人民日益增长的精神文化需求还不完全适应：一些地方和单位对文化建设重要性、必要性、紧迫性认识不够，文化在推动全民族文明素质提高中的作用亟待加强；一些领域道德失范、诚信缺失，一些社会成员人生观、价值观扭曲，用社会主义核心价值体系引领社会思潮更为紧迫，巩固全党全国各族人民团结奋斗的共同思想道德基础任务繁重；舆论引导能力需要提高，网络建设和管理亟待加强和改进；有影响的精品力作还不够多，文化产品创作生产引导力度需要加大；公共文化服务体系不健全，城乡、区域文化发展不平衡；文化产业规模不大、结构不合理，束缚文化生产力发展的体制机制问题尚未根本解决；文化走出去较为薄弱，中华文化国际影响力需要进一步增强；文化人才队伍建设急需加强；等等。概括起来说，当前我们国家在文化发展中，存在着城乡、区域和门类之间发展不平衡的问题，特别是各类文化设施、文化服务主要都集中在大中城市，农村、基层相当薄弱，尤其是一些贫困地区，群众的文化生活相当贫乏。在文化结构方面，非公有资本所占比重比较低、科技含量比较低、适合大众消费的优质的文化产品还不够，文化企业还存在着散、小、滥的问题。为此，《决定》第五部分强调：大力发展公益性文化事业，保障人民基本文化权益。满足人民基本文化需求是社会主义文化建设的基本任务。必须坚持政府主导，按照公益性、基本性、均等性、便利性的要求，加强文化基础设施建设，完善公共文化服务网络，让群众广泛享有免费或优惠的基本公共文化服务。

如何使得"保障人民基本文化权益"政策落到实处，是一项党和政府、人民群众都必须充分参与的系统工程。第一，对于党和政府来说，应该遵循党的十六届六中全会通过的《中共中央关于构建社会主义和谐社会若干重大问题的决定》，把"构建公共文化服务体系"作为保障公民的基本文化权益、推进和谐文化建设、建设服务型政府的重要内容和目标。而为了实现公民文化权益，政府应承担四个方面的保障和职责：一是公民享受文化成果的权益，二是公民参与文化活动的权益，三是公民开展文化创造的权益，四是公民文化成果受到保护的权益。"构建公共文化服务体系"，表明文化建设从来没有像今天这样被科学地定位和提高到如此的高度，这个概念应该成为今后文化建设核心理念和政府文化行政部门的基本职能，应该日益受到各级党委、政府部门、新闻媒体和人民群众的重视与关注。公共文化服务是政府提供的公共服务的重要组成部分，公共文化服务体系是由政府主导、社会参与形成的普及文化知识、传播先进文化、提供精神食粮、满足人民群众文化需求、保障人民群众文化权益的各种公益性文化机构和服务的总和，它将文化建设与人民群众的基本权益紧密结合起来，不仅体现了文化事业发展以人为本的特征，而且凸显了党和政府执政为民的本质。

第二，对于人民群众来说，要自觉接受和培育社会主义核心价值观，积极投身文化创新。"坚持马克思主义指导地位、坚定中国特色社会主义共同理想、弘扬以爱国主义为核心的民族精神和以改革创新为核心的时代精神、树立和践行社会主义荣辱观"构成了社会主义核心价值观的基本内容。加强社会主义文化建设，就必须大力建设社会主义核心价值体系，始终把它作为中国特色社会主义文化建设的根本。社会主义核心价值体系是兴国之魂，是社会主义先进文化的精髓，决定着中国特色社会主义发展方向。必须强化教育引导，增进社会共识，创新方式方法，健全制度保障，把社会主义核心价值体系融入国民教育、精神文明建设和党的建设全过程，贯穿改革开放和社会主义现代化建设各领域，体现到精神文化产品创作生产传播各方面，坚持用社会主义核心价值体系引领社会思潮，在全党全社会形成统一指导思想、共同理想信念、强大精神力量、基本道德规范。其中，坚持马克思主义在意识形态领域的指导地位，能使我们牢牢地把握社会主义先进文化的前进方向，弘扬民族优秀文化传统，借鉴人类有益文明成果，进一步形成全社会认同的价值追求和道德规范。而中国特色社会主义的共同理想和信念是社会主义核心价值体系的重要组成部分，它指明了当代中国的社会发展方向和目标，支撑起全国各族人民、各个阶层的精神追求和精神世界，是全国各族人民共同奋斗的思想基础。再有，人民群众作为历史的创造者，也可以说是社会主义文化建设的创造者和受益人，人民群众要自觉地倡导科学发展理念，培育社会和谐精神，大力培育文明风尚，大力推进文化创新，最大限度地焕发文化工作者勇于创新的积极性，使全社会的文化创造活力充分释放、文化创新成果不断涌现，使当代中华文化更加多姿多彩、更具吸引力和感染力。

第三，对于党和政府的各级领导干部来说，按照《中共中央关于加强和改进党的作风建设的决定》的要求，"要倾听群众呼声，关心群众疾苦，把群众的安危冷暖时刻放在心上，维护人民群众的经济、政治、文化权益，努力为群众办实事"。经济、政治、文化，构成了人民群众权力和利益的三大要素。这既是对人民群众基本权益的全面概括，又是对各级干部如何保证人民群众的权益提出的新要求。维护人民群众的经济、政治、文化权益，最重要的还是付诸行动。这种行动不光是使他们的经济、政治权益不受侵害，同时也使他们的文化权益能得到充分保证，特别是确保基层群众的文化活动、接受教育等权益，让人民群众真正感受到他们应该享有的每一项权益都得到了有效的维护。

（作者单位：中共中央党校）

以人为本视阈下江泽民对中国特色
社会主义文化建设思想的贡献

杨 攀

文化建设是中国特色社会主义建设的重要内容，作为中国共产党第三代领导集体的领导核心，江泽民高度重视中国特色社会主义文化建设，在领导社会主义文化建设和文化体制改革的实践中，提出了许多重要的思想观点，发展和创新了马克思主义关于文化建设的理论，这些思想观点对于新形势下深化文化体制改革，推动社会主义文化大发展大繁荣具有重要的指导意义。本文试图从以人为本的视阈对江泽民文化建设思想的理论贡献作一初步探讨。

一 立足人民群众主体地位，提出建设中国特色社会主义文化

早在 1991 年，江泽民便在纪念中国共产党成立 70 周年大会的重要讲话中指出：在当代中国，先进文化就是有中国特色的社会主义文化。1997 年 9 月中国共产党召开第十五次全国代表大会，江泽民在十五大报告上专门系统地阐述了"有中国特色的社会主义文化"。他指出，从内容上来看这一文化与精神文明是一致的。文化建设的根本任务是促进全社会共同理想和精神支柱的建设。在此基础上，江泽民还提出了党在社会主义初级阶段的基本文化纲领，指出文化建设的指导思想、发展方向和主要目标，即"以马克思主义为指导，以培育四有公民为目标，发展三个面向的民族的、科学的、大众的社会主义文化"。"要坚持用邓小平理论武装全党，努力提高人们的思想道德和科学文化水平，坚持二为方向和双百方针，重在建设，繁荣学术和文艺，建设立足中国现实、继承优秀文化传统、吸收外国文化有益成果的社会

主义精神文明。"① 江泽民的讲话，点出了中国特色社会主义文化的内涵，指出了一系列文化建设的重要内容，回答了两个问题：一是什么是中国特色社会主义文化，二是如何建设中国特色社会主义文化。2001年，在庆祝中国共产党成立 80 周年的讲话中，江泽民指出："坚持什么样的文化方向，推动建设什么样的文化，是一个政党在思想上精神上的一面旗帜。要求牢牢把握中国先进文化的发展趋势和要求，坚持以马克思列宁主义、毛泽东思想和邓小平理论为指导，立足于建设有中国特色社会主义的实践，着眼于世界科学文化发展的前沿，不断发展健康向上、丰富多彩的、具有中国风格、中国特色的社会主义文化。"② 在这一层面上，江泽民强调要继承"马克思列宁主义文化观"、"毛泽东思想"、"邓小平理论"中关于文化建设的思想精华，同时也是对千百年来中国传统文化的超越，精简地道出了文化之"体魂"，即中国之体，中国之魂。

在更高一个层面上，建设有中国特色的社会主义文化，是建设中国特色社会主义文化的初级阶段；建设中国特色社会主义文化，则是建设中国特色社会主义的重要组成部分；通俗来讲二者的终极目的，都是为了使人民过上好日子。江泽民顺应时代和建设需要，从立足人民群众、依靠人民群众、服务人民群众的出发点和立足点，提出大力建设有中国特色社会主义文化。

二　提出"三个代表"思想，将先进文化和先进生产力并重，作为实现最广大人民根本利益的"两翼"

2000 年 2 月 25 日江泽民同志在广东考察工作时，从全面总结党的历史经验和如何适应新形势新任务的要求出发，首次提出了"三个代表"重要思想。他在具体论述"三个代表"思想时指出这样一个原则："推进人的全面发展，同推进经济、文化的发展和改善人民物质文化生活，是互为前提和基础的。人越全面发展，社会的物质文化财富就会创造得越多，人民的生活就越能得到改善，而物质文化条件越充分，又越能推进人的全面发展。社会生产力和经济文化的发展水平是逐步提高、

---

① 《江泽民文选》第 2 卷，人民出版社 2006 年版，第 17—18 页。
② 《江泽民文选》第 3 卷，人民出版社 2006 年版，第 277 页。

永无止境的历史过程，人的全面发展程度也是逐步提高、永无止境地向前发展。"①

在第一个层面，中国共产党代表先进文化的前进方向。代表意味着旗帜和方向，意味着党要肩负起坚实而重大的建设社会主义先进文化的任务和使命。只有保证先进文化的前进，才能保证人的全面发展与进步。先进文化的正确前进方向是人的全面发展的前提和基础，先进文化发展促进人的综合素质的提升，尤其促进人的精神生活的全面提升。人的认知及精神境界的提高与全面发展，又反过来促进文化的延伸，滋养文化的强大生命力。在第二个层面，"三个代表"思想中，我们党要始终代表中国先进生产力的发展要求，要始终代表中国先进文化的前进方向，要始终代表中国最广大人民的根本利益。其中，第一个代表是根基，是保证先进文化发展的基石；第二个代表是方向，是社会发展的重要导向，前两个代表都是第三个代表的两翼，为第三个代表服务，而第三个代表，才是目的和意义所在。只有生产力发展了，才会为先进文化的发展进步提供充足的物质基础和强大的动力支撑，而先进文化的发展方向正确，才能和物质并驾齐驱，从精神理念价值判断层面更好地实现中国最广大人民群众的根本利益。也就是说，文化的先进性，实际上由广大人民的利益所体现，文化的建设性，则要有广大人民的积极参与与全面贡献。先进文化理念的提出，从人的能动本源出发，归结到人的追求本质，是江泽民关于文化建设思想以人为本的深切体现，是关于人的全面发展思想的深入贯穿。简单来讲，江泽民将"以人为本"贯穿到了"三个代表"重要思想的始终。

三　以人类社会历史的宏大眼光重视文化建设

江泽民曾针对文化建设提出一系列相关方针政策和策略。1995 年 5 月，在《中共中央、国务院关于加速科技进步的决定》中，继承和发展了邓小平关于"科学技术是第一生产力"和"尊重知识、尊重人才"的思想，提出了"科教兴国"战略，从内涵和形式上赋予文化培养教育更为现代化、更为宏观性的内涵。1996 年 10 月，在党的十四届六中全会上作出了《中共中央关于加强精神文明建设若干重要问题的决

---

① 江泽民：《论"三个代表"》，中央文献出版社 2001 年版。

议》，建构了有中国特色的社会主义思想道德新体系。对一切依靠人民、一切为了人民的思想道德基本原则作了深刻阐释，将有利于社会发展人民生活的人的价值观念、道德规范上升到一个文化建设的历史性高度来对待。1997 年 9 月党的第十五次全国代表大会上将文化建设作为专门一章论述。首次以历史的眼光和历史发展的角度将文化建设郑重地放到总结执政党执政和社会发展这样一个更高层面。在大会报告中江泽民进一步强调了文化建设的重要性和紧迫性。他站在新的高度指出："全党必须从社会主义事业兴旺发达和民族振兴的高度，充分认识文化建设的重要性和紧迫性。"① 此外他还提出，有中国特色的社会主义文化，是凝聚和激励全国各族人民的重要力量，是综合国力的重要标志。这就使文化建设的地位达到了一个历史性和民族性的高度。

四　紧抓政治文化建设，促进执政为民

提出以政治文化建设的发展促进执政党更好地执政为民，是江泽民文化建设思想大胆而创新的一个方面。在"三个代表"重要思想中，我们党始终代表中国最广大人民群众的根本利益。对政治文化建设的解构理解，也是文化不可缺少的一个重要方面。在文化建设中，政治文化建设紧迫而关键。文化建设作为执政领域下一项政治任务，首当其冲的是其政治内涵。也就是弘扬社会主义时代的主旋律，体现社会主义的优越性。1991 年 7 月，江泽民在庆祝中国共产党成立 70 周年的讲话中指出："要鼓励深入研究我国建设和改革的现实问题，鼓励创作更多的健康文明、积极向上、为人民大众喜闻乐见的作品。"1994 年元旦，江泽民在全国宣传思想工作会议上的讲话中，再次提出"要大力弘扬主旋律"的要求。这一要求体现了重点在于"反映社会主义的主旋律"，而反映社会主义主旋律的政治文化就是"以人为本、为民着想"的政治文化，是依靠和为了人民大众进行的政治文化改革与建设。

1995 年 11 月 8 日，江泽民在北京市考察工作时发表重要讲话，就有些地方和部门以及相关社会领域出现消极混乱的现象，认为必须要加强对领导干部的教育，针对这一情况他提出："根据当前干部队伍的状

---

① 《江泽民文选》第 2 卷，人民出版社 2006 年版，第 33 页。

况和存在的问题，在对干部进行教育当中，要强调讲学习、讲政治、讲正气。"① 这就创造性地提出了政治文化建设以"三讲"为导向的政治价值观。在三讲中，讲学习是前提基础，讲政治是核心关键，讲正气是保障要求，三者是互为前提互为作用内在统一关系，鲜明地指向作为为人民群众谋利益的领导干部，指向作为代表和先进的个体，这既指出了具体方向，又提出了具体要求。实践证明，"三讲"教育活动取得了突出成效，促进了以先进个体的人为对象改造的政治文化建设的发展。

五　提倡法治德治相结合，共建人类文明社会

江泽民在党的十五大报告中指出："依法治国，就是广大人民群众在党的领导下，依照宪法和法律规定，通过各种途径和形式管理国家事务，管理经济文化事业，管理社会事务，保证国家各项工作都依法进行。"② 紧接着，在提出依法治国方略不久的 2001 年初，江泽民在全国宣传部长会议上首创性地提出"以德治国"，指出："我们建设有中国特色社会主义、发展社会主义市场经济的过程中，要坚持不懈地加强社会主义法制建设，依法治国；同时也要坚持不懈地加强社会主义道德建设，以德治国。""法治和德治，从来都是相辅相成、相互促进的。二者缺一不可，也不可偏废。"③

这样一个历经五年多时间、从"法治社会"到"依法治国和以德治国相结合"的指导思想的丰富和成熟转变，充分而透彻地说明，仅有"法治"的国家和社会是不符合时代发展要求的。这里的"德治"，是文化文明发展到一定程度的经验和结晶，这个"德"字，在江泽民的解释里，并非简单的道德，而是包含了人们政治思想、道德修养、理想信念、价值判断等多重含义；再者，德是对传统封建道德礼约的批判与继承，更是对马克思主义文化观和马克思主义哲学关于人的本质学说的继承和中国化。这一个"德"发挥的作用好坏，直接影响到法治的实质效力。因而，法治德治相结合，是推进整个人类文明社会良性持续发展的必由之路。

---

① 《江泽民文选》第 1 卷，人民出版社 2006 年版，第 483 页。
② 《江泽民文选》第 2 卷，人民出版社 2006 年版，第 28 页。
③ 《江泽民文选》第 3 卷，人民出版社 2006 年版，第 200 页。

六　提出传承传统文化与民族精神，推进人与社会的和谐发展

20 世纪末江泽民曾在北戴河答美国记者华莱士的提问中指出"世界是丰富多彩的"。在特定文化解释的语境下和外交环境下，适用于中国特色社会主义建设的各个领域和各个方面。世界的多样性和复杂性要求文化建设要有包容性，也就是要建设和谐的、合理的世界文化和民族文化。对于和谐合理的文化建设来讲，世界是丰富多彩的、蕴意深刻的。在构建和谐合理的文化的最低层面，是各国文明本身的丰富多彩，高一个层面，是与之相对应的文化体制的丰富多彩。再上升一个层面，则是文化发展间相互关系的丰富多彩，既有横向地域与地域间的，也有纵向历史阶段与历史阶段间的。最高一个层次，则是和谐合理文化发展背后的人的主观能动性、作为人的个体和集体作用发挥的丰富多彩。无论是哪一个层面与另一个层面、或者哪几个层面之间的相互联系，都是相通的。

在十五大报告中，江泽民指出："有中国特色社会主义文化渊源于中华民族五千年文明史，又根植于有中国特色社会主义的实践，具有鲜明的时代特点。"2002 年 10 月 24 日，江泽民访问美国，在会见总统布什时第一次提出"和而不同"，称"和而不同是社会事务和社会发展的一条重要规律，也是人们处世行事应该遵循的原则，是人类各种文明协调发展的真谛"[①]。与此同时，他指出："我国几千年历史留下了丰富的文化遗产，我们应该取其精华，去其糟粕，结合时代精神加以继承和发展。"[②] 不仅指出文化建设要继承和发扬传统文化和民族精神，更进一步指出文化要具有多样性、包容性和独立性，这从一个侧面深刻体现了传统思想现代理念中"人与人、人与自然、人与社会之间的和谐"的以人为本的社会和谐思想。

七　强调发挥人的作用，以人化理性和文化创新推动文化全球化

在社会主义现代化建设过程中，文化的意义不在于符号，而在于人化；文化的理性在于人化的实践与创新。美国社会学家丹尼尔·贝尔

---

① 《江泽民文选》第 3 卷，人民出版社 1996 年版，第 522 页。

② 同上书，第 278 页。

说：文化是为人类生命过程提供解释系统，以对付生存困境的一种努力，其本性是"人化"，是一种过程、状态和境界。推进中国特色社会主义文化建设，实际上就是发挥人化的积极作用，推进人化对于文化设计和文化再造的能动作用，以理性的精神信念和创新性的时代要求去推崇、推进一个时代文化的姿态与立体多维的呐喊。而人化，也必须借助一定的经济物质条件。江泽民指出："引进来和走出去是我们对外开放的两个轮子，必须同时转动起来。"① 不仅在经济上要走出去，在文化上更是如此，"中国的历史文化始终处于发展进步之中。它是通过各种学科、各种学派的相互砥砺、相互渗透而发展的，也是通过向世界各国的相互交流、相互学习而进步的"②。基于此，建设中国特色社会主义先进文化，体现文化的民族性、科学性、大众性，就要充分利用一切可以为我所用的现代化物质条件，如书籍、报刊、网络、电视、广播、电话手机移动设备、计算机及通信等媒介信息平台，高校、企业单位、事业单位、社区、公共场所等一切场所，以现代化甚至是后现代的心态认知、手段方式，去认识、宣传、发扬文化现象和文化实质的丰厚性与层次性，推进文化的无国无边界交融交流，推进中国特色社会主义文化全球化发展。

全球化是当今世界不可抵挡的一股潮流。无论是人化的全球化还是文化的全球化，都会不可避免地加入到世界各国各地各种相互交流、相互融合的全球化进程中。文化的全球化，不可避免地不能容忍文化的一元化、同性化及单一的笼统化。江泽民虽然没有明确提出文化全球化的概念和要义，但他各方面关于文化建设的思想，都无可厚非地体现了：在当代这样的世界历史背景下，要取得文化全球化的良好发展，就是要求各民族通过交流、融合，不断突破本民族各种局限性，超越一切民族固有的文化模式，达到无国界的高度文化认同。有了文化的全球化发展，人化最为普遍且最为高尚的意义，也因文化的全球化而得以实现。而超越民族超越国别的高度文化认同，实际上就是对民族和人民的认同。

八　提出依靠人民的力量，全面推进文化体制改革科学化发展

文化体制改革是伴随着文化发展的一项重大课题。改革的目标是推

① 《江泽民文选》第3卷，人民出版社1996年版，第475页。
② 《江泽民文选》第2卷，人民出版社1996年版，第125页。

进文化事业产业的发展，实现文化体制改革科学化发展。文化体制改革的科学化，归根到底是为了促进人的发展。自社会主义市场经济体制建立以来，自由开放的市场经济给了文化很大的发展空间与众多发展营养，在前两代领导集体的基础上，第三代领导集体的齐心协力审时度势，使文化体制改革取得了十分积极的成效：改革经费投入机制，推动了文艺文化的发展；采取一系列有针对性的干部职工管理办法，促进了人们的工作积极性；完善了国家的相关文化政策，推动了法治格局下文化大发展；等等。这些对于文化体制改革提供了有效依据和充分条件。但在文化体制改革不断前进的同时，伴随着社会主义市场经济体制改革要求而生的文化体制改革弊病也日渐显露。作为第三代领导集体的核心，江泽民为推进文化体制改革作出了长久的思考和努力。

2002年11月，在中国共产党第十六次全国代表大会上，江泽民指出："发展各类文化事业和文化产业都要贯彻发展先进文化的要求，始终把社会效益放在首位。"① 这就表明在推进文化体制改革的进程中，要深入研究新形势下人民群众对于文化建设发展的新要求，满足物质条件日趋丰富的情况下人民对于文化更高更新的期待。江泽民提出："推进文化体制改革，逐步建立有利于调动文化工作者积极性，推动文化创新，多出精品、多出人才的文化管理体制和运行机制。"② 这就表明要充分尊重广大人民群众的首创积极性和当家作主的主体地位，发挥个人和集体共同创造新文化持续发展的新阶段。江泽民还指出："完善文化产业政策，支持文化产业发展，增强我国文化产业的整体实力和竞争力。"③ 这在深层次的背后表明文化之重要，借此要充分发挥文化的有效魅力和实用空间，发挥其教育人民和挖掘人性的社会导向作用。文化体制改革科学化建设，是文化发展的科学内核。文化体制改革科学化，需要指导思想的科学化，改革措施的科学化以及目标要求的科学化，种种科学化建设，显然是离不开中国共产党执政科学化和中国共产党建设的科学化的。也只有以人为本，科学地发挥党带领广大人民群众进行文化体制改革，科学地发挥广大人民的主观能动性，才能保证文化体制改

---

① 江泽民在党的十六大报告上的讲话：《全面建设小康社会，开创中国特色社会主义事业新局面》，2002年11月8日。

② 同上。

③ 同上。

革建设的科学化进程。

从文化体制改革试点到推广再到全面展开，江泽民关于文化发展的理论贡献，无疑具有重大意义。从文化复苏到文化繁荣，从文化重构到文化创新，江泽民以人为本的文化建设理论贡献，在于将以人为本始终作为文化发展的价值取向，作为文化建设和文化改革的出发点和归宿。从满足人的需要、为人民群众服务出发，到发挥人的能动性、实现人的全面发展为归宿和目的，深刻昭示了社会主义条件下以人为本、实现社会主义文化大发展大繁荣的规律和要义。

（作者单位：武汉大学马克思主义学院）

社会主义核心价值与文化自信

对社会主义核心价值体系内涵的
价值论思考

胡振平

十七届六中全会承继了十七大报告的精神，对于社会主义核心价值体系的内涵进一步作了界定，简单地说包含四个方面的内容：（1）坚持马克思主义的指导地位；（2）坚定中国特色社会主义共同理想；（3）弘扬以爱国主义为核心的民族精神和以改革创新为核心的时代精神；（4）树立和践行社会主义荣辱观。这四个方面的内涵，虽然十七大报告已经提出来了，这些年也有许多专家学者对此作了各种解释，但是笔者认为还是缺乏从哲学价值论角度的学理阐发。而哲学价值论高度的学理阐发不仅对于建立社会主义核心价值体系是必不可少的，并且对于广大干部群众把握其逻辑关系，科学理解这四方面内涵的精神实质，也是十分必需的。

马克思主义的学说的哲学基础是建立在社会实践基石上的辩证唯物主义和历史唯物主义，用马克思和恩格斯的话来说，就是实践的唯物主义。实践已经不是单向的认识而是指的改造世界的活动，其本身就包含着价值，即人的追求问题。所以，过去那种把价值论与马克思主义对立起来的观点是错误的，价值问题是马克思主义实践唯物主义题中应有之义。马克思主义过去一直强调的阶级性，本身就是价值立场和价值观的表现。而今天提出社会主义核心价值体系，也是改革开放30多年理论界拨乱反正和深入研究的成果。

认识从实践中来，讲的是马克思主义哲学的认识论，而得到的认识又必须回到实践中去，即用以指导实践，开展实践活动，并且努力使人的目的得以实现，这就是价值问题展开的实践基础。而进入了价值关系的领域，不仅有主体和客体，而且主体和客体的关系有了变化，一个是求真（认识），即努力把客体的规律性内化为我们的认识，并且保持其不被歪曲；一个则是求善求美（价值），即努力实现主体的目的和理想，其要的就是对于客体的变革，使之合乎人的要求与愿望。但是，客观世界及其规律性并不是以人的意愿为转移的，人只能利用对于客观世界及其规律性的真的认识，来实现人主体的目的，所以就产生了人的能动性的调动问题（包括对于世界认识的能动性和对于世界改造的能动性）。然而，除了主体和客体这些关系之外，还有一个主体间的问题。因为对于马克思主义者来说，实践是社会的实践，其主体不仅指"我"，即个人，而且常常指的是"大我"，即我们，包括集体、阶级乃至整个人类。而每个个人其利益、情趣、爱好、愿望和追求都因种种原因而各不相同，或者说有同有不同，甚至有对立，也就是说各个个人价值追求有所不同，不可能那么一致。于是就产生了价值主体之间的关系问题，也就引出了伦理和道德等诸多问题。

从上面简单叙说可以看到，价值观或者价值体系包含着几个主要方面：一是主、客体问题，客体是对象，包括外部世界，然而由于价值更密切地涉及着主体的追求愿望。主体问题更为突出；二是主体的追求目的和理想，这是主体的利益要求所在，当然这个利益要求也是很广义很复杂的，包括物质的也包括精神的，而精神与物质也并非脱离的，此外，目的理想又不应当是空想，而是要建立在现实可能性基础之上；三是作为价值追求的东西，人是要努力使之实现的，这里就包含着客观规律性问题，不遵循客观规律性，是实现不了目的和理想的；四是主观能动性问题，无此也不能实现目的和理想，这里就涉及着主体的认识以及精神状态情感意志和创造能力等；五是主体间的关系，也就是伦理道德等问题。

笔者认为，十七大和十七届六中全会提出的社会主义核心价值体系的内涵，可以而且应当从上述五点去把握。第一点主体客体问题，是蕴涵在整个报告和决定中的，是不言而喻的，主体即中国共产党及其所代表的广大中国人民，客体是我们努力改变的世界。后面四点则相对应着文件中所说的四方面内涵。内涵中的第一条"坚持马克思主义的指导地位"，讲的是指导思想，也就是其价值立场和科学性问题，它包含着两个主要方面，一个是无产阶级及代表广大人民根本利益的立场，另一个就是对于人类社会发展规律的科学认识，这二者内在地统一着，对于客观世界及其发展的规律性的认识其中就包含着对于无产阶级和广大人民革命使命的认识，并且用以指导我们的实践。当然，我们要坚持的马克思主义绝不能是教条主义式的，而是与时俱进的，是不断加深认识的马克思主义，对于中国共产党来说也是中国化的马克思主义。内涵中的第二条"坚定中国特色社会主义共同理想"，这是当代中国共产党人的理想目标，也是从中国国情和当今时代的世情出发形成的现阶段的奋斗目标，当然也就是我们的价值理想和价值目标，我们要以此来团结凝聚全国各族人民共同为此奋斗。内涵中的第三条"弘扬以爱国主义为核心的民族精神和以改革创新为核心的时代精神"，实际上讲的就是主观能动性问题，人总是要有点精神的，没有精神力量的支撑，什么事情也是做不成的，何况中华民族的振兴和中国特色社会主义的伟大理想。内涵中的第四条"树立和践行社会主义荣辱观"，则是讲的在我们伟大的中国特色社会主义建设事业中必须树立的伦理道德观念，乃至最起码的道德底线，唯此才能团结起来共同奋斗，而不是尔虞我诈，败坏了社会风气，破坏了社会团结。

社会主义核心价值体系涉及面很宽，要真正在思想上树立这样的价值观，最重要的是弄清楚三个大问题，即主体、客观必然性、主观能动性。

（一）主体

对于价值问题，主体极其重要，因为价值是对特定主体的需求来说的。我们所说的社会主义核心价值体系，其主体是中国共产党及其领导下的广大人民。因此，十七大报告在讲到社会主义核心价值体系时，强调"要巩固马克思主义指导地位，坚持不懈地用马克思主义中国化最新成果武装全党、教育人民"，十七届六中全会的决定所提出的"坚持不懈用中国特色社会主义理论体系武装全党、教育人民"，都是对全党和全国人民而言的。

虽然，每个党员、党的干部以及每个中国人，都是这个主体中的一分子，但是，个体往往会脱离开这个群体来思考自己的利益和价值取向。核心价值体系主体的定位本身就要求，个人特别是党员和党的干部，应当认识到自己是群体中的个体，努力把立场提升到党和人民的立场上来。没有这样的主体意识，就不会认同这样的价值体系，而会如毛泽东当年批评的"事不关己，高高挂起"[①]，甚至会如马克思在《资本

---

① 《毛泽东选集》第2卷，人民出版社1991年版，第359页。

论》中抨击的"我死后哪怕洪水滔天"①。从社会主义核心价值体系的建设来说,最重要的也最为困难的就是党员,特别是党的干部这种主体定位的自觉。现在不是讲文化自觉吗?其实文化自觉根本上就是对于主体定位的自觉,就是意识到自己不只是孤立的个人,而是中华民族的一分子,对于共产党员来说,则还是中国共产党的一分子。

建设社会主义核心价值体系,最关键的就是将个人的定位,上升到党和人民的群体定位。对于人们这种主体意识的激发和提升,在今天长期和平建设的年代,相对于过去民族危亡的年代,更为艰难。因为没有了外部列强入侵的强大压力,加之在市场经济体制下,人们的主体意识往往还是站在个人或小集团眼前利益上的,是近视的、不完善的,还必须从小我向着大我提升。这种提升固然需要不断地教育,使之认识到自身根本利益之所在,也即认识到个人与群体的关系,个人与中国特色社会主义事业的关系。同时,也必须强调的是,要给人们以看得见的实际利益,使之感受到个人与群体与事业的关系,感受到党的真诚。毛泽东曾经尖锐地指出:"一切空话都是无用的,必须给人民以看得见的物质福利。"②普通群众是从党的政策方针给他带来的实际的利益中感受着党是不是真正代表他的利益的,也只有真正从实际生活中感受到了党、国家是与之一起的命运共同体,他才会站在党和人民的立场上来。

对于党和国家的干部,特别是领导干部来说,其主体的定位具有极为重要的意义,直接关系着党和政府代表着谁的利益,直接关系着国家发展的方向和民族的未来。由于个体和群体毕竟有所不同,有时利益上还会有冲突,而个人眼前的利益往往使人感受更直接、更密切,因而,在社会主义社会里主体的异化也并不是不可能的。苏联就是前车之鉴。尤其今天,不少干部从人民的公仆,变为人民的老爷、老板,甚至贪污受贿、腐败堕落,成为民族之败类、国家之蠹虫,就说明了这种异化可能性还不小。所以,我们必须从宪法、法律和民主制度等诸多层面上,防止和抑制这种蜕变,必须选拔真心实意地站在党、国家、人民立场上,全心全意为人民服务,立志终身为中国特色社会主义事业奋斗的人作为党、国家和各级政府的领导人。

---

① 《资本论》第1卷(上),人民出版社1975年版,第299页。
② 《毛泽东文集》第2卷,人民出版社1993年版,第467页。

（二）走历史的必由之路

对于树立科学的价值观来说，十分重要的是对于社会历史发展的规律的认识。只有认识了客观规律，才能把自身的愿望建立在客观规律的基础上，才能是科学的，而不是一厢情愿的。我们要以马克思主义教育党员干部和群众，就是因为它揭示了人类社会发展的客观规律；而我们今天特别要用马克思主义中国化的最新理论成果来教育党员干部和群众，也是因为它逐步揭示了当今中国社会发展的客观规律。走历史必由之路，这是我们社会主义核心价值体系的客观基础，也是能引导人们树立这一价值观的力量所在。

由于历史的复杂性，它的客观规律往往为许多表象所遮蔽，真正要把握历史发展的大趋势，必须依据马克思主义的指导。基于生产力发展基础上的生产力与生产关系、经济基础与上层建筑之间的矛盾运动，为揭示社会历史奥秘提供了钥匙；对于资本主义基本矛盾鞭辟入里的分析，则为世界共产主义运动提供了坚实的理论基础。这是人们，包括许多反对马克思主义的人，不得不承认的事实。直到今天，一些人在否定马克思的同时，又往往自觉不自觉地利用着他的一些成果、运用着他的方法。正如西方著名的思想家、解构主义大师德里达所说："不能没有马克思，没有马克思，没有对马克思的记忆，没有马克思的遗产，也就没有将来；无论如何得有个马克思，得有他的才华，至少得有他的某种精神。"① 须知，德里达并不是马克思主义者，而且他说此话时，正是苏东剧变之后不久的 1993 年，马克思主义思潮处于低谷的时候。而在 2008 年下半年，世界金融危机、经济危机席卷而来的时候，不少人更加想起了马克思，特别是马克思的《资本论》。据外电报道，甚至英国坎特伯雷大主教威廉斯也发表评价说："长久以前，马克思就窥探到了资本主义的运转之道。"② 而苏联解体苏共亡党的深刻教训就在于苏联共产党后期的领导人，根本上背叛了马克思主义。中国社会科学院李慎明副院长主持和承担的国家课题"苏共亡党的历史教训研究"所得出的结论就是"苏联剧变的根本原因不在于'斯大林模式'即苏联社会主义模式，而在于从赫鲁晓夫集团到戈尔巴乔夫集团逐渐脱离、背离乃

---

① ［法］德里达：《马克思的幽灵》，中国人民大学出版社 1999 年版，第 21 页。
② 材料引自张克难《〈资本论〉热销说明了什么》，《解放军报》2008 年 10 月 30 日。

至最终背叛马克思主义、社会主义和最广大人民群众根本利益"①。

马克思主义对人类社会发展的普遍规律和资本主义社会发展的特殊规律的揭示，还为我们指出了社会历史发展的根本方向——人类的自由解放。人类发展是一个不断争取自由和解放的历程，不仅仅要从人与人的依赖状态，即奴隶的封建的等级依附关系中解放出来；而且要从人对物的依赖关系，即资本主义生产方式下人对资本、对金钱的依附关系中解放出来。马克思尖锐地指出："资产阶级生产方式是一种历史性的和暂时的方式，也正像封建方式的情况一样"②，"代替那存在着阶级和阶级对立的资产阶级旧社会的，将是这样一个联合体，在那里，每个人的自由发展是一切人的自由发展的条件"③。在《共产党宣言》发表46年后，即1894年，在回答朱·卡内帕的要求——用一则题词来表达马克思的思想时，恩格斯就引了这句话，并且说除了这句话"我再也找不出合适的了"④。这些清楚地说明了，他们的革命实践活动和理论活动的根本指向，是人，是人的解放，或者说人类的解放事业。从这一指向中我们可以看到马克思的无产阶级和全人类相统一的价值立场，也可以看到历史发展趋势和价值理想的统一。坚定地认清历史发展大趋势，不为眼前的现象风波所迷惑，这是建设社会主义核心价值体系的十分重要的条件。

与此同时，时代和任务的变化以及中国的特殊国情，要求我们对于历史必然性有着更深层次的认识，即今天的中国必须走社会主义市场经济的必由之路。这是中国共产党人积近60年社会主义建设的经验教训所得出的结论，是马克思主义第二阶段中国化所形成的最为重要的理论成果。当今，人们对于社会主义价值理想的动摇，其原因往往也在于此。而要认清这条必由之路，则应当注重从理论和实际的结合上解决以下三个问题。第一，从中国社会主义初级阶段的实际说明"第一要义是发展"，从当今世界社会生产力的新的巨大发展（特别是科技成为第一生产力，使生产力的结构正在发生新的飞跃）说明时代特征的变化，从

① 李慎明主编：《居安思危——苏共亡党二十年的思考》，社会科学文献出版社2011年版，第17页。

② 《马克思恩格斯选集》第4卷，人民出版社1995年版，第539—540页。

③ 《马克思恩格斯选集》第1卷，人民出版社1995年版，第294页。

④ 《马克思恩格斯选集》第4卷，人民出版社1995年版，第730页。

而说明实行市场经济体制的必要性。第二，从马克思主义理论（包括马克思对于管理的两重性的论述，对商品经济的论述，以及邓小平对于市场经济的论述）和社会经济发展历史的考证，阐明"计划和市场都是手段"，从而把市场经济与资本主义基本制度区分开来，确立社会主义与市场经济相结合的可能性。第三，通过对市场机制两重性的理论分析以及当今中国建设社会主义市场经济体制中的众多实际问题和困难的研究，说明建设社会主义核心价值体系的重要性。对于近代中国这样一个经济、政治等方面都很落后的国家，不仅过去需要先进文化，特别是马克思主义的引领，才能凝聚和团结广大人民，以先进思想反作用于经济政治等方面的改造；今天进行建设也离不开先进文化，特别是马克思主义的引领，无此也不能凝聚人心，更不可能实现中华民族的振兴。

（三）充分调动全党、全国人民乃至整个中华民族建设中国特色社会主义的积极性

中华民族是一个有着悠久文明史的伟大民族，五千多年来屹立在世界东方，在与其他民族的纷争和交融中创立了具有自己特色的中华文明。明清以来，由于封建王朝的自大保守以及西方资本主义列强的迅速崛起、野蛮扩张，中华民族遭受了近百年的屈辱，任人宰割，甚至到了灭亡的边缘。苦难激起了广大人民救亡图存的强烈民族意识和自强不息的民族精神，困难和挫折磨炼了意志，也逐步提高着中国人特别是先进分子对于时势的认识，把握了时代精神。在历经沧桑之后，中国人才找到了马克思主义的真理并使之中国化，才在中国共产党领导下赢得了中华民族的解放；并且又几经曲折，实现着马克思主义第二次中国化，探索出了一条中国特色社会主义道路，迎来了中华民族今天的腾起。中华民族主体意识和主体积极性的调动，对于中华民族的复兴有着十分重要的作用。

"以爱国主义为核心的民族精神和以改革创新为核心的时代精神"是中国人民伟大的精神财富，也是其能够战胜一切困难，开创民族振兴光辉未来的巨大精神力量。过去是这样，今天则更加需要发扬这样的民族精神和时代精神。这是因为，中国虽然探索出了一条正确的道路，社会主义市场经济的体制也逐步建立，并且赋予我们社会以巨大活力，我国的经济开始腾起；但是，面临的矛盾和困难还很多，最大的困难就是如何在市场经济的条件下凝聚人心坚持和发展中国特色社会主义，既做

到社会经济的迅猛发展，又避免两极分化，逐步实现共同富裕。而这是需要有点精神的。以爱国主义为核心的民族精神和以改革创新为核心的时代精神则是我们民族腾飞的精神动力。但是，在和平建设的环境里，在权力和市场对于人特别是干部的双重腐蚀作用下，一些人的爱国主义为核心的民族精神和改革创新的时代精神减弱了。要大力开展这些方面的教育。

爱国主义为核心的民族精神，需要从小的教育和长期的社会舆论的引导。我们必须充分利用中华民族悠久的文明史，引发对于自己民族的认同感和自豪感；更加必须运用近代史的大量事实教育人们，特别是青少年，激发其"天下兴亡，匹夫有责"的民族责任感。在民族大义上，大众媒体必须负起社会责任，不能误导群众！譬如，在电影《色·戒》乃至在对待张爱玲等的作品上，我们的媒体就暴露出许多问题。一度汉奸文学反而成了时髦的东西，虽然网民们意见很大，但是公开的报刊却一边倒地进行吹捧，影响极坏。

以改革创新为核心的时代精神，更加值得我们重视。它是十七大报告对当今时代精神的新概括。实践主体，即价值主体的建设，不仅在于其主体的自觉，而且还在于主体本身对于这个时代的自觉。只有把握了现时代的时代精神，其价值体系才是先进的、科学的。改革创新是与因循守旧相对立的，以此来概括当今的时代精神十分深刻，也具有非常重要的实践指导意义。《世界是平的》一书的作者托马斯·弗里德曼敏锐地感觉到"我们在 2000 年进入了一个全新的时代：全球化 3.0 版本"①，他作了论证，而这本书成了全球最畅销的书。其实，世界的变化，根植于 20 世纪科学技术大发展，一定意义上也可以说，根植于几千年以来人类对于世界认识的积累和到今天所发生的飞跃。新科技革命是这场飞跃的外部表现形态，而科学技术成为第一生产力则是从社会生产力结构上作出的论断。它不仅大大提高了我们的社会生产力，而且改变着我们今天的生产方式和生活方式。马克思曾预言的"一天等于二十年"②，今天在我们的生活中已经感受到了。日新月异的生活，是在改革和创新中进行的，离开了改革创新，我们就赶不上时代的步伐。而在

---

① ［美］托马斯·弗里德曼：《世界是平的》，湖南科学技术出版社 2008 年版，第 9 页。
② 转自《列宁选集》第 2 卷，人民出版社 1972 年版，第 602—603 页。

这样的时代中，由于各种机缘，中国即将处于重要的地位。改革创新是中华民族复兴之道，只有在改革创新中，中国的社会经济才能赶上世界发达国家；只有改革创新，才能创造出中国特色社会主义的新天地。而要能够使广大干部群众具有改革创新为核心的时代精神，根本上还是要坚定不移地改革开放，实行"两个开放"的政策，即对内和对外的开放，在与世界的更加紧密的联系中，感受时代的气息，吸收国内外的一切先进的东西，扬长避短，在实践综合创新中发展自己。

（作者单位：上海社会科学院）

高度重视社会主义核心价值的提炼与建构

包心鉴

文化是一个国家与民族的软实力，而核心价值是国家软实力中的"核心软实力"。党的十七届六中全会《决定》将加强社会主义核心价值体系放在文化大发展大繁荣统领全局的地位，指出："社会主义核心价值体系是兴国之魂，是社会主义先进文化的精髓，决定着中国特色社会主义发展方向。""必须把社会主义核心价值体系融入国民教育、精神文明建设和党的建设全过程，贯穿改革开放和社会主义现代化建设各领域，体现到精神文化产品创作生产传播各方面，坚持用社会主义核心价值体系引领社会思潮，在全党全社会形成统一指导思想、共同理想信念、强大精神力量、基本道德规范。"这一深刻认识和明确要求，充分反映了我们党高度的文化自觉。社会主义核心价值体系的融入与灌输，必然提出进一步提炼与建构社会主义核心价值的任务。社会主义核心价值的基本内涵应当如何表述？核心价值与核心价值体系是一种什么样的关系？如何在推进社会变革和社会进步的基点上建构社会主义核心价值？如此等等，都是不仅直接涉及文化改革与发展、而且深层次地涉及社会转型与进步，亟须进一步探讨和厘清的重大理论问题。

核心价值与核心价值体系

任何社会都有一定的价值观念、价值标准和价值指向。所谓核心价值，是指能够体现社会主体成员的根本利益、反映社会主体成员的价值诉求，对社会变革与进步起维系和推动作用的思想观念、道德标准和价值取向。核心价值是一定社会的性质、本质和发展趋向的集中体现。核心价值在意识形态和思想道德等层面的延伸与展开，即形成社会核心价值体系。从这个意义上说，核心价值是根本，具有内在的规定性；核心价值体系则是表现，从属于一定的核心价值，具有外在的表象性。确立和规范社会核心价值体系，内在地要求进一步提炼和建构社会核心价值。

社会发展史表明，一定社会的核心价值及其价值体系，在推动社会变革与发展进步中具有不可取代的重要社会功能：（1）它是推动社会进步的精神力量；（2）它是维系社会成员的思想纽带；（3）它是规范社会行为的价值导向；（4）它是判断社会是非的价值尺度；（5）它是惩恶扬善的锐利思想武器。

一定社会的核心价值是在一定社会的长期实践中孕育形成的。正如恩格斯指出："每一个时代的理论思维，从而我们时代的理论思维，都是一种历史的产物，它在不同的时代具有完全不同的形式，同时具有完全不同的内容。"① 因此，一定社会核心价值的确立和建构，决然离不开一定社会的生产方式、生活方式及其对社会意识形态及思想道德层面的基本要求。中国封建社会所以能够维系两千多年，创造了具有强大生命力的东方文化，一个重要因素就是形成了具有自己特定内涵的核心价值。中国封建社会的核心价值是"礼、义、仁、智、信"，其本质核心是"仁"。以"仁"来塑造社会、教化人生，是中国儒家文化的核心价值追求。在几千年的中国封建文化中，"仁"既是一种道德规范，更是一种社会理想，同时还是一种政治纲领。正是这样一种核心价值及其在思想道德领域延伸与展开所形成的种种具体价值范畴，使中国封建社会得以维系、变革与发展，形成了至今仍然具有重要现实意义的价值标准和行为规范。同时我们又必须清醒地看到，由于以"仁"为核心内容的中国封建社会的核心价值是建立在以小农经济为主要形式的封建社会生产关系和以皇权政治为主要形式的封建社会政治关系基础之上的，因而这样一种核心价值又具有极大的历史局限性和狭隘性，对于今天我们社会的思想道德和行为规范仍然会产生深重的消极影响。因此，对封建社会的核心价值及其所深刻影响的封建文化，我们只能批判地吸收而绝不能简单地复制。

在由自然经济向商品经济、农业化社会向工业化社会转型过程中，逐步形成了以"民主、自由、平等"为基本内容的资本主义核心价值。

---

① 《马克思恩格斯选集》第 4 卷，人民出版社 1995 年版，第 284 页。

这一核心价值的本质是对个人权利和利益的承认与尊重。这一核心价值，是对封建专制主义的强大批判力量。把社会进步建立在对个人的地位与价值充分尊重的基础上，这是现代资本主义核心价值的合理之处，也是值得借鉴的地方。以"个人利益至上"为核心价值，在当代资本主义发展过程中形成了保护隐私、尊重人权、倡导平等等具有积极意义的价值取向，同时也内生着个人主义、拜金主义、享乐主义等消极价值倾向。因此，我们既要大胆借鉴现代资本主义的文明成果包括资本主义核心价值的合理成分，又要划清社会主义核心价值与资本主义核心价值的界限，防止个人主义、拜金主义、享乐主义等消极价值取向对我们的影响。

社会主义核心价值的科学表述

那么，什么是社会主义的核心价值呢？我们正在进行着的中国特色社会主义需要一种什么样的核心价值呢？这是推进我国社会变革与发展尤其是加强文化建设与引导亟须探索和回答的一个根本性问题。

我们党通过总结改革开放以来我国经济社会发展的实践经验，针对各种社会思潮和思想道德领域存在的现实问题，在党的十六届六中全会上首次提出了"社会主义核心价值体系"这一重要范畴，并将社会主义核心价值体系的基本内容提炼概括为"马克思主义指导思想，中国特色社会主义共同理想，以爱国主义为核心的民族精神和以改革创新为核心的时代精神，社会主义荣辱观"。这一提炼和概括，符合社会主义的本质和我国现阶段的发展要求，具有鲜明的现实针对性和思想引领性，是加强全社会思想政治建设的根本指针和强大动力。党的十七大报告将这一提炼和概括进一步科学化与规范化，并把加强社会主义核心价值体系建设作为促进社会主义文化大发展大繁荣的首要任务。十七届六中全会《决定》对社会主义核心价值体系的内容作了进一步展开并就如何加强社会主义核心价值体系建设提出了具体要求。深入学习和实践社会主义核心价值体系，按照这四个方面的内容和要求改进和加强思想政治工作和思想道德建设，巩固全党全国各族人民团结奋斗的共同思想道德基础，是我们党正在致力于完成的一项重大任务，具有重大的现实意义和深远的历史意义。在高度重视和深入贯彻社会主义核心价值体系的同时，我们还有必要从理论上做深入一步的工作，即对社会主义核心价值作出进一步科学的提炼和界定。这既是深入加强社会主义核心价值体系建设的必然趋势，又是更加科学地认识和推进中国特色社会主义的内在要求。

社会主义的核心价值，尤其是中国特色社会主义的核心价值，可以概括为"以人为本，民主公正"。以人为本，侧重于从社会主义性质和本质的层面界定社会主义的核心价值，即回答社会主义是一种怎样的社会形态（价值理念）；民主公正，则侧重于从政治关系和社会关系变革的层面界定社会主义的核心价值，即回答如何完善和发展社会主义社会形态（价值指向、价值标准）。社会主义核心价值是社会主义核心价值体系的本质和主导，离开核心价值的最本质方面，社会主义核心价值体系的相关内容则会流于空谈，甚至会走偏方向。

我们之所以有理由将"以人为本、民主公正"确立为社会主义的核心价值尤其是中国特色社会主义的核心价值，是因为只有以人为本才能最本质地反映社会主义的本质特征、发展规律和价值取向。漫长的人类社会在经历了"以神为本"、"以物为本"之后，正在向"以人为本"的更高境界发展与提升。社会主义社会所以成为人类孜孜以求的美好社会形态，从根本意义上说就是因为这个社会是"以每个人的全面自由的发展为基本原则的社会形式"①。科学社会主义学说所以成为进步人类自觉遵循的科学真理，从根本意义上说就是因为这一学说是建立在以人为本这一基点之上的。包括邓小平理论、"三个代表"重要思想和科学发展观在内的中国特色社会主义理论体系所以成为马克思主义中国化的最新理论成果和社会实践的根本指针，就是因为这一理论体系的本质和核心是以人为本。以人为本，是科学地理解社会主义、正确地认识社会主义和全面地推进社会主义的根本之点。坚持以人为本，推动社会进步，必然提出民主和公正的要求。人民民主是社会主义的生命，没有民主就没有社会主义，就没有社会主义现代化，民主内在地成为社会主义发展的最高价值标准；党内民主是马克思主义执政党的生命，没有党内民主就没有党的执政能力，更没有党的执政地位，当然没有党内民主也就不可能推进人民民主，民主内在地成为党领导社会主义现代化建设的最高价值追求；公平正义是社会主义的灵魂，没有公平正义就没有社会

① 《马克思恩格斯选集》第23卷，人民出版社1995年版，第649页。

主义，就没有社会主义现代化，公平正义内在地成为社会主义发展的最大价值品质。在社会主义全部历史进程中，以人为本与民主公正不可分割地联系在一起：只有充分发展民主、张扬公正，才能真正做到以人为本；只有真正建立在全体社会成员权利与利益基础之上的民主与公正，才能真正成为推进社会主义发展的价值目标和强大力量。

以人为本，是对以神为本、以物为本以及以官（权）为本的社会形态的本质超越，是引导社会成员科学地理解和推进社会主义的根本基点。真正的科学意义上的社会主义，是以人为根本出发点、主体依靠力量、全部目的的社会变革与进步过程。科学发展观的核心是以人为本。科学发展观最重大的世界观和价值论意义就在于，它以以人为本来统领经济和社会发展，从根本上回答和解决了"为谁发展、靠谁发展、如何发展"的重大问题。民主公正，是对专制政治和社会差异的本质超越，是体现社会主义以人为本本质的最基本方面，是梳理社会成员利益诉求、增进社会成员价值共识、消解社会变革过程中的矛盾和问题，从而使现实社会保持正确方向和稳定发展的关键。以人为本、民主公正的社会主义核心价值，是贯穿社会主义核心价值体系的主线，决定了我们必须顺应时代、抓住本质来加强社会主义核心价值体系建设：坚持马克思主义指导地位，最根本的就是要坚持不懈地用马克思中国化的最新理论成果武装全党、教育人民，从中国特色社会主义理论体系所内含的种种创新认识和基本观点来统一人们的思想认识，引领各种社会思潮；坚持中国特色社会主义共同理想，最根本的就是要紧紧围绕当前我国发展的大局，从如何实现经济社会全面协调可持续发展的基本点上来统一人们的思想认识，形成共同的价值理想与价值追求；坚持民族精神和时代精神，最根本的就是要坚持爱国主义与改革创新的有机统一，赋予民族精神以深刻的时代内涵，在符合时代要求的层面上统一人们的思想认识，凝聚和激励人心；坚持社会主义荣辱观，最根本的就是要立足时代要求和改革发展需要确立是非荣辱标准，丰富和提升传统道德的时代内涵，并在此基础上统一人们的思想认识，在全社会弘扬正气，鞭策落后。总之，以人为本、民主公正的社会主义核心价值，决定着社会主义核心价值体系的各个方面。加强社会主义核心价值体系建设，用社会主义核心价值体系引领社会思潮、推动社会进步，绝不能从抽象的概念出发，更不能从某些已经落后于时代和实践要求的陈旧观念出发，而必须紧紧抓住以人为本、民主公正这一本质和核心，在顺应时代要求、推进社会发展的层面上增强社会主义核心价值体系的说服力、感召力和凝聚力。

以人为本、民主公正的现实价值

当前我国正进入全面建设小康社会的关键时期和深化改革开放、加快转变经济发展方式的攻坚时期。我们面临的机遇前所未有，面临的挑战也前所未有，在经济持续快速发展过程中，民生与民主问题更加凸显，社会成员的社会心理和价值取向呈现出复杂交错的现象。正是在这样一种现实背景下，将以人为本、民主公正确立为社会主义核心价值，在以人为本、民主公正的基点上引领社会思潮、统一思想认识、化解社会矛盾、推动社会进步，具有更加迫切的现实意义。

第一，在以人为本、民主公正的基点上增进人们对改革发展的共识。

在改革开放已进展三十多年后的今天，如何引导人们科学地认识改革开放历史进程，进一步凝聚广大社会成员对改革发展的共识，成为思想政治领域建设的一项重大任务。对于党和政府的改革决策和发展措施，人们的认识不尽一致，甚至大相径庭，许多思想认识问题由此而滋生，甚至导致种种社会问题乃至群体性突发事件，20世纪80年代那种对改革发展的高度认同和积极参与现象，似乎很难再出现了。对这样一种现象，需要从以人为本、民主公正的高度加以深入分析和正确疏导。80年代，我国经济体制改革的主要内容是打破"大锅饭"、"铁饭碗"，改革高度集权的管理体制，赋予人民群众以更多的自主权。这样的改革，一方面使长期受压抑的社会生产力获得了空前解放，极大地调动了社会成员的积极性，同时改革也给人们带来了显著的实际利益，因此人们对改革由衷拥护、充满信心；另一方面，由于改革尚未触及某些根本性的体制和制度，因而诸多深层矛盾和问题没有明显暴露出来，改革的阻力和困难度较小，人们对这样的改革充满信心、寄予厚望。这两方面因素相互作用，形成了一种心齐气盛的改革舆论氛围和认识氛围。

90年代以来，尽管各项改革在80年代基础上长足发展，人们从改革中得到的实惠也比80年代显著增加，然而由于改革进入全面创立社会主义市场经济新制度新体制阶段，改革触及了许多过去未曾暴露的体制和制度中的深层矛盾，这就使得改革进程显得艰难和沉重起来，改革的阻力和困难度也相对增大起来。由于人们对改革的期望值很高，而相对地对改革代价的心理承受力准备不足，这就势必滋生一种对深化改革的隔膜心理、忧虑情绪乃至怀疑态度。这样一种社会心态，不仅直接涉及对各项改革的信心和认同，而且直接影响到对中国特色社会主义的信念和对中国共产党的信任。怀疑我们的改革是否坚持社会主义，怀疑社会主义市场经济能否给人民带来共同富裕，以至把我们的改革等同于民主社会主义、西方资本主义，如此种种思想认识问题乃至社会思潮，都无不与当前改革面临的深层考验有着密切联系。

这就要求，一方面，各级党委、政府在进行改革顶层设计、制定与出台各项改革和发展的决策、政策的时候，必须始终坚持以人为本，坚定不移坚持以人民利益标准检验、衡量各项政策和各项工作，努力使广大社会成员共享改革发展成果，从中体会到中国特色社会主义所带来的民主公正的效益。另一方面，要正视我们面临的矛盾和困难，引导人们历史地、唯物地、辩证地认清矛盾和问题的深层原因，坚定通过深化改革促进发展、化解矛盾的信心。只有这样，广大群众对社会主义的信念和对党的信任才能有坚实的思想基础，才能转化为共同推进改革开放和经济社会发展的强大合力。假如不是这样，而是回避矛盾、粉饰太平，脱离人民群众的实际利益抽象地谈一些改革开放大道理，那么就很难化解人们心中的疑虑，激发起对改革发展的认同和热情。

第二，在以人为本、民主公正的基点上梳理人们对社会公平的期待。

追求公平和平等，既是人性的一般要求，更是社会主义的本质特征。社会公平是一个历史过程。由于我国还处在社会主义初级阶段，由于当前我们仍面临着运用市场机制提高生产力水平这样一个最紧迫的任务，加之由于等级制度和观念的深重影响，社会发展在公平机制及其实际效果方面还存在不少问题，还很难实现公平与效率的完全统一。在促进多种经济成分共同发展的时候，会存在着某种不平等竞争现象；在运用多种方式分配社会财富的时候，会出现某种利益差别甚至利益分化；尤其是，国家公共权力被少数人利用参与经济活动，会直接破坏经济领域的公平竞争，产生以权谋私腐败现象。如此等等，都是在现阶段所很难完全避免的。当人们对社会公平的期待和追求与现实生活中种种不公平现象产生重大反差的时候，人们原先美好的理想信念就有可能动摇，产生严重的不平衡心理和失落感，这就有可能从一个极端走向另一个极端，导致信仰危机、信念危机和信任危机，这是当前某些领域认识问题增多、社会思潮加剧乃至群体性突发事件频发的一个重要原因。

坚持用社会主义核心价值引领和加强思想政治建设，一个迫切任务就是必须正视社会发展过程中某些不公平现象所带来的社会成员的心理失落和认识反差，帮助人们确立科学的社会公平观，激励人们为实现社会公平而努力奋斗。要使人们懂得：社会公平是一种伟大的价值目标，社会主义就是要在不断解放和发展社会生产力的基础上不断向着这一目标迈进；社会公平又是一种艰难的发展过程，需要长期奋斗才能完全实现。公平与效率是一对矛盾，当运用市场机制打破平均主义、追求最大效率的时候，有可能对社会公平机制造成破坏，产生某种不公平现象，这不是社会主义制度造成的，而是市场经济过程中的一种暂时现象，社会主义制度最终要消灭任何不公平。中国特色社会主义的本质要求是把社会主义制度维护社会公平的优势与市场运作机制追求最大效率的优势有机地结合起来，实现公平与效率的统一，这既是我们的奋斗目标，又是我们的现实任务。

第三，在以人为本、民主公正的基点上引导人们对切身利益的关注。

一定的思想认识问题乃至社会思潮总是同一定的利益关系联系在一起的。处于不同利益关系中的人们，会产生不同的思想认识问题；对某些利益的共同诉求，有可能酿成某种社会思潮甚至群体性突发事件。国企改革中的产业工人，特别是下岗工人，有可能对改革的前途产生忧虑；失地农民和某些困难群体，有可能对党和政府产生信任危机；在各种思想文化碰撞中的青少年，对社会的认识和对人生价值的追求有可能产生困惑和扭曲；经受着权力和物质考验的国家公务人员，有可能丧失远大理想，以至腐化堕落。如此种种，都是在市场经济条件下所难以完全避免的现象。

当前社会成员所反映出的思想认识问题，概括起来无非是两点，一是民生，二是民主。民生与民主，是构建社会主义和谐社会的基本价值诉求，也是对执政党和各级政府的最重大考验。这就要求我们，在坚持用社会主义核心价值引领社会思潮和加强思想道德建设过程中，必须正视人们所关注的切身利益，尤其要关注民生和民主，在确保社会成员共享改革发展成果的同时，把社会成员的利益期待引导到正确的价值目标和认识视野中来，树立正确的世界观、人生观、价值观和利益观。

要使人们懂得，对个人利益的关注和追求是天经地义的，但是必须把个人利益放到全局范围内加以考虑和对待，脱离全局的个人利益追求，有可能走入歧途；在当前经济社会深度转型阶段，社会利益格局正处于分化、调整时期，衡量社会是否进步，归根到底要看是否有利于解放和发展生产力，是否有利于人们根本利益的增长，而不能仅仅看某些局部利益甚至个人利益是否得到满足；由于旧体制的影响，由于新旧体制的转换，某些局部利益和个人利益受到损害，这不是改革的过错，而恰恰需要通过进一步深化改革、理顺体制才能够得到根本解决。以人为本、民主公正的社会主义核心价值，是对社会成员正当利益的根本维护与促进。用科学的人生观、价值观和利益观疏导社会成员的利益诉求心理，把人们的利益诉求同社会变革与进步有机地统一起来、融合起来，是坚持用社会主义核心价值引领思想、推进社会的一项长期而现实的任务。

（作者单位：山东省社科联）

再论"以人为本、民主公正"的核心价值观意义

包心鉴

  2012 年 1 月 14 日《光明日报》理论版发表了笔者《社会主义核心价值观的凝练与建构》，文章主要论述两个观点：一是提出要搞清核心价值观与核心价值体系的关系。所谓核心价值观，是指能够体现社会主体成员的根本利益、反映社会主体成员的价值诉求，对社会变革与进步起维系和推动作用的思想观念、道德标准和价值取向。核心价值观是一定社会的性质、本质和发展趋向的集中体现。核心价值观在意识形态和思想道德层面的延伸与展开，即形成社会核心价值体系。从这个意义上说，核心价值观是根本，具有内在的规定性；核心价值体系则是表现，从属于一定的核心价值观，具有外在的表象性。二是提出社会主义的核心价值观，尤其是中国特色社会主义的核心价值观，可以概括为"以人为本、民主公正"，并对这一核心价值观进行了初步论证。文章发表后，引起较大反响，一些专家学者撰文与笔者讨论和商榷，引发了关于社会主义核心价值观的进一步深入讨论。对于笔者提出的第一个观点，没有很大异义，学者们基本赞同。而对于笔者提出的第二个观点，即将"以人为本、民主公正"定位为社会主义的核心价值观，一些学者则提出不同看法与意见。这种讨论是很有意义的。理论争鸣与探讨是繁荣学术的重要路径。尤其是社会主义核心价值观这样一个既具有重大理论意义又具有重大实践价值的课题，十分需要在学术争鸣与理论探讨中进一步凝练与建构。为此，笔者对为什么将"以人为本、民主公正"凝练为社会主义尤其是中国特色社会主义的核心价值观，作进一步深入研究与论证。

  社会主义的本质和最高目标是实现人的自由而全面的发展。这一本

质和目标贯穿于社会主义整个历史进程，要求在社会发展的一切方面都必须以人为主体和本位，即将以人为本作为核心价值理念。

社会主义的本质究竟是什么？社会主义究竟应以什么样的最高目标作为自己的核心价值理念？这是关系社会主义是否科学、能否健康发展的首要问题。在这一首要的和根本的问题上，曾经笼罩着空想社会主义以及种种庸俗社会主义思潮的迷雾，"雾里看花"，使人们产生了种种对社会主义的误解和曲解。因此，科学社会主义创始人马克思恩格斯十分注重对社会主义本质和价值目标的概括与界定。而这种概括与界定，始终是建立在唯物史观基础上，把人的解放与人的发展作为根本"坐标"的。

关于社会主义的运动，恩格斯明确指出：无产阶级所以要进行"取得公共权力"的"行动"，目的就是要"通过这个行动"，"使生产资料摆脱了它们迄今具有的资本属性，使它们的社会性有充分的自由得以实现"，从而使"人终于成为自己的社会结合的主人，从而也就成为自然界的主人，成为自身的主人——自由的人"①。关于社会主义的本质，恩格斯明确指出：社会主义就是在"社会占有了生产资料"的基础上，"成为自身的社会结合的主人"，从而使人"第一次成为自然界的自觉的和真正的主人"。"这是人类由必然王国进入自由王国的飞跃。"② 关于社会主义的目标，恩格斯明确强调："我们的目的是需要建立社会主义制度，这种制度将给所有的人提供健康而有益的工作，给所有的人提供充裕的物质生活和闲暇时间，给所有的人提供真正的充分的自由。"③ 而科学社会主义经典之作《共产党宣言》，则从人的解放与发展的角度，对社会主义的本质与目标作了科学界定：社会主义就是建成"每个人的自由发展是一切人的自由发展的条件"这样"一个联合体"④。

以人的解放和自由全面发展作为本质和目标，决定了社会主义在其长期发展过程中必须坚持以人为本，必须将以人为本作为自己的核心价值理念。以人为本是对"以神为本"、"以物为本"和"以权为本"价值观的根本否定，赋予社会主义以全新的价值意义。事实上，以人为本

---

① 《马克思恩格斯选集》第 3 卷，人民出版社 1995 年版，第 760 页。
② 同上书，第 633—634 页。
③ 《马克思恩格斯选集》第 21 卷，人民出版社 1995 年版，第 570 页。
④ 《马克思恩格斯选集》第 1 卷，人民出版社 1995 年版，第 294 页。

不仅是社会主义独有的价值品质和价值追求，而且在人类社会发展史上具有普遍性的价值意义。在中国古代，有识之士很早就提出了"民为邦本"的思想，一些高明的统治阶级也曾把以人为本作为治国理政的价值理念。近代西方资产阶级人文主义思潮则更是高扬人道主义旗帜，把"人权"和"民主"作为资本主义制度的核心价值。当然，无论是中国古代的以人为本思想，还是西方资产阶级的人本主义思潮，在本质上都是一种脱离社会现实的抽象的人性论，只有马克思主义关于人的解放和人的自由全面发展的思想，才赋予以人为本以真正科学的并且具有可持续性的内涵。由此，以人为本完全应该也完全可能融入社会主义的全部理念与实践，成为社会主义核心价值观的核心组成部分。

坚持以人为本，内在地要求人民民主。没有民主就没有社会主义，没有社会主义现代化。民主既是手段又是目标。民主的本质及其与社会主义的内在联系，要求在社会主义历史进程中必须高扬民主的大旗，把发展现代民主作为核心价值追求。

人在社会主义中的主体地位和社会主义以人为本的价值理念，内在地决定民主应当成为社会主义核心价值观的一个重要内容。马克思在论述共产主义和社会主义基本特征的代表性著作《哥达纲领批判》中明确指出："社会主义社会是人民当家做主的社会"；而"民主"这个词的本质含义就是"人民当权"①。马克思的这一重要论述，极其深刻地揭示了民主作为社会主义核心价值观的意义。我们为什么要实现社会主义制度并为不断巩固完善这个社会制度而努力奋斗？从根本意义上说是因为社会主义制度是人民当家做主的社会，它可以从根本上消除社会资本为少数人占有而导致的阶级剥削和阶级压迫现象，为每一个人的自由而全面的发展提供最基本的物质条件和社会保障。因此，"工人革命的第一步就是使无产阶级上升为统治阶级，争得民主"②。民主是实现人的解放和人的发展的根本前提和根本手段，没有基本的民主权利和民主制度的社会保障，人的主体地位就无从谈起。

民主不仅是实现社会主义制度的根本手段，而且同时是社会主义制度的根本目标。马克思主义创始人反复强调，无产阶级和劳动人民要实

---

① 《马克思恩格斯选集》第 3 卷，人民出版社 1995 年版，第 312 页。
② 《马克思恩格斯选集》第 1 卷，人民出版社 1995 年版，第 293 页。

现自我解放和自由发展，必须首先"建立民主的国家制度"，把政府变为"工人阶级的政府"①。正是从民主的国家制度和国家形式来说，"民主是我们的目标"②，只有实现这一奋斗目标，才能使人真正"成为自己的社会结合的主人，从而也就成为自然界的主人，成为自身的主人——自由的人"③。社会主义发展史也深刻表明，民主的发展程度是社会主义发展程度的根本标志；社会主义愈发展，民主也愈发展；社会主义与民主不可分割地融汇在一起。

坚持马克思主义的基本原理，总结社会主义运动的正反经验，中国共产党在新的历史征途上更高地举起民主的旗帜，把民主作为中国特色社会主义的重要价值目标和根本价值诉求。邓小平深刻指出，就没有民主，就没有社会主义，就没有社会主义现代化。这是对民主作为社会主义核心价值观重要内容的最精辟揭示。江泽民在党的十六大报告中明确指出："党内民主是党的生命。"胡锦涛在党的十七大报告中进一步强调："人民民主是社会主义的生命。"这是对民主作为社会主义核心价值观重要内容的简明科学论证。正是由于把发展现代民主作为坚定不移的奋斗目标，我们党领导人民在改革开放中成功地开辟了中国特色社会主义道路，确立了中国特色社会主义制度。中国特色社会主义道路和制度包括了丰富内容，其本质是人民民主。人民民主作为中国特色社会主义道路和制度的本质，具体体现在：其一，人民作为国家和社会的主人的地位和权利的真实实现，为中国特色社会主义道路的开辟和制度的确立奠定了根本基础；其二，广大人民积极性、主动性、创造性的充分调动与发挥，是中国特色社会主义道路不断拓展和制度不断完善的主体力量；其三，对人民群众根本利益的维护与实现，是中国特色社会主义道路与制度进一步发展的根本价值取向；其四，人民受惠不受惠、高兴不高兴、满意不满意，是衡量道路与制度优劣的根本标准，是不断拓展中国特色社会主义道路、不断完善中国特色社会主义制度的根本动力。以上四点，既是改革开放30多年来中国特色社会主义发展的最根本经验，也是将民主界定为社会主义核心价值观重要内容的最有力依据。

---

① 《马克思恩格斯选集》第 1 卷，第 239 页，第 3 卷，第 58 页，人民出版社 1995 年版。
② 《邓小平文选》第 3 卷，人民出版社 1993 年版，第 285 页。
③ 《马克思恩格斯选集》第 3 卷，人民出版社 1995 年版，第 760 页。

公平正义是以人为本和人民民主在公共资源分配方面的必然要求，是社会主义的最大优势。没有公平正义就没有社会主义，没有社会主义现代化，公平正义内在地成为社会主义的核心价值品质。

在反对封建特权的斗争中，资产阶级高扬"平等"、"人权"旗帜，强调社会分配领域的"公平正义"，对推动历史进步发挥了重要作用。由此"平等"、"人权"成为资本主义社会核心价值观的重要内容。然而在仍然存在着阶级剥削的资本主义社会里，"平等"、"人权"是不可能真正实现的。正如马克思主义创始人指出："'人权'不是天赋的，而是历史地产生的"①；平等的"权利决不能超出社会的经济结构以及由经济结构制约的社会的文化发展"②。资本主义的人权就是私有财产制度，就是特权；在资本主义剥削制度下，不可能有真正的平等和真实的人权。平等、人权的真正实现，历史性地落到了社会主义的肩上。因此，马克思指出："工人阶级的解放斗争不是要争取阶级特权和垄断权，而是要争取平等的权利和义务，并消灭一切阶级统治。"③ 正是从无产阶级和劳动人民实现自身解放的历史使命来说，实现"平等"和"人权"是社会主义的重要任务和重要目标。我们绝不能因为资本主义倡导"平等"、"人权"而排斥"平等"、"人权"作为社会主义的核心价值诉求。

"平等"、"人权"具体化到社会主义实际进程中，就表现为对"公正"的价值诉求——在资源分配领域要求公平，在社会关系方面要求正义。这是我们可以将"公正"与"民主"并列，作为社会主义核心价值观一项重要内容的根本依据。民主，侧重于从政治关系的层面体现和实现"以人为本"；公正，侧重于从分配关系和社会关系的层面体现和实现"以人为本"。而无论是"民主"还是"公正"，都离不开"以人为本"这一本质和核心：只有充分发展民主、张扬公正，才能真正做到以人为本；只有真正建立在全体社会成员权利与利益基础之上的民主与公正，才能真正成为推进社会发展、实现人的完全解放与全面发展的价值目标和强大力量。

---

① 《马克思恩格斯全集》第 2 卷，人民出版社 1995 年版，第 146 页。
② 《马克思恩格斯选集》第 3 卷，人民出版社 1995 年版，第 305 页。
③ 《马克思恩格斯选集》第 2 卷，人民出版社 1995 年版，第 609 页。

　　综上所述，把"以人为本、民主公正"有机融合起来作为社会主义的核心价值观，尤其作为中国特色社会主义的核心价值观，既符合马克思主义经典作家的基本思想，又符合社会主义发展的基本规律，有利于确保社会变革的正确方向，有利于凝聚社会进步的主体力量，有利于实现社会成员的根本利益，有利于维系广大人民的发展共识，有利于形成判断是非的价值尺度。在"以人为本、民主公正"核心价值观的引导和推动下，现实社会主义一定能向着"每个人的自由发展是一切人的自由发展的条件"的伟大目标不断迈进，从而不断谱写人民美好生活的新篇章！

（作者单位：山东省社科联）

论多元文化背景下建构社会主义核心
价值体系的战略意义及路径选择

王雅文　　张益侨

伴随着经济全球化进程的加快，文化多元化的日益繁荣已是不争的事实。在市场开放、观念更新、社会转型和文化重塑的特殊的背景下，如何保持文化的自主性，如何不被强行纳入那种被称为"世界主流"的话语和价值体系中去，涉及中国文化在当代西方的强势文化影响下的自我定位问题。中央关于建设社会主义核心价值体系及党的十七届六中全会重点研究深化文化体制改革、推动社会主义文化大发展大繁荣问题并作出决定，不仅具有很强的现实针对性，而且具有重要的战略意义。

一　多元文化与社会主义核心价值体系

文化是经济的反映，经济的全球化推动文化多元化使之以更加显现的形式表现出来。"多元文化"其含义是指一个社会存在多种文化。一个多元文化的世界，就是说"一个社会——一个国家——一个民族——一个地区——一个宗教甚至是一个单纯的有界限的地理位置——由属于不同文化的人群构成"①。从直接意义上说，多元文化是针对经济全球化而言的。"全球化是各民族国家之间建立在金融和生产一体化基础上的经济、政治和文化的同质化过程。"② 全球化引起世界各种思想文化的对话：历史的和现实的、外来的和本土的、进步的和落后的、积极的和颓废的，相互激荡，相互对接，有吸纳有排斥，有融合又有斗争，有渗透又有抵

---

① ［英］C. W. 沃特森：《多元文化主义》，叶兴艺译，吉林人民出版社 2005 年版，第 2 页。

② ［德］赖纳·特茨拉夫主编：《全球化压力下的世界文化》，吴志成等译，江西人民出版社 2001 年版，第 96 页。

御。从更广泛的意义上说，多元文化针对的是全球化时代的文化选择问题。因此，在多元文化背景下、在中国确立社会主义核心价值体系就显得尤其重要。

核心价值体系，是社会文化的精神支柱和本质所在，具有政治引导作用，在社会文化建设中处于主导地位。建设社会主义核心价值体系，是党的十六届六中全会在思想文化建设上的一个重大理论创新，是我们党深刻总结历史经验、科学分析当前形势提出的一项重大任务，具有极强的现实针对性。

这种价值体系包括四个最基本的层面：一是马克思主义指导思想；二是中国特色社会主义共同理想；三是以爱国主义为核心的民族精神和以改革创新为核心的时代精神；四是以"八荣八耻"为主要内容的社会主义荣辱观。这四个方面的内容是相互联系、互相作用的。马克思主义指导思想是主流意识形态，决定着中国的社会制度和发展方向；中国共产党的核心领导地位是和谐社会的领导力量；中国特色的社会主义道路是中国走向富强民主与和谐的正确道路；爱国主义的民族精神和改革创新的时代精神是增强民族凝聚力和推动社会创造力的根本源泉。社会主义荣辱观是社会主义国家的道德规范。所有这些与资本主义社会制度、资产阶级意识形态、资产阶级的价值观念以及个人主义、拜金主义、享乐主义为代表的生活方式都是格格不入的。

坚持社会主义核心价值体系的目标，坚持和维护马克思主义在文化领域的指导地位，始终坚持文化发展的正确方向，努力发展面向现代化、面向世界、面向未来的、民族的科学的大众的社会主义先进文化是科学文化建设和核心。在不断消解多元文化带来消极影响的过程中，实现社会思想领域多样化的引领整合具有重要的战略意义。

二　建构社会主义核心价值体系的战略意义

我国作为世界上最大的社会主义国家，将长期面对激烈的国际文化竞争，特别是面对西方资本主义国家传播其意识形态、进行文化扩张和思想渗透的压力。在经济体制深刻变革、社会结构深刻变动、利益格局深刻调整、思想观念深刻变化的新形势下，在思想大活跃、观念大碰撞、文化大交融的时代背景下，从多元文化的角度看建构社会主义核心价值体系的战略意义主要表现在以下方面：

　　第一，马克思主义意识形态的生命力。马克思主义是关于自然界、人类社会和人类思维发展普遍规律的科学，是关于工人阶级、劳动人民和全人类解放的科学，是关于建设社会主义和实现共产主义的科学。马克思主义指导思想决定了社会主义核心价值体系的性质和方向，是社会主义核心价值体系的灵魂。建设社会主义核心价值体系，最根本的是坚持马克思主义的指导地位。长期以来，中国社会的历史和现实以及共产党性质都决定了马克思主义是我们党的指导思想，是立党立国的指导根本指针，是社会主义意识形态的灵魂。中国共产党从成立开始，就始终把马克思主义确立为自己的指导思想。毛泽东曾指出："我们的党从它一开始，就是一个以马克思列宁主义的理论为基础的党。"①邓小平也指出："我坚信，世界上赞成马克思主义的人会多起来的，因为马克思主义是科学。"②之所以需要马克思主义的指导，就在于它赋予了我们一种世界历史的眼光，使我们在当代复杂世界景观中具有方向感，在各种文化的碰撞中把握自己，做到既不妄自菲薄又不妄自尊大。尊重差异，包容多样，更好地用社会主义核心价值体系引领社会思潮，最大限度地形成思想共识。同时，我们要明确：尊重差异，包容多样，不是允许各种反马克思主义的社会思潮滋长，更不是动摇我们的主流意识形态。中国共产党人对马克思主义意识形态的坚定选择，即使在低潮时期也从来不曾动摇过。社会主义核心价值体系的提出从一个完整的角度显示了马克思主义意识形态的巨大生命力。

　　第二，中国特色社会主义的吸引力。中国特色社会主义共同理想是社会主义核心价值体系的主题。理想是基于现实又超越现实的希望和愿景，寄托着人们对美好未来的向往和追求。我们党在领导人民建设社会主义的过程中，经过艰辛探索，找到了建设中国特色的社会主义的正确道路。在中国经济转型时期，中国特色社会主义成为社会各个阶层广泛认可和接受、并有效凝聚各个方面智慧和力量的共同理想。这个理想把社会主义初级阶段的目标、国家的发展、民族的振兴与个人的幸福紧密联系在一起，把各个阶层、各个群体的共同理想有机结合在一起，具有

---

　　①　王沪宁：《作为国家实力的文化：软权力》，《复旦学报》（社会科学版）1993年第3期。

　　②　《邓小平文选》第3卷，人民出版社1993年版，第382页。

令人信服的广泛性和包容性，具有强大的感召力、亲和力和凝聚力。为了实现这个共同理想，一切有利于国家富强、社会进步、人民幸福的思想精神，一切有利于民族团结、祖国统一、人心凝聚的思想精神、一切用诚实劳动争取美好生活的思想和精神，都应当得到尊重、保护和发扬。通过伟大的实践，最主要的是通过中国整体实力的提高显示中国特色社会主义道路选择的正确性和重要性，使得中国特色社会主义在整个世界范围内起到引领作用。

第三，民族精神和时代精神的凝聚力。民族精神和时代精神是社会主义核心价值体系的精髓。民族精神是一个民族在长期共同社会实践中形成的民族意识、民族品格、民族气质的总和，是一个民族生生不息、薪火相传的精神血脉，是民族文化最本质、最集中的体现，成为各个民族共同的价值取向。以改革创新为核心的时代精神，是马克思主义与时俱进的理论品格，是民族精神与改革开放和现代化建设实践相结合的成果。中国的经济、政治、文化和社会建设的各个方面的发展与繁荣都是时代精神的体现。民族精神和时代精神是相互交融的、深深熔铸在民族的生命力、创造力和凝聚力之中，深深熔铸在社会主义核心价值体系之中，使中华民族能够以昂扬向上的精神状态自立于世界民族之林。这种民族凝聚力对人们起到导向作用、激励作用、认同作用和整合作用。一个具有凝聚力又具有开放精神的民族是一个具有竞争力的民族。

第四，国民素质的提高与国际竞争力。社会转型时期，面对复杂的利益关系和多样生活方式，也给道德领域和社会关系带来深刻复杂的变化。在这样的历史条件下，建立全社会普遍奉行的道德规范，形成和谐的人际关系和文明的社会风尚，是广大人民群众的强烈愿望，也是经济社会顺利发展的必然要求。社会主义荣辱观的提出为全体社会成员判断行为得失、作出道德选择、确定价值取向，提供了基本的价值准则和行为规范。是与社会主义市场经济相适应、与社会主义法律规范相协调、与民族优秀传统相承接的社会主义思想道德体系。当今国际社会的竞争是人的竞争。而人的竞争不仅仅是精英阶层的竞争，而是整个国民的竞争。这种竞争不仅反映在一系列与提高生产力指标相关联的科技指标方面，还越来越多地体现在全体国民的精神风貌、精神状态、品质素养等方面。通过确立和倡导社会主义的道德规范，可以提高整个国民的科学素质、社会公德意识和素养，树立健康向上的社会风范，从而提高国家的国际竞争能力。

三　从多元文化的视角看建构社会主义核心价值体系的路径选择

"多元文化作为一种理论，作为一种背后有非常强大的政治经济和法律力量推动的一个社会趋势，也是一个与多个、中心与边缘的问题。"① 如何在多元文化的背景下，把社会主义核心价值体系作为建设和谐文化的根本，融入国民教育和精神文明建设全过程、贯穿现代化建设各方面，实现以社会主义核心价值体系引领社会思潮，尊重差异，包容多样，最大限度地形成社会思想共识，不仅关系到构建社会主义和谐社会的问题，而且事关中国的国家文化利益问题。因此，主要从三个层面来选择建构社会主义核心价值体系的路径。

第一，在多元化背景下，掌握马克思主义意识形态在意识形态领域的指导权、主动权、话语权。首先要注重意识形态内容的创新。必须看到，创新已是全球网络传播背景下不能回避的选择，要应对新形势提出新思路。作为中国执政党的中国共产党，近年来提出了理论创新、意识形态创新的目标。十六大以来一系列理论创新成果都是对马克思主义意识形态的创新。其次要充分认识网络媒体在意识形态战略中的作用。网络媒体作为传递信息、引导舆论、传播知识的特殊行业，其积极作用已为西方国家所熟练运用。在这个方面，我国的网络媒体除了涉猎经济、科技、大众文化和日常生活等领域外，还要逐渐涉及政治、思想、意识形态、国际关系等这些重大领域。一方面，不回避意识形态的传播，另一方面，又进行话语和形式的创新，让受众心悦诚服地接受这种宣传和说教。因此，中国要加快文化产业和媒体产业化发展。随着渠道的拓展和信息范围的拓展使原来传播的直线关系转变为当前和将来的互动关系，这意味着党和政府必须实行相应的方式与方法的转变，对媒体环境采取更为灵活的互动机制。再次，随着传播手段的日新月异，要改变意识形态领域传统的宣传方式，完成从自上而下的强制、灌输到平等式的沟通、交流与召唤的转变；实现以政治宣传和教育为首要目标的手段向以形式多样的文化传递为手段的转变；以指向人群为阅听群的方式向以全球范围人群的阅听群转变；要打破"内"和"外"的界限，在对一

---

① 张旭东：《全球化时代的文化认同》，北京大学出版社 2005 年版，第 3 页。

些重大的、敏感的和突发性的事件的报道中，应该给网络媒体一些更为宽松的宣传政策，并且即时通过网络媒体将政府的立场和对策传播出去，从而为自身的生存和发展创造有利的国际舆论环境。

第二，树立鲜明的社会价值导向，认真践行社会主义荣辱观，提高国民素质。社会主义荣辱观是和谐社会的道德支撑。时代精神和民族精神是贯穿在道德观念中的主旋律。国民精神与道德素质是考察国家竞争力的重要指标，在国内的现实生活中，反映的是一个社会的精神风貌，在国际关系的舞台上反映的是一个国家的文明程度和民族气节。因此，要通过制度设计为国民培养良好的道德素质提供途径，培育公民的公民素质和民主素质。通过制度提供示范作用，良好的道德具有传播性和示范性。有效的宣传方式使得提倡的道德规范成为社会的主流氛围，对公民起到引领作用；同时，政府的诚信也会对公民起到示范和导向作用。所以，民主的、透明的制度空间可以为通过公民的政治参与，通过保障公民的知情权、参政权、选举权、监督权和表达权，来促使人们更多地关注社会、关注民族的前途，形成积极向上的人生态度，培育公民健康的理性参与精神和公民人格。从整体上看，人的教育程度、政治意识、公民意识、公民精神、民主素质既需要通过教育来培植，也需要制度提供保障。

第三，积极介入国际机制的制定，塑造自己的国家形象。国际机制具有超国家性的权力。中国作为世界上最大的社会主义国家要积极介入和参与国际机制的制定，争取成为国际游戏规则的主动参与者和制定者。同时，国际机制的有效性因时而异、因问题领域而异。中国要在与自己切身利益相关的领域和地区建立某种机制或者主导某些机制的运作。在一些关系到地区和平与稳定的重大问题上发挥大国的作用。进入21世纪，国际文化交流与合作更加活跃，中国作为改革中的最大的发展中国家，更需要塑造自己的国家形象。国家形象大致包括社会制度、民族文化、综合国力、政治局势、国际关系、领袖风范、公民素质、社会文明等方面。一个国家在国际社会中表现出来的国家形象毕竟是以这个国家的客观基础和基本内涵为基础的，是对一国内部事务的一种反映。由于受到新闻传播的科技水平与手段的影响制约，在国际社会中形成的国家形象并不总能完全反映一个国家的真实内容，国家形象绝非国家状况的客观再现。因此，塑造国家形象是多层次的、多角度的。其中，国家是塑造国家形象的主要承担者。国家内外政策直接影响了国家的形象。政府在国际问题上的立场、政府官员在国际场合中行为举止也都是塑造国家形象的重要媒介。随着人员国际交往的增多、范围的广泛和方式的多样，在国际交往中，中国公民的道德素质和精神风貌也成为评判中国国际形象的重要指标。

以上分析说明，在多元文化背景下建构社会主义核心价值体系，关系到中国的前途和命运，社会主义的前途和命运，更关系到中国在国际舞台上的竞争力。所以，从意识形态的创新、国民素质提高和对国际机制的控制力等方面增强中国政治体系的吸引力，增强国家认同感，提高民族文化的辐射力，整合国民的凝聚力，具有重要的战略意义。

（作者单位：辽宁大学日本研究所）

创先争优与中国共产党人精神

周向军 阚积军 高 奇

中国共产党是中国工人阶级的先锋队，是中国人民和中华民族的先锋队，代表中国先进生产力的发展要求，代表中国先进文化的前进方向，代表中国最广大人民的根本利益。所以说，先进和优秀是中国共产党人的基本特征，也是中国共产党人的不懈追求。在争当先进、争创优秀的伟大实践中创造了伟大的中国共产党人精神。

中国共产党人精神，是指中国共产党人的精神品格或精神素养，也就是直接体现在中国共产党人的情感、意志、性格、能力、思维品质、道德情操、人生态度、价值取向、理想追求和行为方式等方面各种精神因素的总和。中国共产党人精神，是各条战线的广大党员在革命时期、建设时期和改革时期争当先进、争创优秀的实践过程中产生和发展起来的，反过来，它又会有力地激发各级党组织和广大党员在革命、建设和改革的实践中努力去争当先进、争创优秀，发挥战斗堡垒作用，起到先锋模范作用。中国共产党人精神与争当先进、争创优秀行为正是在这种互动中得到发扬光大和深入展开的。

当前正在深入开展的创建先进基层党组织、争当优秀共产党员活动是党的先进性建设的历史延续和发展创新，创先争优活动是党的建设的重要方式方法，是一项复杂的系统工程。开展这项活动，需要开展多方面的工作，其中一个重要方面，就是在新的历史条件下，发扬光大中国共产党人精神。中国共产党在90年的历史进程中，形成和发展了中国共产党人精神，各个时期、各个领域、各种形态的中国共产党人精神也会发挥出应有的作用，促进创先争优活动真正取得实效。

革命时期追求先进和优秀的实践铸就了伟大的革命精神

在新民主主义革命时期，中国共产党人担负起指引和带领中国人

民，为推翻帝国主义、封建主义、官僚资本主义而进行革命斗争的历史
使命。经过近 30 年的艰苦奋斗和浴血奋战，终于取得了完全的胜利，
推翻了三座大山，建立了新的人民政权。在此期间，中国共产党党员冲
锋在前，顽强战斗，不惜流血牺牲，涌现出了一批英雄人物和战斗模
范，凝聚成了中国共产党人的革命精神。

中国共产党的建党精神正是那批中华民族的先进的、优秀的代表，
即早期中国共产主义者在适应时代和社会发展需要创建中国共产党的实
践中形成和发展起来的，没有追求先进和优秀的早期中国共产主义者的
实践，就没有建党精神。井冈山精神是以毛泽东为代表的中国共产党人
在探索新的中国革命道路的过程中形成和发展起来的，历史证明，正是
毛泽东率先开创的井冈山道路，引领中国革命走向成功。长征精神是在
举世闻名的二万五千里长征中形成和发展起来的，在长征中，普普通通
的共产党人面对生与死的考验，为了中国人民和中华民族的根本利益，
不怕任何艰难险阻，不惜付出一切代价直至牺牲生命，勇往直前，真正
成为了革命的先锋。没有无数英雄的先进事迹，就不可能铸成长征精
神。"狼牙山五壮士"为了人民的崇高利益，在战斗中临危不惧，英勇
阻击，面对步步逼近的敌人，他们宁死不屈，义无反顾地纵身跳下数十
丈深的悬崖。五位战士的壮举，表现了崇高的爱国主义、革命英雄主义
精神和坚贞不屈的民族气节，成为抗日的先锋。

抗美援朝时期，中国人民志愿军涌现出 30 多万英雄模范人物和功
臣，立集体三等功以上的单位近 6000 个。在 136 名志愿军特等功以上
英模功臣烈士中，有 44 名与敌人同归于尽的杨根思式的英雄，6 名用
身体堵敌人枪眼的黄继光式的英雄，6 名为救护朝鲜妇女儿童而献身的
罗盛教式的国际主义战士，77 名与敌人殊死搏斗、血战到底的勇士。
志愿军英雄群体造就了伟大的抗美援朝精神，它可以概括为：祖国和人
民的利益高于一切、为了祖国和民族尊严而奋不顾身的爱国主义精神，
英勇顽强、舍生忘死的革命英雄主义精神，不畏艰难困苦、始终保持高
扬士气的革命乐观主义精神，为完成祖国和人民赋予的使命、慷慨奉献
自己一切的革命忠诚精神，以及为了人类和平与正义事业而奋斗的国际
主义精神。

革命精神还包括苏区精神、延安精神、沂蒙精神、太行精神、西柏
坡精神，北伐精神、抗战精神、解放精神，方志敏精神、杨靖宇精神、

赵一曼精神、刘胡兰精神、董存瑞精神、邱少云精神，等等。

建设时期追求先进和优秀的实践铸就了伟大的建设精神

在社会主义建设时期，尽管社会实践主题发生了变换，但是，中国共产党人对于先进和优秀的一贯追求并没有改变。中国共产党人的建设精神的形成和发展也离不开中国共产党人争当先进、争创优秀的实践活动。

大庆精神是在艰难困苦的条件下开发大庆油田、甩掉"中国贫油"帽子的实践中形成发展起来的，如果没有以铁人王进喜为代表的石油工人群体的争先竞赛活动，也就没有大庆精神。大庆精神是工人群体塑造的精神，而铁人精神是工人阶级的个体塑造的精神，二者是合而为一的。大庆精神的内涵主要为：爱国、创业、求实、奉献。铁人精神是大庆精神的典型化、人格化，其主要方面包括："为祖国分忧、为民族争气"的爱国主义精神；为"早日把中国石油落后的帽子甩到太平洋里去"、"宁肯少活二十年，拼命也要拿下大油田"的忘我拼搏精神；干事业"有条件要上，没有条件创造条件也要上"的艰苦奋斗精神；"要为油田负责一辈子"、"干工作要经得起子孙万代检查"，对工作精益求精，为革命"练一身硬功夫、真本事"的科学求实精神；不计名利，不计报酬，埋头苦干的"老黄牛"精神。

焦裕禄作为党培养的基层干部，走遍兰考的各个角落，为治理内涝、风沙、盐碱三害而呕心沥血，即使身患绝症，依然坚持工作。他用自己的实际行动，铸就了亲民爱民、艰苦奋斗、科学求实、迎难而上、无私奉献的焦裕禄精神。勤劳勇敢的林县人民，仅仅靠着锤、铲等简单工具和双手，历经 10 年奋战，在太行山悬崖峭壁上修成了 1500 公里长的红旗渠，孕育出了"自力更生，艰苦创业，团结协作，无私奉献"的红旗渠精神。

建设精神还包括雷锋精神、两弹一星精神，等等。雷锋作为社会普通一员和一名普通战士，22 年短暂的一生亦未有过惊天动地的伟业，有的只是平凡的为人民服务的小事，但自从 1963 年 3 月 5 日毛泽东主席亲笔题写"向雷锋同志学习"的号召以来，全国掀起了一波又一波的学雷锋活动，"雷锋"成为助人为乐的代称。周恩来总理在为雷锋的题词中，曾精辟地把雷锋精神概括为四句话："爱憎分明的阶级立场，言行一致的革命精神，公而忘私的共产主义风格，奋不顾身的无产阶级斗志。"江泽民同志提出"雷锋精神的实质，是全心全意为人民服务，为了人民的事业无私奉献"。

"两弹一星"精神产生和发展于60年代，可以视为邓小平所称的"六十年代初期克服困难的精神"的最典型代表。"两弹一星"精神于1999年由江泽民同志总结提出，指的就是知识分子的奉献精神。作为"两弹一星"精神代表的"两弹一星"功勋，正是共产党人追求先进和优秀的杰出代表。其中的热爱祖国，最为突出的表现便是冲破重重阻力，毅然回国效力的钱学森；其中的无私奉献，表现为众多科技知识分子抛妻舍子甚至隐姓埋名，在茫茫戈壁日夜奋战，在这众多人中，邓稼先的故事广为人知，成为代表。由于"两弹一星"工程浩大，在其中默默奉献而不为世人所知的普通科技人员数不胜数，如果说"两弹一星"功勋是丰碑的塔尖，他们则是丰碑的基石。

改革开放时期追求先进和优秀的实践铸就了伟大的改革精神

在改革开放的新时期，伟大的改革精神是与改革开放的伟大实践紧密相连的；如果没有中国共产党人解放思想、与时俱进，勇于创新、敢为天下先的争当先进、争创优秀的实践活动，也就没有新时期的伟大改革创业精神。

"杂交水稻之父"袁隆平，怀揣造福人类的宏大抱负，几十年如一日，奔走在田间地头和实验室之间，凭着坚定意志和顽强毅力，锲而不舍，埋头苦干，克服了各种困难，最终攻克了杂交水稻这一世界级科技难题，为解决中国粮食自给和世界粮食安全问题作出了巨大贡献，成为通过自主创新走上世界科技舞台的中国当代知识分子的杰出代表。袁隆平在创造物质食粮的实践中，也带给了我们宝贵的精神食粮，即袁隆平精神。它可概括为敢于挑战、勇于攀登的创新精神，奋力拼搏、埋头苦干的奋斗精神，不计付出、甘于牺牲的奉献精神，团结合作、甘为人梯的协作精神。

有人形象地说，袁隆平鼓起了全国人民的"米袋子"，王乐义丰富了全国人民的"菜篮子"。农村基层支部书记王乐义把通过技术革新创造的冬暖式大棚蔬菜技术，无偿传授给自己村里的农民和前来学习的其他省县的群众，并带领村民走上了农业产业化的新路。他还先后到全国十几个省区市，无偿传授推广大棚蔬菜种植技术，带动成千上万农民共同走上了小康之路，成为闻名全国的优秀共产党员和农业科技推广先进工作者。他带领下的村党支部连续 20 多年被评为省、市、县的先进基层党组织。王乐义是新时期建设社会主义新农村的优秀带头人中的杰出代表，他那无私奉献、勤奋工作、为民谋利、敢为人先、争取一流的崇高精神，被人们誉为王乐义精神。

青岛港人秉持"人人创新、岗岗创新"和"共享"理念，万众一心，奋力拼搏，打造出了一支技术精湛、组织严密、高效运转的队伍。他们坚持"四条工作标准"（对国家的贡献要越来越大，港口发展后劲和竞争实力要越来越强，职工生活质量要越来越高，政治文明、精神文明建设要越搞越好），践行"三大使命"（精忠报国、服务社会、造福职工），全力打造"六型"港口（自主创新型、资源节约型、环境友好型、质量效益型、管理精细型、亲情和谐型），实现"七大发展"（安全质量发展、节约发展、环保发展、效益发展、建设发展、和谐发展、率先发展），使青岛港人迸发出无穷的创造力，创造了一流的业绩，走出了一条国有企业跨越式发展的腾飞之路，铸就了"一代人要有一代人的作为，一代人要有一代人的贡献，一代人要有一代人的牺牲"的青岛港精神。

同样，抗洪精神、抗非典精神和抗震救灾精神，都是党带领人民在抗击自然灾害的第一线形成和发展起来的。改革精神还包括小岗精神、华西精神、深圳精神、浦东精神、张家港精神、潍坊精神，北京奥运精神、载人航天精神，张海迪精神、孔繁森精神、王伯祥精神、沈浩精神、杨善洲精神、郭明义精神，等等。当然，革命精神、建设精神、改革精神仅是从不同时期党的实践主题的主要表现上来说的，只具有相对的意义。事实上，在革命精神中有建设精神，在建设精神中也有革命精神，在改革精神中，既有革命精神，更有建设精神。

总而言之，离开中国共产党人争当先进、争创优秀的实践活动，中国共产党人精神就成了无源之水、无本之木。中国共产党人争当先进、争创优秀的活动，不仅是中国共产党人精神产生和形成的实践基础，而且中国共产党人精神还要通过共产党人争当先进、争创优秀的具体行动表现出来。中国共产党人精神不仅表现在宏大的社会历史实践和场面中，还表现于党的基层组织和个人的平常行为中，没有个体共产党人的具体行为，就无从表现出共产党人精神。为此，要理解创先争优的实质，一方面要把握共产党人精神，另一方面要感悟个体共产党人的点点滴滴。

中国共产党人精神对当前的创先争优活动产生了强大的精神动力

胡锦涛总书记在纪念党的十一届三中全会召开 30 周年大会上的讲话中指出："党的先进性和党的执政地位都不是一劳永逸、一成不变的，过去先进不等于现在先进，现在先进不等于永远先进。"面对长期的、复杂的、严峻的"四个考验"、"四个危险"和各种各样的挑战，如何确保党始终走在时代前列，已经成了摆在全体党员面前的一个重大问题。当前深入开展的创先争优活动无疑是加强党的先进性建设的战略举措，是全党一项重大的政治任务。

我们通过对全国两年来深入开展创先争优活动的新鲜经验、特别是山东省各部门各单位开展创先争优活动的实际经验进行系统总结和理论分析后，发现中国共产党人精神在创建先进基层党组织、争当优秀共产党员的活动中发挥着不可替代的推动作用，弘扬中国共产党人精神、加强中国共产党人的精神建设是推进创先争优活动常态化、长效化的动力源泉和根本保证。

中国共产党在 90 年的革命、建设和改革中形成的一系列彰显党性、反映民族性和体现时代性的伟大精神，曾对推进中国经济社会的发展起了不可替代的作用。同样，这些精神对于深入推进当前正在开展的创先争优活动则具有更为直接的现实意义。无论是创建先进基层党组织，还是争当优秀共产党员，都离不开精神的支撑，其中最重要的是中国共产党人精神。中国共产党人精神将为创先争优活动提供丰富的精神食粮和强大的精神动力。开展创先争优活动两年来的大量事实证明：一些基层党组织之所以先进，重要原因在于基层党组织在实际工作中具有并弘扬了中国共产党人精神；一些共产党员之所以优秀，重要原因在于他们具有并践行了中国共产党人精神。由此来看，要推进创先争优活动深入发展，不能不在弘扬中国共产党人精神和加强精神建设上下工夫。从一定意义上说，创先争优本质上就是在实践中弘扬中国共产党人精神。可以说，中国共产党人精神是开展创先争优活动取之不尽的精神财富。

当前，全国正在兴起学雷锋活动，这是党的十七届六中全会提出的一项重要任务,是推进社会主义核心价值体系建设的一项重大举措。雷锋精神集中体现了中华民族的传统美德,彰显了我们党的先进本色,具有跨越时空的强大生命力,在它的激励和感召下,涌现出了成千上万雷锋式的先进集体和模范人物,像孔繁森、沈浩、徐虎、李素丽、林秀贞、白芳礼、杨善洲、郭明义等等,产生了广泛而深远的社会影响。因此,我们要把学雷锋活动与创先争优活动结合起来,充分发挥雷锋这一榜样的引领、示范、凝聚作用,把雷锋精神融入本职工作和日常生活,使雷锋精神在创先争优活动中产生强大的精神推动力量,有力地激发和促进基层党组织和广大党员学先进、赶先进、创先进,学优秀、赶优秀、争优秀的积极性、主动性、创造性,以实际行动彰显和发展党的先进性,确保我们党始终走在时代前列,始终成为中国特色社会主义事业的坚强领导核心。

(作者单位:山东大学马克思主义学院)

文化自信的价值维度

奚洁人

"自信心"是一种主体在获得成功之后的良性情感体验，也是主体对自身成功应付特定情境能力的肯定性评价。自信心来源于对自己过去成就的肯定和超越，并包括对自身失败或挫折经验的正确认识和总结，也是对完成自己所设定的未来发展目标执著追求的意志和态度（情绪状态），自信心是支撑和推动主体未来成功发展的重要精神动力，自信心在与他人相处中会表现出尊重或超越他人的胸怀和心态。所以，文化自信和自信心是一种文化心理品格和人格修养，它是对待自己文化传统、文化创新以及与其他不同文化相处的一种比较稳定的文化心态，必然地要受一定价值取向的指导和影响。

高度自觉的文化自信心，对于坚持中国特色社会主义文化道路，建设社会主义文化强国至关重要。当前我们的文化自信包括三方面的价值定位。一是文化自信是多维度价值取向的统一，因为文化发展的机制具有多向度性。二是文化自信必须通过文化自强得到体现和增强，因为它是主体对已往成功经验的肯定性评价和自我激励。三是文化自信是文化软实力的重要组成部分，因为文化软实力应该包括文化主体的自信心这一心理力量。

我们强调，当代中国共产党人的文化自觉性包含了对中华民族文化自信的正确认识和积极引导。如果忽略了对民族文化自信和自强的科学认识、正确定位和努力提升，其文化自觉是不完整的。因为文化自觉既包括了对外在的文化发展客观规律的正确认识，还应包括对文化生产和文化消费主体的文化心理、文化创造力和文化鉴赏力的正确认知和评价。文化自信，有自觉与盲目之分。两者的区别就在于在对待自身文化以及其他文化的态度和方法上是否具有正确的文化价值取向。

　　文化自信的正确价值取向包含着四个相互联系的重要维度：即传承创新传统文化、倡导发展先进文化、学习借鉴外来文化、平等对待世界文化。首先应该强调，对传统文化的传承、批判与创新都是自信心的表现。中华民族是有着五千年悠久历史和灿烂文化的伟大民族，其文化传统具有强大的生命力。"优秀传统文化凝聚着中华民族自强不息的精神追求和历久弥新的精神财富，是发展社会主义先进文化的深厚基础，是建设中华民族共有精神家园的重要支撑。"尤其是刚健有为、自强不息的民族精神，正是我们民族文化自信的象征和体证，对此李大钊同志曾形象地描绘，"我们的扬子江，黄河可以代表我们的民族精神，扬子江及黄河遇见沙漠、遇见山峡都是浩浩荡荡地往前流去，以成其浊流滚滚，一泻万里的魄势。"这种鲜明的一往无前的进取性，开拓性，这种汇集了众多江河湖泊的涓涓细流而成其不可阻挡性的"一泻万里的魄势"，这种奔腾不息而又义无反顾地融入大海的自觉精神，正是中华民族文化多元素融合和高度自信心以及甘愿融入世界，为世界文化增添光彩的生动写照。

　　其次，中华文化的价值理念在物质与精神关系上，重视和肯定精神的作用，在群己关系上，肯定和强调群体力量的重要作用，在礼法关系上，强调修身的意义和作用，在人际关系、人与社会关系以及天人关系上，追求和谐，讲究天人合一等方面，都有其值得肯定之处和积极意义。但同时也应该看到，中国传统文化在肯定精神作用的同时，在义利关系上有轻视物质利益的倾向，在肯定群体作用的同时有忽视尊重个性的整体主义倾向，在肯定个体内心道德修养和良知约束的同时有忽视法制等外部监督制约的倾向等偏颇。

　　再次，在民族心理层面上，悠久的历史传统和光辉灿烂的民族文化成就，造就了高度的民族自尊心和自豪感，所以，继承和发扬中华文化的优秀传统，保持高度的民族自尊心和自豪感，是坚持和增强文化自信的必然选择。但是，仅仅停留在这里完全有可能陷入盲目的文化自信。在历史上，正因为这种盲目的文化自信心，使我们曾经付出了巨大的历史代价和民族牺牲。因此，对待我们的悠久的历史文化传统，需要如毛泽东同志强调的"百花齐放，推陈出新"的主张，需要坚持"去其糟粕，取其精华"的批判继承方针。

　　"去其糟粕，取其精华"，就是要对传统文化进行必要的批判清理，而不是全盘继承，这是对文化自信的极好注脚，也是文化自信的题中应有之义。所以真正的文化自信还应该包括深刻的文化自我批判。批判是对自我的扬弃和超越。应该清醒地认识到，不仅文化继承是文化创新的基础，文化批判更是文化创新、价值重建和超越自身的前提。毛泽东曾在《新民主主义论》中明确指出："清理古代文化的发展过程，剔除其封建性的糟粕，吸收其民主性的精华，是发展民族新文化提高民族自信心的必要条件"①，并给予鲁迅以极高的评价。他指出："鲁迅是在文化战线上，代表全民族的大多数，向着敌人冲锋陷阵的最正确、最勇敢、最坚决、最忠实、最热忱的空前的民族英雄。鲁迅的方向，就是中华民族新文化的方向。"②把鲁迅看做中华民族的英雄和脊梁，是因为作为思想家的鲁迅，不仅传承了传统文化中的精髓，如其硬骨头精神继承了中华民族自强不息的民族精神，同时对待中国传统文化，更多选择了严格的自我解剖和批判，甚至偏激的批判。当然，鲁迅对传统文化的批判，不是针对传统文化全部和本身，而是针对传统文化发展中的糟粕及其产生的恶劣影响，针对传统文化所造成的扭曲人性、异化人伦、遏制个性解放、束缚精神自由的东西，是为了摈除传统文化中痼疾，以创造适合时代需要，有利民族振兴的新文化，迎接民族的新生。因此，敢于批判自身的文化传统中的不良因子，不能不说是文化自信的重要表现。

其次，倡导发展先进文化。党的十七届六中全会指出，"社会主义先进文化是马克思主义政党思想精神上的旗帜"，"没有文化的积极引领，没有人民精神世界的极大丰富，没有全民族精神力量的充分发挥，一个国家、一个民族不可能屹立于世界民族之林"。可见，倡导发展先进文化是增强民族文化自信，实现民族振兴的重要精神动力和精神支柱。

倡导发展先进文化，必须增强社会主义核心价值体系的建设及其传播力。因为"社会主义核心价值体系是兴国之魂，是社会主义先进文化的精髓，决定着中国特色社会主义发展方向"。核心价值观传播，关键在如何才能深入人心。除了核心价值体系的概括需要简明、易记，内涵有渗透力以外，如果仅仅强调加大投入，寄希望于建设强大的、超大规模的现代技术装置和网络设施是远远不够的，要重视找到转换的机制和

---

① 《毛泽东选集》第 2 卷，人民出版社 1991 年版，第 707—708 页。
② 同上书，第 698 页。

载体，因为核心价值观是精神性的、观念形态的东西，"灵魂"是内在的，不易看到，所以抽象的价值观教育往往变成空洞的说教。核心价值观的有效传播需要实现三个转换：一是价值观转化为具体的可操作的态度、流程和标准。当年毛泽东强调，"白求恩同志毫不利己专门利人的精神，表现在他对工作的极端的负责任，对同志对人民的极端的热忱"，表现在"对技术精益求精"[①]。毫不利己专门利人的精神，是一种价值方针和价值导向，它的学习和落实，需要找到可操作和实行的具体途径，而对人民、对工作、对技术的三种态度和标准是可操作、可实行和可评价的东西，这样价值观的传播就找到了转换的机制及可评价的标准。二是价值观要转化为具体的故事和形象。要寻找、设计和创造恰当的具体形象，提高传播的艺术和效果。在我们党的历史上曾经成功地塑造了刘胡兰、董存瑞、雷锋、王铁人等许多以现实生活中的英雄模范人物为原型的艺术形象。在党的七大上，毛泽东还把"愚公移山"这个寓言故事中的愚公作为宣传七大路线的"形象代言人"，都是十分成功的案例。三是价值观传播需要营造浓郁的社会氛围，并使之转化为个人的行为处事方式，如果每一个人或许多人能认真践履某种价值观念，那么就会形成一种无形的力量，这本身就是一种文化。对此，我们需要学习借鉴国际经验，并十分重视我们自身历史经验的总结和开发，以增强核心价值体系的引导力、渗透力、凝聚力。

中国共产党在长期的革命、建设和改革中形成的红色文化，既是中国传统文化的传承，也是新的文化创造，是时代精神的重要体现。毛泽东曾强调："人总是要有点精神的。"邓小平曾把我们党新民主主义革命时期的文化精神概括为：革命和拼命精神；严守纪律和自我牺牲精神；大公无私和先人后己精神；压倒一切敌人、压倒一切困难的精神；革命乐观主义、排除万难去争取胜利的精神等五种精神。江泽民根据时代发展新要求，提出要发扬五种新的精神，即解放思想、实事求是的精；紧跟时代、勇于创新的精神；知难而进、一往无前的精神；艰苦奋斗、务求实效的精神；淡泊名利、无私奉献的精神。胡锦涛同志明确提出了以"八荣八耻"为内容的社会主义荣辱观。应该指出，在我们党领导中国人民实现民族独立解放和社会主义建设和改革发展的历史进程

[①] 《毛泽东选集》第 2 卷，人民出版社 1991 年版，第 659—660 页。

中，形成和积累了多种具有鲜明文化形象的文化精神，这就是从党的创建开始的"开天辟地"精神到井冈山精神、长征精神、延安精神、西柏坡精神、大庆精神、"两弹一星"精神、抗击"非典"精神、抗灾救灾精神、北京奥运精神、上海世博精神等等，对此我们要倍加珍惜，并认真地传承开发这些红色文化资源。对于这些文化精神我们要站在新的时代和历史的高度给以再认识、再定位、再开发，使之成为社会主义先进文化建设宝贵的历史文化资源。

最后，学习借鉴外来文化和平等对待世界文化，这是衡量我们文化自信的两个重要价值维度。近代以来，先进的中国人就呼吁开眼看世界，主张学习西方文化，经历了从广义文化的物质层面、制度层面直到狭义文化的思想观念。以林则徐为代表的中国封建地主阶级开明人士，在抵御外来侵略的同时，敢于提出向西方学习的口号，体现了我们的民族自信心，但仍然包含着许多文化自满和盲目性。孙中山先生为代表的中国资产阶级革命派，从民族独立的革命立场出发学习外来文化，并主张平等对待世界各民族及其民族文化。辛亥革命也极大地冲击了封建文化的落后观念，打开了社会进步的闸门，不能不说是很大的历史进步，但仍然没有真正建立起我们中华民族的新文化，并以此推动革命目标的实现。中国共产党的历史贡献在于不是一般地学习外来文化，而首先是在世界文化中选择了人类文化中最先进的成果——马克思主义，并以此为指导结合中国的革命实际和中国文化传统，创造了具有中国特色的，代表着时代进步方向的中国新文化，即新民主主义文化和社会主义先进文化，真正实现了中西文化的会通。同时，确立了"洋为中用"这一学习外来文化的正确方针。毛泽东曾明确指出："文化上对外国的东西一概排斥，或者全盘吸收，都是错误的。"他还说："应该学习外国的长处，来整理中国的，创造出中国自己的、有独特的民族风格的东西，这样道理才能讲通，也才不会丧失民族信心。"[①]

值得注意的是，这些文化方针，总体上是在西方先进，中国较为落后的文化态势下的思考和策略。所以对待外来文化，容易形成我们向西方先进文化学习的单向思维方式和文化心态。今天的情况，正在发生重大的变化，虽然我们仍然是发展中国家，许多方面仍然处于落后状态，

———————

① 《毛泽东文集》第 7 卷，人民出版社 1999 年版，第 83 页。

所以不能自满。但一方面我们确实已经逐步强大起来，另一方面，在全球化和我国改革开放条件下，我们同世界文化的交流合作的广度和深度，正在加快推进，如何在文化互动中实现文化的相互影响和融合，如何在国际交往中扩大中国的文化影响，已经是摆在我们面前的迫切需要回答的重要历史课题，所以我们更需要建立互动交流、相互学习和影响的双向思维方式和文化心态。我们更需要同世界各国人民一起共同克服文化偏见，消除文化傲慢，反对文化歧视，倡导文化会通。这正用得着费孝通先生早已说过的话："各美其美，美人之美，美美与共，天下大同"，这既是"文化自觉"的内在要求，也是文化自信心的集中表现，更是中国作为建设文化强国的必然战略选择。因为在全球化背景下，我们一定要学会在多种核心价值共存、碰撞、摩擦和交流的平台上，进行文化和文明的对话，以提升我们的文化安全防范力、文化学习借鉴力、文化融合创新力和文化传播影响力。

"各美其美"，对于我们来说，就是自美其美，就是充分自信地向世界展示中国传统文化和社会主义先进文化的特色和魅力。如何展示后者，即让世界看到我们中国文化崭新的精神面貌，而不只是停留在古代的辉煌，这尤为重要。"美人之美"，即文化自信也包括对他人文化的尊重和包容，要以观察者和欣赏者的眼光和胸怀看待别的国家和民族的文化成就、文化智慧，即使是他们的核心价值观，也不要简单地以意识形态对立的思维方式和我们的文化标准去苛求人家。要承认这也是在他人的历史环境中形成的东西，是人家自己共同认可的东西，只是不一定适合我们。同样，我们也希望别人这样地尊重我们。"美美与共"，就是指大家都以开放与谦和的心态主动地自觉地进行文化交流，相互学习借鉴，相互取长补短，使不同的文化系统的元素在相互交流、碰撞和磨合中产生新的组合、融合，产生新的文化产品或思想理念，推动各自的文化创新，达到共存、共生和共荣。这样就可以从文化自信，走向文化自强，而文化自强，又反过来增强各自的文化自信。"天下大同"，当然只是一种文化理想，是世界各国人民共同追求的美好目标和愿望，但文化魅力之一，就是给人以理想，给人以美好的追求，这是精神的重要功能和特质之一，也正契合了我们提出的"和谐世界"的理念。

（作者单位：中国浦东干部学院）

以高度文化自觉自信发展
先进军事文化

崔向华

党的十七届六中全会提出了新形势下推进文化改革发展的指导思想、重要方针、目标任务、政策举措，是当前和今后一个时期指导我国文化改革发展的纲领性文件。经胡锦涛主席批准，中央军委日前下发《关于大力发展先进军事文化的意见》，从国防与军队建设事业发展全局的高度，对推进先进军事文化建设作出全面部署。这是新形势下加强军事文化建设的重要指导性文件，必将为推动国防和军队建设科学发展、有效履行我军历史使命提供强大精神动力，为建设社会主义文化强国作出积极贡献。

一　以马克思主义为指导、具有我军特色的先进军事文化，是党领导人民军队在长期奋斗中创造的宝贵精神财富，是体现我军性质、宗旨、职能任务、历史传统的文化形态

大力发展先进军事文化，从思想上政治上建设部队，对于我军铸牢军魂、恪守宗旨、履行使命具有重大而深远的意义。

全球文化的多元并存和全球性的交融碰撞，伴随文化流动而来的意识形态扩张和渗透，冲击着马克思主义的指导地位，提升了我军加强军事文化建设的紧迫感，加剧了我军文化建设环境的复杂性。我军的军事文化建设必须适应新形势和时代发展需要，坚持正确的发展方向，构建科学的文化发展模式，加大建设的力度，深刻认识军事文化的战略意义是加强军事文化建设的重要内容。我党我军历代领导人充分认识到了军事文化的重要性，始终坚持科学理论的指导地位是加强军事文化建设的首要前提，文化的指导思想和理论作为文化的灵魂，决定着文化的性质和方向。坚持用全会精神指导和推动先进军事文化繁荣发展，要牢牢把握发展先进军事文化的政治方向，坚持马克思主义指导地位，认真贯彻党的文化工作方针和政策，切实把党对军队绝对领导的根本要求贯彻体现到军队文化建设方方面面，始终坚持"为党"、"姓军"、"为兵服务、为战斗力服务"不动摇。

我军军事文化的建设和发展，历来是以科学理论为指导的。在新的历史时期，我们发展先进军事文化，必须认真学习和掌握中国特色社会主义理论体系，以理论的高度引领文化实践的深度。我军在80多年的奋斗历程中，始终紧跟时代发展步伐，站立在思想引领的制高点，高度重视先进军事文化建设，将其作为军队建设根本性、全局性、长远性的战略任务，作为核心工程纳入军队建设规划之中，为军队的发展奠定了基础。早在建军之初，毛泽东就明确指出："没有文化的军队是愚蠢的军队，而愚蠢的军队是不能战胜敌人的"①，并认为"革命文化"贯穿军事斗争全程，体现战争性质，决定战争胜利。邓小平指出，建设现代化正规化的革命军队，离不开先进军事文化，首要的是制度文化和技术文化，强调制度是管长远的管根本的，科技是第一生产力，是最重要的战斗力。江泽民指出，我军要完成"打得赢、不变质"的两大历史性任务，必须坚持党对军队绝对领导的军魂统领不动摇，始终坚持先进军事文化的前进方向，确保军队精神文明建设走在全社会前列。胡锦涛指出，新世纪新阶段，军队必须大力发展先进军事文化，着力培育当代革命军人核心价值观，打牢官兵高举旗帜、听党指挥、履行使命的思想政治基础。去年以来，党和国家领导人多次强调国家的发展、民族的振兴，不仅需要强大的经济力量，更需要强大的文化力量，充分发挥文化引导社会、教育人民、推动发展的功能。胡锦涛主席提出了大力发展先进军事文化的战略思想，进一步丰富和发展了中国特色社会主义文化理论。先进军事文化是完成我军历史使命的精神动力、智力支持和文化条件，又在完成我军历史使命中自身得到发展，展现了先进军事文化的独特魅力、凝聚力和感染力。

首先，先进军事文化在确保我军铸牢军魂上能够发挥强基固本作用。我们的军队是党的军队，人民的军队，社会主义国家的军队。在革

---

① 《毛泽东选集》第3卷，人民出版社1991年版，第1011页。

命、建设和改革各个历史时期，我们的军队始终做到了忠于党，忠于人民，忠于国家，忠于社会主义，根本原因就在于我们始终坚持了党对军队绝对领导这一政治优势。先进军事文化在这其中发挥了强基固本作用。我军历来重视文化建设，而且在文化建设中始终坚持以党的旗帜为旗帜、以党的方向为方向，使"听党指挥"成为这支军队的"魂魄"。面对当下日益复杂的国际国内形势，我们在推进军事文化建设中，必须更加自觉突出我军先进军事文化的政治优势和显著标志，把铸牢军魂作为根本原则，始终保持人民军队的政治本色。

其次，先进军事文化在确保我军恪守宗旨上能够发挥引领作用。毛泽东在《论持久战》中指出，要获得战争的胜利，首先要进行政治动员。"什么是政治动员呢？首先是把战争的政治目的告诉军队和人民。必须使每个士兵每个人民都明白为什么要打仗。"① 而要达到战争动员的目的，又必须依靠宣传文化工作，"靠口说，靠传单布告，靠报纸书册，靠戏剧电影，靠学校，靠民众团体，靠干部人员"②。战争年代，人民军队之所以能从胜利走向胜利，和平时期，人民军队在抗洪抢险、抗震救灾等急难险重任务面前之所以能够舍生忘死，前赴后继，就在于这支军队自成立之日始，用各种文化手段和形式武装官兵，使每个人都明白：我们这支军队是为人民而建，是为人民而战。所以，懂得我军所做的一切，都是为了民族解放、国家富强、人民幸福，只要是为人民而死，就死得其所，比泰山还重。这成为我军广大指战员特有的人生价值观。今天人民军队要永葆人民子弟兵本色，仍然要用先进军事文化引领官兵，使他们永远视人民利益高于一切、重于一切，始终同人民群众同呼吸、共命运、心连心。

再次，先进军事文化在确保我军履行使命上能够发挥战斗力倍增器作用。先进军事文化凝聚着军队的"精、气、神"。所以，尽管文化的力量不是物质的力量，但在武器装备等一定的基础下，经过先进军事文化武装，具有一往无前精神的军队，可以把物质的力量发挥到极致甚至超过人们的想象。这已为我军所走过的光辉历程所证实。美国作家哈里森·索尔兹伯里在其《长征——前所未闻的故事》一书中

---

① 《毛泽东选集》第2卷，人民出版社1991年版，第481页。

② 同上。

写道，红军在长征中创造了"人类有文字记载以来最令人感动的大无畏事迹"，它昭示世人，"人类的精神一旦被唤起，其威力将无穷无尽"。实际上，无论是第一、二次国内革命战争时期的国民党军队，抗日战争时期的日军，还是抗美援朝战争时期的美军，在武器装备等物质条件上都处于绝对优势，但我军都做到以劣势装备战胜优势之敌。奇迹背后根本的力量源泉是什么？一个重要的原因就在于先进军事文化为我军提供了政治方向、精神动力与智力支持，官兵占据了精神高地，才能屡遭挫折、历尽磨难而始终红旗不倒，遇强敌则更强，战而胜之。新时期我军要有效履行新世纪新阶段历史使命，仍然必须以先进军事文化为滋养，进一步凝聚官兵意志力量，弘扬大无畏的革命英雄主义精神。

真正把先进军事文化建设放到我军战略性位置，就应当充分认识和发挥先进军事文化的功能，把文化建设全面深度融入我军建设实践中，用先进军事文化的强大动力推动全面建设、科学发展。充分发挥先进军事文化的引领功能，自觉高扬党的思想精神旗帜。党的旗帜就是我军的旗帜，我军前进道路历来由党的旗帜指引。六中全会《决定》指出，要加强和改进思想政治工作，牢牢把握意识形态的主导权，掌握文化改革发展的领导权。因此，文化发展越是多样化，意识形态领域的斗争越严峻，我军就越要唱响主旋律，越要坚持党的先进文化的主导地位，越要坚持马克思主义指导下的主流意识形态。用发展着的马克思主义指导新的实践、武装官兵，构筑坚固思想防线，铸牢军魂意识，从而使我军始终保持政治上的坚定性、发展道路的正确性。

发展军事文化是推动社会主义文化大发展大繁荣的重要方面，军队文化建设是军队思想政治建设的重要组成部分。先进军事文化，是我军发展壮大、克敌制胜的强大精神支撑和重要力量源泉。我军在80多年的奋斗历程中，创造了特色鲜明的先进军事文化，孕育了井冈山精神、长征精神、延安精神、雷锋精神、两弹一星精神、载人航天精神等，创作了许多军旅红色经典，不仅是我军凝聚力战斗力的重要保证，而且成为全党全社会的宝贵精神财富。实践证明，加强先进军事文化建设，对于永葆我军性质宗旨和政治本色，对于激发官兵战斗精神、保持部队昂扬士气、巩固和提高部队战斗力，对于陶冶官兵情操、提高官兵素质、促进官兵全面发展，都具有不可替代的重要作用。

二 当代革命军人核心价值观深刻揭示了我军建军之魂,明确了我军官兵最基本、最核心的价值观念,体现了我军优良传统、时代发展要求、官兵价值追求的统一,是先进军事文化的基础和灵魂

我军是中国共产党绝对领导下的执行政治任务的武装集团,建军80多年来,坚持用科学的理论教育官兵,用优秀的文化作品熏陶官兵,用昂扬的革命精神激励官兵,军事文化建设成效显著。随着改革开放和社会主义市场经济深入发展,我们正面临着经济体制深刻变革、社会结构深刻变动、利益格局深刻调整、思想观念深刻变化的严峻挑战,这必然会引起人们的思想观念、价值取向的多样化;多元化的社会思潮、多维的网络空间、多样的家庭背景和入伍前的多种社会经历,使官兵思想活动的独立性、选择性、多变性、差异性更趋明显。面对各种思想文化所体现的多元价值观念的影响,加强新形势下我军文化建设,必须把大力培育当代革命军人核心价值观作为重要任务。

深入持久地培育当代革命军人核心价值观,首先要强化教育引导,创新方式方法,健全制度保障,进一步把培育当代革命军人核心价值观融入文化建设全过程、军队建设各领域,体现到军队精神文化产品创作生产传播各方面,把当代革命军人核心价值观的要求转化为广大官兵的自觉行动,从而为在全军形成统一指导思想、共同理想信念、强大精神力量、基本道德规范,探索新的经验和实践途径。要着眼官兵精神文化需求新变化,针对青年官兵在思想观念、价值取向、行为方式等方面多样化的需求,军事文化建设必须因地制宜地满足不同层次官兵的兴趣爱好,在寓教于乐中激发官兵爱军习武的意识,引导官兵在国防和军队现代化建设中贡献青春、智慧和力量。

一是要把培育当代革命军人核心价值观作为发展先进军事文化的核心内容。"忠诚于党,热爱人民,报效国家,献身使命,崇尚荣誉"的当代革命军人的核心价值观,反映了我军官兵与党、人民、国家、军队的关系以及官兵相互间关系最基本、最核心的价值观念,体现了我军优良传统、时代发展要求和官兵价值追求的统一,是我军先进军事文化建设的最新成果,也是最高成果。因此,我军先进军事文化建设在当前的核心任务就是大力培育当代革命军人核心价值观,用先进理论武装官兵,实现精神到物质的转化。

二是要高举当代革命军人核心价值观的精神旗帜，充分发挥先进军事文化的导向作用。发展先进军事文化，必须以中国特色社会主义理论体系为"本"，以当代革命军人核心价值观为"魂"，以我党我军优良传统为"源"，坚持社会主义先进文化前进方向，弘扬主旋律，唱响正气歌，坚决抵制各种错误和腐朽思想影响，始终保持军事文化的高格调。充分发挥先进军事文化举旗铸魂的导向功能、献身使命的励志功能、知荣明耻的修德功能、审美陶情的净化功能、立说正行的实践功能，引导官兵始终保持政治坚定和思想道德纯洁。

三是要把积极探索培育当代革命军人核心价值观的有效途径作为先进军事文化建设的重要任务。创新培育当代革命军人核心价值观的方法途径，发展先进军事文化，必须在培育当代革命军人核心价值观上聚焦用力，把文化熏陶与思想教育、舆论引导、典型示范、实践养成、制度保障紧密结合起来，形成培育工作的合力。要善于运用各种文化形式表现当代革命军人核心价值观的深刻内涵和精神实质，展示广大官兵践行当代革命军人核心价值观的生动实践和先进事迹。以丰富多彩的内容和形式，把积极的人生追求、高尚的情感境界、健康的生活情趣传递给官兵，让官兵在寓教于乐中得到陶冶、获得启迪。

近年来，全军和武警部队认真贯彻落实胡主席关于大力发展先进军事文化的重要指示，狠抓党的创新理论武装，大力培育当代革命军人核心价值观，积极发展特色鲜明的军营文化，创作推出大批精品力作，对推动部队建设和完成各项任务发挥了重要作用。各级党委和领导切实把加强军事文化建设，摆在党委工作和部队建设的重要位置，精心筹划部署，科学组织实施，全面抓好会议精神贯彻落实。为搞好总体研究筹划，突出抓好培育当代革命军人核心价值观这项根本任务，进一步繁荣军事文化创作，下工夫抓好军营文化建设，抓好文化人才队伍建设、宣传文化战线领导班子和党组织建设。军队文化工作者带头学习贯彻全会精神和军委决策部署，大力弘扬我党我军文化工作优良传统，积极为发展先进军事文化、加强社会主义文化建设贡献力量。

要坚持把培育当代革命军人核心价值观作为根本任务，结合六中全会的部署要求深入持久地抓好培育工作，特别是抓住高举旗帜、听党指挥这个根本，深化中国特色社会主义理论体系武装，强化理想信念和军魂教育，深扎党对军队绝对领导的思想根子。要切实加强和改进组织领导，各级党委要切实肩负起领导军事文化建设的政治责任，注重研究解决军事文化建设面临的新情况新问题，采取有力措施加强文化人才队伍建设和文化领域领导班子建设，不断提高军队文化建设科学化水平。

三　军事领域以竞争、对抗为特征，最需要改革创新精神。加速推进中国特色军事变革，呼唤先进军事文化的创新发展

军事创新是打赢战争最具活力的因子。人类军事史就是一部不断开拓、不断创新、不断超越的历史。当前，信息化战争呈现出知识化、精确化、智能化、一体化、数字化、全维化等特点，战争或然性、不确定性大大增强。谁想占领军事制高点，谁就应经常不断开拓进取，谁想打赢下一场战争，谁就应追求军事理论、技术、组织体制、管理的新突破。

创新是文化的生命，是代表先进文化前进方向的最有力的保证。我军自诞生以来，始终高举先进文化的旗帜，伴随着战火硝烟与和平的阳光，走过了不平凡的发展历程，创造了壮丽辉煌的军队文化，对保持人民军队的性质、宗旨和本色以及提高战斗力发挥了重要作用，充分反映了军队文化与时俱进的宝贵品质。今天，面对日新月异的形势，军队文化不创新就意味着自动让出文化阵地，不前进就意味着退出先进文化行列。

创新发展先进军事文化，只有深深地根植于建设现代化军队这一实践的沃土，才能获得强大的生命力。在建设现代化军队的实践中创新发展先进军事文化，应把握方向性，将创新的落脚点自始至终置于打赢信息化战争上；应增强前瞻性，关注世界新军事革命的发展趋势，全面学习和掌握以信息为核心的新军事技术、新军事理论、新军事思想，吸收借鉴外军军事变革的新成果；应注重群众性，深入广泛地调查研究，始终同广大官兵保持密切联系，尊重官兵的首创精神；应强化检验性，通过军事演习、模拟实验、部（分）队试点、参与世界维和行动和反恐怖斗争等实践环节，不断丰富和充实军事文化内容。当前，特别要注重发挥网络等现代传媒优势，不断开辟主流文化新平台、新空间，使网络成为开展文化活动的新阵地，实现部队文化活动形式多样化、内容新颖化，让官兵形象直观地接受先进军事文化熏陶，感受特色军营网络的魅力，主动占领思想阵地，为提高部队战斗力奠定坚实的文化基础。

文化作为时代信息的载体，总是合着时代的节拍向前发展。新的军事实践呼唤先进军事文化创新发展。迄今人类社会先后经历的冷兵器军事文化形态、热兵器军事文化形态、机械化军事文化形态以及目前已经开始的信息化军事文化形态，都是军事文化立足不同军事斗争实践大力推进创新的产物。我军军事文化正确反映军事活动的客观规律，代表社会发展的基本趋势和人民群众的根本利益，代表军事理论和军事科技、军事制度的先进水平，只有坚持不断地创新发展，才能始终保持先进。

加速推进中国特色军事变革，呼唤先进军事文化创新发展。当前，世界范围的新军事变革浪潮如火如荼。新军事变革的智能性，使得军事思想观念、军事指导理论、军事科技水平、军事体制机制以及军事创新能力等军事文化因素，在战斗力生成模式中的地位作用日益凸显。适应世界新军事变革要求，中国特色军事变革也正在加速推进。但是，当前我军信息化建设水平总体上还比较低，战斗力生成模式向信息化转变刚刚起步，军人素质、武器装备质量和高新技术含量等与世界先进水平相比差距较大。这都迫切需要创新我军的军事思想理论、改进军事思维方式、优化军事人才队伍、创造军事科技成果，从而以先进军事文化创新发展推动中国特色军事变革。

有效履行新世纪新阶段我军历史使命，呼唤先进军事文化创新发展。军队的历史使命必然体现其基本的军事文化需求。先进军事文化既为我军完成历史使命提供精神动力、智力支持和文化条件，同时自身又在完成历史使命中得到发展、不断展现其特有的生命力、凝聚力和感染力。新世纪新阶段，时代赋予我军"三个提供、一个发挥"的历史使命。使命任务的拓展，需要先进军事文化的滋养、支撑和创新。只有大力推动先进军事文化创新，才能更好地引导广大官兵大力培育当代革命军人核心价值观，为有效履行新的历史使命而凝魂聚气、团结奋斗。充分发挥军事先进文化的激励功能，培育战斗精神。军事文化对军队战斗精神培育功能，体现在军事文化营造的军事职业独具的威武、壮烈、慷慨的美感，极大地激发军人职业的自豪感，建立功名的成就感，精忠报国的崇高感和"孰知不向边庭苦，纵死犹闻侠骨香"的愉悦感。"战争是充满危险的领域，因此勇气是军人应该具备的首要品质"，特别是信息化战争，敌我斗争更为残酷，对军人牺牲奉献的战斗精神提出了更高要求。用先进军事文化培育战斗精神，就是把中华民族传统武德中的爱国尚武精神和我军爱国主义、革命英雄主义精神贯穿到政治思想教育和实践锤炼中，引导官兵树立先进的价值观，确立正确的人生观、道德观、利益观和职业观，在和平环境中始终保持军人的血性本色，在多元价值观并存和利益追求多样化的考验面前，始终保持注重气节、舍生取义、敢于战斗、勇于牺牲、无私奉献、严守纪律等精气神，在爱武习武、学习攻关、完成多样化军事任务中始终保持昂扬战斗精神。

维护国家文化安全，呼唤先进军事文化创新发展。早在 160 多年前，马克思、恩格斯就指出，资产阶级为了获取利润，奔走于世界各地，把一切国家的生产和消费日益变成世界性的，并为达此目的而到处传播资产阶级的政治思想和价值观念。一应先言，随着当今经济全球化的不断深化，西方发达国家越来越凭借其自身在经济和技术上的优势，大力推行其文化上的全球霸权。这使我军面对越来越严峻的文化交流交融交锋的挑战，我军官兵也越来越经受着西方资产阶级价值观念的冲击，经受着多元复合的文化影响。境外敌对势力不愿看到一支听共产党绝对领导的人民军队的发展壮大，竭力通过互联网等新媒介向我军官兵渗透其腐朽思想观念和生活方式，以期达到改变我军性质的目的。面对这样的文化环境和形势，我们必须积极探索坚持我军根本制度的有效办法，始终坚持用先进军事文化铸牢官兵精神支柱。

充分发挥先进军事文化的整合功能，加速军队建设现代化转型。社会历史发展证明，文化贯穿社会经纬，没有文化形态的转型就没有社会的转型。新的军事变革带来新军事形态的建立，必然要求对原有的军事文化形态进行革新和改造，并构建与其相适应的军事文化形态。军事文化变革更具有结构性、根本性意义。面临社会新的转型和新的军事变革时期，胡主席提出了"主题主线"的重大战略思想，要加快战斗力生成模式转变，全面推动我军科学发展。因此，在进行现代化建设中，文化建设是题中应有之义，又是现代化建设的先导，用先进军事文化的力量整合各种文化资源，尽快构建新的军事文化形态，让充满新生机的军事文化要素体现和渗透在军队建设的方方面面，实现我军由传统向现代转型，催生适应信息化战争形态的战斗力快速生成。

紧贴新的军事实践，不断赋予先进军事文化新的时代内涵。适应文化改革需要，调整和改进先进军事文化的体制机制。推进先进军事文化体制改革，必须坚持以党的创新理论为指导，牢牢把握文化体制改革的正确方向，把坚持社会主义先进文化前进方向、培育当代革命军人核心价值观、提升全军官兵精神文化水平，作为文化体制改革的出发点和落脚点。必须坚持把社会效益放在首位，大力弘扬时代主旋律，满足广大官兵多样性、多层次文化需求，致力于建设和发展人民军队主流文化，营造积极向上、健康有益的军事文化生态。必须坚持以提高部队战斗力为前提，把军事文化体制改革纳入国防和军队现代化建设改革的总体布局，构建有利于军事文化发展繁荣的体制机制，把深化军事文化体制改革摆在各级党委重要议程，加强统筹协调，形成有关各方通力合作的领导机制与工作机制。

顺应当今世界科技发展，掌握和运用先进军事文化的传播手段。一支军队军事文化的影响力不仅取决于其思想内容，还取决于其传播能力。谁的传播能力强大，谁的思想文化和价值观念就能更广泛地流传，甚至影响世界军事发展。当前，与所担负的新世纪新阶段历史使命相比，与官兵不断增长的精神文化需求相比，与现代科学技术和传播手段迅猛发展的形势相比，与我军日益提升的国际地位相比，我军的文化传播能力还存在着不少差距。加强构建现代传播体系，努力形成与我军建设发展相称的传播能力，已成为先进军事文化建设的紧迫战略任务。要把军队的党报党刊、通讯社、广播电台电视台和互联网站作为军队新闻宣传事业的主阵地和主力军，作为构建现代军事传播体系的战略重点，把坚持正确导向、提高舆论引导能力贯穿媒体建设始终。特别注重以数字化为龙头，加快媒体现代化进程，抢占科学技术制高点，占领文化传播制高点，充分发挥资源优势，使新兴媒体成为传播先进军事文化的新阵地、提供军队文化服务的新平台、官兵健康文化生活的新空间。

确立与先进军事文化发展要求相一致的思想观念，进一步激发先进军事文化创新发展活力。要树立坚强的党性观念。坚持党对军队绝对领导的根本原则和人民军队的根本宗旨，坚决抵制"军队非党化、非政治化"和"军队国家化"等错误政治观点，确保部队坚决听从党中央、中央军委的指挥。要树立服务中心观念。着眼建设信息化军队、打赢信息化战争，聚焦国防和军队建设主题主线，着力推动军事思维方式和思想观念更新，切实凝聚官兵意志力量。要树立促进官兵全面发展观念。贯彻以人为本的理念，坚持文化工作重心向下、文化成果惠及官兵，以文化人，以文育人，不断满足官兵日益增长的精神需求，全面提高官兵思想政治素质、科学文化素质、军事专业素质、身体心理素质，培养有理想、有道德、有文化、有纪律的革命军人。

四　着眼培养高素质新型军事人才，聚焦主题主线大力加强先进军事文化建设，以文化认同促进价值观认同，以文化力催生战斗力，彰显出先进军事文化在铸魂、聚力、育人中的强大功能

先进军事文化必须姓"军"，鲜明体现军队特点和风格，突出火热的军事生活，明确打赢价值取向。阳刚之气、战斗精神是其必不可少的要素。

大力发展先进军事文化，要坚持以军魂为核心、以气节为风骨、以打赢为指向，强化思想引领、聚焦使命任务、服务部队官兵、繁荣文艺创作、体现军营特色，努力把部队文化建设提高到新的水平，为部队贯彻主题主线提供坚强思想保证和有力文化支撑。发展先进军事文化，必须遵循文化发展的一般规律，同时又要坚持走具有我军特色的军事文化发展路子，这就要求我们要弘扬民族优秀军事文化传统、革命文化传统，坚持紧贴时代要求创新发展。

一是要学习我国武德文化传统精华。中华民族在长期守疆戍边、征战讨伐、抵御外侮的历史长河中形成了独特的传统武德文化。在中国传统武德文化中，既有止戈为武、崇尚道德、民胞物与、和合包容的宏大境界，又有"明犯强汉者，虽远必诛"、"黄沙百战穿金甲，不破楼兰终不还"的卫国护邦豪气；既有"伏波惟愿裹尸还，定远何须生入关"、"身既死兮神以灵，魂魄毅兮为鬼雄"的视死如归豪情，还有"岂曰无衣？与子同袍"的如兄如弟团结。历代边塞诗词及各种其他类型古典军旅文学中所塑造的军人，也都有着精忠报国的献身精神、保国安民的责任意识、仁勇义烈的勇敢理念、建功立业的荣誉观念和阳刚威武的猛士形象。这些仍然是我们今天发展先进军事文化不可或缺的精神财富。我们一定要深入挖掘并利用好传统武德文化的精华，增进广大官兵对伟大祖国和中华民族的无限热爱，增强广大官兵对爱军精武的自觉、自信与自豪。

二是要汲取时代精神丰富营养。时代精神是每一历史时代特有的普遍精神实质，是在社会最新的创造性实践中孕育和激发出来的、反映社会进步方向、引领时代进步潮流、为社会成员所普遍认同和接受的思想观念、道德规范、行为准则和价值取向。改革创新是当代中国最鲜明的时代特征，最能激励中华儿女锐意进取。发展先进军事文化必须从时代精神中汲取丰富营养，引导官兵始终保持与时俱进、开拓创新的精神状态，永不自满、永不僵化、永不停滞，以思想不断解放推动国防和军队事业持续发展。为此，发展先进军事文化必须适应高科技应用于军事领域引发变革的现实，必须体现军事斗争准备和遂行多样化任务军事实践的要求，必须坚持少而精的专业文艺工作者与广大官兵积极参与相结合，必须结合反映军营新生活创新文化内容，必须大力推进军事文化内容形式、体制机制、传播手段创新，必须在坚持以我为主的前提下吸取全社会优秀文化成果并借鉴世界主要国家军事文化建设有益经验，始终保持先进军事文化的时代性和创造性。

三是要传承革命文化红色基因。人民军队在长期的革命战争和社会主义建设时期创造的革命文化，始终是发展先进军事文化的重要思想源头。战争年代，革命文化凝聚成为井冈山精神、红军长征精神、延安精神；和平建设时期，革命文化又充分体现在雷锋精神、好八连精神、两弹一星精神、载人航天精神以及抗洪抢险精神、抗震救灾精神之中。革命文化既是我军军事文化的核心与精华，又是中华民族优秀文化传统的凝聚升华，还是中国共产党和中国人民伟大创造精神的生动体现。今天我们发展先进军事文化，一定要"不忘本来"，始终坚持把传承革命文化的红色基因作为新的历史条件下推进军事文化建设的方向指引与基本要求，用红色经典熏陶官兵，用红色资源教育官兵，在军队精神文化产品创作和军营文化建设中坚持把红色作为基本色调，努力创作出更多堪称经典的红色作品，高扬当代革命军人核心价值观。

需要特别指出的是，推进我军特色的先进军事文化建设既要坚持创新与开放，同时更要强调高扬文化为主旋律。我军是执行政治任务的武装集团。这决定了军事文化建设必须以培育当代革命军人核心价值观为根本任务，以提高部队战斗力为根本着眼点，以保持我军高度团结统一为重要着力点。当前各种思想文化交流交融交锋更加频繁，意识形态领域斗争尖锐复杂。这都对如何巩固军队思想文化阵地、确保官兵政治坚定和思想道德纯洁提出了更大挑战和更高要求。在此背景下，我们发展先进军事文化更要有"阵地意识"，做到守土有责、寸土不让。坚决防止军营文化的过度娱乐化，坚决抵制各种庸俗、低俗、媚俗甚至腐朽、反动的文化消解官兵信仰、销蚀官兵意志、削弱官兵信心，萎靡官兵精神。必须坚持用科学理论、正确舆论、高尚精神和优秀作品占领军事文化建设高地，用先进军事文化特有的浩然正气、磅礴大气与阳刚之气充盈官兵心灵。要高度重视文艺创作，特别是小说、散文、报告文学、诗歌、电影、电视剧本的创作。这些文化形态是其他文化形态不可代替的，不可比拟的。有关部门要注意向青年官兵推荐优秀军事文学艺术作品，开展广泛持久的阅读和观赏评价活动，避免优秀作品被大量肤浅、低俗的劣质作品所淹没。

要着眼于提高部队战斗力。先进军事文化工作把思想工作形象化后作用于广大官兵，把共产主义理想、信念、道德、纪律观念的培养同各种群众性文化活动结合在一起，使思想性、娱乐性融为一体，抽象思维与形象思维互相促进，理论思考与情感活动齐头并进，从而使思想政治工作更具主动性，并且对加强部队的精神文明建设，提高战斗力也同样有着非常重要的积极作用。以文化建设促进战斗力的提高是我军的优良传统。半个多世纪以来，尽管我军的任务、环境发生了很大变化，然而文化工作作为政治工作的组成部分，它的地位和作用却从未动摇，始终不渝地为提高部队战斗力而贡献自己的一分力量，并且随着军队建设的发展，其重要性更加突出。

要着眼于提高官兵的心理素质。在新的历史时期，军队内部的兵源结构发生了前所未有的变化，如"独生子女兵"、"学生兵"数量逐年增加。这部分战士有一个共同的特征，就是心理素质不高，独立生活能力差，辨别是非的能力不够成熟等类似问题也伴随而生。这些新情况的出现与高技术战争所要求的心理素质极不相符，严重制约着我军高技术作战水平的正常发挥，如何解决这个问题已经成为思想政治工作者所要研究的对象。因此，军事文化工作作为思想政治工作的一种形式，必须针对这一情况来开展工作。

要充分发挥先进军事文化的育人功能，深化思想政治教育。"观乎人文，以化成天下"文化的基本含义是"人化"与"化人"，最基本的功能是对人的教化。军人在军队特殊环境中经过教育训练和实践，军事文化便内化于军人头脑中，影响、贯穿、渗透和制约着军人的思维和行为，因此，可以说军事文化是造就军人品格的伟大力量。军事文化对军人和军队的培育功能主要表现在，对军人的心理性格、价值追求和行为取向的教化，对军事领域活动的规范导向作用。我军文化的先进性，是核心价值体系决定的。由此可见，我军开展政治教育活动，就是在大力加强先进文化建设中建立先进的价值体系，用先进的价值体系培育广大官兵先进的价值观念。特别是社会转型时期也是价值观念变革时期，现代文化与传统文化的冲突，新价值观与传统价值观的冲突不可避免。我军开展政治教育活动，应着力引导官兵从旧的价值观念过渡到新的先进的价值观念，并对新的先进的价值观普遍认同、敬守和自觉践行。

当一个懵懂少年，在电影院里观看革命战争题材电影，他或许会为那壮烈的战斗场面和战士脸上坚毅的表情所震撼，热血沸腾地立下长大后当兵卫国的志愿；当一名青年在图书馆里阅读到一本闪耀着理想光辉的军旅长篇小说，他或许会更加坚定为祖国强盛、民族复兴而努力学习的决心；当一对白发苍苍的老夫妻坐在剧场里观看一台主旋律的文艺晚会，和谐奋发的时代强音或许会让他们重回那段激情燃烧的岁月，感受到红色基因的传承和时代精神的脉动。回首过往，我们为新世纪 10 年来伟大祖国所经历的风风雨雨而感叹，更会为中国人民自立自强、坚强不屈的民族精神而骄傲。在纪录片的镜头中，在纪实文学的文字里，在新闻报道的事件中，我们每每会看到那些身着绿色军装的身影，在国家和民族需要的关键时刻挺身而出，奉献牺牲。自信、阳光、坚强、感动……美好的情愫和人性的光芒经由军事文艺作品而传播得更远、更久。不经意间，我们便会从那些绿色的身影中，辨识出军队文化工作者冲锋向前的姿态。

建党 90 周年、国庆 60 周年、建军 80 周年，每到党、国家和军队的重大节日纪念的时刻，军队文化队伍都勇于担当，用艺术的方式描绘出一个大国的荣耀与庄严；每当国家遇有重大的灾难和突发事件，军队文化工作者总是以战士的姿态冲锋向前，用汗水书写抚慰鼓舞人民的诗篇，用热血抒发解放军对祖国人民的忠诚，用心灵感知广大官兵战天斗地的豪情和服务人民的真情。在部队遂行大型演习训练、抢险救灾、处突维稳等多样化军事任务中，军队文化工作者深入一线，亲身参与，全程伴随，创作了大量优秀的文艺作品，真实地记录下无数感人肺腑的英雄事迹，弘扬了人民群众和部队官兵的团结拼搏精神，促进了战斗力的生成提高，产生了很好的社会效益。我军的文化队伍，是一支历经 80 多年铸造磨炼出来的队伍，是一支有着光荣传统和优良作风的队伍，是一支集聚了众多优秀人才的队伍。走进军旅音乐家的艺术世界，我们会被他们唱响的激越旋律和真挚情怀所打动；走进军旅书画家的水墨空间，我们看到了他们对中国书画韵味、传统的继承和对现代技巧的借鉴融合，既是传统的，又是时尚的，更是主旋律的；阅读军旅作家的优秀作品，我们深为其大气磅礴、庄重典雅的审美品格和对现实生活深刻厚重的表现而折服……军队文化战线拥有一大批名家大师，他们在各自领域里的耕耘和收获，为军队赢得了荣誉，为全社会奉献了优秀的精神文化食粮，为构建和传承先进军队文化作出了不可磨灭的贡献。

（作者单位：总政宣传部）

执政党、政府在国际大都市中引领文化发展比较研究

——以纽约、伦敦、东京、巴黎、新加坡等国际大都市为例

周敬青

文化是城市之魂，它是城市生存的基础和城市人生活的精神支柱。一个城市的竞争力强弱，在一定程度上可以通过其文化资源、文化氛围和文化发展水平来衡量。本文以纽约、伦敦、东京、巴黎、新加坡等国际大都市为例，探讨执政党、政府在国际大都市中提升文化竞争力、把握文化发展的规律。

第一，领导国际大都市发展，建立创新型城市。

在知识经济的时代里，一座国际化大都市往往是高校和科研力量的集聚地，成为全球或地区的创新之源，创造新产品、新技术，引领新科技、新潮流。创新能力成为衡量一个国家、一座城市国际地位的重要标志。

执政党、政府领导国际大都市发展的作用主要体现在推动城市政府规划和引导产业集群的发展，为企业主体营造良好的环境等方面。国际大都市中现代产业集群的发展需要构建外在形态，形成有效载体。在纽约曼哈顿金融服务业集群的发展过程中，执政党通过政策引导纽约市政府进行了积极的规划和有力调控。比如，为了解决曼哈顿商务中心区（CBD）因产业不平衡而产生的矛盾，纽约市政府对格林威治街和第五大街采取了调控手段，改善投资环境，引导其平衡健康发展，加强纽约商务贸易中心功能，增强吸引力。随着城市的发展，在西部建了许多办公楼、住宅楼、展览中心等，而且还修建了穿过市中心区的地铁。随后，政府又颁布了曼哈顿南部规划，在岛南端建成了宽阔的环形高速公路、世界贸易中心、1.5 万套公寓及办公楼。这样，到 20 世纪 70 年代

中后期，改造后的曼哈顿商务中心区（CBD）焕发出勃勃生机，这为金融商务服务业集群发展创造了适宜的环境。着眼于为产业的发展培养专业人才，纽约市几十所高等院校纷纷筹建与知识经济衔接的新专业，为企业界培育精英。纽约市利用联邦资金，在市区开辟出"高科技产业研究园区"，联合众多大学、研究机构和企业的科研机构，大力研发高端科技产品。这一系列的政策取得了显著的效果，目前纽约高科技含量、高附加值的生产服务业已成为该市的主导产业。

执政党、政府在规划、引导和调控产业集群的发展方面起着重要的作用。在伦敦城金融中心的发展过程中，曾经一度出现了以公司总部和专业服务业为主的商务活动集中区不断侵蚀市民住宅区、破坏中心区历史风貌的问题，伦敦市政府以抑制市场的策略阻止商务区的渗透，并推行"限制性分区"措施，将商务区限制在以伦敦城和西敏寺区等单纯的商务区内，而对居住社区进行严格保护。为了同时适应商务区日益发展的需求，伦敦市政府又推动形成了以泰晤士河码头区城市更新为代表的新城市化中心区，并逐渐成为伦敦第二个中央商务区。伦敦现代服务业集群出现了中心城区、内城区、郊外新兴商务区多点发展的模式，正是政府科学规划、适时适度调控的结果。

东京是国际化大都市中的后起之秀，东京现代服务业集群是执政党、政府产业政策有意催生出来的结果。日本先后五次出台的"首都圈基本计划"和"全国综合开发计划"对东京首都圈的区域化功能开发作了与不同发展时期相适应的规划，最新的第五次规划中，重点是推进以据点型都市（即次中心城市）为中心的、具有较高自立性的地区建设，培育和发展作为合作交流据点的"业务核都市"，使"业务核都市"与次中心城市形成功能分担、相互提携交流的"分散型网络结构"城市群。① 同时，东京还集中了日本17%的高等院校、短期大学和27%的大学生，东京还拥有占全国1/3的研究和文化机构，其中大部分是国家级的。大量的人才储备为东京服务业集群的发展提供了智力支持。② 在历次规划上，东京一直坚持在大都市范围分散城市职能的策略，提出

---

① 中共上海市委党校图书馆、上海市干部教育信息中心编：《创建创新型国家的挑战与发展思路》，第30页。

② 杨亚琴、王丹：《国际大都市现代服务业集群发展的比较研究——以纽约、伦敦、东京为例的分析》，《世界经济研究》2005年第1期。

的"多核多圈层"结构策略造就了包括市中心区、8 个周边副中心区（含新宿、临海）、9 个外围特色新城（称业务核城市，含幕张、横滨）在内的城市体系，不同区域定位不同，其中市中心区被定位为全球金融和商务中心，而外围地区则配合以财政金融方面引导策略，既保留了中心区强大的金融、商务吸引力和金融、商务功能，又确保了不同区域的发展定位、模式和层次。因此，东京的各个区都有各自的主导服务业，分别集中于金融、批发、信息相关产业和专业服务产业，服务业多样化、多层次、网络化的结构已经成为东京都市区城市功能确立和产业集群的重要特征。

执政党、政府必须根据城市的各自特点和客观发展趋势，着力营造城市的某些突出功能。在国际化大都市建设的过程中，应首先营造若干突出功能，然后带动其他功能的发育和完善。

第二，整合社会，构建和谐城市。

保持与民众的联系，无论对于哪个政党来说都具有至关重要的意义。首先，保持与民众的联系是实现政党的本质和功能的条件，也是执政党获得执政合法性的要求。对执政党来说，首要的职责是维系社会的公正、稳定与发展，把各种社会矛盾尽可能地化解在体制内。只有这样，执政党的执政基础在国际化大都市中才能得到不断巩固和增强，构建和谐城市。

在一些多民族、多宗教、多元文化国家，民族、宗教、文化问题直接关系到国家和执政党的前途。严重的民族、宗教问题使执政党整合社会的能力面临着考验。20 世纪以来，种族问题一直是困扰着国际社会的"瓶颈"现象，新加坡在种族管理方面属于为数不多的成功典例之一，严格推行多种族文化民主原则是其成功的关键。新中国成立初期，新加坡社会如同一盘散沙。各种族之间交融程度低，且保留了各自独特的语言、宗教信仰和仪式、生活方式、价值观和居留地。种族间充满了惧怕与猜疑，一些主要种族如马来人、华人对政府抱有较高的抵触情绪。1965 年人民行动党确立了多种族文化民主原则。人民行动党提出的多种族文化民主原则是在其分析当时国内外环境因素、深思熟虑后的结果。独立后任何强制推行某一民族的文化都将给新加坡带来灭顶之灾。如果建立"华人文化"，则必定不为周边马来人世界所容；倘若顺应当时东南亚地区动荡的种族环境，倡导"马来人文化"，则注定会引发国内华人的骚乱。面对当时严峻的种族环境，人民行动党充分利用其有利条件，顺应时代要求，提出建立多种族文化民主原则，并以此作为其种族政策的基石。人民行动党认为实行多种族文化民主原则是解决新加坡种族问题的最切实际的根本原则。其基本点是：不给予任何民族以特殊的地位和权利；不搞权力和地域分配；尊重各民族及其文化的多元性。其核心是所有种族不论大小贫富，一律享有平等地位和平等权力。根据这一原则，文化的种族多元化是一个国家元气的源泉和文化进步的刺激物，而非国家统一的威胁。具体而言，这一原则包含以下三方面内容：一是"4M 原则"。即多元种族（Multiracialism）、多元语言（Multilingualism）、多元文化（Multiculturalism）和多元宗教（Multireligiosity）。4M 原则承认新加坡是由各自独立、各具特色的多个种族平等组成，新加坡的整个民族文化便是建立在各种族、语言、文化、宗教的多元性基础之上。二是"CMIO"模式。即新加坡社会是由四大种族即"华人（Chinese）＋马来人（Malays）＋印度人（Indians）＋其他人（Others）"组成的总和，同时保持这四大部分各自具有自己的种族个性特点和独立性。三是"一个国家、一个民族"观念。各族裔在保持各自特点的基础上求同存异，把新加坡作为自己的祖国，团结和谐，共同建设好"新加坡人的新加坡"。1991 年，政府颁布了"共同价值观"白皮书，主要内容包括：国家至上，社会为先；家庭为根，社会为本；关怀扶持，同舟共济；求同存异，协商共识；种族和谐，宗教宽容。这是华族文化、马来族文化、印度族文化的结晶，是东方文化同质性的表现，其核心精神是通过社区、家庭、种族、宗教、社会等之间的和谐，来维持和促进国家的稳定。多种族文化民主原则的提出对人民行动党处理种族事务具有极为重要的作用。事实证明，人民行动党种族管理的模式是成功的，为世人提供了宝贵的经验。①

　　科学合理的社区管理模式和机制对大城市中社会的整合与构建和谐城市起着极为重要的作用。在美国，负有社区管理职责的机构主要有政府（特别是地方政府）、社区管理委员会和非政府组织。以纽约市为例，整个纽约被划分为几十个社区，按规定每一个"社区区域"人口

---

　　① 参见阮岳湘《论新加坡人民行动党的多种族文化民主原则》，《湘潭师范学院学报（社会科学版）》2002 年第 5 期。

不超过 25 万人，一般把居住、工作和其他日常人口以及旅馆、饭店或其他夜间人口都考虑在内。实际上根据 1995 年的资料，约 730 万人口的纽约全市被分成了 59 个社区，每个社区自治体所服务的人口在 11 万—18 万人之间。纽约市的《城市宪章》，对市长、市议会和区长在社区管理方面的职责作了具体明确的规定。社区委员会是社区工作的核心机构，对社区事务拥有很大的发言权。社区委员会委员由地方政府依据当地法律法规任命，所有这些职位都是义务的，不享有薪金。纽约市《城市宪章》规定，每个社区委员会由 50 名社区委员组成，任期 2 年。社区委员会的主要职责是，整合社区居民的意见，向政府反映社区民意，并提出相关建议，动员和组织居民参与社区的管理。由于社区管理涉及社区安全、区域规划、环境保护、垃圾处理、社会福利、住房维修、妇幼保健、老人服务、社区教育等诸多方面，因此，社区委员会通常都根据本社区的实际需要把工作划分成若干方面，由专人负责，并组成专业委员会，如环境保护委员会、儿童福利委员会、教育委员会等。社区专业委员会除负责人由社区委员会委员担任外，其他成员可由社区居民竞选担任。非营利组织主要致力于社会服务和管理，是社区服务的具体承担者。其基本宗旨就是满足社区居民的日常生活需要，他们遍布在各个社区。

新加坡的治理也是"社区治理"的一个典型。300 多万人口的新加坡，分设了 23 个社区"市镇理事会"，平均服务人口约 13 万人。"社区规划"正是基于这样一种基础开展的。新加坡的社区结构分成三个层次：（1）邻里组团中心，一般由 4—8 幢组屋组成，1000—2000 户，应设有儿童游乐场和小型商店等；（2）邻里中心，一般含 6—7 个邻里组团，6000—9000 户，应建有一幢建筑面积在 5000—10000 平方米的综合楼，并设有购物场地、银行、邮政、诊疗所等；（3）市镇中心，含有 5—8 个邻里中心，4 万—10 万户，应配套的公共设施集中在市镇中心及其周围，主要有学校、办公、商店、娱乐、图书馆、邮政、诊疗所、民众联络所、安老院、体育场馆、游泳中心、宗教设施、公园、公交转换站等（而机场、码头那些对外沟通设施则属于大新加坡市政）。这三个层次都可以作为一个独立的自治体。

英国伦敦市的社区委员会，类似中国的居民委员会，有基层政府的职能，国家的社会福利政策基本都通过社区实现。它们与地方的警察机关、国家医疗机构、教育机构合作，有一整套保证居民的健康保健、子女入学和社会治安的系统。它们还与地方的一些私人服务公司建立伙伴关系，管理体育场、俱乐部、健身中心，丰富居民的娱乐、体育生活。社区委员会常年的任务主要是服务、帮助性的工作，如建立社区图书馆，举办各种文化讲座，保证社区安全和清洁的环境，帮助新移民进行语言和技能培训及就业，帮助残疾人就业和医疗服务，资助不同种族背景和社会团体的文化活动等等。

建构一个富有活力的、充满生机的、相互平衡的、和谐的执政党与民众的制度化联系机制，是执政党在大城市执政中面对的一个充满挑战性的难题。执政党、政府必须根据社会的发展变化，不断完善社会整合机制，通过改善旧机制、建立新机制来实现对新的社会阶层的整合。只有如此，才能在形成全体市民各尽其能、各得其所而又和谐相处的和谐城市。①

第三，促进国际化，加强国际关系领域中的沟通与合作。

国际化大都市必须加强国际关系领域中的沟通与合作，实现积极、有益的交流与互动，形成一种城市、地区和全球网络式的协调协作型互动关系。如纽约、东京、伦敦、巴黎从 18 世纪以来，就是世界最主要的交通中心，拥有世界最大的海港、国际航空港以及铁路枢纽；也是发达的制造业中心、有飞机、汽车、电子、机械、化学、医药、钢铁、金属加工、出版印刷、食品、服装、化妆品等先进的工业部门；又是国际贸易和金融中心，华尔街、伦敦城就集中了最大的银行、交易所及大企业的管理核心机构，纽约、东京、伦敦的股市行情往往是国际经济变化的晴雨表；加上这些城市具有高度发达的第三产业和完善的服务功能，拥有如百老汇等娱乐中心和著名高等学府、图书馆、博物馆及著名的建筑物，有力地吸引国际旅游者，更使其蜚声世界，并强烈地影响国际经济的发展变化。

国际化大都市的国际交往功能主要体现在以下几个方面：一是国际机构数量众多，包括外交机构及友好城市、国际组织、国际商业机构等。目前，国际组织分布列前 10 位的城市依次是：巴黎、布鲁塞尔、伦敦、罗马、日内瓦、纽约、华盛顿、斯德哥尔摩、维也纳和哥本哈

---

① 周敬青：《中外执政党制度建设比较论纲》，中共中央党校出版社 2005 年版。

根。巴黎所驻国际组织机构最多达 200 余家。国际商业机构通常指著名跨国集团总部及办事处、代表处和经营性机构，如伦敦拥有外国机构 700 余家，外国银行 480 余家；纽约的外国银行有 300 余家；东京的外国金融机构接近 300 家，这三个城市被公认是世界金融中心。二是国际交流活动频繁，包括外交访问和友好往来、承办大型国际会议等。总的来看，如纽约、巴黎、华盛顿、布鲁塞尔、日内瓦等一些国际交往中心城市总能占据国际交往舞台的中心和重要位置。这些城市很重要的特点是，其外交访问和友好往来活动十分频繁，而且相对稳定。举办大型国际会议数量是城市对外交流频度的重要标志，被国际上公认为现代国际交流的重要渠道和高级形式。巴黎每年举办的大型国际会议在 200—300 个之间，稳居世界首位。亚洲国家中，新加坡每年举办的大型国际会议数量平均为 130 个左右，排在前 10 位之内。三是国际交往人口规模庞大，包括接待入境人口规模、常住外国人数量等。跨国人员流动性是国际交往中心的最本质特征。按国际惯例，国际交流活动一般都有旅游内容，因此国际旅游业的发展状况间接反映出城市国际交往水平。巴黎、伦敦等城市每年海外游客达到 500 万—1000 万人，海外游客数超过本市居民的半数以上。城市外籍居民数量及占城市总人口的比重是反映城市国际人口构成和城市开放程度的一个重要指标。国际大都市需要国际化人才，因此外国人的多少成为衡量城市国际化的重要可量化指标，反映了这一城市在国际分工中能在多大程度上吸引外国企业、外国留学生、外国人才。以纽约为例，从 1820 年到 1920 年的百年间，共有 1130 万移民从世界各地来到纽约，为纽约超越伦敦成为世界最大的城市提供了人力资源。纽约的市民来自 230 个种族，120 个国家，讲 115 种语言。关于国际大都市中外籍人口的比例，国际上存在着 5%、8%、15% 和 20% 等四种不同的说法。以最低的 5% 计算，1000 万人口的城市必须拥有 50 万常住外籍人士。四是城市魅力较强，包括城市形象、国际吸引物影响力、举办固定的节庆活动等。国际交往中心城市通常有独特的城市形象，这些标志性形象能给人留下深刻印象。城市的外在表现形式，对国际交往中心的确立和发展产生积极影响。许多国际交往中心城市本身就拥有丰富的旅游资源，如文化遗产、自然风光、主题公园、专题旅游项目等，这些世界著名景点直接构成国际交往的核心要素，对世界各地的人们具有很强的吸引力。国际交往中心城市通常要举行大型国际交流活动，定期举办国际性大型节庆活动是当今比较流行的做法，如狂欢节、电影节、音乐节、艺术节等。五是国际交往设施发达，包括大型交流设施、国际交流中心区、现代航空口岸、城市标识系统等。国际交往中心城市通常拥有众多大型的国际交往设施，特别是大型会议展览设施，其规模和水平反映出城市举办国际活动的能力。许多国际交往中心城市集中规划建设相对集中的国际交流中心区，如纽约的曼哈顿、东京的新宿、巴黎的拉芳斯等都形成相对独立的商务中心区（CBD）。华盛顿、莫斯科和柏林等建有会议和展览中心区。城市航空港年旅客吞吐量是城市国际交通的最主要指标。为了便于与外国人交往，国际交往中心城市一般都建有规范的标识系统，交通系统、旅游服务设施系统、提示警示系统和公共服务系统等都有双语（通常为本国语和英语）标识牌。六是接待服务系统完善，包括专门的服务机构、信息服务系统、涉外饭店、外语人才以及相关的法律和政策等。

第四，制定文化发展战略，树立城市之魂。

城市形象是一个城市的无形资产，而城市的文化形象是城市形象的重要组成部分。如巴黎以高雅的艺术氛围取胜，伦敦以前卫的现代文化见长等。一个国际化大都市的文化形象应包括以下一些基本的标志：（1）拥有一流的文化名人。一个国际大都市应该拥有能引以为自豪的思想家、理论家、教育家、艺术家、作家，其中存有不同的学术流派，还应拥有一流的艺术团体，这些大师、大家的思想或者他们的著作应该具有世界性的影响，他们的艺术表演作品在全球范围内流行。（2）拥有一流的文化设施。城市文化形象的建设需要物质设施的载体，文化设施对于一个国际大都市是非常重要的。拥有一流的大剧院、博物馆、图书馆、艺术馆、科技馆等。（3）拥有一流的教育。教育是文化形象不可或缺的标志，也是一个城市发展的底蕴。国际大都市应拥有一流的大学。（4）成为国际文化交流的中心。像纽约、伦敦、东京这些国际大都市同时也是教育、科技、文化、信息的交流中心，更是新思维、新理论、新技术层出不穷的地方。（5）文化已成为重要的产业，国际大都市的 GDP 中文化产业占有一定的比重。文化产业包括演出、娱乐、出版、书报刊和音像制品的制作与销售等传统领域，也包括广播、电影、电视、网络服务、会展、创意设计等新领域。

国际大都市文化形象的基本特性表现为：（1）包容性和多样性。

包容性是一个国际大都市文化形象应有的特性，体现了国际大都市在价值观、体制上的宽松，兼容的文化追求和文化环境的良好氛围，是吸引各种文化思潮、各类人才的重要条件。多样性的文化形象特性与包容性是并存的。世界上的国际大都市基本上都是具有丰富多彩的文化形象，多样性是国际大都市文化形象的基本特性之一。（2）创造性是国际大都市的文化形象必须打上的印记。在多样性和包容性的基础上，一个国际化的大都市必须努力建立一种机制，这种机制能够提供一个让社会创新的理念、观点、思维得以产生的文化环境和文化的土壤，还能使这些东西在文化的沃土上结出具有创造力的科学之花、科技之果，并转化到社会的生产力发展上，这种文化的创造性从国际大都市向周边的城市群发散，甚至于走出国门，把这种创新的文化力量扩散到全球。① 恩格斯在评价法国巴黎时曾经说过："在这个城市里，欧洲的文明达到了登峰造极的地步，在这里汇聚了整个欧洲历史的神经纤维，每隔一定时间，从这里发出震动世界的电击。"②

许多国家的大城市在世纪之交重新思考和制定新世纪的发展战略政策，不约而同地把文化战略作为整体发展战略的核心。英国政府早在2000 年就发布了名为"创造机会——英格兰地方文化战略指南"的报告，要求各地方政府在 2002 年底之前必须制定出本地区的文化发展战略。伦敦的文化战略是："发展文化战略和创造新的文化多样性能够巩固伦敦作为世界都市的地位。"伦敦是世界上最大的出版中心之一。每个工作日，在伦敦的全国性报纸印量达 1100 万份；每个星期，地方性报纸印量达 450 万份；每个月，仅 5 家最大的杂志出版社要出版 100 多种杂志，印数超过 1000 万册；每年，仅 5 家最大的出版商就要出版 4万多种书籍，印数达上千万册。同时伦敦和东京还是全球电子出版业的中心。

纽约一直是经济中心，尤其在第二次世界大战后，美国在世界经济体系中的地位达到了顶峰。纽约凭借在美国经济中的中心地位一举成为世界的经济中心、经济控制和决策中心、贸易和航运中心，而伴随着经济的发展，纽约在长期的历史积淀中，形成了具有多种特质、多种内

---

① 诸云茂：《国际化大都市文化形象的标志和特性》，《文汇报》2004 年 6 月 8 日。
② 黄玉发：《纽约文化探微》，中央编译出版社 2003 年版，第 7 页。

涵、多个层面的城市文化系统，实现了经济腾飞与城市文化的交相辉映。作为美国文化中心，纽约非常重视城市文化设施建设，即在表现城市整体形象和风格的城市文化"硬件"上下工夫。纽约拥有闻名遐迩的林肯艺术演出中心、卡内基演出厅、大都会艺术博物馆、纽约公共图书馆等文化设施。例如，纽约共有 2000 多所博物馆，既有综合性博物馆，也有艺术、历史、自然科学等专业博物馆。其中最为著名的当推大都会艺术博物馆，收藏有世界各国艺术珍品 36.5 万多件，包括服饰、陶器、金属制品、盔甲、木乃伊、油画、雕塑、摄影、镶嵌艺术品等，反映的历史长达 5000 年。再如，纽约三大公共图书馆，藏书 2200 万册，每年服务人次 730 万以上。[①] 纽约是美国文化中心，文化产业十分繁荣，传媒业、新闻很发达。总部设在纽约的美国三大广播网哥伦比亚广播公司（CBS）、全国广播公司（NBC）、美国广播公司（ABC）控制了 2139 家电台和电视台；纽约还是出版业的大都会——数百家国家级杂志的总部设立于此。纽约出版的《纽约时报》、《华尔街日报》、《时代周刊》、《商业周刊》、《新闻周刊》等出版媒体影响全美舆论界，左右着全国的新闻和娱乐，对全世界也有巨大影响。整个美国出版业的 18% 的从业人员工作、生活于纽约。

长期以来，新加坡以制造业作为经济发展的主动力，但是其制造业产值始终处于波动之中，就业人数处于持续减少的趋势中。针对这种情况，新加坡政府适时提出以知识经济为基础，大力发展创意产业，并将创意产业定为 21 世纪的战略产业，努力使新加坡成为"新亚洲创意中心"、"一个文艺复兴的城市"、"全球文化和设计业的中心"，通过创意产业与传统制造业并举来提升城市创新能力，全力打造创新型城市。新加坡新闻及艺术部 2000 年 3 月提出一份《文艺复兴城市报告：文艺复兴新加坡的文化与艺术》，明确提出要将新加坡建设成为 21 世纪的文艺复兴城市，要成为亚洲的核心城市之一。报告提出"新加坡的发展前景是一个生机勃勃的世界级文化城市"。报告列出了两个基本目标：使新加坡成为一个全球艺术之都；在国家建设中强化文化建设的重要性。其近期发展目标是要成为像墨尔本、香港这样的地区性文化中心，其远期目标是要成为像伦敦、纽约这样的世界级文化城市，并提出要从文化硬件基础建设阶段进入文化软件建设阶段。新加坡政府的创意产业工作组（Creative Industries Working Group）于 2002 年 9 月提出的第一份发展创意产业文件《创意产业发展战略：推动新加坡的创意经济》，其创新之处是提出了"创意聚落"（Creative Cluster）的概念，该计划的目标是要把新加坡建设成为一个全球媒体城市，鼓励实验与创新，发展高附加值的媒体研发与制作，同时定位新加坡为媒体的交易中心，以各种优惠方案吸引媒体资本进驻新加坡。同时新加坡将拓展海外市场，通过与外地人才、企业的合作，将原本仅在国内销售的媒体内容出口到其他国家。新加坡政府以创意产业建设创新城市的政策取得了空前成功。目前新加坡已经成为亚洲创意枢纽，并极大地提升城市创新能力。

但是，有的城市经济与城市文化的发展呈现出不平衡性。例如，东京作为日本的首都，二战后经济腾飞，很快成为世界上屈指可数的国际大都市。然而在经济繁荣昌盛的背后，城市文化却未得到长足发展。其文化功能始终不健全，难以能够像纽约、伦敦、巴黎这三个世界三大文化中心那样，取得世界级文化传播基地的地位。东京的文化个性比较模糊，长期以来，它一直吸收欧美文化，成为日本普及推广欧美文化的中心，却凸显不出自身的文化创造。建设一个不亚于纽约、伦敦和巴黎的新东京，成为东京新一轮城市建设的目标。

当前，国际大都市之间的竞争日趋激烈，没有个性、没有魅力的大都市将失去整体的竞争力。执政党、政府应以增强城市国际竞争力为目标繁荣城市文化，以提高文化综合竞争力增强城市国际竞争力，使城市国际竞争力体现文化睿智，融汇时代理性，挟裹社会风尚，吞吐现代文明。

（作者单位：上海市委党校）

深圳：从"文化立市"到"文化强市"的回顾与思考

刘　琳

早在 2003 年，深圳在全国率先确立"文化立市"战略，南海之滨的鹏城，在展开经济之翼搏击长空时，也自信地舒展文化之翼强势起飞。一个"立"字，确定了文化在深圳发展战略全局中的突出位置，使文化成为经济社会发展的一个重要基础、支撑点和动力源。近十年"文化立市"战略的坚定推行，为深圳"立"起全新文化格局，也创造了文化发展的奇迹。走过"文化立市"的十年，而今深圳正在全面推进"文化强市"建设，着力打造文化深圳，努力迈向"文化强市"。

一　十年"文化立市"历程回顾

十年，在历史长河中只是一瞬。十年，对于年轻的深圳而言，却是城市文化发展的关键期。早在 2003 年，深圳在全国率先确立"文化立市"战略，掀开了全市文化大建设大发展的新篇章。2010 年 8 月，胡锦涛总书记考察了深圳文化建设，在听取深圳文化发展的汇报后，他带头鼓掌，殷切寄望深圳争当文化产业发展领头羊，做好文化改革发展这篇大文章。最近，深圳第三次获得"全国文化体制改革工作先进地区"称号，荣膺"三连冠"。广东省委常委、深圳市委书记王荣应邀出席全国文化体制改革工作会并作主题发言，介绍深圳经验。深圳，一座曾被戏称为"文化沙漠"的城市，蝶变成郁郁葱葱的"文化绿洲"。

1. 为文化惠民奉献一个"深圳样本"

深圳率先提出"实现市民文化权利"，全覆盖普惠型公共文化服务体系领跑全国。文化惠民，年轻的城市从理论到实践，为中国奉献了一个"深圳样本"。

　　"实现市民文化权利"的观念，始于 2000 年首届读书月。当时，任文化局长、现任市委常委、宣传部长王京生发表了一篇题为《实现市民的文化权利——对首届深圳读书月的若干思考》的文章，从联合国1976 年生效的《经济、社会和文化权利国际公约》谈起，提出"创立深圳读书月的目的就是要从读书这一最为基本的文化行为、文化权利入手，使更多的市民群众能参与到这一活动中来，享受读书的乐趣，满足求知的渴望，达到提升自我以适应社会和未来之目的"。

　　当"市民"与"文化"结合在一起，文化步入了每位普通市民的日常生活；当"文化"和"权利"结合在一起，文化成为市民理所当然享有的权利；当"实现"与"市民文化权利"相结合，深圳城市文化发展思路清晰可见。

　　实现市民文化权利，对市民是"权利"，对政府是"义务"。深圳主动担当，以实实在在的惠民工程、利民举措、便民活动，让市民共享共创文化成果。深圳将市民文化权利的实现程度作为实现民生文化福利的出发点和落脚点，使每个市民都有享受文化成果、参与文化活动、开展文化创造的权利。在持之以恒实现市民文化权利的历程中，深圳逐渐建立起设施齐全、产品丰富、服务一流、机制健全的公共文化服务体系。从莲花山顶俯瞰深圳，人们看到了一个庞大的文化院落——中心书城、深圳图书馆、深圳音乐厅错落排开，文化气息扑面而来。一座城市，把最好的地方留给文化设施，这已成为深圳的文化宣言。在深圳经济特区建立 30 周年之际，"深圳最有影响力十大观念"评选揭晓，十大观念中，"实现市民文化权利"的观念位列第七。

　　2. 为中国文化产业发展探索一条新路

　　深圳勇当先锋，为中国文化产业发展探路，率先探索出"文化＋科技"、"文化＋金融"、"文化＋旅游"、"文化＋创意"等产业新模式，争当文化产业发展领头羊。

　　深圳并非文化资源大市，却是高科技发达的新兴城市。凭借这一优势，深圳提出"文化＋科技"的产业升级发展思路，让科技借助文化飞得更高更远。"文化＋科技"，不是简单的"1＋1"，两者的紧密结合，迸发出远大于"2"的神奇力量，提升了产业竞争优势，成为深圳文化产业发展的基本特色和基本路径，也为中国文化产业发展探索一条新路。高科技含量、高文化含量的新兴文化科技产业，成为中国文化产业发展的新希望所在。

"文化＋旅游"，探索文化与旅游资源的优化整合。华侨城"文化＋旅游"模式已复制到全国七个省市，深圳已培育出大芬油画村、深圳古玩城等以"文化＋旅游"带动产业发展的多个重点园区。"文化＋金融"，探索破解文化产业发展的投融资瓶颈难题。深圳文化产权交易所挂牌，成为中央重点支持的国家级文化产权交易机构；中国文化产业投资基金在深运营，深圳成为总规模达 200 亿元的国家级文化产业投资基金的发起者之一。"文化＋创意"，深圳这座"设计之都"已集聚了 12 万设计师，以精彩创意推动文化创意产业的发展，张扬深圳设计的力量，让世界在观察深圳时有了一个新角度——创意。

不仅如此，深圳还突出规模化集约化发展，建立 50 多个文化创意产业园区和基地，以良好的公共服务平台和技术平台吸引中小创新型文化企业入驻，打造创研产销一体化的产业链条；深圳突出完善现代文化市场体系，创新产业发展机制，七届文博会累计成交额超过 5000 亿元，成为中国文化产业第一展。产业模式的创新，推动了深圳文化产业的发展：2011 年，全市文化创意产业增加值达 875 亿元，占 GDP 的 8%，文化创意产业近几年平均增幅达 25%。

3. 为文化跨越"立"起一套观念新体系

谈及深圳文化巨变，从各级领导到专家学者，不约而同用到一个词——"文化自觉"。文化自觉，是对发展文化历史责任的主动担当，是城市一种内在的精神力量。深圳以高度文化自觉，建立一套文化观念新体系，高扬城市文化理想，先行先试，推动文化跨越发展，展示观念的力量。

新世纪，国家与城市的竞争进入"拼文化"的时代。经过 20 年高速发展，深圳进入战略转型期，城市的新一轮发展期待着一个新的战略格局。正是意识到文化在城市发展中的重要战略意义，在全国仍在为"深圳速度"惊叹之时，深圳在 2003 年率先确立了"文化立市"战略。

深圳没有秦砖汉瓦，却有着融于血液中的创新精神。深圳率先提出 21 世纪"拼文化"的理念，赋予深圳建设国际化城市新的人文内涵，"以文化论输赢、以文明比高低、以精神定成败"渐成共识；率先提出"实现市民文化权利"的理念，将文化权利的实现程度作为实现民生文化福利的出发点和落脚点；率先提出"维护国家文化主权"的理念，推进深圳在中华文化走向世界中新的更大作为；率先提出"打造创新型智慧型力量型主流城市文化"的理念，打造与建设国际化城市相匹配的城市文化新样态……既有高屋建瓴的战略，还有独具特色的文化期许，形成一套文化观念新体系，思想的解放与行动的务实交相辉映，推动文化改革发展实践。

在特区建立 30 周年之际评选出的深圳十大观念中，与文化直接关联的就有两个——"让城市因热爱读书而受人尊重"、"实现市民文化权利"。与城市文明息息相关的也有两条——"送人玫瑰，手有余香"、"来了，就是深圳人"……一条条萌生于深圳、闻名于全国的观念，成为一个时代的精神坐标与文化坐标。

深圳十大观念，对 30 岁的深圳经济特区立言，被称为时代留存的共同财富，凝聚着社会主义核心价值观，风行全国。十大观念不断扩大的影响力辐射力，让人们见证了深圳观念的力量。深圳在文化建设中的一个个新观念新理念，照亮了城市的未来。

4. 为提升文化软实力创造一种文明样式

当今世界，国家的竞争、城市的竞争，不仅要靠产业硬实力，更要靠文化软实力。深圳十年的文化跨越，不仅推动城市发展转型，更以一座城市的文化攀升，展示着属于中国的软实力。

深圳，是一座在文化上有伟大抱负和崇高追求的城市。这座年轻城市，有着"让城市因热爱读书而受人尊重"的追求。私人阅读，决定一个人的气质和素养；全民阅读，决定一座城市的文化格局和文化力量。深圳连续 12 年举办读书月，无数市民在这一温暖观念的感召下捧起书本，共同开启城市的气质重塑。城市推崇阅读，阅读改变城市，多年的高贵坚持，让阅读成为深圳人的生活方式，商潮涌动的城市里书香弥漫，荣膺"杰出的发展中的知识城市"、"活力图书之城"等国际头衔。

这座年轻的城市，有着"助人者最乐，行善者最美"的情怀。天南地北的人来到深圳，最懂得相互温暖的意义。深圳已有 25 万注册义工，正迈向志愿者之城；城市献血总量数以吨计；关爱行动九年来举办 1 万多项爱心活动，把"关爱感恩回报"理念镌刻进人们的心灵；深圳两次荣获全国文明城市称号，涌现了丛飞、郭春园、孙影等一大批爱心人物；大运会期间，深圳人绿色出行、志愿服务、文明有礼，如此"不一样的精彩"正得益于城市人文精神对市民的涵养。

这座年轻的城市，有着"全球视野、民族立场、时代精神、深圳表达"的抱负。深圳，奏响时代强音。在共和国 60 华诞时，《走向复兴》被誉为"新时代的义勇军进行曲"；在中国共产党 90 华诞时，《迎风飘扬的旗》唱响全国。大运会期间，4000 多幅美轮美奂的论语金句公益广告展示中华传统文化之美。当下，深圳正酝酿推出大型交响乐《人文颂》，把仁、义、礼、智、信作为五大乐章，以音乐形式推动中国传统文化走向世界。

文化软实力，将最终决定一座城市的凝聚力、影响力和辐射力。深圳的努力，将向世界证明——这里不仅拥有物质上的丰富，还有着精神上的丰饶，这座青春都市所筑造的不仅是高楼大厦，还创造一种高尚的城市文明样式。

二 全面推进"文化强市"建设的原则与思路

党的十七届六中全会，吹响了建设社会主义文化强国的号角，开启了文化大发展大繁荣的新征程。新形势下，中央对深圳的文化改革发展高度重视、寄予厚望。建设文化强市，是新时期深圳提出的新的战略目标，深圳将以更大的决心、更大的力度、更实的举措，全面推进文化强市建设。让"文化深圳"成为这座城市引以为傲的品牌，让深圳成为中华文化走向世界的重要窗口，成为具备强大文化创造力、吸引力、感召力的东方魅力都会。

在文化强市建设中，必须注意把握好四个基本原则。一是要坚持"文化改革"与"文化发展"相促进；二是要坚持"主流引领"与"鼓励多样"相结合；三是要坚持"社会效益"与"经济效益"相统一；四是要坚持"国际化特征"与"本土化特色"相兼容。

推动文化强市建设可以围绕以下六个方面进行统一部署：

第一，要着力培育城市人文精神，共建和谐精神家园，争当社会主义核心价值体系建设的"先进市"。新形势下，要坚持把社会主义核心价值体系融入国民教育、精神文明建设和党的建设全过程，贯穿特区事业发展的各领域，体现到城市人文精神建设的各方面。

第二，要着力提供优质文化产品、保障市民文化权利，争当建设公共文化服务体系的"示范区"。新的发展时期，要进一步树立"文化民生"理念，围绕人民群众日益增长的精神文化需要，率先建成全覆盖、多层次、高水平的公共文化服务体系，打造全国公共文化建设的示范区，让不同层面的市民更好地实现文化权利、分享文化成果。

第三，要着力发挥深圳自身优势、提升核心竞争能力，当好文化产业发展的"领头羊"。认真抓好文化创意产业《振兴发展规划》及配套政策的实施落地，充分发挥深圳科技、金融和旅游等产业发达的优势，整合文化产业资源，积极培育新型业态，建设一批掌握核心技术、拥有原创品牌、具有较强竞争力的创新型文化企业；不断强化三大国家级文化产业平台的功能，增强深圳文化产业的集聚、辐射、带动功能，打造具备国际影响力的"文化企业航母"。

第四，要着力创新体制机制、增强文化发展活力，当好文化体制改革的"排头兵"。力争在中央高度关注、全国亟待破题、深圳具备条件的重点领域，率先拿出一些有分量、有影响的改革创新举措，为全国文化改革发展提供有益借鉴。

第五，要着力扎根特区创新实践、服务基层服务群众，打造文化精品力作的"高产田"。继续鼓励支持文化精品创作，大力引进和培养高素质的文化人才，打造"文艺深军"，不断推出能够体现时代精神、富有艺术内涵、在全国有广泛影响的精品力作，为人民群众提供更多更好的"精神食粮"。

第六，要着力增强文化传播能力、充分展示城市形象，打造一流现代传媒的"新高地"。进一步加大对外宣传力度，提高深圳的美誉度和国际知名度。深圳三大专业文化集团要充分发挥现有优势，深化改革创新、增强竞争实力，努力打造在全国、全世界都有广泛影响的一流现代传媒集团。

三　以"五种能力"的提升推动"文化强市"建设

20年前，88岁高龄的邓小平踏上了南巡之路，发表了南方讲话，从此开启了新一轮改革，将中国带入了一个新的发展方向。可以说，深圳是南方谈话的发源地。邓小平认为，"深圳的重要经验就是敢闯"。从"文化立市"到"文化强市"，靠的就是"闯"，今后，全面推进文化强市建设，同样需要"闯"，在"闯"中"干"，在"闯"中提升"五种能力"，只有这样才能够推动全市文化建设工作再上新台阶，才能够大力推动文化强市建设。

一是领悟能力。要对十七届六中全会精神有深刻的领悟和把握，对近些年来中央关于文化体制改革、文化事业建设、文化产业发展等一系列的指导思想和理念有深入的理解和领悟。近年来，深圳的文化建设走在全国前列，最根本的原因，是历届市委市政府对于文化的高度重视，较早实施文化立市战略。只有具备高度的领悟能力，才能具有强烈的文化自觉和高度的文化自信。

二是领航能力。加强领航能力，必须要有创新理论基础，坚持理念先行，以理论创新带动实践发展。深圳文化战线还要在创新理念上下工夫，用崭新的理念和理论指导工作。其次，要有广阔的视野，要集中国和世界上一切好的文化发展模式和管理模式，使之制度化，进行顶层设计，而不能局限于局部的自娱自乐。此外，还要继续发挥深圳人敢为天下先、敢于担当的责任意识，无论是改革，还是制度、企业、作品，都要有"要么不做，要做就做得最好"的信心，都要在全国掷地有声。

三是掌控能力。掌控能力的核心就是把握正确的舆论导向，把握主动权、形成话语权。当前，思想领域多元、多样、多变，文化环境复杂多变。我们的媒体就是要听党指挥，服务人民，英勇善战；就是要反映民间疾苦、人民诉求；就是要围绕市委市政府的工作大局做好文章，为市委市政府代言、为市民代言，为时代立言，服从服务于全市的中心工作，营造良好的舆论氛围；就是要发挥积极的舆论监督作用，净化社会空气；就是要针对互联网等新兴媒体快速发展的新情况新挑战，坚持"管用结合、以用代管"，发挥互联网、微博的积极作用，促进社会和谐稳定。

四是创意能力。创意是文化的灵魂和动力。创意能力是衡量文化工作水平高低的重要指标之一。要很好地发挥创意的重要作用；要充分运用好《文化创意产业振兴发展规划》及其配套措施，做好做大做强以创意为核心内容的文化产业；要把创意引申到发展公益文化事业中去，要把创意引入每个重大活动，使每个活动都鲜活生动。

五是执行能力。文化强市建设能否取得成效，最终要看干部队伍的执行能力。广大干部要认真贯彻落实党的十七届六中全会精神，按照市委市政府《文化强市建设的决定》精神，把市委市政府推出的一系列加强文化建设的政策、规划、措施真正落实到位，坚决避免政策积压。

把文化改革发展工作实绩作为硬指标，建立评价考核体系，确保文化改革发展的各项部署落到实处、见到实效。

（作者单位：中共深圳市委党校）

大学推进文化传承创新的原则与途径

王炳林

胡锦涛总书记在庆祝清华大学建校 100 周年大会上的讲话中指出"高等教育是优秀文化传承的重要载体和思想文化创新的重要源泉"。这一论断进一步明确了大学在文化传承创新的重要地位和作用，既是对大学功能认识的丰富和深化，又是教育观念的更新。从我国高等教育发展的实际出发，明确大学肩负的历史使命，遵循文化传承创新的基本原则，探讨文化传承创新的主要途径，有利于增强大学推进文化传承创新的自觉性和主动性。

一 大学肩负着文化传承创新的历史使命

1. 推进文化传承创新，是培养高素质人才，促进人全面发展的需要

在工业化社会，专业分工过细曾不可避免地导致大学在人才培养过程中对促进人的全面发展重视不够。国内外大学都意识到这一问题，并且把目光投到文化领域，希望通过文化育人来促进大学生综合素质的发展。第二次世界大战后，哈佛大学发表《自由社会的通识教育》红皮书，强调教育的主要任务是继承人类的知识财富，传授共同的价值观，将学生培养成民主社会中的责任者和公民。赫钦斯在担任芝加哥大学校长期间，针对当时美国大学的功利主义、实用主义倾向，推行"芝加哥计划"，要求学生精读西方经典名著，防止学术课程和职业课程过分专门化。早在 20 世纪初，北京大学实行废科设系，旨在"融通文理两科之界限"，"破学生专己守残之陋见"，以达到培养硕学宏材的目的。钱学森晚年在思考如何培养杰出人才的问题时，也提出大学教育要实现科学与艺术的结合。

近年来，我国大学积极探索文化育人的有效途径，确立了"宽口径、厚基础、强能力、求创新"的培养取向，通过大类招生、改进思想政治教育、开设文化素质课、开展文化活动、丰富社会实践等措施，一定程度上促进了大学生综合素质的发展。大学的文化育人虽然取得了一些新成绩，但仍未满足培养高素质人才的需要；大学的学科交叉，文理交融取得了一些新突破，但仍未适应形势的发展；大学人文校园建设取得了一些新进展，但仍未形成全方位多层次的育人格局。把文化传承创新作为大学的一项基本职能加以强调，不仅仅是丰富和深化了对大学功能的认识，更是教育观念的更新，把促进人的全面发展与适应社会需要一同作为衡量人才培养水平的根本标准，使对人才的培养真正回归到人的本质需求上来。

2. 推进文化传承创新，是提高高等教育质量，走内涵式发展道路的需要

提高质量，是高等教育的生命线，是高等教育发展的核心任务。在高等教育大众化背景下，走以提高质量为核心的内涵式发展道路已成为大学实现科学发展的内在要求。

如果说大学外延式发展注重数量、规模等硬件方面建设的话，那么，内涵式发展指向的是大学精神、办学理念、教育质量、管理制度、人文氛围等软件方面的建设。加强大学软件建设，需要发挥文化在大学发展中的引领作用，用深厚的文化底蕴塑造人、用崇高的大学精神凝聚人，用浓厚的学术氛围激励人，用浓郁的人文气息感染人。从这个意义上说，推进文化传承创新，是提高高等教育质量，走内涵式发展道路的必然选择。

同质化已成为当前大学发展面临的一个突出问题。同质化的集中表现就是各大学专业设置、培养方案、校训校风、评价标准、发展规划等方面的相同或相似。大学同质化分散了学校的精力，直接导致本校原有特色学科的优势得不到充分体现。大学同质化还造成学生的学业、就业得不到有效的保障。在人才培养中，学生不能享受到高质量的高等教育，导致专业基础不扎实，学生无法接受本专业所特有的行业文化传统的熏陶，导致专业情感不牢固。在就业时，由于培养质量得不到用人单位的认可，学生在激烈的就业市场中举步维艰。大学发展同质化问题的核心在于大学培养理念的缺失、大学精神的匮乏和学术风气的浮躁，归

根结底是大学文化的问题。因此，解决大学发展同质化问题的出路在培育大学文化。从这个意义上说，打破大学同质化，实现大学的特色发展，需要推进文化传承创新。

3. 推进文化传承创新，是增强国家文化软实力，建设文化强国的需要

从一定意义上说，谁占据了文化发展制高点，谁拥有了强大文化软实力，谁就能够在激烈的国际竞争中赢得主动。建设社会主义文化强国，是党的十七届六中全会基于文化在综合国力竞争中的重要地位和作用而提出的战略任务。大学作为独特的文化机构，会聚了大量的文化资源，具备服务文化强国建设的良好条件，是推动文化大发展大繁荣的生力军。建设社会主义文化强国，迫切要求大学在推进文化传承创新中有更大的作为。

建设社会主义文化强国，迫切要求大学在文化创新中培养高素质的文化人才，为文化建设提供人才支撑。国家文化软实力的较量，归根结底是人才的较量。我国当前无论是人才的规模还是人才的素质都难以满足文化发展的需求。"据统计，我国总体文化产业人员只有1200万人，只占总人口的1%左右；而美国纽约文化创新产业占总人口的12%。拿数字艺术产业来说，这项新型文化产业前景广阔，但人才缺位形成了行业桎梏。目前需要大约40万数字艺术人才，但目前行业从业人员仅有3万余人。"① 因此，建设社会主义文化强国，要求大学在建设宏大文化人才队伍，造就高层次领军人物和高素质文化人才队伍中发挥积极作用，实现人口大国向人力资源强国转变。

建设社会主义文化强国，迫切要求大学在文化传承创新中增强文化研究的能力，为文化建设提供智力支持。文化强国建设面临着诸多新情况新问题。例如，社会主义核心价值体系引领社会思潮的问题，深化文化体制改革的问题，城乡文化发展一体化的问题，处理好文化事业和文化产业关系的问题，维护国家文化安全的问题，建立中华民族共有精神家园的问题，等等。这些问题需要哲学社会科学工作者从理论上予以深入研究，作出有说服力的回答。因此，建设社会主义文化强国，要求大学必须繁荣发展哲学社会科学，发挥哲学社会科学思想库、智囊团的

---

① 《光明日报》2011年12月9日第9版。

作用。

　　建设社会主义文化强国，迫切要求大学在文化传承创新中大力服务文化繁荣发展，为文化建设作出积极贡献。文化事业和文化产业的迅速发展，要求大学加快文化研究及其成果转化和产业化步伐。中华文化走出去需要大学积极开展对外文化交流。净化社会风气，提高公民素质，培育理性社会心态，需要大学发挥好文化示范、文化引领的作用。因此，建设社会主义文化强国，要求大学必须增强文化自觉，更加主动地服务文化发展，发挥大学在文化建设中的独特优势。

二　大学推进文化传承创新的基本原则

1. 文化传承创新的渐进性原则

　　文化既受到经济社会发展水平的制约，又有着内在的发展规律，具有相对独立性。文化的发展是一个循序渐进的过程，文化建设不能一劳永逸，要长期孕育、持续推进、不断积淀；文化建设不能单靠"外部输入"，要立足实际、合理规划、内部培育；文化建设不能单方面推进，要物质文化、精神文化、制度文化协调发展；文化教育不能急躁冒进，要春风化雨、以理服人、以情感人。坚持文化传承创新的渐进性原则，要处理好普及与提高的关系。推进文化传承创新要以普及为基础，在普及的基础上提高，在提高的指导下普及。忽视普及，不愿做一些基础性的工作，一味追求提高，就会曲高和寡，效果欠佳。例如，思想政治理论课是教育引导大学生树立科学的世界观、人生观、价值观的主渠道，当前，影响大学生思想政治理论课实效性的一个原因就是理论普及不彻底，对马克思主义基本原理的认同还有差距，课堂教学与学生关心的实际问题还有隔膜。在理论知识普及不彻底的情况下，大学生世界观、人生观、价值观的理论基础就不牢固，容易受到各种社会思潮的影响，提高大学生明辨是非的能力就比较困难。所以，做好文化育人的工作应从回答学生关心的问题入手，在普及知识的基础上提升理论素养，在潜移默化的教育中使学生树立理想，坚定信念。

2. 文化传承创新的融合性原则

　　文化传承创新不是一个学科所能够独立完成的，也不是单靠哲学社会科学所能够实现的。不同的学科只是研究文化的某一个方面，因此，在促进人的发展中的作用也是不同的。"读史使人明智，读诗使人聪慧，数学使人周密，哲学使人深刻，伦理学使人有修养，逻辑修辞使人善辩"说的就是这个道理。大学在推进文化传承创新中，不仅哲学社会科学直接承担文化传承创新的任务，自然科学在文物保护、文化资源数字化建设等方面发挥着独特优势。大学的文化传承创新需要跨学科合作、文理工融合、多领域协同推进。一些自然科学家都有很好的人文科学素养，可以说是文化的滋养成就了巨人。大学尤其是综合性大学，学科门类齐全，这为学生多方面接触不同学科的知识创造了条件，有利于大学生开阔视野、活跃思维、启发思想，对促进学生全面发展是有益处的。坚持融合性原则，实现多学科的交叉，既是大学推进文化传承创新的突出优势，也是高素质人才培养的现实需求。

3. 文化传承创新的开放与自由原则

任何思想文化的创新都是在批判吸收前人成果的基础上进行的。马克思主义就是在批判地继承、吸收德国古典哲学、英国古典政治经济学、英法空想社会主义的基础上创立和发展起来的。离开文化的开放性，文化传承创新便成为无源之水、无本之木。推进大学文化传承创新要本着兼收并蓄、宽容开放的文化心态，以宽广的文化视野，吸收中外优秀文化的精华。大学推进文化传承创新离不开自由探索的环境。大学作为传授和研究高深学问的场所，其本质属性在于学术自由，思想批判。大学没有自由的环境，学术便失去了生存的条件；没有批判的精神，思想的源泉也就堵塞了。我国宋代思想家张载说："学则需疑，于无疑处有疑，方有今矣。"① 学术自由的本质是治学精神的自由，即"独立之精神，自由之思想"。在学术研究中，不盲从学术权威，敢于挑战，不拘泥现成结论，敢于创新，不满足已有成果，敢于超越，通过争鸣、质疑、批判来推动学术的发展。倡导学术自由要处理好学术自由与学术自律的关系。任何自由都是一定限度内的自由，学术自由必须遵守学术规范和学术道德，实现求真与求善结合。倡导学术自由要处理好一元指导和多元并存的关系。文化传承创新要坚持正确的方向。社会主义核心价值体系是社会主义先进文化的精髓，决定着中国特色社会主义发展方向。必须坚持马克思主义在意识形态领域的指导地位，在社会主义核心价值体系的引领下解放思想、自由探索。

---

① ［宋］张载：《经学理窟·学大原下》。

三 大学推进文化传承创新的主要途径

1. 凝练大学核心价值观，形成正确的价值导向

文化的核心是价值观。大学核心价值观是大学文化的集中体现。大学之所以区别于其他文化机构，其关键在于大学核心价值观的特质。大学核心价值观既是大学文化的提炼和总结，又会对大学文化的发展产生深远的影响。在多元价值背景下，凝练大学核心价值观，充分发挥大学核心价值观在思想凝聚、精神激励、行为规范、价值导向中的有效作用，是用社会主义核心价值体系引领校园文化建设的现实要求和有效途径。

凝练大学核心价值观既要恰如其分地体现学校的历史传统、办学理念、基本精神，又要有丰富的内涵、深刻的思想、精练的表述、鲜明的特色。这是一个复杂而又艰难的过程，需要集中智慧、形成共识。凝练大学核心价值观要抓住大学本质。提炼和表达大学核心价值观，理应反映大学这一本质属性，从而为形成崇尚学术、追求真理、探索创新、勇于批判的良好氛围打下思想基础。凝练大学核心价值观要体现学校特色。不同的学校，其历史沿革、办学理念、办学层次和风格各不一样。综合性大学和行业特色大学不一样，研究型大学和普通大学也不一样，即使同为行业特色大学，农林、石油、邮电、地质等大学也不一样。大学核心价值观若不能体现学校特色，那么就模糊了核心价值观的适用范围，在实践中就不能发挥核心价值观的引领作用。体现学校特色，要与本校的校风、校训有机衔接，把学校的历史传统、理念风格、办学特色渗透其中。

凝练大学核心价值观要增进师生认同。大学核心价值观只有获得师生的理解和认同，才能在现实中发挥作用。提炼和表达大学核心价值观要集中全校智慧，动员广大师生积极参与，形成学校与师生之间良性互动。大学核心价值观的表达要简洁明快、易于识记，用最少的词尽可能体现最丰富的内涵，这样的核心价值观才具有强大的感召力。北京师范大学的校训"学为人师、行为世范"是启功先生概括的，是对北师大百年办学理念和风格的凝练与提升，是北师大精神的体现，也是北师大的核心价值观，得到广大师生和社会的认可。

2. 将文化传承创新融入人才培养全过程

提升人才培养水平要遵循大学生成长成才的规律，把促进人的全面

发展和适应社会需要作为衡量人才培养水平的根本标准，始终坚持育人为本、德育为先、能力为重、全面发展。

发挥大学在跨学科合作、多领域协同推进的独特优势。努力探索新的学习体系，引导学生通过跨专业选修课程，鼓励文科的学生选修一些理科课程，理科的学生选修一些文科课程；跨院系参与学术文化节、读书文化节、民俗文化节、地理文化节、戏曲文化节、国际文化节等文化活动；跨学科参加学术讲座、学术论坛、学术沙龙等学术活动。在多样化的文化熏陶感悟中开阔视野、增加见识，进而提高文化修养、增强文化素质。

把书本学习与实践锻炼结合起来。提升人才培养水平，不能仅仅在思想理论层面兜圈子，要让学生在实践锻炼中体验、感悟、成长。道德品质需要在实践中养成，道德说教极容易导致"知道"与"做到"之间的脱节，只有参与志愿者服务、社会实践、勤工俭学等实践锻炼，才能体会到奉献最快乐、劳动最光荣。艺术魅力需要在实践中品味。仅在课堂上通过语言的描述或看录制视频所能够领略到的毕竟不够深刻，只有现场聆听、动手练习，才能感受音乐之美、创作之美。

从学生的实际需要出发。文化育人要从学生的实际需要出发，要把工作做到学生的心坎儿上，创造条件满足学生合理的文化需求。现在有一种现象，大学的文化活动越来越多，而学生真正愿意参与的却不多，能够受益的则更少。有些时候，为了增加活动的人气，用强制的办法要求学生参与某些形式化的活动。这种脱离实际需要的文化活动，不但起不到文化育人的效果，反而影响了学生的正常学习。

增强大学生的文化自觉、文化自信。增强大学生的文化自觉、文化自信是培育大学生对中华文化认同感归属感的必要条件，也是增强大学生民族自尊心、自信心、自豪感的文化基础。增强大学生的文化自觉，要引导学生分清传统文化的精华与糟粕、当代价值与历史局限，而不是绝对地肯定或绝对地否定。增强大学生的文化自信，要引导大学生认识到中华文化的强大生命力，在个人修养、社会发展中的积极作用，在建设社会主义先进文化中的重要地位，在对外文化交流中的独特功能，做中华优秀文化的传承者、弘扬者。

3. 传承和弘扬中华优秀文化传统，增强思想文化创新的能力

文化传统是前人留下的宝贵精神财富，中华民族历经磨难而不衰，

一个很重要的原因就是中华文化传统得以传承和弘扬。深入探讨中华优秀文化传统的当代价值是大学义不容辞的职责。培育有理想、有道德、有文化、有纪律的大学生，需要更多地从中华优秀文化传统中汲取营养和智慧。一要运用中国传统节日传承和弘扬中华优秀文化传统。传统节日，是我国非物质文化遗产的重要组成部分，凝结着中华民族的民族精神和民族情感。对于中国的传统节日，大学要有自己的庆祝方式，要突出传统节日的文化内涵，积极创新传统节日的形式和载体，精心组织好重要节庆活动，增进大学生对传统文化的理解和认同。二是要开展中华传统美德教育。传统美德是中华民族广泛认同的道德规范。当前，社会上不同程度地存在道德失范、价值迷茫、诚信缺失等现象，这也必然影响到大学生的道德建设。加强中华传统美德教育，使之内化为大学生的道德品质和价值追求，并传播到社会，也是大学需要认真研究的课题。

传承和弘扬中华优秀文化传统，最根本的是要增强思想文化创新的能力。传承是基础，创新是生命，文化传承与文化创新是内在统一的。文化的活力在于创新。只有永远保持创新的精神，才能谱写新时代民族文化的新篇章。大学作为文化交流交融交锋的前沿阵地，是孕育新思想新文化的重要场所。增强思想文化创新的能力，一是要积极参与马克思主义理论研究和建设工程。通过研究马克思主义原著，深化对马克思主义基本原理的认识。通过研究中国特色社会主义实践，深化对中国特色社会主义道路、理论体系、制度的认识，不断推进马克思主义中国化、时代化、大众化。二是要推进人文社会科学重点研究基地建设。1999年以来教育部在全国66所大学相继设立了151个人文社会科学重点研究基地，这些研究基地已成为大学推进文化传承创新的核心力量。三是发挥好国家级课题在文化研究中的导向作用。国家社科基金项目、教育部重大课题攻关项目等国家级课题，在人文社会科学研究中具有很强的导向性，在条件许可的情况下，这些项目可以设立文化研究专项，促进文化研究向纵深发展。四是促进文化传承创新的成果转化。促进文化传承创新成果转化是文化成果走出校园，服务社会的内在要求，是丰富人民群众精神文化生活，繁荣文化市场的迫切需要。大学的文化传承创新成果凝聚着诸多文化人才的智慧，其整体水准比较高，有利于引领文化发展。

4. 积极开展对外文化交流，推动中华文化走向世界

开展多渠道多形式多层次对外文化交流，主动参与世界文明对话，吸收各国优秀文明成果，是文化传承创新的题中应有之义，也有利于增强中华文化的国际影响力和亲和力，增强国际话语权。大学作为文化高地，是中华文化走向世界的中坚力量，是世界了解中国的重要窗口。大学要在文化传承创新中积极开展对外文化交流，传播中华优秀传统文化。

一是扩大文化交流范围。不论对发达国家还是发展中国家，对社会主义国家还是资本主义国家，对周边国家还是非周边国家都要开展文化交流。不仅要与大学进行文化交流，也要与文化科研机构、文化企业、政府组织和国际组织开展文化交流合作，形成全方位的文化交流格局。

二是丰富文化交流形式。丰富多样的文化交流可以多角度展现中华文化。丰富文化交流形式要把"请进来"和"走出去"结合起来，在"走出去"中向世人展示中华文化的独特魅力，在"请进来"中使外国友人体验中华文化的博大精深。把短期交流和长期合作结合起来，通过短期访学、参观等形式让更多的师生有机会走出国门，也可通过联合办学、出国留学等形式深化交流。

三是拓展文化交流内容。从介绍中国传统文化向介绍中国改革发展成果拓展，展现中国文明、民主、开放、进步的形象；从京剧、功夫、红灯笼等文化符号的交流向文化价值的交流拓展，展示中国协和万邦、亲仁善邻、爱好和平的价值观念；从艺术交流向学术交流拓展，推动科研合作、促进学术研究。

四是构建文化交流机制。建立文化交流机制有利于畅通文化交流渠道，是推动对外文化交流经常化、规范化的制度保障。大学要在相互理解、相互尊敬的基础上，建立双方互惠的文化交流机制，定期、有序、全面地开展文化交流活动，促进文化交流向纵深发展。

（作者单位：北京师范大学）

中国特色社会主义与马克思主义的发展

马克思主义哲学中国化与马克思主义哲学的创新

薛广洲

一　马克思主义哲学中国化，既是一个现实问题，也是一个理论问题

尽管关于马克思主义哲学中国化的命题早在 70 年前已经提出，而且还产生了中国化的马克思主义哲学——毛泽东哲学，但是马克思主义哲学中国化的任务并没有完结，这主要是由以下因素决定的：

其一，马克思主义哲学中国化是近代以来先进的中国人向西方寻求真理的长链的一环，这一环意义的重要是其他环节不能比拟的。马克思主义的科学性是在反复的社会实践中检验出来的，而马克思主义哲学在指导中国革命实践的过程中也就受到中国革命实践的检验。经受了中国革命实践的检验，也就是与中国革命的具体实际真正地相结合了。

其二，近代以来先进的中国人向西方寻求真理的目的是解决"中国向何处去？"的历史课题，这一课题不仅是要解决走资本主义道路，还是走社会主义道路的问题，而且还要解决社会主义革命如何成功的问题。对于前一个问题，由于马克思、恩格斯以及列宁、斯大林不仅在理论上论述了它的历史必然性，而且在实践中证明了它的现实可能性，所以，中国共产党人面对的是外部敌人的挑战。而对于后一个问题，由于中国社会与俄国社会的不同，所以中国共产党人就不能简单地搬用十月革命的具体经验，而必须走出适合中国的革命道路来，于是中国共产党人必须面对党内的不同路线的挑战。然而，还有第三个问题，这就是中国革命取得胜利之后，面临着如何建设社会主义的问题，中国社会发展的特殊性决定了社会主义建设的特殊性，而特殊的历史任务以及解决这一任务的特殊的社会实践，决定了指导这一实践的理论的特殊性，于是具有普遍真理性的马克思主义哲学便再次被要求实现中国化。中国革命的胜利只是万里长征走完了第一步，有中国特色的社会主义的建成只能是万里长征的第二步，"但革命以后的路程更长，工作更伟大，更艰苦"①。因为自从先进的中国人寻求到了西方的真理——马克思主义以后，"中国向何处去"便有了明确的方向——社会主义，但如何建成社会主义，以及进一步发展到共产主义社会，则还有相当长的路程，这决定了必须不断地把马克思主义及其哲学与中国的具体实际相结合，探索出新的道路，创造出中国化的马克思主义哲学。可见，马克思主义哲学中国化绝非一日之功，而是一个不断的过程。这就要求我们在今天不仅要重视马克思主义哲学中国化的理论研究，而且要重视马克思主义哲学中国化的现实实践。

马克思主义哲学中国化的课题在今天能否完成，首先便要从理论上和实践中搞清楚它所面临的难题何在，只有认识到马克思主义哲学中国化课题尚存在的难题，才能切实地推动中国化的实现。应该说，从实践上我们不仅完成了中国化的第一期任务，从而产生了毛泽东哲学，而且也初步完成了中国化的第二期任务，即创立了中国特色社会主义理论。然而，对于从理论上搞清马克思主义哲学中国化的一系列问题，似乎未得到足够的重视，仍然未能彻底解决。同时，既然马克思主义哲学中国化将是一个不断的过程，因而在中国化发展的每一后阶段，都应吸取前阶段的成功经验。事实上，马克思主义哲学中国化第一阶段的里程碑——毛泽东哲学，对于中国化的第二阶段里程碑的确立，具有十分重要的意义，从目前的研究状况看，马克思主义哲学在中国化的过程中，如何克服内容和形式相脱离的问题，或者说，如何才能真正从理论上说明马克思主义哲学的中国化是内容和形式的统一，是一个关键的问题，这一问题的解决将会使与其相联系的一系列问题得以解决。因为，以往的研究还多集中于中国化即具体化，即民族化，即中国的特色，即民族的形武等等，这些都是需要给以解决的。那么我们能否解决这些问题呢？应该是能够解决的，因为马克思主义哲学的中国化，已经不是未来的问题，而是一个具体的现实，已经有了真正成功的典范。在毛泽东哲学中，内容与形式的统一是具体的，但是它的内容的中国化表现在哪

_____

① 《毛泽东选集》第4卷，人民出版社1991年版，第1438页。

里？它的形式的中国化是如何与内容的中国化相统一的？它的中国化的内容与马克思主义哲学的本质内容如何加以解说？等等，还需要从理论上加以详细地阐述。我们说，马克思主义哲学中国化已经不再是一个未解的课题，但它又似是一个未解的课题，由于前者，使得马克思主义哲学中国化成为可能，由于后者，而使得马克思主义哲学更进一步中国化成为必要。

马克思主义哲学能否中国化的问题，尤其是能否进一步中国化的问题，必须从马克思主义哲学中国化历史过程的规律性和本质上去寻找。只有探索到了马克思主义哲学中国化进程的规律，才能使它的进一步中国化不断实现。事实上，马克思主义哲学的进一步中国化主要不是理论问题，或者说，主要不是方法问题，我们在探索如何建设社会主义的过程中，毛泽东哲学的重要特征，如把马克思主义普遍真理与中国革命具体实际相结合，马克思主义哲学必须具有中国的特色和民族形式等，都成为探索实践的基本指导原则。所以主要不是理论上是否坚持中国化的问题，而是实践上如何完成中国化的问题。

马克思主义哲学为什么要中国化？这是我们研究这一课题必须要回答的，因为它是我们立论的基础和根据，是我们研究的意义所在。从文中所论，马克思主义哲学之所以需要中国化是中国革命的实践的需求，同时又是马克思主义哲学自身及其发展的需求，正是实践和理论的共同需求，提供了马克思主义哲学之需要中国化的根据。那么，马克思主义哲学能否中国化呢？这在实践上已经作了成功的回答，本文要回答的则是如何在理论上给予科学的解答。

二　马克思主义哲学中国化的目标

马克思主义哲学中国化的基本目标是什么？我们说马克思主义哲学中国化是一个过程，而不是具体的结果。马克思主义哲学中国化又是一个不断发展的过程，它并不是要结束在某一个时空点上，当然也不能以某一具体的结果——如毛泽东哲学的产生来证实中国化的结束。这样一来，似乎没有必要去探寻"中国化"的基本目标了。其实，中国化的基本目标并不是以某一特定结果为标志的，它应该是一种标准，一种原则，一种精神。但是，作为一个现实的社会过程，它毕竟又应该有一个结果作为这种精神、原则、标准的载体。例如，毛泽东哲学、中国特色社会主义理论应该说即是马克思主义哲学中国化的阶段性成果，在其中即蕴涵着中国化的基本精神，或说是把马克思主义哲学的基本精神融汇入自己的思想和理论之中。中国化是一个长期的过程，决不可以一劳永逸，其最直接也是最基本的动力和源泉，当然来自中国社会的现实实践。然而，我们应该认识到，实践的需求既是多方面的，又是不断发展和深化的。"中国向何处去"这一近代以来的历史课题，以及为解决这一历史课题所进行的社会实践，对马克思主义哲学的中国化也提出了新的要求。随着世界与中国的发展变化，现实的时空已经远不同于马恩时代了，这种状况下，如何坚持和发展马克思主义哲学，实际上已成为一个关系马克思主义哲学的生命力的问题。马克思主义哲学的进一步发展，不仅需要在对不同地区、国家、民族的具体革命实践的指导中体现出来，而且也应通过自身的形态转换表现出来。中国化即是这种表现。那么，中国化的基本目标是什么呢？我以为大概需要完成这么几个相互连接的环节，即从马克思主义哲学中国化走向中国化的马克思主义哲学，再从中国的马克思主义哲学走向中国的新哲学。

首先，从马克思主义哲学的中国化走向中国化的马克思主义哲学。

马克思主义哲学中国化是一种理论目标，也是一个实践过程。它首先要求的是运用其基本原理于中国革命的具体实践来转换表述形式，掌握最广大的人民群众。其次要求把基本原理转换为可以操作的具体的路线、政策和策略，并进一步化为具体的工作方法。从而使革命实践走向成功。这是一个方面。另一方面，马克思主义哲学基本原理在指导中国革命的实践中，以其基本的立场、观点和方法，总结、概括、提炼在这一实践过程中所获得的经验，形成新的理论，从而融进马克思主义哲学之中。这是对马克思主义哲学的发展，同时也是马克思主义哲学的中国化。随着中国革命实践的进一步发展，对马克思主义哲学基本原理的运用也日益成熟。同时，对中国革命实践经验的理论概括也越来越系统，当这些理论的概括构成一个比较系统的体系时，于是马克思主义哲学的中国化过程便走向了中国化的马克思主义哲学。

其次，中国化的马克思主义哲学走向中国的马克思主义哲学。

中国化的马克思主义哲学实际上在理论形态上仍然保持着经典马克思主义哲学的基本形式，从一定意义上讲，它还只是在具体形式上以及内容上体现出中国的特点，如在形式上主要是实现了一定的语言的转换，即实现了语言的通俗化、大众化和民族化；又如在理论上主要是实现了对中国革命经验的总结，即实现了经验的理论总结和提炼，但都还受经典马克思主义哲学的影响。在"中国化"过程的进一步深化中，理论形态的转变也提上了日程，即主要是对体系结构、表达方式以及内在逻辑结构等都提出了新的要求，并逐步实现了这种要求。这样，便完成了由中国化的马克思主义哲学向中国的马克思主义哲学的转化。中国的马克思主义哲学应该是完全从中国的具体实际出发，即在历史的任务、时代的主题、现实的条件、实践的要求等方面，完完全全是中国社会自身所产生的，而且这一中国的马克思主义哲学的理论形态也发生了变化，它可能在外部表现上与经典马克思主义哲学已不再一致。例如，在理论的出发点上就可能不尽相同，而理论的出发点的差别，所建立起来的体系大厦也就难以一致。但这一理论的内在的实质仍然是马克思主义哲学的，是它的最基本的立场、观点和方法。这里讲的理论出发点主要是指其逻辑起点而不是理论本身的基点。在基本的基点上仍然是客观的社会实践，是从事着物质资料生产的人的实践，这是与马克思、恩格斯所建构的马克思主义哲学理论完全一致的。但理论体系的逻辑起点则可以不尽相同，这种不同最主要的根据当然还是来自于客观的实践本身的特殊性，即它所总结、概括的实践经验是发展了的社会时代的实践。如毛泽东哲学思想就是总结概括了在中国这样一个半殖民地半封建的国度里如何进行无产阶级革命的实践经验。中国特色社会主义理论则是总结概括了在中国这样一个经济文化都比较落后的国度里如何进行社会主义建设的实践经验。

最后，从中国的马克思主义哲学走向中国的新哲学。

提出这一转化可能会引起人们的疑义，从中国的马克思主义哲学走向中国的新哲学，这一中国的新哲学是什么？是对马克思主义哲学的进一步发展还是疏离？严格说来，这一提法确易引起人们的疑问。因为如果说这一新哲学仍是马克思主义哲学，似乎没有必要用两个提法，更不应用"走向"。有时用两个提法表述同一个事物现象还可能接受，因为可以是角度的不同，但用"走向"则表明这是两个不同的东西，至少是有了差别。如果有差别，那么所谓的中国的新哲学是什么呢？它是不是马克思主义哲学呢？若不是，则马克思主义哲学的中国化过程就会被打断，从而结束了它的发展。如若是马克思主义哲学，那就需要作出有说服力的论证。回答应是明确的，所谓的中国的新哲学，仍然是马克思主义哲学，是它的新形式。

中国的马克思主义哲学主要是从比较系统的、具有独特的理论形态角度而言的。这一哲学已经建立了比较完整的自身发展的机制，它已把马克思主义哲学的最基本的精神融会贯通了，成为自身的命脉。但是，它仍然是马克思主义哲学主体大厦的一部分，是马克思主义哲学发展的一阶段，是马克思主义哲学的一种表现形式，更是众多哲学学派的一种。尤其是在中国这样一个有着悠久历史文化传统的国家，其传统哲学是以其独特的表现方式存之于世的。这一中国传统哲学不仅在一般的范畴概念上有自己的特殊表述形式，而且在哲学思维的形式和论理表述的方式上也不同于西方的哲学传统，再就是从观察事物的角度，认知事物的立场以及解决事物的问题的方法等等，也大大有别于其他哲学。由于这些区别，常常使得人们在对中国传统哲学作出短于理性，只重感觉悟性的结论之时，又对它所蕴涵着的对事理的深邃的把握而惊叹不已，其实，这种惊叹就是源出于不同的思维架构的结果。中国传统哲学不仅成为中华民族认识世界改造世界的特有方式，也是现实中国社会的有机组成部分，因而不论是从批判的角度还是赞扬的角度都不能忽略它。马克思主义哲学自新中国成立以来，已占据社会的主导地位，但主导地位并不能代替其他哲学的存在，甚至发展。长期以来，对中国传统哲学缺少科学认真的态度，使得批判没有达到深层，从而总是有批而不到之感，而汲取又没有抓住精华，总是一种空洞抽象的形式，这样，所谓的把马克思主义哲学基本原理与中国传统哲学的优秀精华相结合，也只是表现在形式上，并没有去真正地开展。这就使得在整个世界大势发生剧烈变动之时，在马克思主义哲学面临严峻挑战面前，往往人们去从马克思主义哲学之外寻找解释。这恐怕也是现代新儒家不仅在海外得以生存，而且在国内也产生极大反响的原因之一。当然，还有其他许多的解释，都想对主导地位的马克思主义哲学发起程度不同、能量各异的攻伐。这种客观的情势决定了马克思主义哲学应该以更加博大的气度去融汇中国传统哲学的精华，去汲取整个人类认识发展过程中的优秀的合理的成果。我们所说的中国的新哲学，就是这种融汇了全人类精神成果中的优秀的精华，尤其是这个传统哲学之精华的马克思主义哲学。它不仅在理论上达到了这种涵容，而且在实际中也真正成为最大多数的中国人所信服的哲学。

　　很显然，要实现从中国的马克思主义哲学走向中国的新哲学的目标，还有许多路要走，还有许多工作要做，但这又应该是马克思主义哲学中国化进程的必然趋势和目标，它是近代以来"中国向何处去"历史课题的最终解答的必要。

（作者单位：中共中央党校）

马克思主义：灌输、传播与大众化

　　马克思主义，从狭义上说，是马克思、恩格斯的思想观点和理论学说体系。从广义上说，还包括后人对它的不断完善和发展；而作为中国共产党指导思想和社会主义核心价值体系指导地位的马克思主义，指的是由马克思、恩格斯所创立，由列宁、斯大林推进到新的阶段，并由毛泽东、邓小平等为代表的中国共产党人进一步加以中国化和继承发展形成的毛泽东思想和中国特色社会主义理论体系，它是一个完备的和不断发展的科学理论体系，是人类优秀文明成果的集成和结晶，是指导社会主义实践的行动指南。马克思主义发展史，就是马克思主义基本理论与具体国情和现实实践相结合推动历史发展的过程，就是马克思主义从创立、发生和"灌输"到工人中并为现代工人阶级所接受并指导工人运动，继而向全世界广泛传播影响和改变世界的过程；对中国特色社会主义而言，就是马克思主义中国化发展过程，就是中国化马克思主义形成、发展、普及和大众化的过程。

一　发生与灌输：马克思主义是科学的先进的思想理论体系

　　马克思主义是共产党人的思想武器，正是从发生学的意义上强调科学思想理论及其指导的重要意义，强调马克思主义不可能自发地从工人运动中产生，强调马克思主义必须与工人运动相结合并成为自觉的思想指导，马克思主义经典作家才明确指出了"灌输论"的思想原则。马克思、恩格斯在《共产党宣言》中宣告："共产党人不屑于隐瞒自己的观点和意图。他们公开宣布：他们的目的只有用暴力推翻全部现存的社会制度才能达到。"[①] 他们公开地、严厉地批判了空想社会主义和各种

---

　　① 《马克思恩格斯选集》第 2 卷，人民出版社 1995 年版，第 307 页。

反动的社会主义，强调了科学理论对于工人运动的意义，明确表达了政治教育和理论灌输的重要作用。他们深刻地指出："在实践方面，共产党人是各国工人政党中最坚决的、始终起推动作用的部分；在理论方面，他们胜过其余无产阶级群众的地方在于他们了解无产阶级运动的条件、进程和一般结果。"① 同时，他们强调："共产党一分钟也不忽略教育工人尽可能明确地意识到资产阶级和无产阶级的敌对的对立"②，明确地表达了共产党必须加强对工人阶级的思想理论教育，增强工人阶级自觉的政治意识，强调党是马克思主义同工人运动的结合的思想。马克思、恩格斯还从阶级对立的不断发展的角度，解释了为什么科学社会主义理论需要从工人运动外面灌输进来的原因，是因为科学社会主义不能从自发的工人运动中产生，它最初只能由旧社会内部产生大量的"政治教育和普通教育的因素"，进而由"转到无产阶级方面来了"的、"已经提高到从理论上认识整个历史运动这一水平的一部分资产阶级思想家"③ 提出来。这里马克思和恩格斯实际上是从理论上分析了马克思主义的发生，正是在总结欧洲工人运动实践经验，并批判地汲取人类一切优秀文明成果的基础上，马克思主义理论学说才成为科学思想体系。唯物史观的创立，"发现了人类历史的发展规律"；剩余价值理论的提出，深刻揭示了"现代资本主义生产方式和它所产生的资产阶级社会的特殊的运动规律"；马克思主义的诞生，以"抓住事物根本"的理论"彻底性"和科学性与革命性，就具有强烈的吸引力和感召力，显示出征服人心的巨大力量，被称做是人类思想史上"壮丽的日出"。

马克思在《〈黑格尔法哲学批判〉导言》中深刻地指出："批判的武器不能代替武器的批判，物质的力量只能用物质力量来摧毁；但是理论一经掌握群众，也会变成物质的力量。理论只要说服人，就能掌握群众；而理论只要彻底，就能说服人。所谓彻底，就是抓住事物的根本。"④ 正因为如此，他才认为："哲学把无产阶级当作自己的物质武器，同样，无产阶级也把哲学当作自己的精神武器；思想的闪电一旦彻底击中这块素朴的人民园地，德国人就会解放成为人。"而"这个解放

---

① 《马克思恩格斯选集》第 2 卷，人民出版社 1995 年版，第 285 页。
② 同上书，306 页。
③ 《马克思恩格斯选集》第 1 卷，人民出版社 1995 年版，第 282 页。
④ 同上书，第 9 页。

的头脑是哲学，它的心脏是无产阶级。哲学不消灭无产阶级，就不能成为现实；无产阶级不把哲学变成现实，就不可能消灭自身"①。

恩格斯更是将提高无产阶级的政治觉悟和马克思主义理论水平作为"科学社会主义的任务"，而为了这一目的，他将《反杜林论》这篇政治檄文改写为《社会主义从空想到科学的发展》这篇通俗著作，明白无误地指出：完成解放世界的事业，是现代无产阶级的历史使命，而"深入考察这一事业的历史条件以及这一事业的性质本身，从而使负有使命完成这一事业的今天受压迫的阶级认识到自己的行动的条件和性质，这就是无产阶级运动的理论表现即科学社会主义的任务"②。

在马克思主义发展史上，列宁是"灌输论"的集成者和发展者，在马克思主义的丰富和发展实践中，形成和概括了马克思主义"灌输论"。全面论述"灌输论"的标志性作品是他在1901—1902年所写的《怎么办?》。在这篇经典著作中，列宁系统地阐述了"灌输论"的深刻思想。第一，"工人本来也不可能有社会民主主义意识"，工人运动不可能单独产生科学社会主义。列宁认为："'自发因素'实质上无非是自觉性的萌芽状态。甚至原始的骚乱本身就已表现了自觉性在某种程度上的觉醒。"③ 但自发性和自觉性毕竟不同。工人本来也不可能有社会主义的意识。"各国的历史都证明：工人阶级单靠自己本身的力量，只能形成工联主义的意识"④。

第二，"社会主义学说则是从有产阶级的有教养的人即知识分子创造的哲学理论、历史理论、经济理论中发展起来的。""现代科学社会主义的创始人马克思和恩格斯本人，按他们的社会地位来说，也是资产阶级知识分子。俄国的情况也是一样，社会民主党的理论学说也是完全不依赖于工人运动的自发增长而产生的，它的产生是革命的社会主义知识分子的思想发展的自然和必然的结果。"⑤

第三，"既然谈不到由工人群众在其运动进程中自己创立的独立的思想体系"，列宁解释说："这当然不是说工人不参加创立思想体系的

① 《马克思恩格斯选集》第1卷，人民出版社1995年版，第15—16页。
② 《马克思恩格斯选集》第3卷，人民出版社1995年版，第760页。
③ 《列宁专题文集（论无产阶级政党）》，人民出版社2009年版，第75页。
④ 同上书，第76页。
⑤ 同上书，第76—77页。

工作。但他们不是以工人的身份来参加，而是以社会主义理论家的身份、以蒲鲁东和魏特林一类人的身份来参加的，换句话说，只有当他们能在某种程度上掌握他们那个时代的知识并把它向前推进的时候，他们才能在相应的程度上参加这一工作。"所以，列宁认为，为了使工人能更多地做到这一点，就必须尽量设法提高全体工人的觉悟水平，就必须使他们不要自己局限于阅读被人为地缩小了的"工人读物"，而要学习愈来愈多地领会一般读物。更正确些说，不是"自己局限于"，而是被局限于，因为工人自己是阅读并且也愿意去阅读那些写给知识分子看的读物的，而只有某些（坏的）知识分子，才认为"对于工人"只要讲讲有关工厂中的情况，反复地咀嚼一些大家早已知道的东西就够了。①所以，列宁指出：问题只能是这样：或者是资产阶级的思想体系，或者是社会主义的思想体系。这里中间的东西是没有的（因为人类没有创造过任何"第三种"思想体系，而且在为阶级矛盾所分裂的社会中，任何时候也不可能有非阶级的或超阶级的思想体系）。因此，对社会主义思想体系的任何轻视和任何脱离，都意味着资产阶级思想体系的加强。②而"人们经常谈论自发性。但工人运动的自发的发展，恰恰导致运动受资产阶级思想体系的支配"，但"自发的工人运动就是工联主义的、也就是纯粹工会的运动，而工联主义正是意味着工人受资产阶级的思想奴役。因此，我们社会民主党的任务就是要反对自发性，就是要使工人运动脱离这种投到资产阶级羽翼下去的工联主义的自发趋势，而把它吸引到革命的社会民主党的羽翼下来"③。列宁指出，自发的工人运动容易受到资产阶级思想体系的控制，其"原因很简单：资产阶级思想体系的渊源比社会主义思想体系久远得多，它经过了更加全面的加工，它拥有的传播工具也多得不能相比"④。列宁在这里进一步解释说，所谓"工人阶级自发地倾向社会主义"，是在下述意义上说是完全正确的，那就是："社会主义理论比其他一切理论都更深刻更正确地指明了工人阶级受苦的原因，因此工人也就很容易领会这个理论，只要这个理论本身不屈服于自发性，只要这个理论使自发性受它的支配。"同时，

---

① 《列宁专题文集（论无产阶级政党）》，人民出版社 2009 年版，第 76—77 页。
② 同上书，第 85 页。
③ 同上书，第 85—86 页。
④ 同上书，第 87 页。

他提醒说：通常这是不言而喻的，可是《工人事业》恰恰忘记和曲解了这个不言而喻的道理。工人阶级自发地倾向社会主义，然而最流行的（而且时刻以各种各样的形式复活起来的）资产阶级思想体系，却自发地而又最猖狂地迫使工人接受它。因此，"对工人运动自发性的任何崇拜，对'自觉因素'的作用即社会民主党的作用的任何轻视，完全不管轻视者自己愿意与否，都是加强资产阶级思想体系对工人的影响。"①

第四，"没有革命的理论，就没有革命的运动。"② "只有以先进理论为指南的党，才能实现先进战士的作用。"③ 而要把自发的工人运动变为自觉的革命运动，就必须实现社会主义与工人运动的结合，必须把阶级政治意识灌输给工人。"阶级政治意识只能从外面灌输给工人，即只能从经济斗争外面，从工人同厂主的关系范围外面灌输给工人。"④

第五，而"对于为了给工人灌输政治知识应当怎么办这个问题"，列宁的回答是，绝不能仅仅是"到工人中去"，而"应当到居民的一切阶级中去，应当把自己的队伍分派到各方面去"⑤。他认为，"我们应当既以理论家的身份，又以宣传员的身份，又以鼓动员的身份，又以组织者的身份'到居民的一切阶级中去'"⑥。

马克思主义的产生和在人类社会的广泛传播，虽然只有短短的160年的历史，但却是在巨大的人类变迁的场域中经历了极其复杂而又曲折的过程。如果说，马克思主义"灌输论"是这一波澜壮阔历程中立意核心观点，强调自觉意识，坚持政治立场，揭示马克思主义和人民群众及其实践结合的内部生成机制及其重要性的话，马克思主义和现代传播理念的交融形成的马克思主义"传播论"则着眼方法创新，强调多元价值，提倡接受影响，彰显马克思主义与当代社会的沟通与联系，体现马克思主义的现代价值。

---

① 《列宁专题文集（论无产阶级政党）》，人民出版社2009年版，第84页。

② 同上书，第70页。

③ 同上书，第71页。

④ 《列宁选集》第1卷，人民出版社1972年版，第293页。

⑤ 同上书，第293页。

⑥ 同上书，第296页。

二　传播与普及：马克思主义与人民群众实践结合成为改变世界的物质力量

马克思主义的根本力量在于与人民群众的社会主义实践紧密结合。而只有通过广泛传播与大众普及，才能实现马克思主义与人民群众实践结合进而成为改变世界的物质力量。这个过程，就是马克思主义大众化。马克思主义大众化内含性地包括马克思主义发生形成与创新发展，也包含广泛传播与大众普及，这个内外交互与时俱进的过程就是马克思主义大众化，从根本上说，强调先进理论及掌握人民群众的重要意义，也重视人民群众接受转变为物质力量的关键作用。始终用发展着的马克思主义武装全党教育人民是中国共产党领导人民建设和发展中国特色社会主义的理论前提和宝贵经验。

2007年10月15日，胡锦涛在党的十七大报告《高举中国特色社会主义伟大旗帜，为夺取全面建设小康社会新胜利而奋斗》中指出："大力推进理论创新，不断赋予当代中国马克思主义鲜明的实践特色、民族特色、时代特色。开展中国特色社会主义理论体系宣传普及活动，推动当代中国马克思主义大众化。"

2009年9月18日，中国共产党第十七届中央委员会第四次全体会议通过的《中共中央关于加强和改进新形势下党的建设若干重大问题的决定》总结了执政党建设的基本经验，明确指出：我们党在长期执政实践中，围绕建设什么样的党、怎样建设党这个重大课题，不断总结和运用自身建设正反两方面经验，借鉴世界上一些执政党兴衰成败的经验教训，探索形成了我们党作为马克思主义执政党加强自身建设的基本经验。而第一条，就是"坚持把思想理论建设放在首位，提高全党马克思主义水平"。我们党高度重视思想理论建设，始终以思想理论建设为根本建设，坚持党的思想路线，解放思想、实事求是、与时俱进，坚持真理、修正错误，不断推进马克思主义中国化、时代化、大众化，坚持以马克思列宁主义、毛泽东思想、邓小平理论和"三个代表"重要思想为指导，深入贯彻落实科学发展观，提高运用科学理论改造主观世界和客观世界的能力，使党的理论和实践始终体现时代性、把握规律性、富于创造性。

正是基于这样的认识，党的十七届四中全会将"建设马克思主义学习型政党，提高全党思想政治水平"作为重大战略任务和根本发展方向明确提出来，同时，仍将"推进马克思主义中国化、时代化、大众化"作为其首要之点。会议指出，世界在变化，形势在发展，中国特色社会主义实践在深入，不断学习、善于学习，努力掌握和运用一切科学的新思想、新知识、新经验，是党始终走在时代前列引领中国发展进步的决定性因素。必须按照科学理论武装、具有世界眼光、善于把握规律、富有创新精神的要求，把建设马克思主义学习型政党作为重大而紧迫的战略任务抓紧抓好。"推进马克思主义中国化、时代化、大众化"，就是坚持把马克思主义作为立党立国的根本指导思想，紧密结合我国国情和时代特征大力推进理论创新，在实践中检验真理、发展真理，用发展着的马克思主义指导新的实践，并将其作为建设马克思主义学习型政党的首要任务；就是坚持运用马克思主义立场、观点、方法准确把握当今世界发展大势，准确把握社会主义初级阶段基本国情，准确把握改革发展实际，及时总结党领导人民创造的新鲜经验，围绕什么是马克思主义、怎样对待马克思主义，什么是社会主义、怎样建设社会主义，建设什么样的党、怎样建设党，实现什么样的发展、怎样发展等重大问题，不断作出新的理论概括，增强理论说服力和感召力，丰富发展中国特色社会主义理论体系，为进一步认识世界和改造世界、推动党和国家事业发展提供强有力的理论指导。在此基础上，才能用中国特色社会主义理论体系武装全党，才能开展社会主义核心价值体系学习教育。

全会认为，学习践行社会主义核心价值体系，是建设马克思主义学习型政党的重要任务。把理想信念教育作为全党学习践行社会主义核心价值体系的重中之重，教育引导党员着力增强贯彻党的基本理论、基本路线、基本纲领、基本经验的自觉性和坚定性，增强走中国特色社会主义道路、为党和人民事业不懈奋斗的自觉性和坚定性，做共产主义远大理想和中国特色社会主义共同理想的坚定信仰者。引导党员、干部增强党的意识、宗旨意识、执政意识、大局意识、责任意识，做到为党分忧、为国尽责、为民奉献。加强党的意识形态工作和思想政治工作，引导党员、干部增强政治敏锐性和政治鉴别力，筑牢思想防线，自觉划清马克思主义同反马克思主义的界限，社会主义公有制为主体、多种所有制经济共同发展的基本经济制度同私有化和单一公有制的界限，中国特色社会主义民主同西方资本主义民主的界限，社会主义思想文化同封建主义、资本主义腐朽思想文化的界限，坚决抵制各种错误思想影响，始终保持立场坚定、头脑清醒。加强思想道德建设，加强党的优良传统教育，加强中华优秀文化传统教育，引导党员、干部带头弘扬以爱国主义为核心的民族精神和以改革创新为核心的时代精神，自觉践行社会主义荣辱观，培养高尚道德情操和健康生活情趣，保持昂扬奋发的精神状态。全会提出建设学习型党组织，全面提高党的马克思主义理论水平。要求在全党营造崇尚学习的浓厚氛围，积极向书本学习、向实践学习、向群众学习，优化知识结构，提高综合素质，增强创新能力，使各级党组织成为学习型党组织、各级领导班子成为学习型领导班子。而重点是学习马克思主义理论，学习党的路线方针政策和国家法律法规，学习党的历史，同时广泛学习现代化建设所需要的经济、政治、文化、科技、社会和国际等各方面知识。

2011 年，胡锦涛在庆祝中国共产党成立 90 周年大会上的讲话中，再次强调，在新的历史条件下提高党的建设科学化水平，必须坚持解放思想、实事求是、与时俱进，大力推进马克思主义中国化时代化大众化，提高全党思想政治水平。

马克思主义中国化时代化大众化，基本前提是马克思主义传播。传播是马克思主义基本的内在方式，其实质是"灌输"，但在大众传播空前繁荣发达的今天，传播甚至成为马克思主义存在的基本形态。虽然人们对传播的内涵、外延等尚有不同的看法，但对传播过程的基本要素是由传播者、接收（受）者，信息、传播媒介等已经基本达成共识。①研究马克思主义传播，不仅要研究传播的重要性，更重要的还要研究面临的挑战和困境，从而改善传播过程，实现马克思主义的广泛传播和大众普及，进一步推进马克思主义中国化时代化大众化。

三 挑战与困境：马克思主义大众传播的当代遭遇和现实命运

第一，苏东剧变，世界社会主义遭受挫折进入低潮，马克思主义发展遭遇重大挑战。苏东剧变当然不是坚持马克思主义的失败，而是不坚持马克思主义所招致的失败。马克思主义是社会主义国家的老祖宗，老祖宗不能丢，丢了就丧失了根本；老祖宗也不能忘，数典忘祖，改弦更

① 参见梅荣政《用马克思主义引领社会思潮》，武汉大学出版社 2008 年版，第 73 页。

张，只能走向覆亡。苏东剧变的教训告诉我们，马克思主义的思想武器丢不得；丢了这个武器，共产党就失去了精神支柱，社会主义就改变了方向，人民的团结就失去了共同的思想基础，社会就会陷入混乱和动乱，甚至国家都会四分五裂。江泽民深刻指出："东欧剧变、苏联解体，最深刻的教训是：放弃了社会主义道路，放弃了无产阶级专政，放弃了共产党的领导地位，放弃了马克思列宁主义，结果使得已经相当严重的经济、政治、社会、民族矛盾进一步激化，最终酿成了制度剧变、国家解体的历史悲剧。"①

第二，现代社会发生重大变化，世俗、消费型社会的演进有疏离传统与理性，轻视人文精神，使马克思主义"边缘化"的趋势。随着传统社会向现代社会的转型，我国社会的结构性变化也日益凸显，结构性矛盾和张力不断增长，呈现出社会转型的突出而重要的阶段性特征。人们的行为方式、生活方式、价值观念都发生了快速、剧烈而明显的变化。马克思主义理论教育中的"客体缺失"和马克思主义传播中的"选择性接受"现象突出，马克思主义"边缘化"的趋势较为明显。

第三，资本主义全球化发展，现代科学技术进步和现代传播媒介的发达，借以传布的资本主义意识形态"信息高地"优势和"数字鸿沟"效应依然存在，对马克思主义和社会主义国家的影响、渗透和"文化殖民"不容忽视。特别是随着信息时代的到来，尤其是互联网的逐渐普及，传统意义上的马克思主义"灌输"受到现实的挑战。不论从信息的来源、传播的方式还是信息的内容，开放性、多样化等特征都同传统的"大一统"、"一元化"的正统观念疏远背离，截然不同。

第四，现代资本主义国家"输出价值观"的国家战略与"和平演变"的图谋不仅没有改变，而且作为国家文化发展战略不断加强，成为"两制"国家间文化软实力的较量。虽然中国道路取得较大成就，中国模式受到人们的关注和褒扬，世界资本主义处于整体性制度性危机之中，但苏东覆辙犹在，其对社会主义声誉的败坏，为意识形态敌对势力提供的口实，仍然为马克思主义的吸引力、感召力、影响力和说服力带来巨大的障碍。

第五，对马克思主义的科学认识和正确理解方面，存在着"肢

---

① 《江泽民文选》第 3 卷，人民出版社 2006 年版，第 230 页。

解"、"教条"、"误读"、"偏见"、"片面"等唯心主义倾向，有些人常常自觉不自觉地从传统的"革命理论"视角去解读马克思主义，又用误读了的马克思主义基本观点来看待今天中国的现实，于是就出现了几种错误观点：一是"过时论"，认为马克思主义已经过时，不再能够解决中国的现实问题，或明或暗地主张放弃马克思主义；二是"走样论"，认为中国特色社会主义是走了样的社会主义，主张回归原来的马克思主义；三是"取代论"，认为不论传统社会主义还是中国特色社会主义，都不能解决中国的发展问题，主张另辟蹊径，用民主社会主义等取代马克思主义的社会主义。这些错误观点的用意和结论不同，但在对马克思主义的片面理解上是一致的，都是用革命时期所理解的马克思主义来代替整个马克思主义，不懂马克思主义中既有革命理论，也有建设理论，而且是一个不断发展的科学理论体系。①

第六，党内腐败和社会不公、贫富差距过大等问题的负面影响。当前，党内腐败和社会不公、贫富差距过大等问题严重侵蚀党的肌体，损害党的形象和威信，削弱党的凝聚力和战斗力，涣散党的团结和集中，动摇党的执政地位；同时，极大地影响了人们对马克思主义的信仰，对中国特色社会主义的信念和对改革开放的信心，使马克思主义遭遇到来自主体的现实危机。

四　路径与发展：不断推进马克思主义广泛传播，实现马克思主义普及化和大众化

中国共产党 90 年波澜壮阔的历史，是马克思主义中国化时代化大众化波澜壮阔的历史。改革开放 30 年来，中国特色社会主义取得了举世瞩目的成就，中国化马克思主义发展进入新的历史阶段。在新的历史节点和起点上，审视马克思主义灌输教育、传播普及的历程，对成功的路径和发展的方向有清晰的图景。如果说，马克思主义"灌输论"强调的是马克思主义先进科学思想产生的历史意义以及与人民大众结合的必然性和重要性，马克思主义"传播论"则更关注怎样使马克思主义和人民大众结合以及结合传布的现代方式和接收（受）方式的突出作

---

① 参见杨金海《马克思主义基本理论研究方式需要进一步转变》，《理论视野》2009 年第 3 期。

用。或可以说，"马克思主义"和"人民大众"是"两端"，"传播"是其中的"媒介"和"桥梁"；"灌输论"强调的是"两端"和"必然性"，而"传播论"则关注的是"过程性"和"通达性"。因此，马克思主义大众化从"化大众"的意义上是"灌输论"和"传播论"的现实统一和现代实现。

第一，强调马克思主义灌输的基本思想不动摇，坚持把思想政治理论建设放在党建和马克思主义中国化时代化大众化的首要位置，坚持马克思主义理论创新，用发展着的马克思主义武装全党，教育人民，引领社会文化，指导社会实践。

第二，丰富和发展马克思主义"灌输论"和"传播论"，不断开辟马克思主义广泛传播和深度普及的现代路径，实现马克思主义普及化和大众化。

第三，进一步提高全党马克思主义中国化时代化大众化的使命感，并将其作为坚持和发展马克思主义的"基础工程"和"希望工程"，以中国风格、中国特色和中国气派的马克思主义理论教育、广泛传播和全面普及，彰显马克思主义生命力、吸引力、感染力、说服力、震撼力和战斗力，实现马克思主义中国化时代化大众化的针对性、现实性、创新性、先进性、科学性和实效性。

（作者单位：中国农业大学）

在政治与上层建筑之间构建联系

——马克思对政治本质的创新性探索

欧阳英

将政治与上层建筑结合在一起加以理解，是马克思的重要创见。尽管马克思从未给上层建筑一个明确的定义，但他将政治与上层建筑联系在一起加以理解，却是显而易见的。在《〈政治经济学批判〉序言》一文中，马克思将上层建筑解释为"法律的和政治的"①，这一点充分表明，对于马克思来说，无论是法律还是政治都应该被视为上层建筑，而且是确定无疑的。当然，也正因为将政治纳入上层建筑的范畴，在政治与上层建筑之间构建起联系，因而从政治哲学史的角度来看，政治第一次拥有了明确的归属性，从而使人类关于政治的理解进入一个新阶段。

一 马克思与上层建筑概念

1845—1846 年马克思与恩格斯合作完成《德意志意识形态》一书，该书写道："真正的市民社会只是随同资产阶级发展起来的；但是市民社会这一名称始终标志着直接从生产和交往中发展起来的社会组织，这种社会组织在一切时代都构成国家的基础以及任何其他的观念的上层建筑的基础。"② 这是马克思首次在"观念"意义上使用上层建筑这一概念，与此同时，也正是在这本书中明确揭示了社会的经济、政治结构："由此可见，事情是这样的：以一定的方式进行生产活动的一定的个人，发生一定的社会关系和政治关系。经验的观察在任何情况下都应当根据经验来揭示社会结构和政治结构同生产的联系，而不应当带有任何神秘

---

① 《马克思恩格斯选集》第 2 卷，人民出版社 1995 年版，第 32 页。
② 《马克思恩格斯选集》第 1 卷，人民出版社 1995 年版，第 130—131 页。

和思辨的色彩。社会结构和国家总是从一定的个人的生活过程中产生的。"① 应当看到的是，这里马克思使用"政治关系"、"政治结构"概念时，与使用"上层建筑"概念并无关联。在其后的几年内，马克思以及恩格斯在一些重要著作（如《共产党宣言》）中亦使用过"社会制度和政治制度"、"政治统治"、"公共权力"、"政治权力"等概念，也提及了"社会意识"、"意识形式"等，② 但它们都与上层建筑概念没有发生直接联系。

1851—1852 年，马克思在《路易·波拿巴的雾月十八日》中第二次使用上层建筑概念。在分析立宪共和国或议会制共和国存在时期共和党人和保皇党人之间的斗争时，马克思仍然是从社会存在决定社会意识的角度来使用这个概念的。他写道："在不同的占有形式上，在社会生存条件上，耸立着由各种不同的、表现独特的情感、幻想、思想方式和人生观构成的整个上层建筑。整个阶级在它的物质条件和相应的社会关系的基础上创造和构成这一切。通过传统和教育承受了这些情感和观点的个人，会以为这些情感和观点就是他的行为的真实动机和出发点。如果奥尔良派和正统派这两个集团中每一个集团，都硬要自己和别人相信它们彼此分离是由于它们对两个不同王朝的忠诚，那么后来的事实所证明的却刚刚相反，正是它们利益的对立才使得这两个王朝不能结合为一。正如在日常生活中应当把一个人对自己的想法和品评同他的实际人品和实际行动区别开来一样，在历史的战斗中更应该把各个党派的言词和幻想同它们的本来面目和实际利益区别开来，把它们对自己的看法同它们的真实本质区别开来。"③ 很显然，马克思这里的上层建筑一词包含的内容比在《德意志意识形态》中赋予的更为宽泛，不仅有思想方式、人生观，还有情感甚至幻想，它们具体与"旧日的回忆、个人的仇怨、忧虑和希望、偏见和幻想、同情和反感、信念、信条和原则"等相联系。作为历史唯物主义者，马克思不仅否认那些"通过传统和教育承受了"旧的情感和观点的个人"会以为这些情感和观点就是他的行为的真实动机和出发点"的唯心主义观念，并且一针见血地指出奥尔良派

---

① 《马克思恩格斯选集》第 1 卷，人民出版社 1995 年版，第 71 页。
② 同上书，第 277、292、294 页。
③ 同上书，第 611 页。

和正统派的矛盾和彼此分离不是由于它们对两个不同王朝的忠诚，而是由于"它们利益的对立"。总的说来，上层建筑一词在这里用来概括为利益所决定的精神因素，其中主要包括人的思想方式、人生观、情感与幻想，等等。

与《路易·波拿巴的雾月十八日》中的用法完全不同，马克思在1859 年写成的《〈政治经济学批判〉序言》中第三次使用上层建筑概念时所取的是"法律的和政治的"结构意义，这也意味着马克思关于上层建筑本质的认识有一个巨大的转折点。马克思在序言中写道："人们在自己生活的社会生产中发生一定的、必然的、不以他们的意志为转移的关系，即同他们的物质生产力的一定发展阶段相适应的生产关系。这些生产关系的总和构成社会的经济结构，即有法律的和政治的上层建筑竖立其上并有一定的社会意识形式与之相适应的现实基础。物质生活的生产方式制约着整个社会生活、政治生活和精神生活的过程。不是人们的意识决定人们的存在，相反，是人们的社会存在决定人们的意识。"①这里马克思所强调的是：不以人们意志为转移的生产关系的总和，构成社会的经济结构；在社会经济结构之上，竖立着法律的和政治的上层建筑，同时还有与社会经济结构相适应的社会意识形式。面对马克思"法律的和政治的上层建筑"这一提法，我们直观地看到，它表明马克思已认清法律、政治与上层建筑之间不可分割的内在联系。当然我们还可以说，虽然马克思极其肯定地将法律、政治纳入关于上层建筑的理解范围这一点具有重大的政治哲学意义，但从他在法律的和政治的上层建筑之外同时又提到"社会意识形式"的角度来看，上层建筑的外延实际上在他那里已较其之前发生了根本性的变化。尽管我们无法确定马克思在此是否已放弃其之前将上层建筑与观念相连的看法，但有一点是明确的，那就是，他已经十分肯定地提出法律和政治具有上层建筑的意义，从而将上层建筑的外延予以扩大。进言之，就上层建筑外延出现了显而易见的变化这一点来看，这同时也说明马克思对于上层建筑本质的理解有了新的、巨大的改变。

1867 年在德文版《资本论》第 1 卷第 1 章第 4 节 "商品拜物教的性质及其秘密"的第 33 个脚注中，马克思再次引述了《〈政治经济学

---

① 《马克思恩格斯选集》第 2 卷，人民出版社 1995 年版，第 32 页。

批判〉序言》中的这段话："在那本书中我曾经说过：一定的生产方式以及与它相适应的生产关系，简言之，'社会的经济结构，是有法律的政治的上层建筑竖立其上并有一定的社会意识形式相适应的现实基础'，'物质生活的生产方式制约着整个社会生活、政治生活和精神生活的过程'"①。在这一次引述和移植中，马克思作了一处修改，即把"同他们的物质生产力的一定发展阶段相适应的生产关系"改成"一定的生产方式以及与它相适应的生产关系"，但这种修改与对上层建筑概念的释义没有直接关联。另外，他在脚注中还针对性地指出："很明白，中世纪不能靠天主教生活，古代世界不能靠政治生活。相反，这两个时代谋生的方式和方法表明，为什么在古代世界政治起着主要作用，而在中世纪天主教起着主要作用。"② 这在一定程度上体现了马克思的生产方式及生产关系决定政治生活以及政治形式的观点。

在1861—1863年写成的手稿《剩余价值理论》第1册第4章"关于生产劳动和非生产劳动"中，在批判经济学家昂利·施托尔希有关物质生产和精神生产相互关系问题的反历史态度、指明其荒谬说法时，马克思再次使用上层建筑概念。他写道："物质生产领域中的对立，使得由各个意识形态阶层构成的上层建筑成为必要，这些阶层的活动不管是好是坏，因为是必要的，所以总是好的。"③ 对于马克思来说，物质生产领域中的对立势必会反映到意识形态领域，其重要的外在表现形式就是不同的阶层拥有不同的意识形态，而各个意识形态阶层最终则构成了上层建筑。如果说在这里马克思又回复到从"观念"层面理解上层建筑的话，那么，可以看出，即使在这一点上他的理解也已经突破了意识形态本身，而是包含两方面内容，即一方面是意识形态，另一方面则是意识形态背后起支撑作用的阶层。或者更准确地说，对于马克思来说，所谓上层建筑实质上是由各个意识形态阶层所构成的，而不是简单地由意识形态所构成的，这主要是因为任何意识形态都是不可能单独存在的，它们是离不开阶层这个载体的。在马克思那里，不同的意识形态是与不同的阶层联系在一起的，因此真正构成上层建筑的是各个意识形态

---

① 《资本论》第1卷，人民出版社1966年版，第99页。
② 同上。
③ 《马克思恩格斯全集》第26卷（上），人民出版社1972年版，第298页。

阶层；由于这些不同的意识形态阶层是会展开活动的，因而不管这些活动是好还是坏，但它们对上层建筑的发展来说是必要的，所以总是好的。当然，我们还可以进一步说，尽管在《〈政治经济学批判〉序言》中马克思为了肯定法律、政治的上层建筑意义，而将"社会意识形式"放置到了上层建筑的外延之外，但是，当他在《剩余价值理论》中明确强调上层建筑是由"各个意识形态阶层"构成的时候，这实际上又表明他并没有真正放弃从观念层面理解上层建筑。

1871 年，马克思在《法兰西内战》初稿中论及农民而使用上层建筑一词时写道："另一方面，农民的劳动则是孤立的，他们的生产资料是零星分散的。在这些经济差异的基础上，作为上层建筑，形成了大量互不相同的社会政治观点。"① 在这里可以看到马克思是在观念意义、在社会政治观点的意义上使用上层建筑一词。马克思在《法兰西内战》二稿中再次使用上层建筑一词时，取了政治结构的蕴意，他在该稿中只是用此来指称中央集权的国家政权。他写道："以给现代资产阶级社会提供自由发展的充分余地为任务的第一次法国革命，必须把地方的、区域的、城镇的、外省的一切封建制度堡垒扫除净尽，为中央集权的国家政权这一上层建筑准备社会基地。这种中央集权的国家政权有着按照系统的和等级的分工原则建立的分支庞杂、遍布各地的机关。"② 这里，马克思不仅把国家政权视为上层建筑，同时还从政治学角度分析了"中央集权的国家政权"这一庞大政治机器：它有常备军、等级制的官僚、警察、僧侣、法官等等。这个国家政权"按照系统的和等级的分工原则建立"，分支庞杂，机关遍布各地。马克思这里偏重的和关注的是"国家工作机器"或"政府机器"的具体结构和功能，完全未涉及社会意识这种精神现象。

在当时公开正式发表的《法兰西内战》中，马克思同样在国家政权的意义上使用上层建筑概念："18 世纪法国革命的大扫帚，把所有这些过去时代的残余都扫除干净，这样就从社会基地上清除了那些妨碍建立现代国家大厦这个上层建筑的最后障碍。"③ 马克思在这里使用的上层

---

① 《马克思恩格斯选集》第 3 卷，人民出版社 1995 年版，第 101—102 页。
② 同上书，第 117 页。
③ 《马克思恩格斯选集》第 3 卷，人民出版社 1995 年版，第 52 页。

建筑概念，具体指法国第一帝国时期建立起来的国家政权及后来的各种政权。他说："现代国家大厦是在第一帝国时期建立起来的，而第一帝国本身又是从半封建的旧欧洲反对现代法国的几次同盟战争中产生的。在以后各个时期的政治体制下的政府其政治性质随着社会的经济变化而同时改变。现代工业的进步促使资本和劳动之间的阶级对立更为发展、扩大和深化，这一国家政权在性质上也越来越变成了资本借以压迫劳动的全国政权，变成了为进行社会奴役而组织起来的社会力量，变成了阶级专制的机器。"①

1872 年，马克思在法文版《资本论》第 1 卷第 1 章第 4 节"商品的拜物教性质及其秘密"的第 33 个脚注中，仍然引述了《〈政治经济学批判〉序言》中的那段话。但值得注意的是，马克思在引用中作修改时不仅把直接引语变成间接引语，而且把"是有法律的政治的上层建筑竖立其上并有一定的社会意识形式相适应的现实基础"一语删改成"是有法律的政治的上层建筑竖立其上的现实基础"②。马克思的这一删改将上层建筑与法律、政治之间的内在联系变得更清楚、更明白。而"并有一定的社会意识形式与之相适应"一语的删除，则说明了两种可能性的存在：一种是，马克思最终只将上层建筑理解为法律、政治；另一种是，正因为马克思亦认为社会意识形式是上层建筑，所以，他最终认为将"社会意识形式"与"法律的政治的上层建筑"并列提及是不合适的，所以，应该删除"并有一定的社会意识形式与之相适应"一语。

1879 年，马克思在致尼·弗·丹尼尔逊的信中写道："另一方面，铁路网在居主导地位的资本主义国家的出现，促使甚至迫使那些资本主义还局限在社会的少数点面上的国家在最短期间建立起它们的资本主义的上部结构，并把这种上部结构扩大到同主要生产仍以传统方式进行的社会机体的躯干完全不相称的地步。"③ 这是马克思最后一次使用上层建筑概念，中译本将该概念译为"上部结构"。尽管被译为"上部结构"，但它只是"上层建筑"的另一种译法，该概念用于揭示社会的政

---

① 同上书，第 52—53 页。
② 《资本论》第 1 卷，中国社会科学出版社 1983 年版，第 61 页。
③ 《马克思恩格斯选集》第 4 卷，人民出版社 1995 年版，第 635 页。

治结构的意义并不因此而改变。马克思这里所说的"资本主义的上部结构"的建立，是伴随着铁路这一新的生产力的迅速发展而来的：铁路的发展加速了资本主义生产还未占主要方式的国家的社会和政治解体，加速了新的政治制度的建立。

二　马克思的上层建筑概念分析

前面我们对马克思使用上层建筑概念情况进行了详细介绍。透过这些介绍可以看出，马克思关于上层建筑外延的认识有一个由最初没有认识到法律与政治的上层建筑意义，到逐步认识到它们的上层建筑意义的过程。最初，在马克思那里，上层建筑主要是指思想观念与意识（包括幻想、情感和人生观），但逐渐地，马克思不仅看到了法律、政治与上层建筑之间的内在联系，而且极其肯定地用上层建筑来界定它们，从而也使人们能够真正做到站在上层建筑的高度来理解社会政治结构或国家政权的本质。当然，在此还可以倒过来说，正因为在马克思那里对上层建筑本质的把握超出了从思想观念与意识角度加以理解的模式架构，致使上层建筑与政治之间的联系最终得以构建。这也就是说，马克思将政治与上层建筑联系在一起，是通过走出最初从思想观念与意识角度理解上层建筑内涵而得以完成的。对于马克思来说，走出单纯从"观念"意义上使用上层建筑概念，是其充分把握政治与上层建筑之间内在联系的关键一步。

如果从思想发展历程的角度来看，马克思关于政治与上层建筑关系的论断主要源自于他对国家本质的认识。自 1842—1843 年起，马克思就国家，也就哲学和历史，同黑格尔主义决裂。在马克思看来，历史将通过革命而继续。哲学现在没有实现，它将实现；如果哲学成为世界的，世界就变成哲学的，这是哲学家们所没能完成的。最后，对于马克思来说，国家根本不是永恒的。它不体现思想，它并非既是社会的纽带，又是它的桂冠、它的深层结构。但是，马克思随后说道，国家只是上层建筑，也就是一个效果和短暂的存在。

无疑，马克思并没有给上层建筑一个十分明确的界说。不过尽管如此，我们却可以说，在马克思的思想中实际上暗含着两个不同的"上层建筑"的意义：一是，上层建筑 = 全部非经济制度；二是，上层建筑 = 那些非经济制度，其性质是由经济基础的性质解释的。关于前者，并没有出现专门的马克思的术语；但是，关于后者，却存在着非常明确的马克思的论述，这也就是马克思在《〈政治经济学批判〉序言》中所提到的："人们在自己生活的社会生产中发生一定的、必然的、不以他们的意志为转移的关系，即同他们的物质生产力的一定发展阶段相适合的生产关系。这些生产关系的总和构成社会的经济结构，即有法律的和政治的上层建筑竖立其上并有一定的社会意识形式与之相适应的现实基础。"①

其实应当看到的是，无论上层建筑是指上面任何一种含义，它实际上都表明上层建筑是与非经济制度相连，也就是说，只有那些非经济制度才能称为上层建筑。不过正因为马克思特别强调法律与政治都是上层建筑，由此一来他一方面指明了法律与政治具有同层次性，但另一方面也指明了法律与政治之间的差异性。

《黑格尔法哲学批判》是马克思对于黑格尔《法哲学原理》的一次重要的批判性清理，但它所表明的是马克思沿用黑格尔的思路继续从法的角度理解国家的本质。当马克思从上层建筑理解政治的本质，主张政治与法律都是上层建筑的时候，这一点鲜明地意味着在马克思那里，不仅政治与法律已经被区分开来，同时国家也是具有独立的政治意义的。这也就是说，一方面，当马克思开始使用上层建筑概念之后，政治与法律在被区分开来的同时也在上层建筑概念之下得到了新的统一；而另一方面，国家也正是在政治与法律被区分开来的情况下，与政治建立起新的联系，而且这种新的联系表明马克思已经深刻地意识到，国家的本质不应该仅仅单纯地从法的角度来加以理解。尽管从某种意义上说，"法"可以折射出国家的作用，说明国家的本质，但是，"法"毕竟不是国家与政治，单纯地从"法"的角度来理解国家的本质，只会使国家的本质被以偏赅全地加以理解。例如，黑格尔之所以强调国家的永恒性，从一定意义上说就因为在他看来"法"是无法消亡。既然法是无法消亡的，那么与"法"相连的国家也是无法消亡的。

当代后马克思主义代表人物拉克劳、墨菲曾经说道："我们进行研究的基础在于给予政治链接因素以优先权。在我们看来，政治分析的核心范畴是领导权……人们可以把领导权看成是包括在非决定性领域的决

---

① 《马克思恩格斯选集》第2卷，人民出版社1995年版，第32页。

定性。更深层次上的偶然性所需要的领导权，是偶然的链接。……正是由于这一原因，我们认为政治不是上层建筑，而主张它具有社会本体论的地位。对于我们来说，从这一论证中得到的是，社会划分是内在于政治可能性之中的，而且……也内在于民主政治的可能性之中。"① 在这里，他们以主张政治具有社会本体论的地位，而否定了政治的上层建筑性质。其实应当看到的是，当马克思积极主张政治是上层建筑时，这实际上在指明了政治的不可或缺性的同时，也进一步明确了政治的非本质性，阐明了政治只是一种依附于经济基础的社会结构形式。马克思这一定位的科学性在于，它不仅使人们对政治的本质有了更鲜明的认识，同时也使人们看到了政治的两面性。对于马克思将政治界定为上层建筑，人们原来一直强调这是对政治的依附性的说明。但是，既然肯定政治是上层建筑，这表明马克思充分看到了政治的不可或缺性。对于社会发展来说，经济基础与上层建筑都是不可缺少的，同时经济基础与上层建筑也是互为依存的关系，即离开了上层建筑，无所谓经济基础；离开了经济基础，也无所谓上层建筑。因此，尽管拉克劳、墨菲或许只是希望通过否定政治的上层建筑性质来提高人们对政治重要性的理解，但是，这种否定却是具有根本性的。它只会搅乱人们对于经济基础与上层建筑正常关系的理解，使人们走上过分强调政治作用的歧途。

三　政治与上层建筑：一种建立在唯物史观基础上的思想认识

原来人们常说，在黑格尔与马克思之间，有一个哲学断裂，即唯心主义向唯物主义的飞跃。② 其实，从政治哲学的角度来看，当马克思积极地将政治与上层建筑联系在一起时，亦表明在黑格尔与马克思之间也存在着一个政治断裂。准确地说，这个断裂的重要意义就在于在黑格尔对国家与政治无条件地褒扬和马克思对二者的彻底批判之间作出了一种决断。只有政治断裂才把政治问题和作为问题的政治，置于其中心的位置。其他的断裂，为国家的和与之有关的疑问的排出敞开了大门。进行了政治断裂的马克思，很注意具体形势的分析。这一点不仅体现在《共

---

① ［英］拉克劳、［比利时］墨菲：《领导权与社会主义策略》第 2 版序言，黑龙江人民出版社 2003 年版，第 5—9 页。

② ［法］亨利·列菲弗尔：《论国家》，重庆出版社 1988 年版，第 119 页。

产党宣言》之中，而且也体现在《路易·波拿巴的雾月十八日》、《法兰西内战》等之中。

当然，这个政治断裂并不是一种孤立的存在，实际上也是以一个哲学断裂作为前提的，这个哲学断裂就是马克思超越黑格尔和以往所有哲学家而在社会历史领域所确立的唯物史观。从本质上说，如果没有唯物史观的建立，马克思是很难完成与黑格尔之间的政治断裂的。对于马克思来说，概念与理性，也是与已建立的理性的界限一起，导源于广义的生产。而在黑格尔那里，概念趋向于同其推理——哲学体系、作为"体系之体系"的政治国家——的一致。马克思用政治断裂粉碎了这种一致。他一方面使概念相对化，另一方面取消了作为历史的和理性的同时完成的国家。

《德意志意识形态》是对马克思后来的思想具有十分重要意义的书，它其中包含着一个其重要性不会被过分强调的命题："我们仅仅知道一门唯一的科学，即历史科学。"① 实际上马克思与恩格斯从未离开过这个观点。无疑，正因为马克思充分重视新的历史科学（即历史唯物主义）的意义，所以，他的思想（无论是经济思想还是政治思想）都拥有一个新的起点，而且这个新的起点，也使得他的经济思想与政治思想拥有了许多全新的内容。恩格斯曾经写道，由马克思首创的"德国的经济学本质上是建立在唯物主义历史观的基础上的"②。其实同样的话也适应于马克思的政治哲学。也就是说，由马克思首创的新的政治哲学本质上是建立在唯物主义历史观基础上的。

在政治与上层建筑之间构建联系，在马克思那里是建立在唯物史观基础之上的。倘若没有创立唯物史观，马克思难以将政治与上层建筑联系在一起，这种联系是以马克思预设了经济基础与上层建筑二者的存在以及二者之间的相互依存关系作为前提的。马克思是坚定的历史唯物主义者。对于他来说，"物质生活的生产方式制约着整个社会生活、政治生活和精神生活的过程"③。因此，也正是在这种情况下，政治生活只能作为上层建筑而附属于物质生活的生产方式，而且这种附属性是无法

---

① 参见［德］施密特《历史和结构——论黑格尔马克思主义和结构主义的历史学说》，重庆出版社1993年版，第27页。

② 《马克思恩格斯全集》第13卷，人民出版社1962年版，第526页。

③ 《马克思恩格斯选集》第2卷，人民出版社1972年版，第82页。

从本质上得到改变的。从根本上说，如果没有关于物质生活的生产方式是经济基础的认识，上层建筑概念就是无法建立起来的，而且也更谈不上关于政治归属于上层建筑的认识。因此，对于马克思将政治与上层建筑联系在一起加以考察，我们应该充分地认识到唯物史观在此的基础作用。

在《德意志意识形态》中，马克思对唯物史观作了概括性的表述："这种历史观就在于：从直接生活的物质生产出发来考察现实的生产过程，并把与该生产方式相联系的、它所产生的交往形式，即各个不同阶段上的市民社会，理解为整个历史的基础；然后必须在国家生活的范围内描述市民社会的活动，同时从市民社会出发来阐明各个不同的理论产物和意识形式，如宗教、哲学、道德等等，并在这个基础上追溯它们产生的过程。这样做当然就能够完整地描述全部过程（因而也就能够描述这个过程的各个不同方面之间的相互作用）了。"① 上面的表述也就是马克思全面地揭示社会历史发展的基本规律和系统阐明唯物史观的基本原理的思维逻辑进程。当然，也正是从这个思维逻辑进程中，人们可以非常明确地看到马克思将政治与上层建筑相联系的思想是其唯物史观的自然延续。

对于马克思来说，现实的人是研究的出发点，因此应当以人的物质的生活条件、人的物质生活的生产作为考察的主要对象。他指出："我们的出发点是从事实际活动的人。"② 当然，由于仅仅从现实的人出发是不够的，因为现实的人是多种关系、各种特性的综合体，因而马克思在指出从现实的人出发的同时，强调要考察现实的人的多种关系和特性中具有决定意义的方面。由此，他抓住了物质生活条件中的物质生活的生产这个中心环节。人们为了能够创造历史，必须能够生活下去。而为了生活，首先就需要衣、食、住以及其他东西。因此，人们的第一个历史活动就是生产满足这些需要的资料，即生产物质生活本身。马克思指出："他们是什么样的，这同他们的生产是一致的——既和他们生产什么一致，又和他们怎样生产一致。因而，个人是什么样的，这取决于他

---

① 《马克思恩格斯全集》第3卷，人民出版社1960年版，第42—43页。
② 同上。

们进行生产的物质条件。"① 物质生活的生产是人类存在和发展的基础，也是社会历史的根本基础。马克思以物质生活的生产作为考察的主要对象，从这里展开全部的阐述，就把整个对社会历史的研究奠定在唯物主义的基础上了。

在马克思那里，国家乃是协调私人利益与公共利益之间矛盾的一种重要产物。精神的生产是受物质生活的生产决定的，意识形态是现实的物质关系在观念上的反映。支配着物质生产资料的阶级，同时也支配着精神生产的资料。占统治地位的思想实际上是统治阶级的思想，是占统治地位的物质关系在观念上的表现。所以，马克思明确指出，市民社会"在一切时代都构成国家的基础以及任何其他的观念上的上层建筑的基础。"② 此外，我们还可以再回顾一下前面曾提到的马克思在界定法律和政治的上层建筑意义时的表述："这些生产关系的总和构成社会的经济结构，即有法律的和政治的上层建筑竖立其上并有一定的社会意识形式与之相适应的现实基础。"③ 不难看出，在这里马克思对于法律的和政治的上层建筑的界定，不仅是奠定在对其与经济结构之间上下关系的说明之上，而且也是建立在对于经济结构作为现实基础的说明之上的。因此，可以说，正是在深入揭示经济结构对于社会历史发展所起到的基础作用的过程中，马克思在为政治寻求到上层建筑这一重要归属的同时，也为政治的上层建筑意义的确立提供了坚实的唯物史观基础。

（作者单位：中国社会科学院哲学研究所）

---

① 《马克思恩格斯全集》第 3 卷，人民出版 1960 年版，第 24 页。
② 同上书，第 41 页。
③ 《马克思恩格斯选集》第 2 卷，人民出版社 1995 年版，第 32 页。

新时期中国共产党执政理念及实践的创新

孙兰英　孙迎辉

马克思主义政党建党学说一个重要的基本概念就是执政理念，它既是政党获得执政权、拥有合法性的重要前提条件，也是执政党制定路线、方针、政策的决策依据，对强化党的战斗力，增强党的动员力，提升党的洞察力，发挥党的引领力起到了重要的作用。

一　"以人为本"是中国共产党执政理念的核心

"执政理念"作为一个全新概念的首次提出是胡锦涛总书记2004年6月29日在中央政治局第十四次集体学习会议上。在2004年8月22日纪念邓小平同志诞辰100周年的大会上，胡锦涛总书记指出："要把马克思主义执政理论与党执政新的实践紧密结合起来，以党的执政能力建设为重点，从党的执政理念、执政基础、执政方略、执政体制、执政方式、执政资源和执政环境等方面进行努力，全面加强和改进党的思想、组织、作风和制度建设。"① 强调要加强党执政的理论研究，为党的依法执政、科学执政、民主执政和执政能力建设提供强有力的理论依据和支撑。胡锦涛从执政的理念、基础、方略、体制、方式、资源和环境等七个方面全面阐述了中国共产党执政能力建设的基本问题，这充分说明了党中央对理论源于实践、理论指导实践这一辩证唯物主义原理的深刻理解和有效运用。

新时期，中国共产党"执政理念"突出了"为谁执政"、"怎样执政"这个根本问题。坚持以人为本是贯彻"三个代表"重要思想，坚

① 胡锦涛：《在邓小平同志诞辰100周年纪念大会上的讲话》，《人民日报》2004年8月23日第1版。

持立党为公、执政为民的本质要求，党的一切奋斗和工作都是为了造福人民，也是进一步发扬党的优良传统和作风的具体体现。因此，"以人为本是我们的执政理念和要求，应当从现在的具体事情做起，贯穿到经济社会发展的各个方面，贯穿到我们的各项工作中去"①；其次，揭示了党执政理念的发展是一个动态的与时俱进的过程。"以人为本、执政为民"的理念继承和发展了毛泽东、邓小平、江泽民的核心执政理念，是党的核心执政理念创新的最新成果。"以人为本、执政为民"的理念既是对全心全意为人民服务理念的继承，又是党的执政理念的创新，鲜明体现了为人民服务的时代规定性。再次，表明了党执政理念的前瞻性。以人为本、执政为民不仅是我们党一贯的政治主张和执政理念，是党巩固执政基础、确保长期执政的制胜法宝；而且是我们党在总结历史经验基础上并根据变化了的客观现实要求，将其转化为科学执政、民主执政、依法执政的执政实践。

二　中国共产党执政理念的建构原则

党的十六大以来，首次正式地把"执政理念"这一全新概念运用于党的建设领域，在执政兴国的实践中，从执政理念的为谁执政和怎样执政这两个现实层面，从执政党的根本任务、发展战略和目标等方面丰富和发展党的执政理念，并且坚持"一二三四"建构原则——恪守一条宗旨、遵循两个统一、实现三次转变、破除四种误区。

1. 恪守一条宗旨

中国共产党执政理念恪守的一条根本宗旨是执政为民。在执政过程中始终围绕着一个中心即"人民"，始终坚持着一种行动即"为人民服务"，"紧紧依靠人民"、"拜人民为师"使党始终赢得人民的信任与支持。因此，执政为民是指执政党在运用所掌握国家权力处理本国不同利益群体间关系的过程中，党的执政理念及实践活动都必须从人民的利益出发，把为人民谋取利益当做最根本的目的。坚持以一切为了人民作为前进的目标方向；以一切为了人民作为工作的力量源泉；以一切为了人民作为自己的正确定位。坚持用人民拥护不拥护、赞成不赞成、高兴不

---

① 《温家宝在省部级主要领导干部"树立和落实科学发展观"专题研究班结业式上的讲话》，《北京社会科学年鉴》，北京出版社 2005 年版，第 18 页。

高兴、答应不答应，作为衡量各项政策、措施的标准。

2. 遵循合规律性与合目的性的统一

遵循两个统一即是指党执政理念"合规律性与合目的性"① 的统一。执政理念的科学与否是由实践来检验、人民来判定的。

执政理念的合规律性是指在执政实践的基础上，正确反映社会客观现实及其发展的必然趋势。社会现实与状况具有客观性，影响与制约着社会整体的发展，执政理念作为一种意识形态，呈现主观特性。马克思主义唯物辩证法认为，物质决定意识，意识对物质有能动的反作用。执政理念的形成必然将客观现实包含其中，而客观规律要发挥作用离不开人的实践活动，执政理念的合规律性就是协调主观的执政观念与客观的历史活动之间的关系。衡量执政理念是否合规律性取决于以下三个因素：一是执政党能否代表先进生产力。生产力是经济基础，决定着社会政治文明、精神文明的发展进程，如果最基础的问题都没有解决好，那么其他方面都是纸上谈兵。二是执政理念的理论基础是否科学。理论基础是否科学要通过生产力的状况来反馈，正确的、科学的理论是可以推动生产力前进的。三是执政党的自身建设。执政党要能够立足国情，放眼世界。在实践的基础上，及时总结历史经验教训，提升洞察力，增强对时局的驾驭能力。

在以上三个因素的相互作用下，协调执政实践与社会历史活动是执政理念合规律性与否的具体表现，是执政实践适应社会历史活动还是社会历史活动适应执政实践，这是判断执政理念是否合规律性的标准。具体的执政行为也是在一定的社会历史中进行的，就是要把执政实践与社会历史活动的和谐程度最大化，用执政理念使两者形成良性互动。

执政理念的合目的性就是"执政的目的与社会历史主体的价值目标的一致"②。任何执政理念有目的、理想等内容，从实质上看，合目的性就是执政理念的价值取向与历史主体利益的趋同，历史主体对执政理念的认可程度。执政理念的实现是以政党为主要载体的，执政实践与历史主体活动是否一致，就是以双方利益是否吻合为着眼点的。利益作为

---

① 曹治平：《中国共产党执政理念合规律性与合目的性的统一》，《前沿》2008 年第 4 期。

② 杜辉：《执政理念的合规律性与合目的性审视——兼论中共执政理念的合规律性与合目的性的统一》，《求实》2006 年第 2 期。

历史主体活动的一个重要机制，包含在一定的价值取向中。

执政理念主体是否具有先进性、是否广泛成为决定价值取向的根本因素。任何执政的目的都具有利益需求，要协调好社会中各主体之间的利益关系。执政理念的主体本身是否具有利益主体的特质或者是否为某利益群体的代表，对合目的性起到直接的决定作用。当执政理念的主体不具有广泛性，并非占社会成员的大多数，而且它又是利益主体，在这种理念中，历史主体会被看成是社会客体，历史主体缺乏对这种执政理念的认同感，这就是狭隘的利益机制，是不合目的性的；当执政理念的主体代表的是历史主体的利益，是为绝大多数人民谋取利益，这样的价值取向与历史主体的利益相吻合，其执政理念不仅仅是维护本阶级的统治，而是以实现历史主体利益最大化为目的的。因此，能够凝聚社会高度的共识，取得社会的认同，这种执政理念是合目的性的。中国共产党的执政理念超越了以往任何一个政党，突破了阶级的狭隘性和主体的局限性，将合规律性与合目的性统一起来形成了全新的科学执政理念。

3. 实现三次转变

中国共产党根据国内外客观社会环境的变化，以历史唯物主义为哲学依据，其执政理念相继进行了三次转变，形成了斗争哲学、发展哲学、和谐哲学的执政理念。

斗争哲学简言之就是中国革命的哲学。从理论上看，唯物辩证法中对立统一原理是斗争哲学的基础。矛盾是事物内部相对立的双方又斗争又同一关系的哲学范畴。其基本属性是斗争性与同一性，阶级斗争就是社会矛盾尖锐时斗争性的具体表现。斗争哲学强调斗争在社会发展过程中所起到的重要作用，在一定时期内处于社会发展的主导地位，历史的表现就是革命战争。从实践上看，1949 年以前中国社会动荡不安，社会发生巨变，革命与战争成为时代主题。斗争哲学就是深刻把握了中国社会主要矛盾、对时局作出及时准确判断和定位，是实践客观需要的产物。

新民主主义时期的执政理念是斗争哲学的鲜明体现。中国共产党从分析当时社会的主要矛盾入手，用暴力革命的方式来推翻帝国主义、封建主义、官僚资本主义的压迫。在中国半封建半殖民地的社会性质下"帝国主义和中华民族的矛盾，乃是各种矛盾中的最主要的矛盾"①。所

---

① 《毛泽东选集》第 2 卷，人民出版社 1991 年版，第 631 页。

以斗争哲学的主要对象就是他们，用暴力的方法取得了民主革命的胜利，实现了国家独立、民族解放，实践证明这一执政理念的正确性。

发展哲学的执政理念是在总结经验、反思教训和把握时代脉搏的基础上形成的，并与时代特点有机地联系在一起。和平与发展已成为当今时代的主题，中国落后的生产力水平不能满足人民日益增长的物质文化需求成了社会的主要矛盾，在人民迫切希望改变现状和国家要谋求发展的要求下，中国共产党制定了改革开放的方针、政策，走有中国特色社会主义的发展道路，为发展哲学的形成奠定了实践基础。马克思主义发展观最鲜明的特色强调社会发展的最终目的是人的自由和全面发展，社会生产包括物质生产和精神生产，这两个要素是发展哲学的哲学基础。以经济建设为中心，在坚持改革开放和社会全面发展理念的指导下，从我国的基本国情出发，形成了全面建设小康社会的理论体系和奋斗目标，为建设社会主义和谐社会创造了物质前提。

和谐哲学是实现社会主义和谐社会的思想基础，是十六大以来党的领导集体新时期执政理念的具体表现。随着中国经济生活中利益关系、利益结构，尤其是利益原则的变化所引发的新的社会矛盾与问题，必须要将科学发展、和谐发展作为新时期党的执政理念的核心。

社会主义和谐社会的理论体系是一个逐步发展丰富、完善的动态过程。十六大把"'社会更加和谐'作为全面建设小康社会的一个重要内容提了出来"①。十六届四中全会上明确提出了要把和谐建设摆在重要位置。十七大报告中明确指出："社会和谐是中国特色社会主义的本质属性……构建社会主义和谐社会是贯穿中国特色社会主义事业全过程的长期历史任务。"② 任何社会的生存和发展，都需要有一种普遍的社会认同和凝聚能力，以维护社会的协调和稳定。构建社会主义和谐社会是中国共产党把中国特色社会主义伟大事业推向前进的必然选择，是国家富强、民族振兴的重要保障。和谐哲学可以引导社会成员树立共同理想信念，产生凝聚和激励社会成员的巨大力量，形成社会稳定的思想基础，成为群体或整个社会的思想旗帜，是新时期党执政理念的升华。

---

① 王萍、张立红：《论中国共产党执政理念的三次转换——从斗争哲学、发展哲学到和谐哲学》，《宁夏党校学报》2010 年第 1 期。

② 胡锦涛：《高举中国特色社会主义伟大旗帜，为夺取全面建设小康社会新胜利而奋斗》，《求是》2007 年第 21 期。

4."破除四种误区"①

当前,要"切实把构建社会主义和谐社会作为贯穿中国特色社会主义事业全过程的长期历史任务和全面建设小康社会的重大现实课题抓紧抓好"②,必须要坚决破除功利主义、精英主义、片面发展和单纯追逐效率的四种误区。

破除功利主义的误区,树立和谐发展思想。社会和谐是古今中外让人们孜孜以求的理想,也是中国共产党不懈奋斗的目标。构建社会主义和谐社会,是党坚持立党为公、执政为民的必然要求,是实现好、维护好、发展好最广大人民的根本利益的重要体现,也是党实现执政历史任务的重要条件。要完成社会主义和谐社会建设的历史任务,必须破除功利主义的误区,防止急功近利,不能只看重经济增长,牺牲人民群众的利益,要以人为本,做到全面、协调、可持续发展。

破除精英主义的误区,坚持群众工作路线。人民群众是历史的创造者,改革开放是人民群众的伟大社会实践活动,任何改革举措要付诸实践并最终获得成功,必须得到人民群众的支持和拥护。因此,人民群众是改革的主体,是改革的推进者和实践者。中国共产党的最大政治优势是密切联系人民群众。胡锦涛指出:"90年来党的发展历程告诉我们,来自人民、植根人民、服务人民,是我们党永远立于不败之地的根本。"③ 因此,"只有深刻认识人民创造历史的伟力,真诚代表中国最广大人民的根本利益,一切为了人民,一切依靠人民,我们党才能得到人民的充分信赖和拥护,才能无往而不胜。"④ 要破除精英主义的误区,牢固树立人民改革观,始终保持同人民群众的血肉联系,始终坚守群众是真正英雄的历史唯物主义执政理念。

破除片面发展的误区,倡导全面进步理念。在市场经济条件下,按照效益最大化的原则,人力、财力、物力都会向优势地区集中,必然会导致"马太效应"的出现,使富的地方越富,穷的地方越穷,差距扩

① 邴正:《树立和谐发展的执政理念——破除执政理念的五大误区》,《理论视野》2006年第6期。
② 《中共中央关于构建社会主义和谐社会若干重大问题的决定》,《求是》2006年第20期。
③ 胡锦涛:《在庆祝中国共产党成立90周年大会上的讲话》,《求是》2011年第13期。
④ 胡锦涛:《在庆祝中国共产党成立85周年暨总结保持共产党员先进性教育活动大会上的讲话》,人民出版社2006年版,第6页。

大化。落后的地方不但吸引不了人才与资金,原有的为数不多的人、财、物也会转移到发达地区;贫困群体本身无力接受高等教育,势必更远离高科技的层次,自身发展受到极大的限制。

如果听任这种矛盾激化,社会就无法正常运转,和谐的实现更无从谈起,中国社会正面临着发展与和谐的矛盾,发展作为党执政兴国的第一要务是不能抛弃的。这也是党能否长期执政的前提。

破除单纯追逐效率的误区,兼顾公平分配原则。公平与效率问题是人们争论不休的话题,这个问题关键在于是否搞清楚了企业与政府的区别所在。对企业来说,效率优先兼顾公平是名正言顺的;对政府而言,注重公平是不言而喻的,只有这样才不会有悖于和谐哲学的执政理念。如果一味地执行效率第一的执政理念,只会使效率高的加速发展,效率低的更加滞后,必然就会产生扶强抑弱的结果。政府要促进就业,扩大公平范围,只有耕者有其田,居者有其屋,保障社会成员享有就业和劳动的权利,才能使人民安居乐业,形成和谐奋发有为的局面。

执政理念的构建原则是系统化的,必须遵循在动态中寻求平衡的原则。执政为民的宗旨在系统中处于核心地位,起到了统领作用;合规律性与合目的性是平衡因子,不可偏废任何一方,否则系统就会瘫痪;斗争哲学、发展哲学、和谐哲学的三次转换是系统运转的动力,为系统输入能量;四个误区的产生就是系统运作以后被淘汰的糟粕,取而代之的是科学发展、和谐发展的新文明元素。

三 中国共产党执政理念的时代化、科学化和人本化

党的执政理念是与时俱进的,在根本指导思想"不变"的前提下,执政理念朝着更加时代化、科学化、人本化的趋势发展。

时代化。中国共产党执政理念的时代化与马克思主义的时代化是相呼应的,是对时代问题的探索和时代脉动的科学把握。执政理念的时代化其实就是执政思维、执政方式同时代主题、时代特征、国内外实践发展相适应。

党执政理念时代化的一个重要体现就是生态文明建设的提出,是党的十七大报告中首次提出的,把它作为一个重要的执政具体理念和执政目标,是社会文明发展的又一个高级阶段。在十七届四中全会上将生态文明建设与政治建设、经济建设、社会建设并举,把现代化建设布局提

升到了"五位一体"。这是我们党贯彻落实科学发展观,走可持续发展道路的具体执政实践,是对社会主义建设规律理性认识的深入,回应了低碳经济的要求和全球气候变暖的现实,显示了中国共产党前瞻性执政理念的时代化。

科学化。作为执政党执政理念的科学化是实现自身科学化的重要保证。一个政党要能够顺应历史的发展潮流,统领全局,健全科学的指导思想和方法。执政理念科学化就是执政理念合规律性与合目的性的统一,即用科学的思维、科学的方法、科学的制度来运用和调配权力,达到科学治国理政的效果。中国共产党作为建设中国特色社会主义事业坚强的领导核心,对人类社会发展规律、社会主义建设规律和共产党执政规律的探索不断加强,把执政能力建设建立在正确运用这"三大规律"的基础上。

科学执政是实现执政理念科学化的必然要求,执政理念科学化最重要的还是要有"科学的理论指导、制度保证和方法运用"。[1] 第一,要有科学的理论指导。这是执政党不断提高执政能力,始终走在时代前列不可缺少的条件。没有科学理论的指导,执政实践有可能误入歧途。第二,要有科学的制度。这是执政理念科学化的制度保障,可有效地提高执政效率,克服在执政过程中主观意志的盲目性和滞后性,减少执政成本。它既包括了执政的具体制度,又包含了对执政权力的监督与约束机制。第三,要有科学的方法。科学执政的方法是在尊重客观规律、尊重实际的前提下科学理论、科学制度的具体展露。

人本化。科学发展观的核心思想是"以人为本",也是社会主义的核心价值理念,是党新时期执政理念人本化的重要体现,也是"'以人为本'逐步成为引领各项工作的实践理念的过程"。[2]

第一,以人为本的执政理念是对人主体地位的肯定、对人在社会发展进程中主体作用的一种提升。弘扬以人为本执政理念,标志着党执政理念人性化的发展趋势,理念中"为人"的成分越来越细腻。要积极调动人的主动性、创造性和能动性,也要保障人合理、合法的权益。一

---

① 徐爽:《中国共产党执政理念创新与发展问题研究》,东北师范大学出版社 2006 年版,第 13 页。

② 王俊知:《谈"以人为本"执政理念和发展理念》,《内蒙古民族大学学报(社会科学版)》2009 年第 4 期。

方面，马克思主义认为，人是社会历史发展的主体，是物质生产实践和精神生产实践的主体，是社会发展的动力，强调了人的能动性和创造性，人的全面发展又是社会发展所要实现的目的。中国共产党执政理念的具体实施就是要使人民群众成为社会真正的主人。另一方面，要充分地保障人民分享发展成果的权利，这是党"以人为本"执政理念的价值尺度。社会发展果实的分享同人的主体地位是趋于一体的。胡锦涛指出，"人民群众既是先进生产力和先进文化的创造者，又是劳动成果的享有者，要让发展的成果惠及全体人民。"[①]

第二，以人为本是执政理念的一种思维模式。以人的维度与人的意识来思考问题、分析问题和解决问题。将注意视线由"非人"转到关注人本身的发展上来。当代中国社会历史发展必须进一步关注人本身的命运发展，不能将人沦为单纯推动经济发展的机器，应该让经济的发展围绕人的合理需求来运行。要用公正的思想注重对人的关怀，既要彰显人的个性，也要承认人的差异性的存在，使人的合法权利得到应有的保证，满足人的正当需求。

第三，以人为本的执政理念是社会主义的价值取向。让人在国家建设和社会生活中都能各展其能、各得其所，在具体工作中体现尊重人、关爱人、塑造人。要把人的全面发展作为立党为公、执政为民的目的，真正体现我们党执政的根本宗旨。要切实把实现好、维护好、发展好人民的根本利益作为一切工作的根本出发点和最终落脚点，不断提高人民的物质文化和精神文化生活水平。

时代化、科学化与人本化是一个内在的统一体，三者各有侧重，但又联系密切，并且统一于当下中国社会实践的基础之上。在经济全球化的时代背景下，在各种社会思潮交锋交融相互激荡的新时期，只有时代化、科学化与人本化的执政理念才能适合中国建设、改革和发展的要求，才能满足人民对政治、经济和物质文化的需要，才能使我们伟大的党更加生机勃勃。执政理念是上层建筑的重要组成部分，对经济基础有积极的反作用。新时期新阶段，中国共产党应对世界多极化和经济全球化以及科技进步的发展趋势，应对社会生活多样化和人的思想活动独立

---

①　《胡锦涛在"三个代表"重要思想理论研讨会上的重要讲话》，人民出版社2003年版，第30页。

性、选择性、差异性明显增强的社会文化变迁中，其执政理念既是"承前"，又是"启后"，在坚持和发展马克思主义中国化过程中，与时俱进，创新发展，彰显了巨大的生命力和向心力。

（作者单位：天津大学马克思主义学院）

坚持和完善中国特色社会主义制度

颜晓峰

中国特色社会主义是当代中国发展进步的伟大旗帜。高举这面旗帜，最根本的就是要坚持和拓展中国特色社会主义道路，坚持和丰富中国特色社会主义理论体系，坚持和完善中国特色社会主义制度。胡锦涛同志在2011年"七一"讲话中明确提出、系统论述了坚持和完善中国特色社会主义制度这一重大理论和实践问题，进一步指明了坚持和发展中国特色社会主义的方向，使我们对中国特色社会主义基本内涵的认识更加丰富与深刻，更加坚定了发挥我国制度优势的信心。坚持和完善中国特色社会主义制度，是当代中国发展进步具有根本性、全局性、长期性的战略任务。

一 党和人民奋斗、创造、积累的制度成就

改革开放以来，我们党紧紧依靠人民进行了一场新的伟大革命，开创、坚持、发展了中国特色社会主义。中国人民的面貌、社会主义中国的面貌、中国共产党的面貌发生了历史性变化，一个面向现代化、面向世界、面向未来的社会主义中国巍然屹立在世界东方。党的十七大认真总结改革开放以来我们取得一切成绩和进步的根本原因，归结为开辟了中国特色社会主义道路，形成了中国特色社会主义理论体系。中国特色社会主义是理论形态与实践形态、道路形态与制度形态的统一体，建设中国特色社会主义是理论创新与实践创新同时推进、道路开拓与制度构建同步展开的过程。十七大以来，我国成功应对各种风险挑战和复杂形势，同时不失时机地推进重要领域和关键环节改革，继续创造"中国奇迹"、形成"中国震撼"。实践使我们对中国特色社会主义制度的根本保障作用认识更加深刻，对坚持和完善中国特色社会主义制度的重大意

义感受更加深入。胡锦涛同志在"七一"讲话中深入探索坚持和发展中国特色社会主义这一重大课题，在强调道路和理论体系的基础上，进一步强调了确立中国特色社会主义制度这一根本原因，突出了确立中国特色社会主义制度这一根本成就，从而在中国特色社会主义伟大旗帜上写下了道路、理论体系、制度三大标志。

从道路、理论体系到制度，是逻辑与历史、理论与实践、认识与实际相统一的过程，三者统一于中国特色社会主义伟大事业进程之中。理论体系是道路、制度的理论表现，同时又是道路、制度的理论引导；道路、制度是理论体系的实践形态，同时又是理论体系的实践基础；道路是制度的框架和前提，制度是道路的实现和具体化。道路、理论体系、制度三位一体，道路是基础，理论是引导，制度是保障。从道路、理论体系到制度，标志着我们党理论上和实践上的又一次与时俱进，必将更加有力地引领中国特色社会主义的新发展。某些人附和西方的"中国崩溃"论、"失败国家"论，认为我国还没有建立"现代国家制度"、"现代政治制度"，要我国效仿西方资本主义制度。我们党把中国特色社会主义制度作为必须倍加珍惜、长期坚持、不断发展的成就，充分表明这一制度就是我国已经确立的"现代国家制度"、"现代政治制度"，是确保实现中华民族伟大复兴的制度基础。

"七一"讲话精辟概括我们党为从根本上改变中国人民和中华民族前途命运所作出的伟大贡献，集中体现为完成和推进了三件大事，这三件大事说到底就是要在中国建立、坚持和完善社会主义制度。新民主主义革命的伟大胜利，实现了中国从几千年封建专制向人民民主制度的伟大跨越，是在我国建立社会主义制度的必经阶段；社会主义基本制度的确立，创造性地实现由新民主主义到社会主义的转变，实现了中国历史上最广泛最深刻的社会变革。这两件大事的完成，为当代中国一切发展进步包括中国特色社会主义制度的确立，奠定了根本政治前提和制度基础。中国特色社会主义制度是社会主义基本制度的继承、创新和发展。社会主义改造基本完成以后开展社会主义建设的成就、经验和教训，包括"文化大革命"的沉痛教训，为中国特色社会主义制度的确立提供了经验依据和重要启示。我们党团结带领人民推进的第三件大事改革开放，其实质就是推进社会主义制度的自我完善和发展，更加充分发挥社会主义的制度优势。建设中国特色社会主义新的实践，就是开辟道路、形成理论体系、确立制度新的实践，就是适应社会主义生产力发展要求和广大人民利益要求，在经济、政治、文化、社会等领域推进体制改革、制度创新的实践。中国特色社会主义制度的确立，是党和人民经过90 年的奋斗、创造、积累而形成的宝贵制度财富。

二 坚持和发展社会主义的制度创新

从唯物史观的观点看，社会制度是建立在一定生产力基础之上生产关系、上层建筑的总和，包括经济制度和政治制度、基本制度和具体制度、法律体系和各种体制，等等。一个国家的社会制度是具体的历史的，是由多种因素综合作用的产物，是变化发展的结果。中国特色社会主义制度，是党和人民建设社会主义的伟大创新，是坚持和发展社会主义制度的伟大成果，是在经济、政治、文化、社会等各个领域形成的一整套相互衔接、相互联系的制度体系。

符合我国国情的制度。中国特色社会主义制度，是我们党从社会主义初级阶段基本国情出发，把马克思主义基本原理同中国具体实际结合起来，逐步确立起来的坚持社会主义本质要求同时又体现鲜明中国气派、中国风格的社会主义制度模式。每个社会主义国家的历史、文化、传统不同，生产力发展水平不同，制度模式也不相同，没有唯一的社会主义制度模式，关键在于与本国国情相适应。从社会主义基本制度的确立到中国特色社会主义制度的确立，就是巩固和完善社会主义制度的过程，实质上就是不断探索社会主义制度如何更加符合中国国情的过程。我国人口多，底子薄，人均资源少，经济文化比较落后，发展很不平衡，是世界上最大的发展中国家。这一基本国情决定了我国的社会主义制度既不能搞"一大二公"的单一公有制，也不能搞私有制；既不能搞党政合一制，也不能搞"三权分立"制；既不能搞一党制，也不能搞多党制；既不能搞民族一元制，也不能搞联邦制，等等。只有中国特色社会主义制度，才是符合中国国情、推动中国发展进步的正确制度选择。中国特色社会主义各项制度，都是在依据国情、适应国情中逐步完善成熟起来的。这些制度安排，紧密依据我国民主建设的进程，中国共产党与各民主党派长期以来形成的关系，统一的多民族单一制国家的历史、革命、建设和改革时期相信群众、依靠群众的传统，社会生产力发展的状况等实际，改革了原有制度中不符合国情的内容，从而保证了制度基础的可靠性，增强了制度执行的有效性。人民代表大会制度既能充分代表全体人民行使国家权力，又能大大提高立法、决策的效率；中国共产党领导的多党合作和政治协商制度发挥了中国共产党在国家政治生活中的领导核心作用，保持了我们党与各民主党派相互尊重、长期合作的政治关系；民族区域自治制度维护了统一的多民族的单一制国家，保护了少数民族地区和人民的权益；基层群众自治制度是我们党长期以来相信群众、依靠群众的制度形式；中国特色社会主义法律体系坚持社会主义法制的统一，实行统一而又分层次的立法体制；公有制为主体、多种所有制经济共同发展的基本经济制度以及社会主义市场经济体制，是社会主义经济基础的制度保证，是促进我国社会生产力快速发展的制度支撑。其他各项具体制度颇具中国特色，都是从国情出发、与国情相适应的结果。中国特色社会主义制度符合我国国情，与传统社会主义制度模式划清了界限，与西方资本主义的制度模式划清了界限，是坚持与发展中国特色社会主义的制度创新。

顺应时代潮流的制度。中国特色社会主义制度，是我们党在新中国成立后艰辛探索建设什么样的社会主义制度基础上，在改革开放的历史进程中开拓创新、大踏步赶上时代潮流，建设与时俱进的社会主义制度的成果。准确把握和平与发展的时代主题，及时顺应和平、发展、合作的时代潮流，我们冲破了关于什么是社会主义的传统观念束缚，推动实现了从高度集中的计划经济体制到社会主义市场经济体制、从封闭半封闭到全方位开放的伟大历史性转变，形成了更有利于参与国际交往与竞争，将中国发展融入世界发展大势的制度模式。改革开放以来的实践证明，只有中国特色社会主义才能发展中国，只有中国特色社会主义制度才能为发展中国提供根本制度保障。中国特色社会主义制度，正是顺应改革开放、建设中国特色社会主义这一时代潮流，逐步发展和确立起来的。中国特色社会主义制度，遵循人类社会发展规律、社会主义建设规律、共产党执政规律，维护中国最广大人民利益，适应社会主义生产力发展要求，是实现中华民族伟大复兴的制度保障。人民的长期拥护和大力支持，是中国特色社会主义制度的坚强基础。社会主义社会是"经常变化和改革的社会"，没有一成不变的社会主义制度。在改革开放大潮中，我国经济、政治、文化、社会等各个领域的建设和改革向前推进，产生了许多新观念，提出了许多新课题，形成了推动中国特色社会主义制度不断完善的实践动力。一个国家确立社会主义基本制度之后，必须根据世界经济、政治、文化、科技的发展进步，吸收借鉴人类制度文明的有益成果，不断推进社会主义制度自我完善和发展。改革开放以来，我们党坚定不移推动中国特色社会主义制度的改革创新，如建立健全权力运行制约和监督体系，保证党和国家机关按照法定权限和程序行使权力，等等，增强了中国特色社会主义政治制度的生命力和感召力。中国共产党走在时代前列的先进品格，中国特色社会主义与时俱进的创新品格，深深地反映在中国特色社会主义制度不断发展完善的时代品格中。中国特色社会主义制度蕴涵的以人为本、求真务实、公平正义、民主法治理念，都是时代精神的反映。

历史和人民选择的制度。一个社会制度不是主观随意的产物，而是有其历史根据和社会基础，从长远和根本上说是历史和人民选择的结果。在近代以来一百多年的历程中，各种主义纷纷登场。在国民党和共产党所代表的制度较量中，历史和人民选择了社会主义制度，因为社会主义制度是代表人民根本利益和历史前进方向的制度，只有社会主义才能救中国。在改革开放前后社会主义制度模式的比较中，历史和人民选择了中国特色社会主义制度。中国特色社会主义制度，遵循人类社会发展规律、社会主义建设规律、共产党执政规律，维护中国最广大人民利益，适应社会主义生产力发展要求，是实现中华民族伟大复兴的制度保障。改革开放以来中国社会发展进步的巨大成就，苏东剧变以来社会主义中国的蓬勃生机，充分证明历史和人民选择中国特色社会主义制度的必然性和正确性。历史和人民选择了这一制度，表明了中国特色社会主义的制度自主、制度自强、制度自信。表明党和人民自主决定自己的制度安排，充分彰显自己的制度力量，坚定信任自己的制度优势，走自己的制度建设发展之路，决不在其他制度后面亦步亦趋。

相互衔接、相互联系的制度。中国特色社会主义制度有着不同层次的丰富内容，是在经济、政治、文化、社会等各个领域形成的一整套有机统一的制度体系主要包括：

——人民代表大会制度是根本政治制度。人民通过普遍的民主选举，产生自己的代表，组成各级人民代表大会。人民代表大会统一行使国家权力，国家行政机关、审判机关、检察机关都由人大产生，并对它负责、受它监督。人民代表大会制度是符合中国国情、体现中国社会主义国家性质、能够保证中国人民当家作主的根本政治制度，也是党在国家政权中充分发扬民主、贯彻群众路线的最好实现形式。人民代表大会制度构成了中国特色社会主义制度的政治基础，是制度体系的政治基础，标志着制度体系的政治模式，是基本政治制度和政治体制的根本依据。

——中国共产党领导的多党合作和政治协商制度、民族区域自治制度以及基层群众自治制度等构成的基本政治制度。中国共产党领导的多党合作和政治协商制度是符合我国国情、具有鲜明中国特色的社会主义新型政党制度，这一制度能够在中国特色社会主义共同目标下把中国共产党领导和多党派合作有机结合起来。在政党关系上坚持共产党领导、多党派合作，在政权运作方式上坚持共产党执政、多党派参政，在协调利益关系上坚持维护国家和人民的根本利益、照顾同盟者的具体利益，在民主形式上坚持充分协商、广泛参与。民族区域自治制度是在国家统一领导下，各少数民族聚居的地方实行区域自治，设立自治机关，行使自治权的制度。民族区域自治制度体现了国家尊重和保障少数民族自主管理本民族内部事务的权利，体现了民族平等、民族团结、各民族共同繁荣发展的原则，体现了民族因素与区域因素、政治因素与经济因素、历史因素与现实因素的统一。基层群众自治制度是人民当家作主最有效、最广泛的途径，城乡居民群众以相关法律法规政策为依据，在城乡基层党组织领导下，在居住地范围内，依托基层群众自治组织，直接行使民主选举、民主决策、民主管理和民主监督等权利，实行自我管理、自我服务、自我教育、自我监督。这些基本政治制度与根本政治制度密切相关，是根本政治制度的丰富和展开，与根本政治制度、中国特色社会主义法律体系、政治体制一道构成了中国特色社会主义政治制度体系，是基本经济制度、经济体制、文化体制、社会体制等的政治保障，与之相互促进。

——中国特色社会主义法律体系。中国特色社会主义法律体系，立足中国国情和实际、适应改革开放和社会主义现代化建设需要、集中体现党和人民意志，以宪法为统帅，以宪法相关法、民法、商法等多个法律部门的法律为主干，由法律、行政法规、地方性法规等多个层次的法律规范构成。中国特色社会主义法律体系从法律上解决了国家发展中带有根本性、全局性、稳定性和长期性的问题，是中国特色社会主义制度的法律形式和法制保障，中国特色社会主义制度都要通过中国特色社会主义法律体系得以法制化。

——公有制为主体、多种所有制经济共同发展的基本经济制度。公有制经济不仅包括国有经济和集体经济，还包括混合所有制经济中的国有成分和集体成分，公有制可以有多种有效实现形式，股份制是主要实现形式，个体、私营等非公有制经济是我国社会主义市场经济的重要组成部分，建立健全现代产权制度是完善基本经济制度的内在要求。这一基本经济制度，同单一公有制和私有化划清了界限，确定了能够极大促进生产力发展的公有制实现形式，保证了各种所有制经济在市场竞争中发挥各自优势，相互促进，共同发展。这一基本经济制度，是中国特色社会主义制度的经济基础，决定着政治制度，并反映在政治制度中。基本经济制度与根本政治制度、基本政治制度标志着制度体系的性质，构成了制度体系的框架，决定着制度体系的方向。

——建立在根本政治制度、基本政治制度、基本经济制度基础上的经济体制、政治体制、文化体制、社会体制等各项具体制度。这就是市场在资源配置中发挥基础性作用的社会主义市场经济体制，把坚持党的领导、人民当家作主和依法治国有机统一起来的政治体制，以党委领导、政府管理、行业自律、社会监督、企事业单位依法运营的文化管理体制和富有活力的文化产品生产经营机制为主要内容的文化体制，以党委领导、政府负责、社会协同、公众参与的社会管理格局为基础的社会体制。各项具体制度以根本政治制度、基本政治制度和基本经济制度为基础，是后者的延伸和具体化，并实现、充实、维护着这些根本和基本制度。中国特色社会主义制度，从体系到内容都是建设中国特色社会主义的制度创新。

在中国特色社会主义制度体系中，根本政治制度是制度体系的政治基础，标志着制度体系的政治模式，是基本政治制度和政治体制的根本依据。基本政治制度与根本政治制度密切相关，是根本政治制度的丰富和展开。中国特色社会主义法律体系是中国特色社会主义制度的法律形式和法制保障，中国特色社会主义制度都要通过中国特色社会主义法律体系得以法制化。根本政治制度、基本政治制度、中国特色社会主义法律体系、政治体制等一道构成了中国特色社会主义政治制度体系，是基本经济制度、经济体制、文化体制、社会体制等的政治保障，与之相互促进。基本经济制度确立了制度体系的经济基础，决定着政治制度，并反映在政治制度中。基本经济制度与根本政治制度、基本政治制度标志着制度体系的性质，构成了制度体系的框架，决定着制度体系的方向。各项具体制度以根本政治制度、基本政治制度和基本经济制度为基础，是后者的延伸和具体化，并实现、充实、维护着这些根本和基本制度。

中国特色社会主义制度，有着构成这一制度体系的关键要素。一是党的领导是这一制度的核心。中国共产党是中国特色社会主义的核心力量，发挥着总揽全局、协调各方的领导核心作用，党领导人民有效治理国家。二是人民民主是根本。人民当家作主是社会主义民主政治的本质和核心，中国特色社会主义制度以保证人民当家作主为根本，坚持国家一切权力属于人民，保障人民民主权利，发挥人民创造精神。三是公有制为主体是基础。公有制是社会主义经济制度的基础，公有资产在社会总资产中占优势，国有经济控制国民经济命脉，对经济发展起主导作用。四是社会主义市场经济体制是关键。建立完善的社会主义市场经济体制是改革开放、体制创新的伟大成就，是推动社会主义现代化建设全局的重大举措，为经济发展和社会全面进步注入了强大动力。五是社会主义核心价值体系是主线。社会主义核心价值体系决定着中国特色社会主义制度的价值取向和发展方向，渗透于经济、政治、文化、社会制度体制的各个方面，是中国特色社会主义制度之魂。

三　当代中国发展进步的根本制度保障

社会主义在制度形态上是形成了代表先进生产力发展要求、广大人民利益要求和社会公平正义价值要求的一系列制度安排。社会主义只有体现落实于制度，才能从理想到现实、从抽象到具体，证明社会主义的本质特征。可以说，革命的根本是制度革命，改革的核心是制度改革。改革开放初期，邓小平深刻反思社会主义国家制度建设的经验教训，提出制度问题更带有根本性、全局性、稳定性和长期性，表明了通过制度改革、确立中国特色社会主义制度的极端重要性。中国特色社会主义制度，集中体现了中国特色社会主义的特点和优势，是体现其特点、发挥其优势的根本途径。中国特色社会主义的共同理想、价值准则、先进性质等，都能够在制度功能中体现和发挥出来。

——有利于保持党和国家活力、调动广大人民群众和社会各方面的积极性、主动性、创造性。改革开放以来，我们废除了实际上存在的领导干部职务终身制，确保了国家政权机关和领导人员有序更替，保证了国家政权的有效运行和领导人员的年富力强。我们深入开展政治协商、民主监督、参政议政，建立健全深入了解民情、充分反映民意、广泛集中民智、切实珍惜民力的决策机制，建立健全广纳群贤、人尽其才、能上能下、充满活力的用人机制，极大激发了社会活力，保证了人民群众的智慧和力量充分运用于中国特色社会主义伟大事业之中。我们始终高扬人民民主的光辉旗帜，扩大人民民主，健全民主制度，丰富民主形式，拓宽民主渠道，从各个层次、各个领域扩大公民有序政治参与，把党的领导地位与人民主体地位、国家权力与人民权利有机统一起来，为党和国家、群众和社会焕发生机活力提供了制度条件。中国特色社会主义制度，从经济、政治、文化、社会、民族等各个领域，保障最广大人民权益，充分调动了各地区、各民族、各阶层、各方面的积极性，从而让各种资源的创造活力竞相迸发，让全社会的蕴藏能量的源泉充分涌流。

——有利于解放和发展社会生产力、推动经济社会全面发展。改革开放以来，我国以世界上少有的速度持续快速发展起来，我国经济从一度濒于崩溃的边缘发展到总量跃至世界第二。从1978年到2007年，世界GDP平均增速为3%，我国增速为9.8%。在国际金融危机的形势下，我国经济仍然年均增长11.2%，远高于同期3.5%的世界平均水平。"中国速度"依托于"中国制度"，"中国震撼"源自于"中国制度"，经受考验和检验的是基本制度。中国特色社会主义制度的确立，促进形成各种所有制经济平等竞争、相互促进新格局，形成统一开放竞争有序的现代市场体系，着力构建充满活力、富有效率、更加开放、有利于科学发展的体制机制，把经济发展与社会发展、生产力发展与科学发展有机统一起来，为经济社会全面发展提供了制度条件，制度变革促进了社会生产力的快速发展。

——有利于维护和促进社会公平正义、实现全体人民共同富裕。改革开放以来，我国逐步形成了体现社会主义本质要求的制度模式，把效率与公平、生产与分配、先富与共富有机统一起来，克服平均主义的弊端，遏制两极分化的趋向。这一制度，不断完善民主权利保障制度、公共财政制度、收入分配制度、社会保障制度等，保障人民在政治、经济、文化、社会等方面的权利和利益，为实现社会公平正义的价值目标提供了制度条件。新世纪新阶段，人民生活总体上达到小康水平，同时收入分配差距拉大趋势还未根本扭转，城乡贫困人口和低收入人口还有相当数量。党和国家积极实施扩大就业的发展战略，逐步提高居民收入在国民收入分配中的比重，提高劳动报酬在初次分配中的比重，加快建立覆盖城乡居民的社会保障体系，努力使全体人民学有所教、劳有所得、病有所医、老有所养、住有所居，等等。这些都是中国特色社会主义制度的体现和实现，运用制度调节收入差距，运用制度保障社会公正。

——有利于集中力量办大事、有效应对前进道路上的各种风险挑战。改革开放以来，我们建立了社会主义市场经济体制，市场对资源配置起基础性作用，同时加强和改进国家对经济社会的宏观调控，办成了各种大事，办妥了各类难事，生动展现了中国特色社会主义制度的伟大力量。近几年来，我国抗击南方部分地区严重低温雨雪冰冻灾害、四川汶川特大地震灾害、青海玉树严重地震灾害、舟曲特大泥石流灾害斗争取得重大胜利，北京奥运会、残奥会、上海世博会、广州亚运会、深圳大运会取得圆满成功，神舟七号载人航天飞行任务顺利完成。特别是2008年汶川特大地震发生后，一方有难、八方支援，展开了救援速度最快、动员范围最广、投入力量最大的抗震救灾伟大斗争，中央、地方和军队全力以赴帮助灾后重建，震区面貌焕然一新，有力证明了我们的制度优势。中国特色社会主义制度，坚持中国共产党的核心领导地位，国有经济控制国民经济命脉，不断健全国家计划和财政政策、货币政策等相互配合的宏观调控体系，促进在全党全社会形成统一指导思想、共同理想信念、强大精神力量、基本道德规范，全面提高社会管理科学化水平；把社会控制能力与社会创造活力、有序运行机制与应对风险机制有机统一起来，为发挥中国特色社会主义的优势、增强中国特色社会主义的能力提供了制度条件。

——有利于维护民族团结、社会稳定、国家统一。改革开放以来，民族地区经济持续快速发展，文化建设富有成效，社会事业全面进步，各族群众生活显著改善，民族团结不断加强，民族区域自治制度得到坚持和完善，反分裂斗争取得重大胜利；我国社会长期保持稳定，人民安居乐业，有效应对政治风波的冲击；我国政府恢复对香港、澳门行使主权，制定反分裂国家法，坚决维护国家主权和领土完整，等等。这些都是由于中国特色社会主义制度的保障和支撑作用。这一制度，坚持各民族一律平等，保障少数民族合法权益，完善保障和改善民生的制度安排，妥善处理人民内部矛盾和其他社会矛盾，坚持党对军队绝对领导的根本原则和根本宗旨，保持香港、澳门长期繁荣稳定，反对"台独"等各种分裂图谋，把国家利益与各民族发展、社会稳定与社会和谐有机统一起来，为中国特色社会主义的兴旺发达、长治久安提供了制度条件。中国特色社会主义制度，坚持各民族一律平等，保障少数民族合法权益，完善保障和改善民生的制度安排，妥善处理人民内部矛盾和其他社会矛盾，坚持党对军队绝对领导的根本原则和根本宗旨，保持香港、澳门长期繁荣稳定，把国家利益与各民族发展、社会稳定与社会和谐有机统一起来，为中国特色社会主义的兴旺发达、长治久安提供了制度条件。改革开放特别是新世纪以来，党和国家高度重视西部地区、少数民族地区发展。例如，在全国各族人民特别是对口援藏省市、中央和国家机关以及有关单位大力支援下，西藏自治区党委和政府团结带领全区各族干部群众顽强奋斗，经济建设、政治建设、文化建设、社会建设以及生态文明建设和党的建设取得显著成就。新形势下新疆的发展目标任务是，到2015年新疆人均地区生产总值达到全国平均水平，城乡居民收入和人均基本公共服务能力达到西部地区平均水平，基础设施条件明显改善，自我发展能力明显提高，民族团结明显加强，社会稳定明显巩固；到2020年促进新疆区域协调发展、人民富裕、生态良好、民族团结、社会稳定、边疆巩固、文明进步，确保实现全面建设小康社会的奋斗目标。这些实绩和前景只有依靠中国特色社会主义制度的坚强保障才能实现。

社会制度是社会形态的根本标志，是社会发展的根本保证。中国特色社会主义的生命力依赖于逐步成熟、稳定、巩固的制度。"七一"讲话突出强调了中国特色社会主义制度的根本性作用，指出中国特色社会主义制度是当代中国发展进步的根本制度保障，这就使我们对坚持和完善中国特色社会主义制度重大意义有了更深的认识。依靠中国特色社会主义制度，才能为当代中国发展进步提供基础、框架、路径和机制。确立中国特色社会主义制度的过程，同时也是这一制度发挥作用、彰显力量、证明价值的过程。中国特色社会主义制度，是改革开放以来中国发展进步的根本制度保障，同样也是未来中国发展进步的根本制度保障，是实现中华民族伟大复兴的根本制度保障。坚持和完善中国特色社会主义制度，是我们党面对风云变幻的国际形势，面对艰巨繁重的国内改革发展稳定任务，团结带领人民继续前进，开创工作新局面，赢得事业新胜利的根本保证。坚持和完善这一制度，是制度建设唯一正确的前进方向，绝没有也绝不会"迷失方向"。必须在中国特色社会主义实践中坚持和完善这一制度，使之更加巩固成熟，而不是像某些人宣扬的搞什么"宪政改革"、"民主转型"，企图从根本上否定和颠覆这一制度。要正确认识中国特色社会主义制度建设过程中某些制度不够完善、某些制度执行不够有力的问题，把这些问题与制度本身区分开来，清醒地认识到制度建设是一个长期艰巨的过程，依靠党和人民的不懈努力，中国特色社会主义制度一定能够更加坚强、完善、有力。

四 继续推动我国社会主义制度自我完善和发展

中国特色社会主义制度，是党和人民经过长期实践、艰辛探索形成的成果，是改革开放实践证明为正确的制度，来之不易、弥足珍贵。历史和人民之所以选择这一制度，党和人民之所以要维护这个制度，就是因为这个制度具有自身的优势，是保障最广大人民利益的根本制度，是实现中华民族伟大复兴的根本制度。"七一"讲话提出了在前进道路上坚持和完善中国特色社会主义制度的基本方针，要求继续推进经济体制、政治体制、文化体制、社会体制改革创新，继续推动我国社会主义制度自我完善和发展。这就把坚持这个制度和完善这个制度统一了起来，在坚持中完善，在完善中坚持，始终保持中国特色社会主义制度的强大生命力。坚持中国特色社会主义制度，就是要坚持这个制度的政治性质和正确方向，这是完善中国特色社会主义制度的政治前提。完善中国特色社会主义制度，是坚持中国特色社会主义制度的坚强保证。中国特色社会主义制度只有在改革创新中不断完善、不断成熟，才能更加坚定有力、长期持久地坚持。

坚持和完善党的领导制度。推动社会主义制度自我完善和发展，必须坚持党的领导，在党的领导下积极稳妥推进，依靠党的领导保持正确方向、取得切实成效，而且制度完善和发展的结果只能加强而不能削弱党的领导。党的领导制度是中国特色社会主义政治制度的重要内容，党的领导方式和执政方式是经济体制、政治体制、文化体制、社会体制的重要方面。不断推进党的建设制度化、规范化、程序化，提高党的建设科学化水平，将积极引领中国特色社会主义制度建设，有效推动经济体制、政治体制、文化体制、社会体制改革创新。"七一"讲话强调要坚持和完善党的领导制度，改革和完善党的领导方式和执政方式，表明以推进党的制度建设促进各项体制改革、以提高党的领导水平和执政水平保证各项体制改革的思路和部署。

坚持为了人民、依靠人民。来自人民、植根人民、服务人民，是我们党永远立于不败之地的根本，也是中国特色社会主义制度永远立于不败之地的根本。人民是中国特色社会主义的主体，坚持和完善中国特色社会主义制度必须始终把人民利益放在第一位，把实现好、维护好、发展好最广大人民根本利益作为制度创新、体制变革的出发点和落脚点，作为检验体制改革创新成败得失的根本标准，紧紧依靠人民是推动各项体制改革创新取得成功的根本法宝。

在深化改革、扩大开放中不断完善。中国特色社会主义制度，是一个不断改革创新的体系。建设中国特色社会主义的丰富实践及其制度需求，推动着这一制度的改革创新。赢得与资本主义相比较的优势，增强我国的综合国力和国际竞争力，就要坚定不移推进制度创新，增创中国特色社会主义的制度优势。继续推进经济体制、政治体制、文化体制、社会体制改革创新，既是社会生产力和广大人民利益的发展要求，也是社会主义制度自我完善和发展的客观要求。当前，我国发展中不平衡、不协调、不可持续问题突出，这些问题有其体制机制原因。制约科学发展的体制机制障碍躲不开、绕不过，必须通过深化改革加以解决，坚定信心、砥砺勇气、除弊兴利。要按照"七一"讲话的要求，在深化改革、扩大开放中不断完善中国特色社会主义制度，坚决破除一切妨碍科学发展的体制机制弊端，积极稳妥推进政治体制改革，加快文化体制改革，完善保障和改善民生的制度安排，积极稳妥推进国防和军队改革。要提高改革决策的科学性，增强改革措施的协调性，找准深化改革开放的突破口，明确深化改革开放的重点，逐步完善和发展中国特色社会主义制度体系。

中国特色社会主义制度的确立，保证了中国特色社会主义事业不断前进，战胜各种风险挑战，取得新的伟大成就。继续坚持和完善中国特色社会主义制度，将为全面建成小康社会、实现中华民族伟大复兴打下更为坚实的制度根基。坚定不移坚持和完善中国特色社会主义制度，两个宏伟目标就一定能完成，中国人民的幸福生活和中华民族的美好未来就一定能到来。

（作者单位：国防大学马克思主义研究所）

农村社区管理新模式与村民自治制度关系透析

——基于浙江的实证调研

李勇华

一　背景和调研

2006年中共十六届六中全会第一次提出了"基本公共服务均等化"的执政新理念，要求"逐步形成惠及全民的基本公共服务体系"，进而提出了"农村社区建设"的任务，并要求健全新型社区管理和服务体制。据此，国家民政部2006年下半年部署了全国"农村社区建设"的试点。浙江省2006年底起开始了"农村社区"建设的试点工作，并走在全国前列，受到国家民政部高度重视。"农村社区建设"目前阶段的主要内容就是生产和提供农村基本公共产品，以政府性公共产品为主导，"构建政府服务、村民自我服务与市场化服务有机结合的农村社区基本公共服务体系"（国家民政部、省民政厅文件，2006）。"农村社区建设"是社会主义新农村建设的重要推进形态。

在构建政府性公共服务为主导、广大农民为主体的农村社区基本公共服务体系的实践中，浙江农村社区的管理体制发生了一些创新。这种创新与农村基层原有的管理体制发生了怎样的矛盾运动，特别是对法定的村民自治制度是否造成影响或冲击，这是本课题组关心、求解的问题。为此，我们调研团队先后两度对全国农村社区建设先行地区——浙江省农村社区建设的代表性模式进行了实地调研。

我们的调研主要采用两种形式、从三个层次展开。我们先后与主管农村社区建设的各市、县的民政局分管领导进行了座谈，了解整体情况；然后深入试点社区（村）与村干部进行了结构性座谈；最后，我们还深入农户，对部分村民入户进行了访谈式问卷调查。

二　模式和创新

从实地调研和我们掌握的面上资料来看，浙江省农村社区建设主要有两种模式，就是一村（行政村）社区模式和联村社区模式。一村（行政村）社区模式除舟山外，其管理体制就是既有的党组织领导下的村民自治制度，因而，管理体制的创新主要体现在浙江绝大多数地区的联村社区模式和舟山一村（行政村）社区模式中。联村社区管理模式以宁波为代表，故而，浙江农村社区管理体制创新可归为两种模式：宁波模式和舟山模式。

（一）宁波联村虚拟社区的"联合党委"模式

何谓"联村虚拟社区"就是在保留行政村体制不变的基础上，根据地域相近、人缘相亲、道路相连、生产生活相似的原则，把若干行政村组合为一个服务区域，统一提供政府型或政府主导型的公共服务，构建（行政）村级公共服务之上的二级公共服务体系（平台），以提高农村公共产品供给的效益与效率，避免各村各自建设所造成的效益损伤。因其没有改变区域内各行政村原有治理体制，却又确确实实联村统一提供政府型公共服务公共产品，故称"联村虚拟社区"。宁波称之为"联片建设新农村，打造和谐新社区"。

联村社区虽名"虚拟"，但也有实的内容。为了使社区内的公共服务或公共产品供给有效地运作起来，必须有一套组织架构作为支撑。宁波的做法是：构建以党组织为核心的社区组织构架和社区管理体系。

（1）设置"社区联合党委"。联合党委是区域内公共服务或公共产品供给的最高决策机构，对区域内的政府型公共服务提供实行统筹领导。联合党委的书记，由乡镇（街道）干部兼任，各村党支部书记都是联合党委的委员。联合党委下属支部采取"1＋N"模式。"1"为综合支部，用于接纳区域内的"零散"党员和外来流动党员，"N"为各村党支部和各类企事业单位党组织，联合党委与"1"和"N"之间，是严格的领导与被领导的上下级组织关系。因此我们可以看出，虚拟社区的"联合党委"实质上是乡镇（街道）党委（党工委）为因应联村社区建设需要的一个延伸，或曰派出机构。它在乡镇（街道）党委与村支部之间增加了一个层级，目的是作为"核心"统一领导社区层面的公共事务与公共服务。它实质上是作为乡镇（街道）党委的代理人，承继了乡镇（街道）党委的职权，因而与各村支部之间构成领导与被领导关系。如我们所实地调研的宁波北仑区 D 街道 J 社区就是如此，J 社区联合党委的书记，由街道党工委选派一名街道干部担任，乃兼职，各行政村的支部书记担任社区联合党委的委员。

（2）搭建"社区服务中心"。服务中心整合各村资源，着眼于与辖区群众生活息息相关的事项，广泛开展各种类型各种形式的便民利民服务，联手其他已有的服务性机构和平台（如"三室四站一中心一校一场所"），力争打造社区"十分钟生活服务圈"、"十分钟卫生服务圈"、"十分钟文体生活圈"；服务中心的服务功能，涵盖了教育、卫生（计生）、文化、体育、科技、法律、综治警务、劳动就业（与培训）、社会保障、社会救助、社会福利、流动人口服务与管理、社区党员服务等项服务内容。服务中心由联合党委副书记、综合支部书记、中心主任组成领导层。中心主任选聘专职社工担任，负责中心的日常工作。各行政村的大学生村官兼任驻村代理。由此，在虚拟社区的区域内就构建起了两级公共服务平台（体系）：行政村范围内的一级平台和虚拟社区范围内的二级平台。

其社区组织构架和管理体制，以社区联合党委为核心决策主导，以社区服务中心为窗口执行落实。其运行机制是：社区联合党委酝酿提案→交社区共建理事会或共建促进会商议→再由联合党委决策→交社区服务执行→群众意见的反馈和收集。

（二）舟山一村社区的"社区管理委员会"模式

与宁波模式的"联村虚拟社区"思路不同，舟山的很多地方干脆先实行并村（行政村），原有的三五村甚至七八村合并成一个行政村，然后建一社区，村社（区）同一。而且，其管理体制也作了新的设计。

（1）社区管理委员会和社区（村）党组织。舟山在社区（村）都设置了一个叫"社区管理委员会"的机构。社区管委会视辖区人口多少由3—7人编制，人员经费和工作经费由市县（区）乡（镇）三级财政承担。管委会主任由乡镇、街道党委、政府按干部任用程序决定选任，故而往往是乡镇下派的带薪干部，也往往同时兼任社区（村）党组织的书记；管委会其他成员由乡镇（街道）选配，一般是村"两委会"的其他主要干部。管委会成员导向职业化、专业化，舟山的同志说，进社区管委会后，他们就成为国家买单的脱产干部（要求坐班）。舟山市委2005年1号文件规定：社区管委会对本社区区域"履行统一的服务、管理职能"。具体包括：动员和组织群众完成政府依据法律、法规和国家政策下达的各项任务，如公共卫生、计划生育、征兵、社会保障、殡葬等各项社会事务；统筹规划建设本社区的公益设施，兴办、管理本社区的公共事务和公益事业；做好社会治安综合治理工作，调解民间纠纷，维护社会秩序；组织开展就业培训、扶老托幼、助残帮困、法律援助、全民健身等各种为民办实事的事务；向政府反映群众意见、要求和提出建议；其他上级交办的事项。可见，社区管委会实际上是乡镇（街道）政权的一个派出机构，它立于现有村级"三驾马车"（"两委会"加经济合作社）的构架之上，对社区（村）实行统一的管理。

社区党组织就是村党组织，党组织书记由管委会主任兼任，党总支委员会往往也是管委会委员，因而，通过两者基本上合二为一的办法，实现了领导权的统一。因而在舟山，社区（村）真正的领导者实际上是管委会而不是党总支（下述）。管委会既然作为乡镇政权的一个派出机构，因而就具有了宁波版"联合党委"所没有的一些领导权力。

（2）社区公共服务平台。在社区管理会和村"两委会"领导下，设立各类公共服务平台，如我们所走访的舟山定海×社区（村），就有群众活动中心、党员服务站、新居民工作站、综合治理办公室、人民调解委员会、老人协会、残疾人康复中心、社区学校、警务室等，向社区村民提供公共服务或供给公共产品。

三　诊断和透析

（一）　总体架构层次

笔者在《农村社区管委会：对村民自治的除弊补缺》一文曾指出，从现代国家建构的视角，农村社区管理制度的创新，一个方面反映了随着政府性公共服务的大规模下村，国家政权机构内在地提出了向农村最基层适当延伸的现实要求或趋势，也即"国家政权（至少其部分职能）重返农村基层"；另一方面也内含了一种力图对村民自治制度现有的"村委会模式""村""政"不分、"行政化"积弊力求破解的努力或探索。①

---

① 李勇华：《农村社区管委会：对村民自治的除弊补缺》，《学习与探索》2009年第2期。

　　"公共服务下村背景下国家政权机构向农村最基层的适当延伸"包含两层含义。其一，客观必然。基本公共服务下村，就是国家埋单的公共设施、公共事业、公共服务项目大幅度增加，这就意味着政府的职能至少是部分重要职能须延伸到村，政府职能的下村，就自然呼唤着机构的跟进。大量的公共服务延伸到村，村里就必须有政府（派出）机构和人员来承接和组织实施等，因为这些项目虽不需全部由政府亲自具体实施，但起码少不了政府机构的管理。特别是在一个联村社区的范围内，其公共品的供给，就亟须一个统筹、协调的机构或组织。其二，现实可能。在我国经济社会发展已步入"第二个趋向"、"财政下乡"新阶段的今天，与20多年前的国家财政状况大不相同，国家财政已具备了支撑国家政权向村庄延伸的经济实例。

　　所谓"对现有的村委会模式'村''政'不分、'行政化'积弊力求破解"，就是指"村民自治"制度自1987年试行以来，一直存而未解而又事关制度核心价值即事关制度存废的一个问题，就是村民委员会——村民自治的组织形式——的"行政化"，俗称"准政权"和"二政权"。其突出表现就是"村""政"不分，"村务""政务""一锅烧"，角色混杂，村委会主要是政府的代理人。由此导致全国65%以上（实际更多）的村委会表象自治化、实质行政化，村委会只是乡镇政府的下属机构，难以发挥自治功能。① 此积弊直接导源于"乡政村治"制度设计的内在矛盾性。一方面国家政权上收于乡镇，另一方面国家的"政务"必须下达到每一家农户，而下面又没有政府的"脚"，怎么办？国家只能借助于村民自治组织之手来贯彻"政务"，于是村民自治组织就只能"村务""政务""一锅烧"。事实上与乡镇（街道）的关系沦为"被领导"关系。无论是宁波模式还是舟山模式，其制度设计的一个出发点，就是把下沉的"政务"，至少是部分"政务"（包括政府性公共服务），从村民自治组织中剥离出来，交由政府或党委的下派机构来承担，从而"把村民自治组织从繁重的行政事务中解脱出来，腾出时间集中精力做好村民自治工作真正履行自治职能"。总之，是力图理顺"基层政权"与"自治组织"，"行政"与"自治"的关系，还自治组织以本来面目。

---

　　① 张厚安：《中国农村基层政权》，四川人民出版社1992年版，第476—477页。

但是，公共服务下沉背景下国家某些职能及机构的进村，最关键的是如何与现有法定的党领导下的村民自治制度相衔接，直言之，就是如何能不影响不冲击不损害作为中国重要政治制度之一的村民自治制度。提升一点说，就是在现有"乡政村治"体制下如何有效地勾连国家政权（乡镇以上）与村域（自治域）这两个治理域和治理体系。显然，这两个治理域和治理体系决不像刀切豆腐那样各自为半，所谓"乡以上国家管，乡以下自治组织管"，而必然是互有交叉渗透的。国家的统治力，具体说国家的事务（"政务"包括政府性公共服务）就必然要"进入"广大的村庄，村庄的许多事务（"村务"）也必然要上诉国家的帮助。但国家力量和事务"进入"之路径选择十分精敏，一不小心就会触犯、损害村民自治法定制度。

据此，我们来分析透析宁波模式与舟山模式。

先看舟山模式。舟山的设计者们希望通过行政机构的创新设计来解决"进入"问题。虽然舟山农村社区（村）都组建了新的社区党组织，但另又设置了一个"社区管委会"，而且其主任由乡镇（街道）"选派"、"任命"，其委员由乡镇（街道）"选配"，把主要村干部包括村民自治组织的负责人纳入其中，实行工资制，由政府财政支付。如此一来，管委会显然就成为乡镇（街道）政府或行政的一个派出机构，分量比社区党组织更重，成为实际上的社区（村）"老大"。不仅如此，管委会还被下文规定领导社区几乎一切事务。其领导和决策"路线"是：社区管委会→社区（村）党组织→村民委员会。这样，通过乡镇（街道）伸向社区（村）的这只"脚"——管委会，就把法律规定的乡镇（街道）与村民委员会的"指导"与"协助"关系，转化为"领导"、"执行"的关系。这样就明显冲击、损害乃至动摇了法定的村民自治制度。此其一。其二，舟山的"行政路线图"把管委会置于事实上的社区（村）"老大"，也违背了农村同级党组织领导的大原则（或触犯了大忌）。正是基于这样的考虑，中央乃至省及其职能部门的有关领导才对舟山管委会体制忧心忡忡。总之，舟山选择了一条"行政路线图"。

或许有人会辩说，管委会并非社区的"老大"啊，舟山的1号文件不是明明规定社区管委会"在社区党组织的领导下"开展工作吗？我们之所以反复重申舟山模式中"社区管理委员会"相对于"社区党组织"居于实质上的领导或支配地位，是基于这样的简单事实：第一，从社区管委会与社区党组织的人员组成看。虽然社区管委会主任同时任社区党组织书记，但社区（包括一村社区、实质性并村社区、非实质性并村社区、联村社区）各行政村村委会主任并不一定是党员，因而并不一定是社区党组织的委员会委员，而他（她）却必然是（或大多是）社区管委会的委员。也就是说，村里的"两个头"难以通过社区党组织委员会机构内达成整合，却可以在社区管委会的机构内达成整合，更何况社区管委会主任是乡镇（街道）下派的，比原村支书具有更强的权威。第二，从社区管委会与社区党组织经费支撑看。先看整体，社区（村）党组织因其不是一级政权机构的党组织，因而其组织和人员经费原则上不由国家财政负担，传统上由村级集体经济负担。而社区管委会不论其社区是建在一村，还是多村，其组织和人员经费按照舟山的规定，皆由市县（区）乡（镇）三级财政承担，由此，依照百姓理念，吃皇粮的必然大于吃土粮的。再看个体，通过社区管委会成员的国家埋单，村委会主任就演变成拿政府津贴的社区专职干部，"拿了人家的手短"，管委会的"薪水"就成为领导、制约村委会主任的有力武器。第三，最根本的，如前述，社区管委会是乡镇（街道）向行政村的派出机构，它夹带着国家政权机构之威严，而社区党组织基本就是原有的村级党组织（一村社区、实质性并村社区和非实质性并村社区）。

宁波模式的设计者们走的是一条"党组织路线"，通过党组织的创新设计来解决"进入"问题。在虚拟社区内建立"联合党委"，上承乡镇（街道）党委（工委），下辖各行政村的党组织（支部或总支），这样就把乡镇（街道）党委（工委）与行政村党组织的上下级领导与被领导关系（党章规定），变成了联合党委对各村党组织的上下级领导与被领导关系。由联合党委领导各村党组织，再由各村党组织依法去领导各村村民自治组织。就联村社区内的公共服务事务乃至政务，由联合党委作出决定，再由各村党组织负责在村里贯彻落实，即联合党委→各村党组织→各村村民委员会。联合党委在社区有效发挥着领导作用。从实质上说，联合党委也如同舟山的管委会，是一个乡镇（街道）的派出机构（或组织），但宁波是从党委系统上作组织延伸，这条"党组织路线"，合理又合法（党章党规）。从中国特有的现实的政治架构来看，其实际功能和运行效率不亚于甚至更好于舟山的管委会。道理很简单，在中国，中国共产党是法定的领导（国家与社会）党，各级党组织特别是政权机构中的党组织本身就与政权机构运行在一起，是实质上的政权组织甚至超政权组织。一个领导地位，一个类政权组织，因而其效用更强更大。

由此我们可以说，"宁波模式"的总体特征是在维持现有行政村管理体制特别是村民自治法定制度不变的前提下作出一些制度创新，如设置"虚拟社区联合党委"等。可称之为"制度内创新"，或曰"增量改革"。"舟山模式"则开始突破了现有行政村的管理体制包括村民自治制度，在农村社区设立了一种叫做"社区管理委员会"实质上是乡镇（街道）派出的机构，负统一领导之责。故舟山的做法可谓"制度外创新"，或曰"存量改革"。

（二）具体运作层次

再深入到具体运作的层次，无论是舟山模式还是宁波模式都绕不开一些共同的问题。问题的核心是在农村各类公共产品供给上政府出资与村集体出资之间的矛盾，从组织层面上表现为社区组织与村民自治组织间的矛盾，具体表现为调动村集体资金（用于社区公共设施和公共服务）问题上的矛盾。

宁波的联村虚拟社区联合党委虽为联合各村的最高决策机构，但没有经济实体的支撑。它决定的问题如果不涉及各村的利益特别是作为核心的经济利益时尚无问题，可以通过各村的党组织得到贯彻执行，但若涉及了而且是经济利益（如要各村出资），那么即使支部书记首肯了，也难以在各村的村民代表会议上得到认可，如此，联合党委的决定就成一纸空文。社区干部反复对我们说，联合党委遇到这样的问题必须"非常慎重"，要反复协商沟通，不到水到渠成有绝对把握，决不轻易付决。由此，形成了这样一种格局：凡是各级政府买单的各类公共服务项目就由社区来做，凡是村级集体买单或村民合作提供的公共服务项目，包括一部分不得不下村的政府性服务项目就由行政村自己来做。简言之，社区做政府出资的项目，行政村主要做村庄出钱的项目，大家各自管着自己的钱，大家谁都别看对方的钱，特别是社区别打村里钞票的主意。舟山"管委会"体制也遭遇同样的问题。

舟山的非实质性并村社区，虽然名义上建立起了新村的党组织、村委会、村民代表会议，但实际上与联村社区没有二致，因为原各村的党支部、经济合作社、社员代表大会照旧存在并运行着，因而新村（社区）"管委会"同样没有经济实体的支撑，同样"没有经济权、人事权，不能决定重大问题"（社区管委会主任语）。一（原）村社区或者实质性并村的社区是否应好些呢？恰恰相反。同样的问题以不同的方式表演着。以舟山的实质性并村社区和原村社区为例，即使是一村（行政村）范围内，也形成了政府财政出的钱由社区（组织）管，集体经济的钱，由村民（代表会议）自己管，社区不能沾手的格局。原本，在行政村一级，社区组织（管委会）与村级组织都是同一批人，至少大量交叉，怎么就硬分出个"社区"、"村"的区别呢？在一村一社区和并村社区，村不就等于社区、社区就不等于村吗？我们纳闷。细致观察后，我们发现，村民对社区的理解发生了功利主义的扭曲，在他们眼里，所谓社区就是提供公共服务特别是政府性公共服务的组织，它仅仅是一种组织，一种事务，一种工作类型，而非一个区域、一个生活共同体；而村，更多地被视为一个特定的区域，一个生活共同体（集体经济等）。这种扭曲的背后，本质上还是一个"钱"字。政府的钱是外来的，甚至是白来的，是外款，因此"外面争取来的钱让社区去管"，村里的钱是自己的，是自家的，是村民大家的，"村里的钱由村里自己来管"。

如何评判这种格局？一方面，这有利于抵制政府以公共服务提供为名对村级集体经济的新式侵犯，有利于维护村民委员会的"自治权"。另一方面，也带来许多实际问题：第一，延误公共产品的及时供给。既然组成联合社区，就旨在统一提供跨村的公共设施和公共服务，这样的设施和服务并不总是应由政府出钱，所谓"政府型"的。农村的公共产品供给，有的是政府性的，有的是农村集体性的，有些是政府与集体组织合作提供的，有些则是私人提供的。因而，当社区的公共设施和公共服务建设遇到中间两种类型（即要各村出钱）时，这种建设即使很急需，在此格局下也会因为各村的不认可而流产，阻断合作的进行，从而影响农村公共产品的及时而有效的供给。第二，形成极端化的认知及行为方式。由于把"社区"理解成就是政府组建的提供政府性公共服务的组织，把"社区建设"简单地理解成就是提供政府性公共服务，因而，社区（建设）就被视为一种外来品、"嵌入物"，非己所出的亲生物，以一种"旁观者"、至多是"欣赏者"的身份和态度来看待"家园"建设。进一步发展到公共品供给资金来源上的极端主义：村里的公共服务项目建设，就应该由政府出钱，"社区你要搞公共服务建设，你就向上要钱去，你不要向村里要钱，我们的事我们自己会管的"（社区干部语）。由此，就萌生了一种自己不肯出钱，一切等、靠、要，一切依赖政府的心理和行为方式，形成"自己的钱袋子捂得紧紧的，一个劲地掏政府的钱包"的坏积习。这些都非常有害于新农村建设。

反过来说，宁波的"联合党委"并非没有侵害村民自治制度之忧。联合党委作为乡镇（街道）党委（工委）下属在联村社区层面的一级新设组织，或视为乡镇（街道）党委（工委）派驻联村社区的新组织，由于其承接了乡镇（街道）党委（工委）对各行政村党组织的领导与被领导的关系，因此容易导向两种偏差。一是全面领导或指导联合各村的各项事务，也即在所有事务上全面代表乡镇（街道）。二是容易超越领导权限，对所辖各行政村发号施令，以社区公共服务建设之名行侵害村民自治权力之实。

当然，运作中的许多问题本身就是由社区管理体制带来的。因此，我们的建议是：宁波模式需完善，舟山模式需修正。

（作者单位：浙江农林大学农村发展研究所）

新世纪新阶段加强和改进
毛泽东哲学思想研究的若干思考

唐洲雁

2011 年，是全国毛泽东哲学思想研究会实际成立 30 周年。30 年来，在全国毛泽东哲学思想研究会的组织和协调下，举行了一系列学术研讨活动，其中仅全国性的学术研讨会就召开了 18 次，取得了丰硕的研究成果。

站在 30 年来毛泽东哲学思想研究发展的历史制高点上，展望新世纪新阶段的毛泽东哲学思想研究，有必要从以下几个方面来加强和改进。

首先，必须要开阔研究视野，拓展研究视角。

第一，要站在引领时代精神的高度来研究和看待毛泽东哲学思想。21 世纪是中国从实现全面小康到走向社会主义现代化的时代，是社会主义市场经济更加完善、人民生活更加富裕的时代，是为中华民族伟大复兴奠定坚实基础的时代。时代呼唤理论创新，推动理性思维的变革。毛泽东哲学思想作为这个时代精神的精华，必将起着引领历史潮流、指导前进方向的作用。站在这样的高度来认识和加强毛泽东哲学思想的研究工作，将使广大理论工作者倍感责任重大，任重道远。

第二，要站在实现中华民族伟大复兴的高度来研究和看待毛泽东哲学思想。毛泽东缔造的新中国和建立的社会主义基本制度，为中华民族的伟大复兴奠定了政治前提和制度基础；而毛泽东哲学思想则继承和发扬了中国传统文化的优秀成果，把中华民族传统精神、现代西方科学精神和马克思主义时代精神紧密结合在一起，实现了传统思维的革命性变革。它是新时期中华民族精神的集中体现，是中华民族实现伟大复兴的精神支柱。

第三，要站在推动党的指导思想与时俱进、不断创新的历史高度来研究和看待毛泽东哲学思想。党的理论创新的源泉是时代的需要，动力是社会实践的发展，而基石则是毛泽东哲学思想。"马克思主义基本原理与中国具体实际相结合"这个毛泽东哲学思想的基本原则，将长期指导中国共产党与时俱进，不断创造新的理论，指导新的实践。为此，我们应该更加自觉地把对毛泽东哲学思想的研究同对党的理论创新成果的研究结合起来，更加注重从哲学层面研究党的创新理论，使我们对党的创新理论的理解达到更高层次，更好地用以武装头脑、指导实践、推动工作。

第四，要站在推进中国特色社会主义伟大事业不断开拓前进的高度来研究和看待毛泽东哲学思想。伟大的事业需要伟大的理论，指导中国特色社会主义伟大事业的根本指导思想是中国特色社会主义理论体系，毛泽东哲学思想则为这一理论体系的发展提供哲学依据和思维方法。新时期的毛泽东哲学思想研究，一方面要以改革开放的具体实践为客观依据，另一方面又要为全面建设小康社会、实现社会主义现代化和最终实现中华民族的伟大复兴，提供方法论的指导。

其次，必须坚持理论联系实际的原则，找准着眼点，抓住突破口。

第一，要加强毛泽东价值哲学的研究。在新世纪新阶段，随着社会主义市场经济体制的进一步确立，人们的价值观发生进一步的变化，受到各种外来因素的影响，出现了多元化的趋势。因此有必要加强毛泽东哲学思想尤其是价值哲学的研究，并以此为指导，牢固树立马克思主义的价值观。毛泽东的价值哲学，说到底是以人民为主体的价值观，在当今社会各种价值观念相互冲突的情况下，加强毛泽东价值哲学的研究，从中吸取智慧和力量，对促进社会公平，提倡全局意识和奉献精神，把最广大人民群众的利益放在第一位，全心全意为人民服务，真正建立社会主义的核心价值体系，具有十分重要的启示作用。

第二，要加强毛泽东系统辩证法思想的研究。在新世纪新阶段，随着生产力水平的不断提高，人与自然的关系和矛盾日益尖锐、突出，如何实现"全面协调可持续发展"，这是社会主义现代化建设面临的新挑战。十六大以来，以胡锦涛为总书记的党中央，运用和发展马克思主义的辩证思维方法，以毛泽东统筹兼顾的哲学思想为方法论指导，提出了科学发展观，形成了中国共产党人关于发展的世界观和方法论，这是对毛泽东哲学思想的继承和发展，是新时期我们研究毛泽东哲学思想的重要着力点。

第三，要加强毛泽东政治哲学和人生哲学等方面的研究。在新世纪新阶段，随着人民物质文化生活的日益改善，人与人之间的关系也受到各种物质因素的影响而出现各种复杂的变化，如何真正做到"以人为本"，构建社会主义和谐社会，就有必要加强毛泽东的政治哲学和人生哲学等方面哲学思想的研究。毛泽东哲学思想从物质价值来讲，强调促进社会公平；从精神价值来讲，提倡全局意识和奉献精神；从政治价值来讲，主张建立以人民为本的价值体系。它对于处理各种复杂的社会矛盾和人际关系，也具有重要的指导意义。社会主义和谐社会的建设过程，说到底就是妥善处理人民内部矛盾的过程。毛泽东的《矛盾论》和《关于正确处理人民内部矛盾的问题》，是构建社会主义和谐社会的哲学基础和理论前提。因此，在这个问题上，认真总结毛泽东时代的经验教训，吸取毛泽东哲学思想的时代精华，无疑具有十分重要的现实意义。

第四，要加强毛泽东文化哲学的研究。在新世纪新阶段，随着人们的物质生活的日益发展，人们的精神文化需求也越来越急迫。如何有效地推进文化体制改革，促进社会主义文化大发展、大繁荣，也有赖于进一步加强毛泽东哲学思想特别是毛泽东文化哲学思想的研究。毛泽东从马克思主义唯物史观出发，确立了以民为本的文化价值理念，形成了较为系统的大众文化观，强调以"双百"方针、"二为"方向来促进社会主义文化的繁荣和发展，为当代中国先进文化建设指明了前进方向，提供了理论指南，确立了方法论原则。

第五，要加强毛泽东外交战略及其哲学思想的研究。在新世纪新阶段，随着全面小康社会建设目标的逐步实现，我们的综合国力更加强大，在国际上的影响力、号召力也日益增强。但我们面对的各种挑战会更多，应对的局面也更加复杂。要实现和平发展的既定目标，继续把握当前重要的战略机遇期，就有必要进一步加强毛泽东外交战略及其哲学思想的研究，从中吸取经验和智慧，在处理复杂的国际关系和矛盾时，既讲团结又讲斗争，坚持有理有利有节的原则，维护国家安全和正当权益，为改革开放和现代化建设营造一个和平的外部环境。

再次，必须采取普遍联系的方法，与相关学科、相关领域和社会实际紧密结合，互相促进。

第一，要以中共党史、中国近现代史的研究为背景。这是因为任何哲学的研究都离不开历史的研究，而要以历史的研究为根据，要对历史经验进行总结和提升。毛泽东哲学思想是对中国革命和建设经验的哲学概括，因此对它的研究要与中共党史、中国近现代史紧密结合起来，从中去吸收丰富的养料。

第二，要以毛泽东思想和生平的研究为基础。哲学是关于自然界、人类社会和人的思维领域发展规律的认识，是对其他知识体系的概括、抽象和升华。毛泽东哲学思想是毛泽东思想体系中的基础部分、灵魂部分，它以对毛泽东思想和生平的研究为依托，以对毛泽东的理论和实践活动研究为对象，因此又随着毛泽东思想和生平研究一起发展，一起提升。

第三，要与中国现代哲学的研究互相结合。中国现代哲学是在古今中外哲学的冲突和融合中形成的，因而流派众多，学说纷繁，并非人们过去所认为的，只有毛泽东哲学思想一家。但无可否认，在众多的中国现代哲学流派中，毛泽东哲学思想是最适合中国社会的需要，最能推动当代中国历史发展的，因而是中国现代哲学的主流。它反映了中国现代哲学的发展需求，代表了中国现代哲学的前进方向。因此，新时期的毛泽东哲学思想研究，必须与中国现代哲学研究紧密结合起来，互相促进，共同进步。

第四，要以马克思主义哲学中国化为主线。毛泽东哲学思想是马克思主义哲学中国化的重要成果，它批判继承中国传统哲学，实现了马克思主义哲学的民族化以及中国传统哲学的现代化，使马克思主义哲学成为广大人民群众所喜闻乐见、广泛运用的思想武器。因此，毛泽东哲学思想，实际上是马克思主义哲学中国化的主要载体。研究毛泽东哲学思想，必须以马克思主义哲学中国化为主线，通过研究马克思主义哲学中国化的历史进程、经验教训和前沿问题，来深化和拓展毛泽东哲学思想研究。

第五，要与中国特色社会主义理论体系研究紧密结合。中国特色社会主义理论体系作为当代中国的马克思主义，不论在其基本内容还是思维方式上，都有着鲜明的时代特征，是对毛泽东思想的继承和发展。它的形成和发展，凝结了几代中国共产党人带领人民不懈探索的实践经验和理论智慧，其哲学思维和底蕴则直接来源于毛泽东哲学思想。毛泽东哲学思想是中国共产党人的立场、观点和方法，是马克思主义中国化的两大理论成果共同的哲学基础。因此，离开毛泽东哲学思想的学习和研究，就很难真正把握中国特色社会主义理论体系的精神实质和深刻内涵。同样，离开对中国特色社会主义理论体系的创新和发展的深入研究，也很难真正把握毛泽东哲学思想的当代价值和方法论意义。

第六，要以改革开放和现代化建设的伟大实践为客观依据。实践是认识的源泉，也是认识发展的动力。这是马克思主义哲学的基本原理，也是毛泽东哲学思想的核心理念。毛泽东哲学思想，不仅为改革开放的伟大实践提供方法论指导，而且从这些火热的实践中吸取丰富的养料。新时期的毛泽东哲学思想研究，要立足于中国改革开放和现代化建设的实际，研究新情况，解决新问题，为推动中国特色社会主义伟大事业的不断发展提供哲学依据和思想动力。

最后，还必须进一步改进具体的研究方法。

毋庸讳言，过去30年来的毛泽东哲学思想研究，存在着许多缺点和不足。主要表现是研究的心态比较浮躁，容易急功近利，浅尝辄止，不重视对原始资料的消化和吸收；研究的思路不够开阔，写文章容易落入常规俗套，缺乏新的视角、新的表述方式；研究的方法过于单一，就事论事的多，盲目比附的多；研究的创新意识不足，观点雷同的不少，缺少能够真正开创研究新局面的精品力作。

针对上述不足，新世纪新阶段的毛泽东哲学思想研究，必须进一步总结过去的经验教训，改进具体的研究方法。比如要更加重视文本的研究，注意史料的发掘；要突破传统的思维模式和知识框架，一方面要注意运用哲学的思维、范式和语言，另一方面要注意民族化、时代化、大众化、通俗化；要在科学性和政治性统一的前提下，更加注重学术层面的研究；要加强研究队伍的横向合作与互动，注意培养新人，凝聚队伍；在信息化、网络化的今天，要加强信息沟通、学术交流和思想碰撞，还要注意利用高科技手段和现代传播工具扩大学术影响，发挥毛泽东哲学思想的社会功能，等等。

综上所述，新世纪新阶段的毛泽东哲学思想研究，必须拓宽视野，改进方法，抓住重点，把握机会，提升水平，争取早日跨上一个新的台阶。

（作者单位：中央文献研究室）

中国特色社会主义理论体系研究综述

徐姗姗

党的十七大报告首次以中央文件的形式使用了"中国特色社会主义理论体系"概念，并就其基本内涵、特征及历史地位作了重要说明。此后，学术界围绕这一概念展开了一系列广泛而深入的研究，成果颇丰。自 2007 年党的十七大召开至 2011 年 8 月止，从期刊论文发表情况来看，仅从中国知网之中国期刊全文数据库（CNKI）检索到的题名中含有"中国特色社会主义理论体系"的期刊文章就达 2128 篇；从相关书籍资料出版情况来看，在众多的辅助读本中，由中共中央宣传部理论局编著、学习出版社 2009 年 1 月出版的《中国特色社会主义理论体系学习读本》以及由中共中央文献研究室编著、中央文献出版社 2008 年 12 月出版的《中国特色社会主义理论体系形成与发展大事记（1978—2008 年）》两书最具代表性和权威性。[①] 此外，由秦刚主编、中共中央党校出版社 2008 年 6 月出版的《中国特色社会主义理论体系》，顾海良主编、中国人民大学出版社 2009 年 1 月出版的《中国特色社会主义理论体系研究》以及李敬煊和刘从德主编、中国社会科学出版社 2010 年 2 月出版的《中国特色社会主义理论体系热点问题研究》，都是很好的学术著作。这些研究成果就中国特色社会主义理论体系的内涵、基本特征、内容结构、发展演进、历史地位和价值意义等方面展开了广泛而深入的论述，在基本问题层面初步达成了共识，而就一些具体问题也存在争论，现梳理如下。

---

① 习裕军、蒋建新：《近年来中国特色社会主义理论体系研究述评》，《攀登》2010 年第 6 期。

一　中国特色社会主义理论体系的内涵研究

中国特色社会主义理论体系，是一个包括邓小平理论、"三个代表"重要思想以及科学发展观等重大战略思想在内的科学理论体系，其内涵十分丰富，囊括了主题和基本问题、精髓与核心、基本特征、层次结构和基本内容、立论基础和哲学基础等构成要素。①

1. 主题和基本问题

在徐鸿武、袁金辉就主题问题展开的专题研究中，两位学者认为，所谓主题，就是中心思想、核心内容，也就是回答"做什么"和"怎么做"的问题，在中国特色社会主义理论体系中，就是要解决"什么是社会主义"和"怎样建设社会主义"的问题。② 郑又贤进一步强调了"中国特色"，他指出，中国特色社会主义理论体系有着自己特定的主题，即围绕着探讨和解决当代中国"什么是具有自己特色的社会主义"、"怎样建设特别是发展中国特色社会主义"的问题而展开的。③ 秦刚也认为，中国特色社会主义是当代中国共产党人全部理论和全部实践的主题，也必然是中国特色社会主义理论体系的主题，中国特色社会主义理论体系的一切建构和论述、创新和运用，都围绕这个主题而展开。④ 叶庆丰亦持同样的观点。⑤

将"中国特色社会主义"作为中国特色社会主义理论体系的主题，得到了学界的普遍认同，但也有少数学者提出了不同的看法，他们认为"发展"才是中国特色社会主义理论体系的主题，邓小平理论、"三个代表"重要思想和科学发展观等重大战略思想都是紧紧围绕发展这个主题而展开的。何毅亭即持这种观点。⑥ 冯志明等则指出，部分学者把中国特色社会主义理论体系的主题简单界定为发展，这一方面是因为不了解理论主题是理论体系总体内容的科学抽象，并在本质上反映社会主要

① 重庆社会科学院新闻出版研究中心：《中国特色社会主义理论体系研究述要及其趋向》，《重庆社会科学》2010 年第 1 期。

② 徐鸿武、袁金辉：《中国特色社会主义理论体系的主题》，《人民论坛》2008 年第 12 期。

③ 郑又贤：《关于中国特色社会主义理论体系主要特征的辩证思考》，《马克思主义研究》2008 年第 12 期。

④ 秦刚：《中国特色社会主义理论体系的源流》，《中共中央党校学报》2009 年第 1 期。

⑤ 叶庆丰：《中国特色社会主义理论体系的主题》，《科学社会主义》2008 年第 2 期。

⑥ 何毅亭：《论中国特色社会主义理论体系》，《光明日报》2007 年 11 月 15 日。

矛盾；另一方面是因为对理论体系总体内容进行了过度抽象，没有说明我国发展的社会主义性质。这种方法论上的不当，必然导致对理论体系整体把握以及同其他理论体系的本质区别进入一个认识上的误区。①

关于中国特色社会主义理论体系的基本问题，学界一致认为体现在"什么是社会主义，怎样建设社会主义"、"建设什么样的党，怎样建设党"、"实现什么样的发展，怎样发展"这三个方面。左亚文指出，作为中国特色社会主义理论体系基本问题的上述三个方面并不是一种并列的关系，准确地说，它们之间是原生和派生、主题和副题的关系，其中"什么是社会主义，怎样建设社会主义"始终是主题，而"建设一个什么样的党，怎样建设党"、"实现什么样的发展，怎样发展"则是对这一主题的引申和深化。②张景荣对三大问题间的逻辑关系也进行了深入分析。他指出，第一个问题是最基本的问题，第二个问题则是第一个问题所包含的"怎样建设社会主义"中的领导力量问题；第三个问题也必须在第一个问题的前提下来考虑，即"实现什么样的发展，怎样发展"与我们对社会主义的认识和理解和对社会主义建设规律的认识与把握是分不开的。③秦刚也认为，"什么是社会主义，怎样建设社会主义"是创立中国特色社会主义理论、开创中国特色社会主义道路需要首先破解的基本问题，"建设什么样的党、怎样建设党"是建设和发展中国特色社会主义需要回答的关键问题，而"实现什么样的发展、怎样发展"则是坚持和发展中国特色社会主义需要明确的根本问题；以上三大基本问题归结起来，就是探索经济文化比较落后的中国，如何巩固、建设和发展社会主义。④

2. 精髓与核心

中国特色社会主义理论体系的精髓普遍被归结为解放思想、实事求是、与时俱进。罗文东认为，解放思想、实事求是，作为马克思主义的根本观点、根本方法和党的思想路线的核心内容，是贯穿中国特色社会

---

① 冯志明等：《关于中国特色社会主义理论体系整体性研究的思考》，《河北师范大学学报（哲学社会科学版）》2009 年第 6 期。

② 左亚文：《改革的时代逻辑与中国特色社会主义理论体系的生成》，《上海行政学院学报》2009 年第 2 期。

③ 张景荣：《中国特色社会主义理论研究回顾》，《探索》2008 年第 5 期。

④ 秦刚：《中国特色社会主义理论体系的源流》，《中共中央党校学报》2009 年第 1 期。

主义理论体系的各个方面及其产生发展全过程的"精髓"。① 而黄书进在以《解放思想：中国特色社会主义理论体系的精髓》为题的一篇论文中指出，"解放思想作为党的思想路线的本质要求，是形成中国特色社会主义理论体系的思想前提，是贯穿中国特色社会主义理论体系各个方面的活的灵魂，是中国特色社会主义理论体系最鲜明的理论特质和最突出的时代要求，是进一步发展中国特色社会主义事业和完善中国特色社会主义理论体系的强大精神力量。"② 顾海良则更进一步，认为与时俱进作为新时期"最突出的标志"，最集中地反映在对解放思想、实事求是这一马克思主义思想路线的坚持、发展和创造性的运用上；作为马克思主义的理论品质，与时俱进不仅是新时期"最突出的标志"，而且也是中国特色社会主义理论体系最突出的思想精髓。③ 此外，陈湘舸、吴斌等则从中国特色社会主义理论体系是对马克思主义、毛泽东思想在新的历史条件下的继承与发展的角度，提出它的精髓论既包含了马克思主义、毛泽东思想的精髓的内容，又还有自己独特的东西，既贯彻和体现了邓小平理论的解放思想、独立思考这一本质特征，而且还具有"三个代表"和科学发展观的与时俱进、开拓创新等新的本质特征。所以，中国特色社会主义理论体系的精髓是解放思想、独立思考、与时俱进、开拓创新、实事求是。④

至于中国特色社会主义理论体系的核心，学者们普遍认为是以人为本。如李洪影认为，"以人为本集中体现了中国共产党人的根本宗旨和历史使命，是衡量党的一切工作是非得失的根本标准，也是衡量党的先进性的根本标准。邓小平理论、'三个代表'重要思想、科学发展观等重大战略思想，都诠释着以人为本思想的具体内涵，使以人为本成为中国特色社会主义理论体系的核心。"⑤ 郑又贤也认为，无论是邓小平理

---

① 罗文东：《中国特色社会主义理论体系的科学内涵和重大意义》，《思想理论教育导刊》2008 年第 12 期。

② 黄书进：《解放思想：中国特色社会主义理论体系的精髓》，《马克思主义与现实》2008 年第 5 期。

③ 顾海良：《理论的创新　创新的理论》，《毛泽东邓小平理论研究》2008 年第 9 期。

④ 陈湘舸、吴斌：《中国特色社会主义理论体系的精髓论》，《求索》2009 年 5 月，第 67—68 页。

⑤ 李洪影：《以人为本——中国特色社会主义理论体系的核心》，《辽宁工业大学学报（社会科学版）》2009 年第 3 期。

论、"三个代表"重要思想，还是科学发展观等重大战略思想，都坚持
"人民群众创造历史"的基本立场和基本观点，其理论核心都是"坚持
以民为本"。① 赵曜则进一步指出，在中国特色社会主义理论体系中，
"一个中心、两个基本点"的基本路线是核心内容，各项工作都要服从
和服务于它；"以人为本"是核心思想，各项工作都要贯彻它，因此它
又是核心的核心。② 也有学者认为，中国特色社会主义理论体系的核心
是"发展"③，是"中国道路"④，但这些观点都并未抓住这个问题的本
质因而不被广泛接受。

3. 基本特征

张国宏认为，中国特色社会主义理论体系具有鲜明而丰富的辩证特
性，对其辩证特性进行论证概括不仅在理论上深化了中国特色社会主义
理论体系研究的需要，而且是在实践上贯彻落实党的十七大提出的"开
展中国特色社会主义理论体系宣传普及活动，推动当代中国马克思主义
大众化"的需要。他将中国特色社会主义理论体系的辩证特性概括为十
个方面，即理论性与实践性的辩证统一、真理性与价值性的辩证统一、
共性与个性的辩证统一、传承性与创新性的辩证统一、稳定性与开放性
的辩证统一、整体性与阶段性的辩证统一、传统性与时代性的辩证统
一、反思性与前瞻性的辩证统一、主导性与多样性的辩证统一、民族性
与世界性的辩证统一。另外，郑又贤认为中国特色社会主义理论体系主
要有五个主要特征，即理论性与实践性、普遍性与特殊性、传承性与创
新性、科学性与人民性、时代性与民族性的辩证统一。纵观其他学者的
概括，基本都未超出上述范围，只是强调了不同的方面并作了专门论
述，如王兆铮、倪德刚讨论了中国特色社会主义理论体系的开放性，⑤

① 郑又贤：《关于中国特色社会主义理论体系主要特征的辩证思考》，《马克思主义研究》2008 年第 12 期。

② 赵曜：《论中国特色社会主义理论体系》，《中国特色社会主义研究》2008 年 2 月。

③ 倪德刚：《论中国特色社会主义理论体系》，《理论视野》2007 年第 11 期。

④ 韩庆祥、田志亮：《"中国问题"与"中国理论"———从学术角度看中国特色社会主义理论体系》，《中共中央党校学报》2009 年第 3 期。

⑤ 王兆铮：《论开放性的中国特色社会主义理论体系》，《湖北行政学院学报》2009 年第 2 期；倪德刚：《中国特色社会主义理论体系是不断发展开放的理论体系》，《中共杭州市委党校学报》2008 年第 1 期。

曾德盛则强调了实践性,[①] 曾庆婻、黄志高专门讨论了整体性,[②] 而张磊认为时代性是中国特色社会主义理论体系的重要特征。[③]

4. 层次结构和主要内容

对于中国特色社会主义理论体系的结构层次究竟怎么建构,学术界存在着不同见解,有的主张以理论观点建构,有的主张以理论板块建构,有的主张以理论范畴建构,有的主张以理论层次建构。被广泛认同的还是理论层次的建构,但在具体划分为哪些层次的问题上又有所不同。袁银传指出,任何一个理论体系,都有其严密的逻辑结构即概念、范畴、原理之间的内在逻辑联系。他认为中国特色社会主义理论体系有三个逻辑层次:第一个逻辑层次是中国特色社会主义理论体系的理论基础,即马克思列宁主义、毛泽东思想;第二个逻辑层次是中国特色社会主义理论体系的基本内容,即邓小平理论、"三个代表"重要思想以及科学发展观等重大战略思想,它们构成马克思主义中国化的最新成果,是整个逻辑框架的主体;第三个逻辑层次是党的基本路线、基本纲领、宝贵经验,这是中国特色社会主义理论体系的实践纲领,是中国特色社会主义理论体系向实践转化的中介。袁银传还强调,以上三个逻辑层次既相互联系、相互作用、相互补充,又相互转化、相互渗透、相互贯通,共同构成中国特色社会主义理论体系严整的逻辑体系。[④] 刘爱莲、彭恩胜也将中国特色社会主义理论体系分为三个基本层次,但其具体分法与袁银传有较大的差异。他们认为,中国特色社会主义理论体系是一个包括元理论、基本理论、应用理论三大基本层次的理论体系。第一层次是元理论,即辩证唯物主义和历史唯物主义,为中国特色社会主义理论体系的形成和发展提供了科学的世界观和方法论;第二层次是基本理论,即回答什么是中国特色社会主义,为发展中国特色社会主义指明了方向;第三层次是应用理论,即如何发展中国特色社会主义,是中国特

① 曾德盛:《论中国特色社会主义理论体系的实践特色》,《学术论坛》2009 年第 2 期。

② 曾庆婻:《论中国特色社会主义理论体系的整体性》,《唯实·中国特色社会主义》2009 年 4 月;黄志高:《论中国特色社会主义理论体系的整体性特征》,《社会主义研究》2008 年第 4 期。

③ 张磊:《时代性是中国特色社会主义理论体系的重要特征》,《中共南昌市委党校学报》2010 年第 8 卷第 1 期。

④ 袁银传:《论中国特色社会主义理论体系的基本特征、逻辑结构和世界意义》,《思想政治教育研究》2009 年第 4 期。

色社会主义基本理论在实践中的运用。① 荣开明则认为，要以我国改革开放新时期面临的重大问题为中心，将历史的进程和逻辑的进程相结合去加以思考。在他看来，中国特色社会主义理论体系是由基本理论、基本路线、基本纲领、基本经验四个层次构成的。②

　　在层次结构的讨论基础之上，我们再来看中国特色社会主义理论体系包括哪些内容。严书翰概括出了 14 个方面：（1）关于中国特色社会主义的思想路线，（2）中国特色社会主义的根本任务，（3）关于中国特色社会主义的发展阶段和发展战略，（4）关于中国特色社会主义的发展动力，（5）关于中国特色社会主义的根本目的，（6）关于中国特色社会主义的经济建设，（7）关于中国特色社会主义的政治建设，（8）关于中国特色社会主义的文化建设，（9）关于中国特色社会主义的社会建设，（10）关于中国特色社会主义的国防和军队建设，（11）关于中国特色社会主义的依靠力量，（12）关于推进祖国统一大业，（13）关于中国特色社会主义的外交和国际战略，（14）关于中国特色社会主义的领导核心。此外，他还将这 14 个方面基本内容分为三个理论层面：一是基本内涵理论（或称基础理论），包括第 1 至第 5 方面，它们回答了中国特色社会主义的哲学基础，质的规定、历史方位、实现途径和根本目的等最基本的问题；二是总体布局理论（或称实体理论），包括第 6 至第 9 方面，正确总结新中国成立以来，尤其是改革开放以来社会主义现代化建设的丰富实践经验，深化了我们党对社会主义发展规律的认识；三是实现条件理论（或称保障理论），包括第 10 至第 14 方面，即中国特色社会主义事业的开创和发展必须包括的内部外部、经济政治文化社会等一系列必备条件的切实保障。③ 严书翰的概括算是比较全面而系统的，其他学者在第二、三个层面也基本是这样概括，主要不同的是第一个层面，如赵存生认为应该包括社会主义本质理论；社会主义初级阶段和党的基本路线理论；社会主义改革开放理论；社会主义科学发展

---

　　① 刘爱莲、彭恩胜：《论中国特色社会主义理论体系的层次结构》，《思想理论教育》2009 年第 15 期。

　　② 荣开明：《中国特色社会主义理论体系基本问题研究》，《湖北行政学院学报》2009 年第 2 期。

　　③ 严书翰：《中国特色社会主义理论体系的几个问题》，《中共中央党校学报》2009 年第 1 期。

理论；全面建设小康社会和分步骤实现现代化理论等。① 而王振海、王存福认为中国特色社会主义理论体系基本内容主要包括社会主义本质特征论、社会主义初级阶段论、社会主义社会矛盾论、社会主义改革开放论等等。②

5. 立论基础和哲学基础

中宣部理论局 2009 年编写的《中国特色社会主义理论体系学习读本》明确指出：科学判断和始终立足社会主义初级阶段的基本国情，是中国特色社会主义理论体系的立论基础。这种观点也得到了很多学者的认可。如辛向阳认为，中国特色社会主义理论体系的形成与发展始终以社会主义初级阶段的基本国情为基础，不断探索和把握社会主义初级阶段基本国情的深刻内涵，立足于社会主义初级阶段的基本国情推动经济社会发展，要求一切都要从这个实际出发，根据这个实际来制订规划。③ 韩庆祥、田志亮也表达了相同的观点，认为理解中国特色社会主义理论体系，首先要把握它立论的基础，即中国国情，不仅要准确判定中国所处的历史是社会主义初级阶段，还须深刻把握这一历史方位中的社会主要矛盾，即人民日益增长的物质文化需要与落后的社会生产之间的矛盾，并及时顺应人民群众的期待，实现富强、民主、文明、和谐。④ 此外，陈文通所专述的中国特色社会主义的特殊性是中国国情最好的诠释。他认为中国特色社会主义的特殊性，主要不在于它具有中国独有的民族特色，而在于它是一种特殊历史形态的社会主义，走了一条特殊发展道路，并体现于政治、经济、文化，社会形态，历史任务和发展道路等各个方面。⑤

关于中国特色社会主义理论体系的哲学基础，赵存生认为，指导中国共产党人创立中国特色社会主义理论体系的世界观和方法论，是马克

---

① 赵存生：《中国特色社会主义道路的理论基石》，《毛泽东邓小平理论研究》2008 年第 7 期。

② 王振海、王存福：《论中国特色社会主义理论体系的学理规范》，《东岳论丛》2009 年第 11 期。

③ 辛向阳：《中国特色社会主义理论体系的立论基础论析》，《学习论坛究》2011 年 5 月，第 27 卷第 5 期。

④ 韩庆祥、田志亮：《"中国问题"与"中国理论"——从学术角度看中国特色社会主义理论体系》，《中共中央党校学报》2009 年第 3 期。

⑤ 陈文通：《论中国特色社会主义的特殊性》，《科学社会主义》2009 年第 1 期。

思主义的辩证唯物论和历史唯物论。具体地说，就是党的"一切从实际出发，理论联系实际，实事求是，在实践中检验真理和发展真理"的思想路线，党的这条思想路线的精髓是解放思想、实事求是、与时俱进。[①]郭建宁则概括得更为具体一些，他认为中国特色社会主义理论体系的哲学基础包括以解放思想为主题的唯物论、以人为本为核心的价值观、以实践为基础的认识论、以和谐为特征的辩证法、以统筹兼顾为根本的方法论、以改善民生为重点的唯物史观等六个方面。[②]

二 中国特色社会主义理论体系形成与发展脉络研究

中国特色社会主义理论体系是在我们党领导全国人民进行改革开放和社会主义现代化建设的伟大实践中形成和发展起来的。总体而言，学界对此的研究主要包括如下两个大的方面，一是中国特色社会主义理论体系缘何而形成，即形成的条件与动力问题；二是发展的具体过程，包括形成的起点以及阶段的划分两个争论颇多的小问题。

1. 形成的条件和动力

对中国特色社会主义理论体系的形成的条件和动力问题的分析，有助于更深刻地理解其发展脉络。那么，中国特色社会主义理论体系到底缘何而来，是什么支持它一路走来并具有强大的生命力？学者们大多从实践和理论两个层面进行分析，具体角度则各有不同。姚琦认为，马克思主义基本原理与中国具体实际相结合是中国特色社会主义理论体系形成的基本要求，中国特色社会主义道路是中国特色社会主义理论体系形成的实践依据，马克思主义中国化理论创新是中国特色社会主义理论体系形成的不竭动力。[③]叶昌友在此之外又强调了时代条件，认为中国特色社会主义理论体系的形成应同时具备时代条件、理论条件和实践条件。具体而言，中国特色社会主义理论体系是在对世界形势和时代发展进行科学分析的基础上形成的，是在继承马克思列宁主义、毛泽东思想

---

① 赵存生：《中国特色社会主义道路的理论基石》，《毛泽东邓小平理论研究》2008 年第 7 期。

② 郭建宁：《试论中国特色社会主义理论体系的哲学基础》，《中国特色社会主义研究》2009 年第 1 期。

③ 姚琦：《中国特色社会主义理论体系形成的历史条件分析》，《河北青年管理干部学院学报》2009 年第 2 期。

成果的基础上发展创新形成的，是随着我国 30 多年改革开放和社会主义现代化建设的实践逐步形成的。[1] 游立国特别强调了改革开放的因素，但也表达了类似的观点。此外，张国宏从多维视角对发展动力作了解读，具体角度则与上述观点稍有不同。他指出，改革开放和社会主义建设的实践需要是中国特色社会主义理论体系形成和发展的客观动力；对科学社会主义的坚定信念是中国特色社会主义理论体系形成和发展的本源动力；批判与反思的理论品格是中国特色社会主义理论体系形成和发展的内在动力；人民利益至上的价值取向是中国特色社会主义理论体系形成和发展的价值动力；对党和国家命运与出路的忧患意识是中国特色社会主义理论体系形成和发展的主体性动力。[2]

2. 形成的起点

关于中国特色社会主义理论体系形成的起点在哪里，学者们的争论主要是对历史上的一个提法的讨论，即新时期之下，"始于毛，成于邓"的说法到底合适与否。主要有三种意见，除了完全的赞同和否定，还有部分学者认为应该具体分析，在什么意义上可以讲"始于毛、成于邓"，什么意义上又讲不通。具体来说，完全赞同的观点已经属于少数了，主要的有，李君如认为，中国特色社会主义探索应从 20 世纪 50 年代算起，即从毛泽东同志 1956 年提出"以苏为戒"开始。[3] 纯粹反对的也较少，就不赘述了，在此主要谈一谈学者们对这个问题进行的具体分析。

总体来看，学者们的分析主要集中于两个方面区分，一是中国特色社会主义道路和理论的区分，另外就是渊源理论和理论整体之间的区分，这当中还有一些具体角度上的差别。石仲泉认为，从时限上看，根据十三大报告，"中国特色社会主义"的历史起点是十一届三中全会，是"当代中国"的社会主义。从内容上看，毛泽东思想是中国化马克思主义的基础理论，而中国特色社会主义理论体系是中国化马克思主义的创新理论，二者有很大区别。并且，毛泽东思想中关于社会主义建设

---

[1] 叶昌友：《论中国特色社会主义理论体系形成的条件及意义》，《理论探讨》2009 年第 1 期。

[2] 张国宏：《中国特色社会主义理论体系形成和发展动力的多维解读》，《江西师范大学学报（哲学社会科学版）》2008 年第 5 期。

[3] 李君如：《伟大旗帜：中国特色社会主义》，《北京日报》2007 年 10 月 29 日第 17 版。

的理论很不系统、不完整。讲渊源关系，完全可以继续说中国特色社会主义"始于毛"，但若就当今提出的一系列创新理论而言，特别是在实行以社会主义市场经济为标志的那一套方针政策之后来阐述中国特色社会主义的具体内容，则很难再这样简单地等而视之了。① 阎志民和赵长茂则从"中国特色"的角度进行分析，认为毛泽东进行的社会主义探索尚未摆脱苏联模式，中国的社会主义，真正具有"中国特色"，始于党的十一届三中全会召开以后的改革开放。因此，把邓小平理论作为起点来界定中国特色社会主义理论体系的内容，是符合中国社会主义建设历史的。② 此外，秦宣则从两次飞跃的角度，认为毛泽东关于如何建设社会主义所作的理论探索及其理论成果，属于马克思列宁主义与中国实际相结合的第一次历史性飞跃的延续，属于第二次历史性飞跃的准备。从理论形态上看，毛泽东关于社会主义建设道路的探索，仍然属于毛泽东思想，仍然属于第一次历史性飞跃的理论成果。但我们必须清醒地认识到，中国特色社会主义理论是毛泽东思想的继承和发展。③

3. 发展阶段的划分

由于对中国特色社会主义理论体系形成起点存有争议，学者们对中国特色社会主义理论体系发展过程的探讨自然也形成了不同的观点。在此需要注意的，正如上文已经提到的那样，是中国特色社会主义理论体系和中国特色社会主义道路之间的差别，不能盲目将二者等同。

大致来讲，学界里认为中国特色社会主义理论体系"始于毛"的学者一般将1956年党的八大作为起点来进行阶段的划分，认为中国特色社会主义理论体系"始于邓"的学者则将1978年党的十一届三中全会作为起点来划分。持前一种观点的学者，如荣开明，将中国特色社会主义理论体系的发展过程分为三个大的阶段：（1）准备和孕育时期（1956党的八大至1978年的党的十一届三中全会）。（2）产生和形成和发展时期（从1978年党的十一届三中全会至1992年党的十四大）。这一时期可以分为三个阶段——一是产生阶段（开始产生、形成概念：从

---

① 石仲泉：《"中国特色社会主义理论体系"——当代中国马克思主义创新理论的最新概括》，《中共党史研究》2008年第1期。

② 阎志民：《坚持和发展中国特色社会主义理论体系》，《科学社会主义》2007年第6期；赵长茂：《"中国特色社会主义理论体系"三维解读》，《理论视野》2008年5月。

③ 秦宣：《解读"中国特色社会主义理论体系"》，《理论前沿》2007年第22期。

1978 年党的十一届三中全会至 1982 年党的十二大），二是展开阶段
（逐步展开、形成轮廓：从 1982 年党的十二大至 1987 年党的十三大），
三是形成体系阶段（走向成熟、形成体系：从 1987 年党的十三大至
1997 年党的十五大）。（3）深化和拓展阶段（从 1997 年党的十五大至
2008 年党的十七大）。这一时期有两个发展阶段——一是"三个代表"
重要思想形成和确立的段落：从党的十五大至党的十六大；二是科学发
展观形成和确立的段落：从党的十六大至党的十七大。① 柳丽、宋克俭
也持相似观点，只是分出了四个阶段。他们认为，中国特色社会主义理
论体系的形成遵循历史和逻辑相统一的原则，是随着中国特色社会主义
事业的推进和客观形势的变化而逐步形成和发展的。具体来说，可以划
分为以下四个阶段：（1）萌芽阶段——毛泽东社会主义建设思想的产
生和发展。（2）形成和发展阶段——邓小平理论的形成和发展。这个
阶段又划分为以下两个阶段——形成基本概念阶段（1978—1987 年）；
形成主体内容阶段（1987—1997 年）。（3）丰富和完善阶段——"三
个代表"重要思想的产生和发展，"科学发展观"理念的提出和构建。
（4）拓展和深化阶段——构建"和谐社会"理念的确立以及其他重大
战略思想的提出。

认为中国特色社会主义理论体系"始于邓"的学者也有从不同时期
领导集体总结出的主题思想这个角度划分的，但不包括毛泽东时期，并
且大多将科学发展观和和谐社会作为同一时期来划分。如阮青将邓小平
时期称为中国特色社会主义理论体系的开创时期，江泽民时期是丰富时
期，胡锦涛时期则是发展时期。② 秦宣也持相同的观点，认为从 1978 年
到 1992 年，邓小平领导我们党把马克思主义基本原理同中国具体实际
和时代特征结合起来，提出了一系列具有开创意义的思想，初步形成了
中国特色社会主义理论体系；党的十三届四中全会以后，以江泽民为主
要代表的中国共产党人，继续推进中国特色社会主义伟大事业，提出了
一系列新思想、新观点、新论断，丰富和发展了中国特色社会主义理论
体系；党的十六大以来，以胡锦涛同志为总书记的党中央，继续推进理

① 荣开明：《中国特色社会主义理论体系基本问题研究》，《湖北行政学院学报》2009 年
第 2 期。
② 阮青：《中国特色社会主义理论体系的形成过程》，《新东方》2008 年 2 月。

论创新和实践创新，在发展中国特色社会主义的历史进程中，提出一系列重大理论观点、重大战略思想、重大工作部署，形成了中国特色社会主义理论体系的最新成果。① 另外，叶昌友则认为，中国特色社会主义理论体系的萌芽阶段是从十一届三中全会到十一届六中全会；中国特色社会主义理论体系的基本形成阶段是从十二大到十四大；中国特色社会主义理论体系的正式形成阶段则是从十四大到十七大。②

三　中国特色社会主义理论体系相关的几大关系研究

关于中国特色社会主义理论体系的研究，贯穿于上述内涵、产生与发展过程等问题的讨论之中，还包含着学界讨论较多的几个关系问题需要单列出来加以论述，即中国特色社会主义理论体系与马克思主义的关系、与毛泽东思想的关系，以及中国特色社会主义理论体系内部包含的三大理论成果之间的关系。

1. 中国特色社会主义理论体系与马克思主义的关系

上文的论述已经零散地提到过，中国特色社会主义理论体系是当代中国的马克思主义，是马克思主义中国化的最新成果等观点，它不仅仅是对马克思主义的坚持和继承，更发展了马克思主义，为其注入了新的内容和活力。在此介绍一些学者关于这个问题的具体论述。

袁志平指出，中国特色社会主义理论体系坚持马克思主义的立场、观点和方法，在理论渊源上与马克思主义一脉相承，并使马克思主义基本精神与时代要求、与当代中国的实际完美结合，为当代中国社会主义事业的发展提供了直接现实的理论指导，是当代中国的马克思主义。具体来说，首先，中国特色社会主义理论体系坚持了马克思主义实事求是、一切从实际出发的理论原则和思想方法；其次，它坚持马克思主义的群众观点，一切从人民群众的根本利益出发，以是否符合最广大人民的根本利益作为价值原则和价值取向；其三，它解放思想，大胆实践，建立了社会主义市场经济体制，利用市场经济体制这一人类创造的重要文明成果和手段，有效地巩固了社会主义经济基础和政治制度。不仅如

---

① 秦宣：《"一篇大文章"的诞生——中国特色社会主义理论体系的形成与发展》，《科学咨询（科技·管理）》2009 年第 1 期。

② 叶昌友：《论中国特色社会主义理论体系形成的条件及意义》，《理论探讨》2009 年第 1 期。

此，中国特色社会主义理论体系更是马克思主义"与时俱进"的新形态，为马克思主义理论宝库增添了新内容。① 张雷声则从中国特色社会主义理论体系对马克思主义的三个特性的坚持来阐述二者的一致性。她认为，在当代中国，坚持中国特色社会主义理论体系，就是坚持马克思主义，具体来说，就是对马克思主义的实践性、民族性和开放性的坚持。②

与上述概括的方式不同，周宏、董岗彪则从中国特色社会主义理论体系对马克思主义经典的继承和发展的角度来解读二者之间的关系。他们认为，中国特色社会主义理论体系在何种意义上是马克思主义，就是看它在哪些方面落实和体现了马克思主义经典的精神实质，就是看它与马克思主义经典之间存在着何种逻辑上的关联。这种逻辑的关联具体表现在四个方面：（1）马克思主义经典的无产阶级立场与中国特色社会主义理论体系的人民立场之逻辑关联；（2）马克思主义经典的超越资本统治观点与中国特色社会主义理论体系的利用资本、制衡资本逻辑观点之逻辑关联；（3）马克思主义经典的唯物辩证研究方法与中国特色社会主义理论体系的解放思想、实事求是、与时俱进工作方法之逻辑关联；（4）马克思主义经典的共产主义社会理想与中国特色社会主义理论体系的民族复兴、人民幸福基本目标之逻辑关联。③

2. 中国特色社会主义理论体系与毛泽东思想的关系

这个问题与之前论述过的"始于毛、成于邓"的争论联系密切。中国特色社会主义理论体系是否"始于毛"，包不包括毛泽东思想，包不包括毛泽东社会主义建设思想，二者之间到底是怎样的关系，毛泽东作为指导思想的地位等等问题，学界讨论颇多。

关于中国特色社会主义理论体系包不包括毛泽东思想的问题，上文"始于毛、成于邓"的争论部分已经阐述学界现有的基本观点，这里就不再赘述。然而，之前的论述主要是强调中国特色社会主义理论体系和毛泽东思想之间的差异，这里需要进一步论述的是二者之间到

---

① 袁志平：《中国特色社会主义理论体系之价值分析》，《攀登》2008 年第 6 期。

② 张雷声：《马克思主义与中国特色社会主义理论体系》，《马克思主义研究》2009 年第 2 期。

③ 周宏、董岗彪：《马克思主义经典与中国特色社会主义理论体系》，《马克思主义研究》2009 年第 1 期。

底具有怎样的联系。北京市中国特色社会主义理论体系研究中心的结论是，准确把握毛泽东思想和中国特色社会主义理论体系的关系，必须看到毛泽东思想和中国特色社会主义理论体系共同的思想基础和本质特征，看到二者之间的继承发展与交汇融合，不能把二者割裂开来，更不能把二者对立起来。具体表现为三个方面：第一，毛泽东思想与中国特色社会主义理论体系分别属于马克思列宁主义与中国实际相结合的两次历史性飞跃的理论成果，两者形成和发展于不同的历史时期，其理论形成的时代背景、实践基础和主要内容也不同。第二，毛泽东思想和中国特色社会主义理论体系同属于马克思主义中国化的理论成果，都是与马克思列宁主义一脉相承而又与时俱进的理论成果。第三，中国特色社会主义理论体系是对毛泽东艰辛探索社会主义建设规律重要思想成果的继承和发展。① 赵展业将毛泽东思想与中国特色社会主义理论体系的内在联系具体概括为毛泽东思想在中国特色社会主义理论体系的形成过程中主要发挥的三个方面的作用，即起始和奠基作用、指导思想和方法论作用、某些失误和教训的借鉴作用。② 这种观点基本上代表了学界的普遍立场。

3. 中国特色社会主义理论体系内三大成果间的关系

中国特色社会主义理论体系包括邓小平理论、"三个代表"重要思想和科学发展观等三大成果。对于三者的关系，特别是邓小平理论在整个理论体系当中的地位，理论界有各种说法，如"原创性理论和传承性理论说"、"主干与枝叶说"、"奠基说"等，③ 但大体意思相近，即三大理论成果既一脉相承又与时俱进，共同构成了一个有机整体，其中邓小平理论则占据着特别重要的地位。如陈文旭、陈树文认为，邓小平理论是中国特色社会主义理论体系的逻辑起点，在整个理论体系中处于奠基性和开创性地位，"三个代表"重要思想和科学发展观是对邓小平理论的丰富和发展。④

---

① 北京市中国特色社会主义理论体系研究中心：《毛泽东思想与中国特色社会主义理论体系》，《求是》2009 年第 22 期。
② 赵展业：《毛泽东思想与中国特色社会主义理论体系的形成》，《河北学刊》2008 年第 28 卷第 2 期。
③ 周慧如、鲁法芹：《近年来中国特色社会主义理论体系研究述要》，《学术论坛》2009 年第 2 期。
④ 陈文旭、陈树文：《邓小平理论与中国特色社会主义理论体系关系的再考察》，《思想政治教育研究》2009 年第 5 期。

包心鉴则从理论的特殊性和普遍性的角度进行分析。他指出，邓小平理论、"三个代表"重要思想和科学发展观，构成中国特色社会主义理论体系的主体内容。这三大阶段性理论成果，既是一脉相承的，又是与时俱进的，承前启后、继往开来，形成了完整的中国特色社会主义理论体系；这就是理论创新与发展的普遍性。而在不同的时代特征条件下和不同发展阶段的社会实践中，这三大阶段性理论成果，在同一主题下又具有不尽相同的历史地位，呈现出不尽相同的理论特色和时代价值；这就是理论创新和发展的特殊性。具体来说，邓小平理论是中国特色社会主义理论体系的基础性、架构性组成部分；"三个代表"重要思想是中国特色社会主义理论体系的开创性组成部分；科学发展观等重大战略思想，是中国特色社会主义理论体系的重要组成部分，是对邓小平理论、"三个代表"重要思想的进一步坚持、丰富和发展。①

齐鹏飞则从系统论的角度进行了阐发。他认为中国特色社会主义理论体系这个大系统，是由邓小平理论、"三个代表"重要思想、科学发展观三个子系统组成的。对于中国特色社会主义理论体系这个大系统，一方面，我们必须注意到它的"整体性"特征。必须要站在中共十七大的思想认识高度和理论高度将它们三者真正融会贯通，必须要注意到它们之间在共同的立论基础和依据、理论渊源和思想基础、理论品质和思想精髓、理论主题和思想主线方面的一脉相承性。另一方面，我们也必须注意到它的"阶段性"特征。三大理论成果也都有各自的逻辑体系和理论体系，并各有其阶段性的理论创新的突破口和侧重点，各有其阶段性的具体理论表现形态和理论特征，呈现出非常明显的独特性和多样性特征。中国特色社会主义理论体系三个重要组成部分之间，相互补充、相互完善，相互衔接、相互递进，是马克思主义中国化理论创新的连续性、阶段性、开放性的有机统一，共性和个性的有机统一。但是，这三大理论成果并不能相互替代。即使是它们被有机地统一、整合为中国特色社会主义理论体系，三个子系统仍然有各自独立存在的价值和意义，仍然有各自独立发展和进行理论创新的开放空间。②

---

① 包心鉴：《改革开放新时期与马克思主义中国化新飞跃———兼论中国特色社会主义理论体系的历史地位、科学内涵和本质特征》，《中共石家庄市委党校学报》2009 年第 1 期。

② 齐鹏飞：《三大理论成果在中国特色社会主义理论体系中的地位及辩证关系》，《江西社会科学》2009 年第 1 期。

四　中国特色社会主义理论体系的历史地位及意义研究

对于中国特色社会主义理论体系的历史地位和意义的研究，也即对中国特色社会主义理论体系的评价问题，有助于全面把握其深刻内涵和精神实质，在新的历史条件下促进这一理论体系的新发展。[①] 学界在这个问题上的研究，体现为理论的和实践的、中国的和世界的、理论体系的提出和理论体系本身等不同的角度，而每个角度内部又有不同的具体的分析。

1. 历史地位

党的十七大指出中国特色社会主义，是"马克思主义中国化最新成果，是党最可宝贵的政治和精神财富，是全国各族人民团结奋斗的共同思想基础"，揭示了中国特色社会主义的历史地位。学者们在此基础上进行了更深入的理论挖掘。

刘林元总结出，可以从两个方面来考察中国特色社会主义理论体系的理论地位：一是从它对建设中国特色社会主义的指导作用，二是从它对马克思主义理论作出的新的贡献；即区分出实践的和理论的意义两个层面。王向明的阐述也表达了类似的观点。他认为，中国特色社会主义理论体系既坚持马克思主义基本原则，又赋予其鲜明的中国特色，开辟了马克思主义在中国发展的新境界；中国特色社会主义理论体系是马克思列宁主义与中国实际相结合的第二次历史性飞跃的理论成果；中国特色社会主义理论体系是实践证明了的指导中国特色社会主义事业胜利前进的唯一正确的理论；中国特色社会主义理论体系是党最可宝贵的政治和精神财富，是全国各族人民团结奋斗的共同思想基础。[②] 另外，顾海良从理论层面作了更为细致的阐发。他认为对中国特色社会主义理论体系历史地位的评价，要着重把握好以下几点：一是从理论体系的思想渊源上，着重把握中国特色社会主义理论体系坚持和发展了马克思列宁主义、毛泽东思想；二是从理论体系创立主体上，着重把握中国特色社会主义理论体系凝结了几代中国共产党人带领人民不懈探索实践的智慧和

---

① 重庆社会科学院新闻出版研究中心：《中国特色社会主义理论体系研究述要及其趋向》，《重庆社会科学》2010 年第 1 期。

② 王向明：《论中国特色社会主义理论体系的历史地位》，《商丘师范学院学报》2009 年第 4 期。

心血；三是从理论体系的地位上，着重把握中国特色社会主义理论体系
是马克思主义中国化最新成果，是党最可宝贵的政治和精神财富；四是
从理论体系的指导意义上，着重把握中国特色社会主义理论体系是全国
各族人民团结奋斗的共同思想基础；五是从理论体系的品质上，着重把
握中国特色社会主义理论体系是不断发展的开放的理论体系。[①]

2. 意义

关于中国特色社会主义理论体系的意义，既有从理论层面和实践层
面去探讨的，也有从中国的和世界的角度去分析的。赵玉洁认为，中国
特色社会主义理论体系具有重大的理论意义与实践价值，它的提出深化
了我们对马克思主义尤其是其核心唯物史观的认识；深化了我们对社会
主义本质的理解；深化了我们对"如何建设社会主义"的理解；中国
特色社会主义必将越出一国的范围而对世界历史产生积极的影响。[②] 韩
庆祥、田志亮则从中国意义和世界意义的角度进行了阐发。他们认为，
中国特色社会主义理论体系的中国意义，体现为对"中国特殊性"探
索所取得的成就、对中国改革开放和现代化建设产生的积极影响，以及
对中国走向成功的促进。中国特色社会主义理论体系的世界意义体现在
其特殊性具有"一般价值"，它解决的问题是世界眼光中的中国问题，
因而它将会成为具有国际影响的社会主义理论思潮，也将会对世界和平
与发展以及世界社会主义、马克思主义的发展作出贡献。[③]

叶昌友则作了比较全面的概括。他指出，首先中国特色社会主义理
论体系具有重要的理论意义，不仅是对马列主义、毛泽东思想的继承和
坚持，而是立足当代中国基本国情，顺应当今世界时代潮流，对丰富和
发展马列主义、毛泽东思想作出了重要贡献，是马克思主义中国化最新
成果，为推进马克思主义中国化提供了新的认识视野。其次，中国特色
社会主义理论体系具有伟大的现实意义，对于改革开放新时期研究新情
况、解决新问题具有重要的指导意义。第三，中国特色社会主义理论体
系具有重大的实践意义，是中国特色社会主义道路的理论表现形式。第

① 顾海良：《理论的创新　创新的理论》，《毛泽东邓小平理论研究》2008 年第 9 期。

② 赵玉洁：《中国特色社会主义理论体系的当代意义研究》，《中共青岛市委党校青岛行
政学院学报》2010 年第 5 期。

③ 韩庆祥、田志亮：《"中国问题"与"中国理论"——从学术角度看中国特色社会主
义理论体系》，《中共中央党校学报》2009 年第 3 期。

四，中国特色社会主义理论体系具有深远的历史意义，它总结了几代中国共产党人带领人民不懈探索实践的智慧和心血，是我们党最可宝贵的政治和精神财富，是我国实现国家富强、人民幸福、社会和谐、民族振兴的根本思想保证。最后，中国特色社会主义理论体系具有广泛的世界意义，为人类社会的发展提供了一种新的模式。①

此外，还有学者提出"中国特色社会主义理论体系"这个概念的意义给出了自己的看法。如石仲泉认为，党的十七大报告的一个突出贡献，就是对马克思主义中国化第二次飞跃的理论成果作了新的表述，将作为对中国特色社会主义道路实践经验总结的理论统称为"中国特色社会主义理论体系"。他从五个方面论述了提出中国特色社会主义理论体系这个概念的理论意义。首先，这个概括突出了理论体系称谓的本源性；其次，这个概括突出了改革开放以来取得一切成绩和进步的根源性；第三，这个概括体现了理论逻辑的科学性；第四，这个概括体现了理论发展的开放性；第五，这个概括体现了理论表述的简明性。因此，十七大报告提出的"中国特色社会主义理论体系"，是对当代中国马克思主义创新理论的最新科学概括。②

五 中国特色社会主义理论体系的拓展研究

中国特色社会主义理论体系的重要特征之一就是开放性。随着中国特色社会主义理论和实践的不断发展，中国特色社会主义理论体系的研究领域也不断拓展。对于新近研究趋向的把握，将有助于进一步深化对中国特色社会主义理论体系本身的研究，并更好地指导中国特色社会主义的实践。

1. 对中国特色社会主义理论体系的组成部分的进一步拓展

中国特色社会主义理论体系主要包括中国特色社会主义经济建设理论、政治建设理论、社会建设理论和文化建设理论。近年来，随着研究的深入，中国特色社会主义理论体系的理论组成得以进一步拓展，部分学者对中国特色社会主义党建理论、民生理论、民族理论、妇女理论、

---

① 叶昌友：《论中国特色社会主义理论体系形成的条件及意义》，《理论探讨》2009 年第 1 期。

② 石仲泉：《"中国特色社会主义理论体系"——当代中国马克思主义创新理论的最新概括》，《中共党史研究》2008 年第 1 期。

工会理论、文艺理论等问题分别开展了研究。① 总体来讲，这些研究能够在中国特色社会主义理论体系的研究框架内取得创新性的研究成果还是比较困难的，到目前为止，其理论价值和深度还有待进一步增进。本文在此仅就讨论较多的两个问题列举一些具有代表性的论述，以资参考。

2011 年迎来了中国共产党成立 90 周年，在此之前对于"建设一个什么样的党，怎样建设党"，学界早已展开了热烈的讨论。而自十七大提出中国特色社会主义理论体系这个概念以来，在中国特色社会主义理论体系的框架之内讨论党的建设问题，也日益引起学者们的关注。徐仲韬认为，中国特色社会主义党建理论体系是包括以邓小平为核心的第二代中共领导集体的党建理论、以江泽民为核心的第三代中共领导集体的党建理论和以胡锦涛为总书记的新一届中央领导集体的党建理论在内的关于执政党建设理论的创新成果，他们都联系各个时期的实际共同回答了"建设一个什么样的党、怎样建设党"的党建主题。邓小平提出要把党"建设成为领导社会主义现代化建设的坚强核心"，引导全党自觉向执政党思维转型，并着手筹划改革党的领导制度，这开启了党的建设的新思考。世纪之交，江泽民又提出了"三个代表"重要思想，从内涵上突破了以往党建目标仅仅局限于政治性、阶级性的思维定式，把党建目标与当今世界生产力和人类文明的发展趋势、巩固和发展中国特色社会主义、实现中华民族伟大复兴的奋斗目标有机联系起来。以胡锦涛为总书记的新一届中央领导集体的党建理论则深化和拓展了对新阶段执政党建设的认识，根据时代要求，提出以执政能力建设和先进性建设为主线，在新形势下加强和改进党的建设的一系列新思想、新观点、新论断，从而揭示了党执掌国家政权的规律和党的自身建设的规律，为马克思主义党建理论增添了新内容。此外，徐仲韬还指出，中国特色社会主义党建理论体系的创新特点主要是，既一脉相承又与时俱进的集成创新，这与中国特色社会主义理论体系作为一个整体的特点是一致的。②

民生问题也是当前颇受关注的问题。随着资源的减少、人口的增多而出现的物价上涨，环境恶化等问题，使得我们现阶段的主要矛盾依旧

① 重庆社会科学院新闻出版研究中心：《中国特色社会主义理论体系研究述要及其趋向》，《重庆社会科学》2010 年第 1 期。

② 徐仲韬：《重视学习和研究中国特色社会主义党建理论体系》，《学习月刊》2008 年第 7 期上半月。

凸显，人民日益增长的物质文化需求与落后的生产力水平之间的张力依然紧张，改善民生任重道远。因而，建构中国特色社会主义民生理论具有重要的实践意义。张弥认为，关注民生、重视民生、保障民生、改善民生成为中国特色社会主义理论体系的重要组成部分。具体来说，中国特色社会主义民生理论是在马克思主义理论的指导下产生和发展起来的，集中体现了马列主义、毛泽东思想、邓小平理论和"三个代表"重要思想以及科学发展观的精神实质和根本要求；其核心内容体现为民生基本目标、民生基本原则、民生路线和民生保障体系等四个方面；其形成与发展，对于我国坚持中国特色社会主义道路和中国特色社会主义理论体系有着重要的时代意义和理论价值。他总结到，中国特色社会主义民生理论是中国特色社会主义理论体系在新时代开出的理论之花，是勇于创新与不断发展的产物，是对几代中央领导集体关于民生问题的重要思想的继承与发展，符合时代发展的要求，丰富和发展了中国特色社会主义理论体系，体现了新环境下党的执政理念的发展，为建设服务型政府提供了重要理论支撑。①

2. 对中国特色社会主义理论体系中的一些具体问题的深入研究

除了对中国特色社会主义理论体系的组成部分的拓展研究之外，学界还就理论体系中的一些热点问题进行了深入的探讨，包括中国特色社会主义文化建设——特别是社会主义核心价值体系的构建以及对中国传统文化的挖掘，还有中国特色社会主义理论体系的人民主体思想等。

中国特色社会主义文化理论是中国特色社会主义理论体系的重要内容，集中反映了我党对于发展中国特色社会主义文化的构想。颜旭指出，中国特色社会主义文化理论扎根于十一届三中全会以来中国改革开放和现代化建设的伟大实践，反映了当今世界和中国政治、经济、社会实践的发展变化对文化发展的新要求，具有坚实的实践基础。纵观中国特色社会主义文化理论的发展，可以说其充分吸取了社会主义文化建设的历史教训，对文化全球化作出了积极回应，体现了文化产业发展的实践价值目标。② 贺方彬梳理了党的几代领导的中国特色社会主义文化

---

① 张弥：《论中国特色社会主义民生理论的初步形成》，《中国特色社会主义研究》2009年第6期。

② 颜旭：《中国特色社会主义文化理论形成的实践基础》，《盐城师范学院学报（人文社会科学版）》2008年第28卷第6期。

观，为我们提供了党对于发展中国特色社会主义文化的一系列构想及其演变。他指出，从邓小平时期以确立"为人民服务、为社会主义服务"的新文化范式、提出建设"社会主义精神文明"的新命题，以及"面向现代化、面向世界、面向未来"的中国特色社会主义文化发展的基本方针为标志的中国特色社会主义文化观的初步形成，到江泽民提出"文化是综合国力的重要标志"、"有中国特色社会主义文化"、"党要始终代表中国先进文化的前进方向"等新命题，以及在应对"古今中西"的文化论争中对于反对民族虚无主义和崇洋媚外思想的反复强调所带来的中国特色社会主义文化观的发展和成熟，再到胡锦涛总书记提出"提高国家文化软实力，推动社会主义文化大发展大繁荣"、"建设社会主义核心价值体系"、"建设和谐文化，弘扬中华文化"等文化建设新理念，可见，改革开放以来，以邓小平、江泽民、胡锦涛为代表的中国共产党人创造性地探索和回答了什么是中国特色社会主义文化、怎样建设中国特色社会主义文化的问题，逐渐形成、发展和不断完善了中国特色社会主义文化观。[1]

至于构建中国特色社会主义文化的途径，郭建宁认为，在新的历史起点上，加强中国特色社会主义文化建设，就要建构社会主义核心价值体系，发挥其引导性和主导性作用；就要提升国家文化软实力，发挥其竞争性和凝聚性作用；就要弘扬中华文化，发挥中华民族共有精神家园的基础性和资源性作用；就要促进社会主义文化大发展大繁荣，发挥创造性，增强整合性，使中华文化更加具有吸引力、感召力。[2] 刘纪兴则认为，当前文化建设面临着重大机遇与挑战，要推动社会主义文化大发展大繁荣，必须着力加强三大主体性工程建设：加强文化理论体系建设，提高把握文化发展规律能力；加强宣传舆论体系建设，提高舆论引导能力；加强文化体制机制创新体系建设，增强文化发展活力。[3]

至于中国特色社会主义理论体系中包含的人民主体的思想，蒋菊琴、董显堂认为，作为中国特色社会主义理论体系的重要组成部分，邓小平理论、"三个代表"重要思想和科学发展观之间相互衔接，一脉相

---

① 贺方彬：《论中国共产党人的中国特色社会主义文化观》，《中共中央党校学报》2011年第15卷第1期。

② 郭建宁：《中国特色社会主义文化建设的战略构想》，《创新》2009年第3期。

③ 刘纪兴：《论中国特色社会主义文化建设的内涵与途径》，《江汉论坛》2009年4月。

承。其中相承之脉是它们一贯倡导的人民利益标准和人民主体地位原则，即始终把广大人民群众的意愿、需求作为其理论生成与发展的重要依据和应遵循的基本准则，并以此来指导社会主义现代化建设实践，推动中国特色社会主义事业不断向前发展。可以说，坚持社会主义的人民主体思想和原则并使其付诸实践，是中国特色社会主义理论体系的题中应有之义，也是我们当前学习和研究中国特色社会主义理论体系的重大意义之所在。他们着重从以下几个方面论述：人民主体思想是马克思主义一贯奉行的价值目标；实现人民主体地位是中国共产党党员孜孜不倦的政治追求；人民主体思想是中国特色社会主义理论体系形成和发展的主线。[①] 秦刚则指出，中国特色社会主义理论体系从人民的主体地位来认识社会主义，把社会主义作为展现人民群众历史作用的新舞台，作为实现人民群众利益的制度保障，强调社会主义发展必须为了人民、依靠人民，实现好、维护好、发展好人民的根本利益，使社会主义建设的出发点和落脚点更加符合人民群众的愿望和要求。社会主义在本质上就是人民群众自己的事业，其强大动力来自人民群众，其深厚基础也在人民群众之中。人民群众既是社会主义的利益主体，也是社会主义的发展主体。只有依靠人民群众广泛参与，充分发挥人民群众的主体作用，社会主义才能充满生机和活力。中国特色社会主义理论体系对社会主义的坚持和发展，始终是遵循着社会主义发展的历史逻辑，把尊重人民的主体地位贯穿于社会主义建设的全过程，体现在经济社会发展的各个方面。具体来说，尊重人民的主体地位，一个重要体现，就是尊重人民的首创精神，充分发挥人民的积极性、主动性、创造性，使人民群众的创造精神成为社会主义建设的智慧源泉；尊重人民主体的地位，还有一个重要体现，就是把人民的利益放在首位，顺应人民的愿望和要求，不断满足人民的多样性需要；尊重人民的主体地位，再有一个重要体现，就是关心人的价值，维护人的尊严，促进人的全面发展。[②]

（作者单位：中共中央党校研究生院）

① 蒋菊琴、董显堂：《中国特色社会主义理论体系的人民主体思想研究》，《当代世界与社会主义》2009 年第 5 期。

② 秦刚：《中国特色社会主义理论体系对社会主义的坚持和发展》，《社会主义研究》2011 年第 2 期。

2011 年中国特色社会主义理论体系研究综述

王永浩

中国特色社会主义理论体系是马克思主义中国化的最新成果，它是包括邓小平理论、"三个代表"重要思想以及科学发展观等重大战略思想在内的科学理论体系。它凝结了几代中国共产党人带领人民不懈探索实践的智慧和心血，是我们党最宝贵的政治和精神财富，是全国各族人民团结奋斗的共同思想基础。在当代中国，坚持中国特色社会主义理论体系，就是真正坚持马克思主义。深入学习研究中国特色社会主义理论体系，坚持不懈地用中国特色社会主义理论体系武装全党、教育人民，是一项重要而又迫切的任务。从党的十七大报告首次以中央文件的形式提出和使用了"中国特色社会主义理论体系"这一科学概念，并对其基本内涵、基本特征及历史地位作了重要说明以来，关于中国特色社会主义理论体系的研究一直就是理论界关注的热点。在刚刚过去的 2011年，理论界对关于中国特色社会主义理论体系的研究继续升温，进一步深化，取得了丰硕的研究成果。根据对中国学术期刊网络出版总库、中国博士学位论文全文数据库、中国优秀硕士学位论文全文数据库、中国重要会议论文全文数据库、中国重要报纸全文数据库的检索，2011 年以"中国特色社会主义理论体系"为标题的论文就有 364 篇。除了论文以外，有关单位还编写出版了相关的图书和资料，如由中共中央文献研究室编著、中央文献出版社出版的《中国特色社会主义理论体系形成与发展大事记》，中共中央组织部党建研究所编著、党建读物出版社出版的《中国特色社会主义与中国共产党》等。学者们也撰写出版了一批研究著作，如由徐崇温著、重庆出版社出版的《中国特色社会主义理论体系研究》，陈俊宏著、中共中央党校出版社出版的《中国特色社会主

义理论体系核心观点解读》，阮青主编、党建读物出版社出版的《中国
特色社会主义理论体系论纲》，聂运麟主编、人民出版社出版的《中国
特色社会主义理论体系研究》，任国忠等著、人民出版社出版的《中国
特色社会主义理论体系学习与研究》等等。这些研究成果对中国特色社
会主义理论体系的历史起点、思想来源、立论基础、创新方法、精髓和
灵魂、理论主题、理论特色、基本内容、基本问题、基本观点、思想价
值、价值追求、世界意义，以及中国特色社会主义理论体系与毛泽东思
想的关系、中国特色社会主义理论体系与马克思主义中国化时代化大众化
的关系、中国特色社会主义与"中国模式"的关系、中国特色社会主义
与和平发展道路的关系等问题都进行了广泛而深入的研究和探讨。现将一
年来理论界关于中国特色社会主义理论体系研究的主要观点综述如下。

一　关于中国特色社会主义理论体系的历史起点、逻辑起点及其起始标志的研究

关于中国特色社会主义理论体系的历史起点，徐崇温提出，开始探索
中国特色社会主义建设规律和开创中国特色社会主义理论体系，不是一回
事。我们党对中国特色社会主义理论起点的界定是从党的十一届三中全
会、从邓小平理论开始来立论的，而从来也没有把毛泽东思想、把毛泽
东从 1956 年开始对社会主义建设规律的探索包括在内。中国特色社会主
义理论体系，虽然在许多问题上继承了毛泽东从 1956 年开始探索社
会主义建设规律的过程中提出的积极思想成果，但是，中国特色社会主
义理论形成的契机，又毕竟是纠正"文化大革命"在理论和实践上的
错误。正是"文化大革命"所造成的灾难迫使我们不能不认真考虑走
一条新路。所以，中国特色社会主义理论体系的形成，无论在时间上和
内容上，都有别于毛泽东从 1956 年开始的对中国社会主义建设规律的
探索。毛泽东从 1956 年开始探索中国社会主义建设规律的过程，同中
国特色社会主义理论体系形成，这两者在时代背景、历史和现实根据以
及理论基础方面，在社会主义观的具体内容方面，都是有所不同的。因
此，中国特色社会主义理论体系的历史起点是十一届三中全会，逻辑起
点是"什么是社会主义，怎样建设社会主义"问题的提出和解决。①

---

① 徐崇温：《中国特色社会主义理论体系研究》，重庆出版社 2011 年版，第 15—21 页。

郑德荣认为，"始于毛、成于邓"的"始"是指探索的开始（侧重于实践层面），而并不是说中国特色社会主义理论体系和中国特色社会主义道路开始于毛泽东。不管从理论层面还是从实践层面来说，探索的起始和理论体系的起始、道路的起始是有着明显区别的，其区别的根本点在于是否从根本上突破以计划经济为基本特征的苏联传统模式。因此，不能把开始探索社会主义建设等同于中国特色社会主义理论体系和中国特色社会主义道路的逻辑起点和历史起点。判断体系起始时间的标准应该在于是否在理论和实践上根本突破了以计划经济为基本特征的苏联模式。党的十一届三中全会作出了改革开放的伟大决策，实现了历史性的伟大转折。邓小平通过总结正反两方面历史经验，在十二大开幕词中提出，"走自己的路，建设有中国特色的社会主义"。党的十二大报告根据改革开放以来实践经验和理论发展进一步从五个方面论述了"有中国特色社会主义"的五大理论要点。这表明中国特色社会主义理论的主题已经确立，它指明了符合中国国情的从根本上突破苏联传统模式的中国特色社会主义道路，这是中国特色社会主义理论体系最具标志性的特征。中国特色社会主义理论体系的起始时间应该以从党的十一届三中全会到十二大为宜。具体地说，十一届三中全会拉开了中国特色社会主义理论体系起始的序幕，而十二大提出的走中国特色社会主义道路的命题则是中国特色社会主义理论体系起始的标志。[1]

二　关于中国特色社会主义理论体系的思想来源、思想前提、立论基础、创新方法以及形成和发展的基本经验的研究

关于中国特色社会主义理论体系的思想来源，徐崇温指出，在建立社会主义制度以后，毛泽东在面对如何在经济文化比较落后的基础上巩固和发展社会主义的课题时，在借鉴苏联社会主义建设经验教训的基础上开始了对适合中国国情的社会主义建设道路的探索。早在 1955 年底，毛泽东就在中央领导集体的范围内提出过"以苏为鉴"、走中国自己的路的问题；特别是社会主义改造提前基本完成、要求加快工业化步伐的形势，更促使毛泽东把注意力转到经济建设和科学文化建设上来，从对

---

[1]　郑德荣：《中国特色社会主义理论研究中几个值得探讨的问题》，《科学社会主义》2011 年第 1 期。

实际情况进行系统而周密的调查研究入手，开始对适合中国国情的社会主义建设道路进行探索。毛泽东对于适合中国国情的社会主义建设道路的探索，既取得过重要的理论成果，也经历了多次曲折，付出了巨大的代价。但是，无论是其正确、成功的方面，还是其错误、失败的方面，又都对邓小平后来创立的中国特色社会主义具有极其深远的影响。毛泽东在探索中取得的重要理论成果，无疑是邓小平创立中国特色社会主义的直接的思想来源，或者给他提供了重要的思想启示，就连毛泽东在探索中所犯的错误和遭遇的失败，也促使后人从中吸取教训，懂得不能那样做的负面界限。①

顾海良指出，中国特色社会主义理论体系不仅包含了对马克思列宁主义、毛泽东思想的继承和发展，而且还包含了对马克思、恩格斯经典著作中以往未被发现的马克思主义的传承和创新。马克思、恩格斯著作（也包括手稿和书信）中的一系列经典的理论观点，成为中国特色社会主义理论体系形成和发展的重要思想来源。在改革开放的新时期，对马克思主义基本原理理解的视阈更为宽广特别是对马克思、恩格斯经典著作中一系列重要理论观点的重新理解，成为马克思主义中国化第二次历史性飞跃的新的取向，构成中国特色社会主义理论体系的新的内涵。如对马克思经典著作中生产力理论的当代诠释，对马克思、恩格斯经典著作中"两个最彻底的决裂"和"两个决不会"观点的全面认识，对马克思、恩格斯经典著作中的人与自然的和谐协调发展理论的继承和发展，对马克思、恩格斯关于人的全面发展理论所作的现时代的理论升华等。除此之外，在中国特色社会主义理论体系关于生产关系理论、经济的社会形态发展理论、社会主义社会发展理论、世界历史和经济全球化理论等都有对马克思、恩格斯经典著作重新研究的映现。②

关于中国特色社会主义理论体系形成和发展的思想前提，徐崇温指出，马克思主义是我们立党立国的根本指导思想，是我们始终沿着正确方向前进的根本思想保证，但长期以来，人们对于什么是马克思主义、怎样对待马克思主义的问题却并没有完全搞清楚，导致种种失误和偏差

① 徐崇温：《中国特色社会主义理论体系研究》，重庆出版社2011年版，第22—43页。
② 顾海良：《马克思恩格斯经典著作与中国特色社会主义的形成》，《教学与研究》2011年第6期。

的产生。改革开放以来，我党通过创造性地探索和回答什么是马克思主义、怎样对待马克思主义等问题，在思想路线和党风学风上进行拨乱反正，确立了对待马克思主义的科学态度和马克思主义思想路线，这就为马克思主义中国化的最新成果——中国特色社会主义理论体系的形成和发展创造了思想前提。①

辛向阳分析了中国特色社会主义理论体系的立论基础，他指出，改革开放以来，我们党坚持解放思想、实事求是、与时俱进的思想路线，大力发扬求真务实精神，不断推进实践基础上的理论创新，形成和发展了中国特色社会主义理论体系。中国特色社会主义理论体系之所以正确，是因为它有科学的立论基础，这就是科学判断和始终立足于社会主义初级阶段的基本国情。中国特色社会主义理论体系的形成与发展始终以社会主义初级阶段的基本国情为基础。邓小平理论、"三个代表"重要思想、科学发展观都是在立足社会主义初级阶段基本国情、深入分析我国发展的阶段性特征的基础上提出来的。中国特色社会主义理论体系不断探索和把握社会主义初级阶段基本国情的深刻内涵，中国特色社会主义理论体系立足于社会主义初级阶段的基本国情推动经济社会发展。②

李君如指出，社会主义初级阶段既有新民主主义社会带来的某些特点，但又已经超越了新民主主义社会，最大的超越就是已经不存在作为阶级的剥削阶级，阶级斗争已经不是社会的主要矛盾。社会主义初级阶段是中国特色社会主义很长发展过程的初始阶段；"初级阶段理论"是解决当前中国面临问题的总方案。在中国特色社会主义未来的发展过程中，中国共产党人还会与时俱进，丰富和发展中国特色社会主义理论，创造出符合那个时候基本国情和人民要求的发展方式。既要重视新民主主义理论，又要看到我国已经进入社会主义初级阶段，而不是新民主主义社会。因而，我们不能用新民主主义理论来解决今天中国的问题，而应该毫不动摇地坚持用发展着的中国特色社会主义理论来解决今天中国的问题。③

①　徐崇温：《中国特色社会主义理论体系研究》，重庆出版社 2011 年版，第 117—118 页。
②　辛向阳：《中国特色社会主义理论体系的立论基础论析》，《学习论坛》2011 年第 5 期。
③　李君如：《"初级阶段理论"是解决中国问题的总方案》，《北京日报》2011 年 8 月 22 日。

王秀华、杜秀敏对中国特色社会主义理论体系创新的方法论进行了探讨，指出，中国特色社会主义理论体系的创新机理是多方面的，其中包括技术上的整合出新、实践中的同构出新、理论上的传承出新、现实中的运用出新以及整体上的结合出新等。中国特色社会主义理论体系创新方法论的个案性分析及规律性总结，特别是其中如：理论创新不仅可以来自同一个层次上的累加，而且可以通过更高层次上的整合，即整合也可以出新。整合出新与累加出新，既相区别又相联系一同构成我们党理论创新的两大基本模式。理论创新要在"结合"上下工夫，处理好马克思主义的抽象与具体、社会主义的一般与特殊、思想与历史、思想与时代、科学与价值、理论与实践的关系。避免因创新不足导致的教条僵化与创新过度导致的方向偏颇这样两种误区。这些启示可以为继续推进我们党的理论创新提供指导。①

关于中国特色社会主义理论体系形成和发展的基本经验，聂运麟认为，马克思主义必须与本国国情相结合、与时代发展同进步、与人民群众共命运是中国特色社会主义理论体系形成和发展的基本经验，这也是马克思主义中国化的基本经验。只要始终坚持马克思主义与本国国情相结合、与时代发展同进步、与人民群众共命运，我们就能使中国特色社会主义理论体系不断焕发出强大的生命力、创造力和感召力，使中国特色社会主义事业不断从胜利走向新的更大的胜利。马克思主义与中国国情相结合所产生的中国特色社会主义理论体系，是马克思主义在新的历史条件下永葆青春与活力的源泉。②

三　关于中国特色社会主义理论体系的精髓和灵魂、理论主题、理论特色、基本内容、基本问题以及基本观点的研究

徐崇温对中国特色社会主义理论体系的精髓和灵魂及其基本内容作了分析，他认为，针对着"两个凡是"设置的思想禁锢和导致的思想僵化，邓小平把真理标准的讨论和解放思想联系起来，从而使党的思想路线不仅得到了重新确立，而且还得到了进一步的丰富和发展；随后邓

---

① 王秀华、杜秀敏：《创新的理论与理论的创新——中国特色社会主义理论体系的创新方法论探析》，《河北大学学报（哲学社会科学版）》2011 年第 2 期。

② 聂运麟：《中国特色社会主义理论体系形成和发展的基本经验》，《南京师范大学学报（社会科学版）》2011 年第 2 期。

小平又根据实践是检验真理唯一标准的原理，提出在改革开放中勇于探索、善于总结、不断纠错的指导方针，从而极大地推动了建设有中国特色社会主义事业的迅猛发展。以实践是检验真理的唯一标准为重要环节的党的解放思想、实事求是思想路线，是贯穿于建设有中国特色社会主义整个事业的精髓和灵魂，也是贯穿于邓小平理论全部观点的精髓和灵魂，也是中国特色社会主义理论体系的灵魂和精髓。我们党围绕对什么是马克思主义、怎样对待马克思主义，什么是社会主义、怎样建设社会主义，建设什么样的党、怎样建设党，实现什么样的发展、怎样发展等四个重大问题的创造性探索和回答，则构成了中国特色社会主义理论体系的基本内容。①

关于中国特色社会主义理论体系的理论主题，宋福范提出，中国特色社会主义理论体系的理论主题是在经济文化落后的中国如何推进现代化。自从 1840 年鸦片战争打开封建社会中国的大门以后，痛感中国与西方巨大差距的中国先进分子就踏上了寻求中国现代化道路以推进国家实现现代化的历史征程。从那时起，实现现代化成了中华民族的百年梦想，探索一条符合中国国情的现代化之路，就成为中华民族先进分子的不懈追求。从这个意义上说，中国特色社会主义道路，其实就是作为执政党的中国共产党为实现现代化所作出的路径选择；而中国特色社会主义理论体系，说到底就是执政的中国共产党所提出的领导人民实现现代化的系统思路。正是围绕在经济文化落后的中国如何实现现代化这一中心课题进行深入探索的过程中，作为中国共产党领导人民推进现代化系统思路的中国特色社会主义理论体系逐渐展开。以邓小平为代表的中国共产党人立足于改革开放初期生存型阶段的实际对这个问题进行了系统回答，形成了中国特色社会主义理论体系的最早形态——邓小平理论。以江泽民、胡锦涛为代表的中国共产党人立足改革开放中期我国走入发展型阶段的实际对这个问题进行了系统回答，形成了中国特色社会主义理论体系的成熟形态——"三个代表"重要思想和科学发展观等一系列重要理论成果，使中国特色社会主义理论形成了完整的理论体系。②

---

① 徐崇温：《中国特色社会主义理论体系研究》，重庆出版社 2011 年版，第 100 页，序言第 3 页。

② 宋福范：《中国特色社会主义理论体系的理论主题》，《学习时报》2011 年 9 月 12 日。

　　关于中国特色社会主义理论体系的理论特色，陈湘舸、张修红总结中国特色社会主义理论体系具有"四大特色"：一是理论基础的中国特色，在涉及倡导和坚持什么样的马克思主义观的问题上，邓小平极力倡导和坚持马克思主义的普遍原则与中国革命和建设的实践相结合的原则。探索和创建社会主义，都要切合自己国家的实际，从而具有自己的特色。二是经济模式的中国特色。社会主义市场经济在理论和实践上的确定使中国的社会主义经济以及政治、文化随之发生巨大的变化，显示出下面一系列中国特色。三是发展道路的中国特色，要想更好更快地发展社会主义则需要开辟有中国自己特色的发展道路。以改革开放30年的成功实践经验为依据，中国共产党提出了"科学发展"和"可持续发展"，这是马克思主义关于发展的世界观和方法论的集中体现，是我国经济社会发展道路的持续转型，是发展中国特色社会主义必须遵循的发展道路。四是建设目标的中国特色。我们国家的社会主义改革和建设的目标也具有鲜明的中国特色。我们党和政府根据不同时期面临的任务、问题和矛盾，从不同角度提出和确定改革和建设的目标。总的来说，先后提出全面建设小康社会、建设和谐社会、建设资源节约型环境友好型社会三大目标，这三大目标，从不同角度、不同意义上体现了中国特色社会主义的本质属性、内在要求和目标。因此，它们使中国特色社会主义理论体系具有更加鲜明的中国特色。[①]

　　关于中国特色社会主义理论体系的基本问题，苏锐、田瑞兰认为，中国特色社会主义理论体系在坚持马克思主义世界观和方法论的前提下，具体探索和回答在半殖民地半封建社会的历史条件下，不经过资本主义充分发展阶段而直接建设和发展社会主义的一系列问题，其中"什么是社会主义，怎样建设社会主义"、"建设什么样的党，怎样建设党"和"实现什么样的发展，怎样发展"属于基本问题。由于建设和发展中国特色社会主义具有长期性、系统性、复杂性和时代性，以邓小平、江泽民和胡锦涛为代表的当代中国共产党人，在不同历史时期，从不同角度，不同程度地对三大基本问题进行了探索，使得对社会主义建设问题的解答越来越完善，对党的建设问题的思考越来越系统，对发展问题

---

　　① 陈湘舸、张修红：《中国特色社会主义理论体系的"四大特色"探析》，《甘肃社会科学》2011年第2期。

的阐释越来越科学。中国特色社会主义理论体系基本问题的探索与回答是互相联系、相互促进，内在统一于建设和发展中国特色社会主义中的。[1]

邸乘光将中国特色社会主义理论体系的基本观点归纳为：关于中国特色社会主义的思想路线、关于中国特色社会主义的本质属性、关于中国特色社会主义的根本目的、关于中国特色社会主义的发展道路、关于中国特色社会主义的发展阶段、关于中国特色社会主义的根本任务、关于中国特色社会主义的发展战略、关于中国特色社会主义的发展动力、关于中国特色社会主义的外部条件、关于中国特色社会主义的经济建设、关于中国特色社会主义的政治建设、关于中国特色社会主义的文化建设、关于中国特色社会主义的社会建设、关于中国特色社会主义的生态建设、关于中国特色社会主义的国防和军队建设、关于中国特色社会主义的祖国统一、关于中国特色社会主义的政治保证、关于中国特色社会主义的外交和国际战略、关于中国特色社会主义的依靠力量、关于中国特色社会主义的领导核心等 20 个方面。[2]

四　关于中国特色社会主义理论体系的思想价值、价值追求、世界意义以及历史与逻辑的统一性研究

齐卫平指出，中国特色社会主义理论体系的思想价值在于，它显示了当代世界环境和中国社会变化新形势下马克思主义的生命力。中国特色社会主义理论体系是一个动态的开放性体系，改革开放向前推进的不断深入过程，同时也是马克思主义中国化历史实践不断推进的过程。因此，中国特色社会主义理论体系既是对改革开放 30 多年党的理论创新成果的汇集，又将容纳以后改革开放继续深入推进中党所有理论创新的成果。在改革开放过程中，历届党中央坚持理论创新，先后形成了马克思主义中国化的三个理论成果。邓小平理论是改革开放实践形成的第一个马克思主义中国化的理论成果。"三个代表"重要思想是改革开放实践形成的第二个马克思主义中国化的理论成果。科学发展观是改革开放

---

① 苏锐、田瑞兰：《论中国特色社会主义理论体系基本问题的探索》，《河北大学学报（哲学社会科学版）》2011 年第 3 期。

② 邸乘光：《中国特色社会主义理论体系基本观点》，《学习论坛》2011 年第 3 期。

实践形成的第三个马克思主义中国化的理论成果。中国特色社会主义理论体系是马克思主义中国化阶段性成果的整合。①

郑德荣认为，中国特色社会主义理论体系这一崭新命题的提出，标志着马克思主义中国化第二次历史性飞跃的完结。这是因为，其一，中国特色社会主义理论体系是对党的十一届三中全会以来所有马克思主义理论创新成果在认识上的深化和理论上的升华，是对这些理论成果的科学总结，是一个标志性里程碑。它在建设中国特色社会主义的思想路线、发展道路、发展阶段、发展战略、根本任务、发展动力、依靠力量、国际战略、领导力量和根本目的等问题上，科学地突破了邓小平理论、"三个代表"重要思想、科学发展观等重大战略思想各自理论体系界限，围绕"中国特色社会主义"这个共同主题把它们统筹、整合、总结为一个科学体系。其二，中国特色社会主义理论体系全方位地、系统地回答了"什么是马克思主义、怎样对待马克思主义"、"什么是社会主义、怎样建设社会主义"、"建设什么样的党、怎样建设党"、"实现什么样的发展、怎样发展"这四个全局性、根本性的理论问题。其三，通过深刻分析正确理解理论与实践的辩证关系可以看出中国特色社会主义理论体系命题的提出是马克思主义中国化第二次历史性飞跃完结的标志。不宜把第二次历史性飞跃（侧重理论层面）的完结和现代化（侧重实践层面）历史任务的完成在时限与标志上机械对应、简单等同。②

关于中国特色社会主义理论体系的价值追求，聂运麟认为，中国特色社会主义理论体系不仅以实现中国的现代化、民族的复兴和国家的富强，让人民过上富裕幸福的生活为目标，而且还要实现更高的价值追求，这就是促进人的自由而全面的发展。人的自由而全面的发展是人类自身发展的必然要求，是共产主义理论的核心内容，也是社会主义的本质要求。中国特色社会主义理论体系作为马克思主义科学社会主义理论的新发展，充分体现了社会主义社会促进人的自由而全面发展的价值追求。十一届三中全会以来，党和国家领导人多次强调提出要在中国特色

---

① 齐卫平：《中国特色社会主义理论体系与马克思主义中国化历史实践》，《中国井冈山干部学院学报》2011年第3期。

② 郑德荣：《中国特色社会主义理论研究中几个值得探讨的问题》，《科学社会主义》2011年第1期。

社会主义事业的历史进程中促进人的全面发展，中国特色社会主义事业的总体布局、全面建设小康社会的新要求以及社会主义现代化建设的宏伟目标也都集中体现了社会主义社会促进人的自由而全面发展的深刻内涵，中国特色社会主义理论体系的实践不断为人的自由而全面的发展创造条件。①

徐崇温分析了中国特色社会主义理论体系的世界意义，他指出，从党的十一届三中全会开始，以邓小平为核心的党的第二代中央领导集体在领导党和人民进行社会主义建设的伟大实践中，开创了中国特色社会主义理论体系，开辟了中国特色社会主义道路，这是继毛泽东领导中国人民把半殖民地半封建的旧中国变为社会主义新中国的伟大革命之后，把中国由不发达的社会主义国家变成富强民主文明和谐的社会主义现代化国家的又一场伟大革命，是马克思主义中国化发展历程中的又一次历史性飞跃，具有世界意义。它的世界意义集中表现在：这是人类追求文明进步的一条新路，它为第三世界发展经济、摆脱贫困，指出了奋斗方向，并将向人类表明社会主义是必由之路、社会主义优于资本主义。②

关于中国特色社会主义理论体系的历史与逻辑的统一性，王力认为，中国特色社会主义理论体系的科学性在于它包含的邓小平理论、"三个代表"重要思想和科学发展观具有内在的历史和逻辑的统一性，在于三大理论成果各自形成过程中都具有明确的问题前提，正是这些问题引发党的领导人思考"什么是社会主义，怎样建设社会主义"、"建设什么样的党，怎样建设党"、"实现什么样的发展，怎样发展"的主题，逐步发展出一系列的重大理论成果。总体上看，中国特色社会主义理论体系所包含的邓小平理论、"三个代表"重要思想以及科学发展观与中国特色社会主义建设实践相伴生，它有坚实的实践基础，始终遵循党的解放思想、实事求是、与时俱进的思想路线，始终贯穿着"什么是马克思主义、怎样对待马克思主义"的主题，呈现出历史与逻辑的统一。③

---

① 聂运麟：《促进人的自由而全面发展是中国特色社会主义理论体系的价值追求》，《中共郑州市委党校学报》2011 年第 2 期。

② 徐崇温：《中国特色社会主义理论体系研究》，重庆出版社 2011 年版，第 647 页。

③ 王力：《中国特色社会主义理论体系内在的历史与逻辑统一性论纲》，《马克思主义研究》2011 年第 2 期。

五 关于中国特色社会主义理论体系与毛泽东思想关系的研究

关于中国特色社会主义理论体系与毛泽东思想的关系问题，徐崇温提出，中国特色社会主义道路和理论是以十一届三中全会为起点的，而没有把毛泽东思想包括在内。有的同志往往倾向于把中国特色社会主义道路的形成和发展，看成是由毛泽东开创、由邓小平完成那样直线式的继承和发展，然而，历史的发展却并不是这样径情直遂的。从毛泽东的探索到邓小平的开辟新道路，是两个并不直接连续的过程，这两个过程不仅在内容上有所不同，而且其实践根据和时代背景也是各不相同的。但同时他也指出，邓小平开辟的中国特色社会主义建设新道路同毛泽东探索的适合中国国情的社会主义建设道路并不是互不相干、完全不同的两回事。综观邓小平对社会主义建设新道路的开辟同毛泽东对适合中国国情的社会主义建设道路的先行探索的全部关系，正是一种一脉相承、与时俱进的关系。①

关于中国特色社会主义理论体系与毛泽东社会主义建设理论的关系，郑德荣认为，中国特色社会主义理论体系不应该包含毛泽东社会主义建设理论，主要可以从以下两点进行理解：其一，毛泽东社会主义建设理论和中国特色社会主义理论体系关系密切，前者是后者的思想先导，两者的区别在于是否突破以计划经济为基本特征的苏联模式。毛泽东社会主义建设理论为中国特色社会主义理论体系的提出作出重要的积累和铺垫，前者成为后者的思想先导，后者与前者有着一脉相承又与时俱进的内在联系。其二，毛泽东社会主义建设理论属于毛泽东思想科学体系的理论范畴，不能割裂或者"兼职"于中国特色社会主义理论体系之中。毛泽东思想理论体系博大精深，所有的基本理论和基本观点都是毛泽东思想不可分割的有机组成部分。毛泽东社会主义建设理论是被实践检验正确的理论原则和经验总结，属于毛泽东思想科学体系。因此不能从毛泽东思想中割裂开来而置于中国特色社会主义理论体系的理论范畴之中。毛泽东社会主义建设理论不宜纳入中国特色社会主义理论体系。②

关于中国特色社会主义理论体系与毛泽东哲学思想的关系，庄福龄

---

① 徐崇温：《中国特色社会主义理论体系研究》，重庆出版社 2011 年版，第 15—79 页。

② 郑德荣：《中国特色社会主义理论研究中几个值得探讨的问题》，《科学社会主义》2011 年第 1 期。

认为，中国特色社会主义理论体系与毛泽东哲学思想，二者之间是既继承又发展的关系。中国社会主义建设，前有毛泽东等开辟的新民主主义革命和社会主义改造作准备和铺垫，后有邓小平等以新的思想观点在继承毛泽东思想基础上形成的中国特色社会主义理论继续开拓前进的道路。实事求是是马克思主义的"精髓"，是马克思主义哲学的"精髓"，也是毛泽东哲学思想的"精髓"。它直接关系到中国特色社会主义理论体系的形成和发展，特别为新中国成立以来党的领导集体所关注。邓小平对于毛泽东关于实事求是的一系列精辟论断真正做到了心领神会，融入了他所创立的理论体系之中，也融入了他的言行风范之中。①

陈占安指出，毛泽东哲学思想是马克思主义中国化两大理论成果即毛泽东思想和中国特色社会主义理论体系共同的哲学基础。中国特色社会主义理论体系是马克思主义中国化的第二次历史性飞跃，是马克思主义在中国发展的新阶段。但是，这并不意味着哲学思想自然而然地也实现了第二次飞跃。事实上，中国特色社会主义理论体系中的哲学思想所使用的概念、命题基本上都是从毛泽东哲学思想那里沿用过来的，所阐述的道理也基本上是对毛泽东哲学思想中基本原理的恢复和发挥。邓小平当年所做的一个十分重要的工作就是动员人们重视毛泽东哲学思想的学习，从而恢复毛泽东哲学思想的理论权威；一个重要的贡献就是明确阐述毛泽东哲学思想的精髓是实事求是，并用了很大气力去阐述解放思想与实事求是的关系以及如何才能做到解放思想、实事求是。邓小平的这个思想在江泽民、胡锦涛那里也有很好的表达，他们都十分重视毛泽东哲学思想的学习，都一再强调要从毛泽东的哲学著作中吸取智慧和力量。就哲学理论体系来讲，中国特色社会主义理论体系中的哲学思想与毛泽东哲学思想还是同一个理论构架，后来的发展是一个体系中的发展。②

六　关于中国特色社会主义理论体系与马克思主义中国化时代化大众化关系的研究

赵智奎认为，中国特色社会主义的旗帜、道路、理论体系，是马克

---

① 庄福龄：《简论毛泽东哲学思想和中国特色社会主义理论体系的形成与发展》，《毛泽东思想研究》2011 年第 2 期。

② 陈占安：《关于毛泽东哲学思想研究中的三个问题》，《马克思主义与现实》2011 年第 4 期。

思主义时代化的产物。这是因为，中国特色社会主义始终坚持科学社会主义的一般原理，始终坚持社会主义最低纲领和共产主义最高纲领的统一。马克思主义欧洲化、俄国化、中国化，是马克思主义发展史的不同历史阶段，而马克思主义的世界化，则是一个历史总趋势。无论是欧洲化、俄国化还是中国化，把马克思主义与本地区、本国家的具体情况相结合，通过一定的民族形式，来实现其"民族化"、"具体化"，这才是"化"的要义所在。马克思主义中国化，是马克思主义在中国具体化、民族化，是马克思列宁主义普遍真理和中国革命实践的结合；是中国共产党人运用马克思主义的立场、观点和方法，来具体地分析中国革命问题和解决中国革命、建设、改革问题，这也是一个历史进程。马克思主义中国化，是历史的必然。马克思主义与中国实际相结合，产生了两个伟大的成果，一个是新民主主义理论，一个是中国特色社会主义理论。中国进入社会主义时期以后，特别是经过30多年改革开放的实践、认识，再实践、再认识，我们党在思想认识上又出现了一次飞跃，形成了新的理论体系。这个理论体系，党的十七大定名为"中国特色社会主义理论体系"。这个理论体系科学回答了中国社会主义的发展道路、发展阶段、根本任务、发展动力、外部条件、政治保证、战略步骤、党的领导和依靠力量以及祖国统一等一系列基本问题。①

　　王伟光指出，建党90年来中国共产党始终勇立时代潮头，坚持将马克思主义与中国实际相结合，不断在实践创新进程中推进理论创新，推进马克思主义中国化、时代化、大众化，指导中国革命、建设和改革的正确航向，从根本上改变了中国的面貌和中华民族的命运。马克思主义是外来的先进思想，用以指导中国人民的社会实践，就有与中国国情和中国人民的具体实践相结合的问题。只有为中国人民所接受、所消化、所使用，成为中国化的马克思主义，才能起到科学指南的作用。改革开放新时期以来，我们党立足社会主义初级阶段这一基本国情，紧紧围绕建设和发展中国特色社会主义这一主题，相继推出邓小平理论、"三个代表"重要思想和科学发展观等重大战略思想这三大理论成果，形成一个既一脉相承又与时俱进的系统科学的理论体系——中国特色社

---

① 赵智奎：《马克思恩格斯的科学社会主义学说及其当代启示》，《马克思主义研究》2011年第1期。

会主义理论体系，继承并发展了马克思列宁主义、毛泽东思想，实现了马克思主义中国化的第二次历史性飞跃。①

李崇富提出，中国特色社会主义是科学社会主义的新形态，因为对中国共产党人来说，马克思主义及其科学社会主义基本原理，只有与中国国情、中国优秀的传统文化和中国的具体实践相结合，实现中国化，才能发挥指导作用。随着我国革命、建设和改革的不断发展，马克思主义中国化必然是一个不断发展、深化的历史过程。在这个过程中，以毛泽东、邓小平、江泽民和胡锦涛为主要代表的历代中国共产党人，坚持把马克思主义基本原理同我国实际和时代特征相结合，先后探索和开辟了具有中国特色的武装革命道路、具有中国特色的社会主义改造道路，以及在新时期开辟和坚持的中国特色社会主义道路。由此形成了两次历史性的认识飞跃，先后产生了毛泽东思想和中国特色社会主义理论体系（邓小平理论、"三个代表"重要思想、科学发展观）。中国特色社会主义，是科学社会主义共性、普遍性与我国社会主义个性和特殊性的具体和历史的统一。"中国特色社会主义"是科学社会主义中国化的新形态，就"新"在它是符合中国国情的社会主义，是"切合中国实际的"社会主义，是有利于中国发展进步和现代化的社会主义。②

秦刚认为，中国特色社会主义理论体系是马克思主义在当代中国的运用和发展。中国特色社会主义理论体系的形成，是马克思主义在当代中国运用和发展的历史必然、逻辑必然。中国特色社会主义理论体系对马克思主义的坚持和发展，集中体现在它对当代中国及世界相关问题的解答中、反映在它所提出的一系列基本理论观点上。中国特色社会主义理论体系在解答了当代中国及世界相关问题的同时，也赋予马克思主义以新的生机和活力，是坚持和发展马克思主义的新典范。在当代中国，继续坚持中国特色社会主义理论体系，就是继续坚持马克思主义；进一步发展中国特色社会主义理论体系，就是进一步发展马克思主义。中国特色社会主义理论体系作为马克思主义中国化的最新成果，是一个不断发展的开放的理论体系。它既是我们推进实践创新的指导思想，又是我

---

① 王伟光：《马克思主义在中国的伟大胜利》，《中国社会科学》2011 年第 4 期。

② 李崇富：《论中国特色社会主义是科学社会主义的新形态》，《北京联合大学学报（人文社会科学版）》2011 年第 1 期。

们深化理论探索的崭新起点。中国特色社会主义理论体系、中国特色社会主义道路和中国特色社会主义制度，构成了马克思主义在当代中国三位一体的整体发展。在当代中国，坚持和发展马克思主义，必须坚定不移地坚持和发展中国特色社会主义理论体系。只有坚持和发展中国特色社会主义理论体系，才能坚定不移地坚持和拓展中国特色社会主义道路，坚定不移地坚持和完善中国特色社会主义制度。①

刘林元认为，中国特色社会主义理论体系是对马克思列宁主义、毛泽东思想的继承和发展，是马克思主义中国化的最新成果，是中国进行现代化建设实践的过程记录和理论总结。党的十一届三中全会以来的中央领导集体，以实事求是为马克思主义的精髓、本质来把握马克思主义基本原理、基本精神，因而真正把握了马克思主义的要领，并在实践中得到了很好的贯彻，取得了巨大的成效。这不仅保证了在中国特色社会主义建设实践中真正坚持马克思主义，而且与时俱进，在坚持中实现马克思主义的理论创新。经过实践、认识、再实践、再认识，中国共产党人把马克思主义在中国的发展推进到一个崭新的阶段，形成了邓小平理论、"三个代表"重要思想和科学发展观等重大战略思想，它们构成了中国特色社会主义理论体系。马克思主义普遍原理与中国实践相结合的两大理论成果——毛泽东思想和中国特色社会主义理论体系，是矗立在马克思主义中国化前进过程中的两座丰碑，是当代中国社会主义两个不同时代、两大实践主题的实践过程成就的记录和理论总结。毛泽东思想是中国革命时代进行革命实践的过程记录和理论总结；中国特色社会主义理论体系是中国进行现代化建设实践的过程记录和理论总结。可以说，前者完成了中国革命的逻辑，后者进行的是中国现代化建设的逻辑。从革命逻辑到建设逻辑，反映了中国共产党领导下的中国社会发展理论与实践相统一的历史进程和逻辑发展。中国特色社会主义理论体系是马克思主义普遍原理与中国国情和中国特色社会主义实践相结合的产物，是发展着的中国马克思主义，是当代中国的马克思主义。②

---

① 秦刚：《中国特色社会主义理论体系是当代中国的马克思主义》，《中国延安干部学院学报》2011年第5期。

② 刘林元：《中国特色社会主义理论体系是马克思主义中国化的最新成果》，《中国延安干部学院学报》2011年第3期。

七　关于中国特色社会主义与"中国模式"关系的研究

关于中国特色社会主义与"中国模式"的关系，程恩富、胡乐明、刘志明认为，中国模式是客观存在和分层次的，使用中国模式概念不仅不会冲淡"中国道路"的鲜亮颜色，相反，只会给"中国道路"或"中国特色"添彩增色，进一步丰富对中国的研究和宣传。目前世界热议的中国模式的实质是社会主义本质在中国的当代实现形式而已。中国模式的成功是中国特色社会主义的成功。其实际经验就在于十七大报告所总结的"十个结合"。全面把握十六大以来党中央所孜孜追索的特色事业四位一体总体布局，按此布局全面推进社会主义的市场经济、民主政治、先进文化和和谐社会建设，是坚持中国特色社会主义道路的内在要求，也是我们正确理解中国模式的基本立足点和出发点。中国模式是从一个新的视角来概括中国道路、中国经验和中国案例的某些内涵和特征，是中外学术界习惯使用的一个有用概念。我们在研究中国模式和使用中国模式这一概念时，一定要把它与社会主义密切联系起来，把它与中国特色社会主义道路紧密地联系起来，把它与共产主义远大的奋斗目标联系起来。中国模式的全称只能是"当代中国特色社会主义模式"。[①]

侯惠勤指出，关于"普世价值"和"中国模式"的争论，就旗帜问题而言，引发了两大挑战：一是中国特色社会主义旗帜与共产主义旗帜的关系，另一是中国特色社会主义旗帜与"自由、民主"旗帜的关系。从共产主义文明必然取代资本主义文明上看，不存在共产党向所谓"现代"政党转型问题。共产主义作为党的最高旗帜，和不同历史阶段的旗帜具有内在一致性，不能割裂。我们必须坚定不移高举的"中国特色社会主义"旗帜，具有双重意义：其一，它是在今天唯一能够"发展中国、发展社会主义、发展马克思主义"的思想指导，因而是全中国各族人民的共同理想，也是真正有别于资本主义的另一种现代化类型；其二，它又是共产主义思想旗帜的同义语，高举中国特色社会主义旗帜也就是高举共产主义旗帜，因为中国特色社会主义就是马克思主义基本原理和中国具体国情及时代特征相结合的产物，而马克思主义的另一个

[①]　程恩富、胡乐明、刘志明：《关于中国模式研究的若干难点问题探析》，《河北经贸大学学报》2011 年第 1 期。

名词就是共产主义。我们多年奋斗就是为了共产主义，我们的信念理想就是要搞共产主义。建设马克思主义学习型政党，是坚持和改善党的领导，开创社会主义新型民主的关键之举。我们必须在坚定共产主义信念的基础上高举中国特色社会主义的伟大旗帜，在超越资本主义文明、开创人类文明新形态的高度上推进中国特色社会主义伟大事业。①

韩振峰认为，人类社会的发展虽然是有规律可循的，但每个国家发展的具体道路却是多种多样的。解决世界上的问题不可能有一个固定的模式，各国应当根据本国的国情特点来选择自己的发展道路和发展模式。无论是革命还是建设都要注意学习和借鉴外国经验，尤其是在经济全球化的今天，学习和借鉴国外先进经验显得尤为重要。但是，每个国家的发展都有其自身的特点，任何照搬照抄别国模式的做法从来不能获得成功。我国经过新中国成立 60 多年来特别是改革开放 30 多年来的探索，已经初步形成了符合自身特点的"中国模式"，这就是以中国特色社会主义理论体系为指导的中国特色社会主义道路。我们虽然已经初步形成了"中国模式"，但是作为"中国模式"的中国特色社会主义道路并不是封闭的、僵化的，而是开放的、发展的。随着改革开放和社会主义现代化事业的不断发展，中国特色社会主义道路必将越走越宽广，"中国模式"也会越来越成熟、越来越符合时代和社会发展规律的要求。"中国模式"虽然对世界各国尤其是广大发展中国家具有重要的借鉴和参考价值，但是我们决不要求其他发展中国家都按照"中国模式"去进行革命和建设，各国的事情需要由各国自己去寻找解决途径和探索适合本国特色的具体道路。②

八　关于中国特色社会主义与中国的和平发展道路关系的研究

关于中国特色社会主义与和平发展道路，徐崇温提出，中国和平发展道路是中国特色社会主义的政策宣示，因为坚持和平发展在实际上是邓小平创立的中国特色社会主义的本质要求，实际上是把邓小平所揭示的中国特色社会主义对内不断发展社会生产力的根本战略联结贯通起来，从发展道路的高度上加以集中地概括和宣示。中国的和平发展道路

---

① 侯惠勤：《关于举旗问题的理论思考》，《安徽大学学报（哲学社会科学版）》2011 年第 1 期。

② 韩振峰：《邓小平关于"中国模式"的重要思路》，《党建》2011 年第 1 期。

向世界宣告：从 20 世纪 70 年代末中国共产党第十一届三中全会开始，到 21 世纪中叶中国基本实现现代化这一历史时期里，中国特色社会主义将遵循对内不断发展生产力、对外主张和平的道路来实现现代化、实现中华民族的伟大复兴。这就说明，和平发展不仅是一个国际战略问题，而且首先是中国特色社会主义贯穿内外的标志性特征。在国际上它表现为和平发展的国际战略，在国内则表现为用以人为本、全面协调可持续发展的科学发展观统领经济社会发展全局，构建和谐社会的社会主义现代化战略。这种国际战略和国内社会主义现代化战略统一于中国特色社会主义，表现在我们既充分利用世界和平的大好时机努力发展和壮大自己，努力实现生产发展、生活富裕、生态良好、社会和谐的文明发展格局；又以自身的发展更好地维护世界和平，促进各国共同发展，实现中国的发展与和平国际环境的良性互动。①

肖贵清、刘爱武认为，和平发展道路与中国特色社会主义具有内在的逻辑。坚持走和平发展道路，体现了中国特色社会主义的本质要求。社会主义国家之所以坚持走和平发展的道路，其根本原因在于社会主义制度建立在公有制的基础之上。公有制的经济基础消除了战争的根源。社会主义的国家性质决定了中国的发展不可能、也不允许走对外侵略和扩张的道路。和平发展作为社会主义的一项基本价值原则，贯穿我国社会主义现代化建设的整个历史进程。坚持走和平发展道路，是顺应时代主题的必然选择，也是发展中国特色社会主义的必由之路。和平发展道路植根于中国悠久的历史文化传统，它是中华民族爱好和平、自强不息、和而不同的文化传统与时代精神相结合的产物，是中国几千年"以和为贵"的和合文化思想的时代体现。中国坚持走和平发展道路，创造了一种新的发展模式，丰富了中国特色社会主义的内涵，发展了中国特色社会主义的国际战略，增强了中国特色社会主义的吸引力。坚持走和平发展道路，对于建设和发展中国特色社会主义，实现中华民族的伟大复兴具有重要的理论意义和现实意义。②

（作者单位：中国社会科学院马克思主义研究院）

---

① 徐崇温：《中国特色社会主义理论体系研究》，重庆出版社 2011 年版，第 549—551 页。
② 肖贵清、刘爱武：《和平发展道路与中国特色社会主义的内在逻辑》，《思想理论教育》2011 年第 17 期。

后　记

2011年11月26—28日全国"三个代表"重要思想研究会联合深圳市委宣传部、深圳市社会科学院在深圳召开了"中国特色社会主义文化建设与文化体制改革"理论研讨会。来自全国各地100多位专家学者参加了会议。与会代表围绕这一主题从中国特色社会主义文化的实质、内涵、目标意义、文化自信和文化安全、社会主义核心价值、文化建设与文化体制改革等方面进行了认真深入热烈的研讨。论文集由全国"三个代表"重要思想研究会会长李君如教授担任主编，全国"三个代表"重要思想研究会副会长薛广洲教授通阅了全部文稿，并对论文集的框架进行了审定。希望本论文集的出版能为广大理论工作者和实际工作者深入研究中国特色社会主义理论体系和文化建设，提供一些理论思考和借鉴。

本书的出版得到了中国社会科学出版社和深圳市委宣传部及深圳市社会科学院的大力支持和帮助，在此一并表示感谢。本论文集收录的论文只代表作者个人的观点。如有不妥之处，敬请批评指正。

编　者
2012年8月